LA FISCALITE PETROLIERE DES ETATS MEMBRES DE LA CEMAC

COLLECTION FINANCES PUBLIQUES

dirigée par Thierry LAMBERT
Professeur à l'Université de Paris XIII

LAMBERT Thierry (sous la direction de -), Les chantiers fiscaux à engager, 2002.
BAYLAC Corinne, *Le formalisme du droit fiscal*, Préface de Jean LAMARQUE, 2002.
LEFEUVRE André, *Le paiement de l'impôt*, Préface de Jean LAMARQUE, 2002.
SUAREZ Macrino, *Le système financier espagnol (1986 – 2001) : de l'émergence à la maturité*, préface de Jacques LEONARD, avant-propos de Mariano ABAD, 2002.
CHAUTARD Agnès, *La mutabilité de l'instance fiscale et le droit à un procès équitable*, préface de Guy GEST, 2003.
LEROY Marc (sous la direction de -), *Fiscalité et évitement de l'impôt en France et en Russie*, préface de Dimitri Vladimirovitch ARONOV, 2003.
DUMAS Georges, *L'économie française à la dérive (1958 – 1981)*, préface de Michel ROCARD, 2003.
VAUBAN, *La dîme royale*, 1ère édition 1707, texte commenté par Jean-Marc DANIEL, 2004.
AYRAULT Ludovic, *Le contrôle juridictionnel de la procédure d'imposition*, Préface de Jean LAMARQUE et avant-propos d'Yves BRARD, 2004.
THOMAS Jérôme Nirmal, *Le contrôle fiscal des opérations internationales*, préface de Guy GEST, 2004.
HAYAT Mirko et LAMBERT Thierry (sous la direction de -), *La décentralisation fiscale : jusqu'où ?* 2004.
DRIE Jean-Claude, *Procédures de contrôle fiscale. La voie de l'équilibre*, Préface de Thierry LAMBERT, 2005.
GHARBI Najib, *Le contrôle fiscal des prix de transfert*, préface de Thierry LAMBERT, 2005.
LAMBERT Thierry et TURPIN Dominique (sous la direction de -), *Les groupes d'intervention régionaux – GIR*, 2005.
LEROY Marc (sous la direction de -), *Regards croisés sur le système fiscal : Allemagne, France, Italie, Russie*, préface de Youri STEPANOV, 2005.
LAMBERT Thierry (sous la direction de -), *Les sanctions administratives fiscales : éléments de droit comparé*, 2006.
SID AHMED Karim, *Droits fondamentaux du contribuable et procédures fiscales : étude comparative*, préface de Cyril DAVID, 2006.
GADHOUM Oualid, *La doctrine administrative fiscale en Tunisie*, préface de Néji BACCOUCHE, 2007.
RAIMBAULT de FONTAINE Sophie (sous la direction de -) *Doctrines fiscales : à la découverte de grands classiques*, 2007.

Albert Léonard DIKOUME

LA FISCALITÉ PETROLIERE DES ETATS MEMBRES DE LA CEMAC

Cameroun, Congo, Gabon, Guinée Equatoriale, Tchad, Centrafrique

Préface de
Bernard CASTAGNEDE

L'Harmattan

5-7, rue de l'Ecole polytechnique, 75005 Paris

http://www.librairieharmattan.com
diffusion.harmattan@wanadoo.fr
harmattan1@wanadoo.fr

ISBN : 978-2-296-05359-5
EAN : 9782296053595

« Quel que soit ce que l'on veut dire, il n'existe qu'un mot pour l'exprimer, un adjectif pour le qualifier, un verbe pour l'animer ».

Guy de MAUPASSANT.

AVERTISSEMENT

Le présent ouvrage est une version refondue et actualisée, sans en modifier la teneur, de la thèse de doctorat en droit de l'Université Paris 1 – Panthéon-Sorbonne, soutenue publiquement le 26 octobre 2006. Il doit particulièrement à monsieur le professeur Bernard CASTAGNEDE.

L'auteur trouve ici l'occasion de lui exprimer toute sa gratitude pour avoir bien voulu l'accompagner tout au long de sa recherche, du choix du sujet de thèse à la rédaction de la préface du présent ouvrage.

Limbé, le 17 juillet 2007

Préface

La fiscalité applicable aux activités de recherche et d'exploitation pétrolière est aussi importante que méconnue.
Son importance tient d'abord à sa fonction financière. Dans les Etats où sont exploitées des ressources hydrocarbures significatives, les prélèvements financiers obligatoires en rapport avec ces exploitations peuvent représenter une part substantielle, parfois prépondérante, des ressources publiques.
Elle tient également à son rôle économique. La consistance du régime fiscal proposé aux opérateurs miniers est un facteur important de la décision d'engager l'exploitation d'un gisement, de procéder à de nouvelles explorations ou recherches, et par là d'assurer la valorisation économique d'une ressource potentielle. La fiscalité applicable à l'opérateur exerce également des effets sur la nature des retombées économiques qu'un Etat peut escompter de la présence, sur son sol, de la ressource exploitée. Plus généralement, les conditions fiscales des exploitations pétrolières sont un élément de réponse aux questions que pose la conjugaison d'une demande mondiale croissante d'énergie et d'une raréfaction annoncée, sinon des réserves pétrolières, du moins de mises en exploitation nouvelles en rapport avec les besoins. Bien entendu, la fiscalité minière peut être également partie à la réflexion d'ensemble sur les moyens de la protection de l'environnement, à l'échelle de la planète.
Le rôle politique de la fiscalité minière ne peut être non plus ignoré. Hors la question du bon usage des ressources qu'une puissance publique peut retirer de l'exploitation pétrolière, se pose celle de la pertinence du régime fiscal à un moment donné défini. Un régime trop favorable aux opérateurs, surtout lorsqu'ils sont extérieurs, peut ultérieurement susciter des sentiments de frustration, générateurs d'instabilité et d'insécurité juridique.
La méconnaissance de la fiscalité minière, évidemment préjudiciable à la définition d'un régime suffisamment équilibré pour assurer la pérennité des recherches et de l'exploitation ainsi qu'une répartition acceptable du produit net de celle-ci entre toutes les parties, tient sans doute à une technicité qui, propre à l'ensemble de la matière fiscale, est plus marquée encore lorsque le prélèvement fiscal intervient dans le domaine minier ou pétrolier. A la fiscalité de droit commun, s'ajoutent souvent, alors, de nombreux prélèvements spécifiques, comportant des assiettes et des tarifs variables. Les sources juridiques de ces prélèvements ne se trouvent pas seulement dans les codes fiscaux, mais aussi, par exemple, dans un code minier, un code des investissements, ou encore dans un document contractuel tel qu'une convention d'établissement.
La fiscalité minière ou pétrolière a surtout cette particularité d'être singulière, non seulement en ce sens que le régime en principe applicable au secteur n'est pas exactement ou seulement, ainsi qu'il vient d'être dit, le régime fiscal commun, mais aussi parce qu'il faut souvent constater une individualisation, par opérateur, voire par gisement, du traitement fiscal applicable. Cette singularité tient à de multiples causes, généralement liées, d'une manière ou d'une autre, à la question de la rente. En matière de mine ou de pétrole, il existe chaque jour, dans le monde, un

cours uniforme auquel se vend et s'acquiert une quantité donnée du produit concerné. La mise sur le marché de cette quantité, cependant, ne s'effectue pas partout au même coût. Le coût de production varie selon la localisation et les caractéristiques du gisement, déterminant par là une variation de la rente minière ou pétrolière, c'est-à-dire, par exemple pour un prospect pétrolier particulier, de la différence entre le chiffre d'affaires hydrocarbures et le coût technique afférent au permis. La fiscalité doit être alors adaptée à la rente minière que peut dégager l'exploitation du gisement concerné, compte tenu des objectifs du pays d'accueil et de l'opérateur pétrolier. Celui-ci n'engagera l'exploitation que s'il peut en escompter, dans la durée, la récupération d'une part suffisante de la rente pétrolière. Le pays hôte sera pour sa part soucieux de la mise en exploitation du gisement, mais aussi d'une participation satisfaisante à son produit net. Une taxation trop lourde peut décourager l'opérateur. Une fiscalité trop favorable peut priver le pays d'accueil de ressources utiles, et générer une insatisfaction. La nécessité d'adapter le traitement fiscal applicable à chaque contexte d'exploitation, donnant la mesure de la rente minière, fait ainsi de la fiscalité minière ou pétrolière, en effet, une fiscalité « sur mesures ». Aux règles générales le cas échéant prévues par les lois ou règlements fiscaux ou miniers s'ajoutent alors, non sans altérations portées aux premières, les dispositions prévues par des actes particuliers, souvent de nature contractuelle.

Technique et singulière, la fiscalité minière est également variable, non seulement selon les lieux mais aussi selon les époques. Elle ne peut être indifférente au cadre juridique dans lequel se développe l'exploitation pétrolière. Jusqu'à la seconde moitié du vingtième siècle a ainsi prévalu, notamment pour l'exploitation par des compagnies occidentales des grands champs pétrolifères du Moyen Orient, le régime de la concession, assorti d'une fiscalité pour l'essentiel fondée sur l'application de *royalties*, ou redevances fixes au baril extrait. D'autres modes juridiques de production ont aujourd'hui cours, contrats à bénéfices partagés, *joint ventures* ou contrats de partage de production. Si les redevances n'ont pas partout disparu, elles sont généralement combinées avec une imposition directe du bénéfice dégagé par l'exploitation, le cas échéant assortie d'un prélèvement additionnel sur les profits exceptionnels.

La maîtrise de ces évolutions, comme de la fiscalité pétrolière actuelle en toute sa complexité, est sans doute inaccessible à qui n'a pas eu l'opportunité d'une familiarité pratique avec les nombreuses questions et difficultés que pose l'application de l'impôt à l'opérateur pétrolier.

Il se trouve qu'Albert Léonard DIKOUME a eu deux fois cette opportunité, d'abord en tant qu'agent d'un opérateur exposé, par son activité, à supporter la fiscalité pétrolière, ensuite en tant que personne ressource d'une administration publique précisément en charge d'appliquer l'impôt aux entreprises de production de mines hydrocarbures. Cette double expérience, sans doute relativement rare, est devenue une double chance lorsque son bénéficiaire s'est heureusement convaincu de l'intérêt d'en faire bénéficier d'autres que lui.

Disposant de la meilleure connaissance, tant de la science fiscale que de l'économie pétrolière, Albert Léonard DIKOUME nous livre de fait aujourd'hui, dans l'ouvrage intitulé « La fiscalité pétrolière des Etats membres de la CEMAC » pour lequel lui a été décerné, avec les félicitations du jury, le grade de docteur en

droit de l'Université Paris-1 Panthéon-Sorbonne, non seulement une très précieuse présentation de ce segment si particulier de la fiscalité, mais encore un ensemble de réflexions et de suggestions offrant de sérieuses perspectives de progrès en un domaine de grande sensibilité.
Sa présentation permet de prendre connaissance des principaux modes juridiques de l'exploitation pétrolière, et de leur évolution, comme des différents éléments de la fiscalité pétrolière susceptible d'être mise en œuvre. L'approche comparée de la pratique des Etats producteurs d'Afrique centrale, membres de la CEMAC, est un enrichissement précieux de la présentation des techniques à l'oeuvre, avec lesquelles le lecteur peut se familiariser. Si l'harmonisation des fiscalités concernées rencontrera sans doute les limites qu'impose la singularité, précédemment soulignée, de toute fiscalité minière, une commune amélioration des régimes appliqués peut certainement trouver inspiration dans le travail d'Albert Léonard DIKOUME.
Bien au-delà, d'ailleurs, du cercle des Etats membres de la CEMAC, la lecture de son ouvrage sera de grande utilité, tant pour les opérateurs, et leurs experts, envisageant le développement de nouvelles activités de recherche et d'exploitation pétrolière que pour les pouvoirs publics, et leurs représentants, des pays et collectivités ayant la chance de disposer dans leur sol ou sous-sol, terrestre ou maritime, de ressources naturelles susceptibles de favoriser un développement économique et social durable et harmonieux, pour peu, notamment, que soit judicieusement fixé le régime d'imposition permettant d'assurer le juste partage du produit de leur exploitation.

Bernard CASTAGNEDE
Professeur à l'Université Paris-1
Panthéon-Sorbonne

SOMMAIRE

(Une table des matières détaillée figure à la fin de l'ouvrage)

TABLE DES PRINCIPALES ABREVIATIONS

AEF	Afrique Equatoriale Française
API	American Petroleum Institute
Bbls/bl	Barils
CAC	Centimes Additionnels Communaux
CAF	Coût, Assurance, Fret
CCSRP	Collège de Contrôle et de Surveillance des Revenus Pétroliers
CD	Code des Douanes
CE	Conseil d'Etat
CEA	Commission Economique de l'Afrique
CEEAC	Communauté Economique des Etats de l'Afrique Centrale
CEMAC	Communauté Economique et Monétaire de l'Afrique Centrale
Cf	Se référer à, voir
CGI	Code Général des Impôts
CIF	Cost, Insurance, Freight (Coût, Assurance, Fret)
CP-CAI	Corporation Pétro Canada pour l'Assistance Internationale
CPM	Cellule Pétrolière et Minière
COBAC	Commission Bancaire de l'Afrique Centrale
CONOCO	Continental Oil Company
COTCO	Cameroon Oil Transportation Company
DA	Droit d'Accise
DD	Direction des Douanes/Droits de Douanes
DI	Direction des Impôts
DGI	Direction Générale des Impôts
DSF	Déclaration Statistique et Fiscale
ENSET	Ecole Normale Supérieure de l'Enseignement Technique
ERAP	Entreprise de Recherches et d'Activités Pétrolières
Estim	Estimation
FTC	Federal Trade Commission
FOB	Free On Bord, par opposition à CIF
HYDROCONGO	Société nationale de recherche et d'exploitation pétrolière du Congo
ICAI	Impôt sur le Chiffre d'Affaires Intérieur
IPC	Iraq Petroleum Company
IRCM	Impôt sur le Revenu des Capitaux Mobiliers
IRVM	Impôt sur le Revenu des Valeurs Mobilières
I S	Impôt sur les Sociétés
L/F	Loi de Finances
LIBOR	London Inter Bank Offered Rate
M €	Millions d'Euros
M I	Marché Intérieur
MINEFI	Ministère de l'Economie et des Finances

MINMEE	Ministère des Mines de l'Eau et de l'Energie
OCAM	Organisation Commune Africaine Malgache et Mauricienne
OHADA	Organisation pour l'Harmonisation du Droit des Affaires
ONU	Organisation des Nations unies
OPAEP	Organisation des Pays Arabes Exportateurs de Pétrole
OPEP	Organisation des Pays Exportateurs de Pétrole
PAD	Project Apraisal Document
PETROCA	Centrafricaine des Pétroles
PETROGAB	Société nationale pétrolière gabonaise
PID	Provision pour Investissements Diversifiés
PNGF	Pointe Noire Grands Fonds
Provis	Provisoire
RES	Remise en Etat des Sites
RMG	Rente Minière Garantie
s	suivant
ss	suivants
SCDP	Société Camerounaise des Dépôts Pétroliers
SNEA	Société Nationale Elf Aquitaine
SNH	Société Nationale des Hydrocarbures
SNPC	Société Nationale des Pétroles du Congo
SPAEF	Société des Pétroles de l'Afrique Equatoriale Française
TCA	Taxe sur le Chiffre d'Affaires
T M	Tonne Métrique
TOTCO	Tchad Oil Transportation Company
TPRCM	Taxe Proportionnelle sur Revenus de Capitaux Mobiliers
TSR	Taxe Spéciale sur les Revenus
TTC	Toutes Taxes Comprises
TVA	Taxe sur la Valeur Ajoutée
UDEAC	Union Douanière et Economique de l'Afrique Centrale
USD/US$	Dollar des Etats-Unis d'Amérique
V.	Voir

INTRODUCTION GENERALE

1.- Il y a plus de cinquante siècles que le pétrole est connu dans le monde. Les peuples bibliques et les chinois l'utilisaient il y a cinq à six mille ans, aussi bien pour l'éclairage et la cuisson des aliments que pour la chauffe des fours à briques. Des récits anciens, ceux d'Hérodote en particulier, situent bien les feux et suintement qui correspondent aux gisements du Proche-Orient (Iran et Irak) que les pionniers entreprenants ont redécouverts depuis le début du 20è siècle. Le pétrole apparaît ainsi comme une source d'énergie ; mais il n'est pas facile de l'enfermer dans une définition. Les savants se sont plus penchés sur le problème de son origine. Deux théories prévalaient : celle de l'origine minérale, défendue autrefois par MOISSAN et SABATIER et celle de l'origine organique défendue par ENGLER et HOFER.

2.- C'est cette dernière théorie qui est considérée aujourd'hui comme la plus vraisemblable. ENGLER et HOFER ont obtenu en effet en laboratoire des hydrocarbures à partir de poissons et de végétaux[1]. Il faudra attendre 1859, date du premier sondage entrepris par DRAKE aux Etats-Unis, pour que les quantités obtenues puissent faire l'objet d'une véritable industrie et, dès l'année suivante (1860), la production mondiale atteignait 70 000 tonnes. Cette découverte va entraîner le déclin des autres sources d'énergie jusque-là connues, tel que l'illustre le tableau n° 1 ci-après[2] :

Tableau n° 1 : Evolution des sources d'énergie de 1925 à 1947

SOURCES	1925	1947
Pétrole et gaz naturel...	0.1 %	40 %
Charbon........................	-	35 %
Cellulose.......................	-	14 %
Graisse et hydrate de C.	-	11 %

Source : LIMIDO (G. E.), *Pétrole, Matière première de l'industrie chimique*, 1ère partie.

3.- De nos jours, le pétrole est devenu la principale source d'énergie et l'unique dans certains secteurs. En 1978, la production mondiale a atteint 3 094 millions de tonnes[3]. Elle est passée à 3 532 millions de tonnes en 2002[4], puis 3 666 millions de

---

[1] NORMAND (X), *Leçons sommaires sur l'industrie du raffinage du pétrole* 5è édition, Paris, Société des Editions TECHNIP, 1978, tome I, p. 4,

[2] LIMIDO (G. E.), *Pétrole, Matière première de l'industrie chimique*, 1ère partie, Paris, Société des Editions TECHNIP, juin 1958, p. 10.

[3] Comité Professionnel Du Pétrole (CPDP), *Pétrole 96, Eléments Statistiques*, P. E12.

[4] Comité Professionnel Du Pétrole (CPDP), *Pétrole 2002, Eléments Statistiques*, P. E12, mis à jour en 2005.

tonnes en 2003[5] et 3 850 millions de tonnes en 2005[6]. Le pétrole génère d'importantes ressources financières qui ne peuvent laisser les Etats indifférents. Ceux-ci y interviennent notamment à travers une réglementation fiscale particulière de l'industrie qui en découle[7], à travers ses principales phases (section 1). Il en découle la place prépondérante qu'occupe le pétrole dans les économies et les finances des Etats membres de la CEMAC (section 2).

Section 1 : L'activité pétrolière et les cotations de pétrole brut

§1 : Les grandes phases de l'industrie pétrolière

4.- L'activité pétrolière a donné naissance à une industrie stratégique de pointe. Cette industrie comporte cinq grandes phases : l'exploration (A), la production et le transport (B), le raffinage (C) et la distribution (D).

A - L'EXPLORATION

5.- L'exploration regroupe les opérations de prospection et de recherche. On entend par prospection, l'opération qui consiste à faire des investigations superficielles avec l'utilisation éventuelle des méthodes géophysiques en vue de la découverte d'indices de substances minérales concessibles. Quant à la recherche, elle correspond à tout ensemble de travaux superficiels ou profonds exécutés en vue d'établir la continuité d'indices découverts par la prospection, d'en étudier les conditions d'exploitation et d'utilisation industrielle et d'en conclure à l'existence de gisements exploitables de substances minérales[8]. En clair, l'exploration est constituée de l'ensemble des études géologiques, géophysiques ou géochimiques et forages de puits d'exploration, à l'exclusion des forages dépassant une profondeur de trois cents (300) mètres[9]. Toute opération d'exploration ne se solde pas par une découverte ; six forages d'exploration sur sept se révèlent infructueux[10]. De même, toute découverte ne donne pas lieu à un gisement économiquement viable, dépenses de développement et de production comptabilisées.

6.- L'exploration à l'avantage de mettre en exergue les réserves mondiales, que nous présentons au tableau n° 2 ci-après[11]. L'analyse de ce tableau révèle que les résultats les plus importants de la recherche et de l'exploration pétrolière ont été obtenus au Proche Orient. Celui-ci détient plus de 57 % des réserves mondiales

---

[5] Comité Professionnel Du Pétrole (CPDP), *Pétrole 2003*, *Eléments Statistiques*, P. E12, mis à jour en 2005.
[6] Comité Professionnel Du Pétrole (CPDP), *Pétrole 2005*, *Eléments Statistiques*, P. E15.
[7] V. infra, n° 146 ss.
[8] Ordonnance du 25 avril 1970, portant Code Minier au Tchad, art. 5 et 6 ; loi n° 64-LF-3 du 06 avril 1964 portant régime des substances minérales de la République Fédérale du Cameroun, art. 5, J.O.R.F.C. 1964, p. 64 suppl.
[9] Loi n° 99/013 du 22 décembre 1999 portant code pétrolier au Cameroun, art. 2.
[10] DANDOU (W. E.), *Les pratiques d'analyse du risque des compagnies pétrolières et les décisions d'exploration - production*, Thèse Paris II, 1993, p. 5.
[11] Comité Professionnel Du Pétrole (CPDP), *Pétrole 96, Pétrole 2002, pétrole 2003, pétrole 2004* p. E12 *et Pétrole 2005*, *Eléments statistiques*, p. E15.

depuis 2004. L'Afrique n'en détient que 06,38 % en 2003, 06,88 % en 2004, 07,34 % en 2005 et 07,94 % en 2006[12]. La forte augmentation des réserves en Amérique du Nord est due aux découvertes au Canada en 2003.

B - La production et le transport

7.- La production de pétrole brut quant à elle consiste en l'appréciation, le développement des forages d'exploration et la production effective. L'évolution de la production mondiale est quasi-proportionnelle à celle des réserves. Elle se résume dans le tableau n° 3 ci-après, en milliers de tonnes[13]. Il ressort de ce tableau que l'OPEP détient en moyenne 41 % de la production mondiale. Le Proche-Orient en détient en moyenne 31 %. L'Afrique quant à elle représente un peu plus de 10 % de cette production mondiale jusqu'en 2003[14] ; ce pourcentage est passé à 11,6 % en 2004, puis à 12,1 % en 2005 et 12,3 % en 2006. L'éclatement de l'Europe en Europe Occidentale et Europe Orientale a cessé en 2003.

S'agissant du transport, il consiste à déplacer le pétrole brut des points de production vers les points de commercialisation ou de transformation. Pour ce faire, on utilise soit les *tankers* ou navires-citernes, soit les pipe-lines.

---

[12] Ces pourcentages sont calculés par nous-mêmes à partir d'un rapport entre le chiffre de la région donnée et le total mondial, tel qu'ils apparaissent au tableau n° 2.

[13] Comité Professionnel Du Pétrole (CPDP), Pétrole 96, Pétrole 2002 et Pétrole 2003, précités, p. E14.

[14] Les pourcentages sont calculés par nous-mêmes à partir d'un rapport entre le chiffre de la région donnée et le total mondial.

Tableau n° 2 : Les réserves mondiales de pétrole brut (en millions de tonnes)

REGIONS	**A N N E E S**											
	1978	**1994**	**1996**	**1997**	**1999**	**2000**	**2001**	**2002**	**2003**	**2004**	**2005**	**2006**
AMERIQUE DU NORD	4 843	3 935	3 732	3 717	3 749	3 543	3 611	3 670	27 621	27 499	27 379	27 307
AMERIQUE LATINE	5 484	17 053	17 557	17 454	18 734	16 089	16 754	16 768	15 167	15 624	15 716	15 859
AFRIQUE	7 821	8 453	9 980	9 216	10 292	10 217	10 217	10 461	10 563	11 875	13 750	13 995
EUROPE (ENSEMBLE)										13 312	13 021	12 853
EUROPE OCCIDENTALE	3 153	2 271	2 125	2 505	2 554	2 539	2 344	2 338	2 469	2 485	*2 196*	-
EUROPE ORIENTALE	10 641	8 072	8 075	8 062	8 056	8 052	8 052	7 988	10 827	10 827	*10 825*	-
PROCHE ORIENT	49 904	90 432	89 980	92 272	91 903	92 174	93 249	93 532	93 539	99 160	99 501	101 420
EXTREME ORIENT/OCEANIE	5 423	6 091	5 996	5 771	5 868	6 001	5 997	5 973	5 281	5 219	4 951	4 903
TOTAL MONDIAL	87 269	136 307	137 445	138 997	141 156	138 615	140 225	140 730	165 467	172 689	174 318	176 337
Dont O P E P	59 787	105 340	105 987	107 582	109 206	109 479	111 105	111 710	111 733	118 625	120 762	123 009

Source : Annuaires du Comité Professionnel Du Pétrole (CPDP), 1988, 1996, 1999, 2002, 2003, 2004, 2005 et 2006.

Tableau n° 3 : La production mondiale de pétrole brut (en milliers de tonnes)

REGIONS	ANNEES									
	1978	1994	1998	2000	2001	2002	2003	2004	2005	2006
AMERIQUE DU NORD	554 373	475 078	475 801	459 145	462 822	451 174	449 729	447 392	426 657	434 003
AMERIQUE LATINE	253 585	430 815	529 954	525 827	521 378	516 481	511 021	532 852	539 160	534 240
AFRIQUE	299 930	333 103	363 904	374 198	375 894	378 339	397 886	441 305	467 697	474 098
EUROPE	682 262	649 951	672 187	713 186	731 408	766 650	799 645	821 478	820 291	818 376
* OCCIDENTALE	86 951	276 251	312 287	320 086	312 209	311 848	309 387			
* ORIENTALE	595 311	373 700	359 900	393 100	419 199	454 802	490 258			
PROCHE ORIENT	1 062 054	960 440	1 103 614	1 135 599	1 109 149	1 045 674	1 129 805	1 196 879	1 220 189	1 228 970
EXTREME ORIENT/OCEANIE	241 904	342 682	370 367	382 127	377 372	377 696	373 143	376 249	378 938	379 232
TOTAL MONDIAL	3 094 108	3 192 069	3 515 827	3 590 082	3 578 023	3 536 014	3 661 229	3 816 155	3 852 932	3 868 919
Dont O P E P	180 707	1 327 400	1 499 500	1 519 000	1 475 600	1 393 400	1 481 300	1 594 100	1 629 900	1 632 600

Source : Annuaires du Comité Professionnel Du Pétrole (CPDP), 1988, 1996, 2002, 2003, 2004, 2005 et 2006.

C - LE RAFFINAGE

8.- En ce qui concerne le raffinage, c'est la transformation du pétrole brut en produits pétroliers, par le procédé de la distillation. Le processus de raffinage permet de séparer les hydrocarbures composant un brut donné, de décomposer le brut afin d'obtenir un ensemble de produits pétroliers, produits liés puisque l'on ne peut obtenir un des produits, par mise en œuvre du processus de raffinage, sans obtenir aussi les autres (cf. tableau n° 4 ci-après). Mais suivant les techniques utilisées, les qualités du brut retenues comme matière première, il est possible de faire varier les quantités relatives de chacun des produits obtenus, de façon à ajuster la structure de l'ensemble des produits raffinés à la structure de la demande. Le raffinage est placé sous la surveillance des services des douanes depuis la loi du 16 mars 1928[15]. Le Code des Douanes de l'UDEAC a repris cette protection sous son régime de l'usine exercée[16] .

Tableau n° 4 : Rendements théoriques de la distillation du brut

PRODUITS	RENDEMENT DU BRUT EN % POIDS			
	KOLE (Cameroun)	ALBA (Guinée Equator)	POINTE DE COUPE	UNITE DE MESURE
ESSENCE totale	13,62	37,77	140	TM/Bbls
KEROSENE	17,69	28,27	240	TM/Bbls
GASOLE total	26,16	25,87	375	TM/Bbls
DISTILLAT	8,97	1,70	440	TM/Bbls
RESIDU (Fuel)	32,70	3,68	440+	TM/Bbls
TOTAL	**100,00**	**100,00**		
Densité API	31,70	49,21		

Source : Moyenne des statistiques de production de la Société Nationale de Raffinage de pétrole brut (SO.NA.RA.), Cameroun, 2004.

D - LA DISTRIBUTION

9.- La distribution enfin, est la mise à la consommation des produits pétroliers[17]. L'activité de distribution intègre le stockage, le transport, les importations, les exportations et le contrôle des produits pétroliers[18]. Cette dernière activité constitue

[15] Loi française du 16 mars 1928, portant révision du régime douanier des produits pétroliers.

[16] Code des Douanes de l'UDEAC, art. 197 & 198. Le Code des Douanes de la CEMAC quant à lui ne parle pas spécifiquement de ce régime, mais parle plutôt du régime des industries de transformation. V. infra, n° 548.

[17] DIKOUME (A. L.), *Les spécificités du régime fiscal applicable aux produits pétroliers au Cameroun* , mémoire DESS, Université de Douala, 2001, pp. 17 et 31.

[18] DIKOUME (A. L.), *Les spécificités du régime fiscal applicable aux produits pétroliers au Cameroun* , précité, p. 2.

ce qu'il est convenu d'appeler le secteur pétrolier aval[19]. On y associe couramment le raffinage qui, à notre avis, reste un secteur particulier.

10.- En tant que source d'énergie principale dans le monde, le pétrole brut a connu des cotations tantôt stables, tantôt instables. En effet, les prix des pétroles bruts qui n'avaient pratiquement pas varié depuis 1961 ont commencé vers la fin de l'année 1970 un mouvement ascensionnel qui a été s'amplifiant et a pris notamment au cours du dernier trimestre de 1973 des allures vertigineuses. Nous résumons ci-après les principales étapes de l'évolution des cotations.

§2 : Les principales étapes de l'évolution des cotations

11.- Entre 1970 et 1973 : Les accords de Téhéran et de Genève aboutissent à une augmentation des prix affichés[20] et une généralisation à 55 %[21] du taux de l'impôt sur les bénéfices[22].
D'octobre 1973 à janvier 1974 : C'est le premier choc pétrolier. Suite à la guerre du Kippour le 06 octobre, les pays producteurs fixent le 16 octobre de nouveaux prix en hausse de 70 à 100 % selon les origines et les qualités. Le 23 décembre, une nouvelle hausse encore plus brutale (plus qu'un doublement) est décidée à Téhéran pour application le 1er janvier 1974.

12.- Après cinq ans de quasi-stabilité des prix, une nouvelle hausse brutale intervient au second semestre 1979, conséquence des perturbations provoquées sur le marché mondial par la révolution iranienne. Le mouvement se poursuit en 1980 et 1981 : c'est le second choc pétrolier.
De fin 1982 à début 1983, c'est la décrue. A la suite du second choc pétrolier, la récession économique, les économies d'énergie, et le développement des énergies de substitution provoquent une forte réduction de la demande pétrolière mondiale entre fin 1982 et début 1983. Les prix baissent sensiblement sur le marché spot. Cette baisse se concrétise sur les prix officiels en mars[23].

13.- La chute est complète entre fin 1985 et 1986. En effet, lors de la réunion de l'OPEP[24] du 07 au 9 décembre 1985 à Genève, l'Arabie Saoudite manifeste sa volonté de retrouver une part du marché mondial plus conforme à son potentiel. C'est en effet grâce à une réduction importante de sa production que l'équilibre de l'offre et de la demande mondiale avait pu être maintenu jusque-là sans chute des prix. Cette décision de l'Arabie Saoudite de cesser de jouer les producteurs d'appoint entraîne rapidement une baisse très importante des cours qui atteindront

---

[19] DIKOUME (A. L.), *Les spécificités du régime fiscal applicables aux produits pétroliers au Cameroun* , précité, p. 2.
[20] V. infra, n° 435 ss.
[21] Comité Professionnel Du Pétrole (CPDP), *Pétrole 2002, Eléments Statistiques*, précité, page D2 ss.
[22] V. infra, n° 494 ss.
[23] Comité Professionnel Du Pétrole (CPDP), *Pétrole 88, Eléments Statistiques*, précité, page D2.
[24] V. infra, n° 829 ss.

leur point le plus bas de 7 – 8 dollars par baril[25] à la fin du mois de Juillet. L'équilibre des contrats pétroliers connaît une réelle menace[26].

14.- Entre mi-1986 et mi-1988, il y a une remontée suivie d'une quasi-stabilisation. En effet, les pays de l'OPEP réunis à Genève du 28 Juillet au 5 Août, ont décidé de réduire leur production en revenant au système des quotas. Les prix du brut sont immédiatement remonté et se sont stabilisés aux environs de 15 dollars le baril vers la fin de l'année 1986[27]. Depuis lors, ces prix ont fluctué en dents de scie au gré des évènements. C'est ainsi qu'entre mi-1988 et mi - 1990, la cessation des hostilités entre l'Iran et l'Irak a entraîné un accroissement des quantités de brut mises sur le marché. Ceci, joint aux difficultés de l'OPEP à mettre au point une stratégie de défense des revenus de ses membres, a fait baisser les prix.

15.- La guerre du golfe entre août 1990 et janvier 1991 avec l'invasion du Koweït par l'Irak et l'embargo qui a suivi prive le marché mondial de 4,5 millions de barils par jour. Ceci a provoqué une envolée des prix, jusqu'à plus de 41 dollars par baril pour le *Brent*[28], entre fin septembre et début octobre 1990. Pendant les hostilités qui ont duré jusqu'au 28 février 1991 et la période qui a suivi, on note une stabilisation sur fonds de crises. A partir de juillet 1992, le niveau des prix s'est fortement dégradé. Ce retournement est dû à la récession économique. Grâce à la reprise économique américaine, on notera toutefois une remontée entre 1994 et 1996, le *Brent* fluctuant entre 15,5 dollars et 17,5 dollars[29].

16.- Mais dès le début de 1997, la reconstitution des stocks aux Etats-Unis, la soudaine douceur du temps ainsi qu'une production OPEP dépassant largement les quotas ont entraîné les prix à la baisse. Le *Brent* passe en dessous de 17 dollars par baril début avril. Après quelques soubresauts, le *Brent* rechute à nouveau vers la fin de l'année 1997, jusqu'à 11,30 dollars le baril[30]. Face à cette situation, certains pays producteurs (Arabie Saoudite, Venezuela, Mexique), suivis par l'ensemble des pays de l'OPEP (sauf l'Irak) réunis en session extraordinaire le 31 mars 1998, ont décidé de réduire temporairement leur production pour soutenir les prix du brut qui ont atteint fin mai 14,70 dollars par baril pour le *Brent*[31].

17.- La situation s'est complètement retournée avec la signature, le 15 mars 1999 à Vassenaar (Pays-Bas), entre l'OPEP et d'autres pays producteurs dont le Mexique, la Norvège, et la Russie, d'un nouvel accord de réduction de la production de plus de deux millions de barils par jour à compter du 1er avril 1999. Ce fut le point de

---

[25] Comité Professionnel Du Pétrole (CPDP), *Pétrole 88, Eléments Statistiques*, précité, page D2.
[26] V. infra, n° 195 ss.
[27] Comité Professionnel Du Pétrole (CPDP), *Pétrole 96, Eléments Statistiques*, précité, page D2.
[28] A l'origine, il s'agit du nom d'un gisement de pétrole situé en mer du nord. Par extension, le *Brent* est devenu le pétrole de référence en Europe – Méditerranée – Afrique. Il fait l'objet de transactions sur le marché à terme de Londres et donne la tendance du jour (v. DIKOUME (A. L.), *Les spécificités du régime fiscal applicable aux produits pétroliers au Cameroun* , précité, p. 11.)
[29] Comité Professionnel Du Pétrole (CPDP), *Pétrole 99, Eléments Statistiques*, précité, p. D3.
[30] Comité Professionnel Du Pétrole (CPDP), *Pétrole 99, Eléments Statistiques*, précité, p. D3.
[31] Comité Professionnel Du Pétrole (CPDP), *Pétrole 2002, Eléments Statistiques*, précité, p. D3.

départ d'une hausse des prix considérable et presque ininterrompue pendant plus d'un an. Elle s'est traduite par un triplement du prix du brut, le *Brent dated* dépassant 30 dollars le baril début mars 2000[32]. Les prix se sont ensuite maintenus à un niveau élevé (30 à 34 dollars par barils pour le *Brent* daté) jusqu'en novembre 2000[33], notamment à cause des tensions politiques au Proche-Orient, de l'arrêt momentané des exportations irakiennes, des prises de positions spéculatives,... La disparition de ces aléas, liés à une certaine reconstitution des stocks, a fait chuter le prix du brut en décembre 2000 et au début de l'année 2001.

18.- A partir de 2002, un compromis entre pays OPEP et non-OPEP a permis de réduire la production et de relever les prix. Ces prix sont restés à des niveaux élevés tout au long de l'année 2003. Ils avaient commencé à monter à la fin de l'année 2002, en raison de la grève qui, dès le début du mois de décembre, avait progressivement paralysé l'industrie pétrolière du Venezuela et les exportations de pétrole de ce pays[34]. Cette montée était également due à l'imminence d'une intervention américaine en Irak. Après cette intervention, le *Brent* a coté entre 27 et 30 $/b de juin à décembre[35]. Au dernier trimestre de 2003 et au début de 2004, l'actualité a été riche en évènements de nature à maintenir les prix à un haut niveau : climat politique lourd au Moyen Orient, crainte d'un développement international du terrorisme, importante demande pétrolière notamment en Chine et aux Indes, bas niveau persistant des réserves aux Etats-Unis, présence des fonds spéculatifs[36]... C'est ainsi qu'en octobre 2004, le *Brent* atteignait le pic de 52 $/b, avant de redescendre à 38,5 $/b en décembre de la même année[37].

19.- Cette courte période de baisse est due notamment à une remontée momentanée des réserves aux Etats-Unis et à un tassement de la demande. Mais dès le mois de janvier 2005, les prix sont repartis à la hausse, pour les mêmes raisons déjà évoquées. En mi-mars 2005, le *Brent* dépassait les 54 $/b[38]. Dans un marché déjà vulnérable, le cyclone Katrina qui, le 30 août, a dévasté le golfe du Mexique, a restreint encore une offre loin d'être excédentaire et fait monter les prix du brut ; début septembre 2005, le *Brent* dépassait les 66 $/b[39]. Des déstockages massifs de brut et de produits raffinés réalisés par les pays membres de l'Agence Internationale de l'Energie ont fait redescendre les prix aux alentours de 53 $/b en fin novembre 2005[40].

20.- Des tensions au Moyen-Orient et au Venezuela, la politique nucléaire suivie par l'Iran ainsi qu'une demande qui reste forte ont, de nouveau, entraîné les prix à la hausse ; durant tout le mois de juillet 2006, le *Brent* s'est stabilisé au dessus de

---

[32] Comité Professionnel Du Pétrole (CPDP), *Pétrole 2002, Eléments Statistiques*, précité, p D4.
[33] Comité Professionnel Du Pétrole (CPDP), *Pétrole 2002*, précité, p. D4.
[34] Comité Professionnel Du Pétrole (CPDP), *Pétrole 2003, Eléments statistiques*, p. 1.
[35] Comité Professionnel Du Pétrole (CPDP), *Pétrole 2003*, précité, p. D4.
[36] Comité Professionnel Du Pétrole (CPDP), *Pétrole 2003*, précité, p. 1.
[37] Comité Professionnel Du Pétrole (CPDP), *Pétrole 2004, Eléments statistiques*, p. D 4.
[38] Comité Professionnel Du Pétrole (CPDP), *Pétrole 2004*, précité, p. D 4.
[39] Comité Professionnel Du Pétrole (CPDP), *Pétrole 2005, Eléments statistiques*, p. D 4.
[40] Comité Professionnel Du Pétrole (CPDP), *Pétrole 2005*, précité, p. D 4.

71 $/b, réalisant une moyenne mensuelle de 73,66 $/b[41]. Cette tendance haussière s'est poursuivie durant la première quinzaine d'août 2006, avec un pic de 78,69 $/b le 08 août 2006 ; la moyenne pour ce mois a été de 73,11 $/b[42]. La période de septembre à décembre 2006 est caractérisée par de légères baisses des cours du *Brent*, ce qui ramène sa moyenne annuelle à 65,28 $/b[43]. Cette tendance baissière s'est poursuivie jusqu'en janvier 2007, avec une moyenne mensuelle du *Brent* de 53,68 $/b[44]. Les cours du *Brent* sont remontés en février et mars 2007, se situant à une moyenne respective de 57,56 $/b et 62,15 $/b[45].

§3 : Champ de l'étude

21.- Il s'agit ici de délimiter notre recherche au niveau du temps (A), des activités (B) et du support géographique (C).

A - LES LIMITES TEMPORELLES

22.- En marge de la conjoncture internationale, les variations de prix ont généralement été tantôt la cause, tantôt l'aboutissement du réaménagement du dispositif légal et réglementaire de l'activité pétrolière. C'est ce dispositif, notamment sous son caractère fiscal, que nous nous proposons d'étudier pour la période allant du deuxième choc pétrolier jusqu'en 2006.

B - LE CHAMP D'ACTIVITES

23.- Les activités de raffinage et de distribution ne seront pas concernées par notre étude. Celle-ci portera uniquement sur le secteur amont, celui de l'exploration et de la production de pétrole brut. Par ailleurs, chaque fois que cela sera nécessaire, nous marquerons un arrêt sur l'activité transport de pétrole brut et uniquement le transport par pipe-line[46].

C - LE SUPPORT GEOGRAPHIQUE

24.- Cette étude se limitera à un groupe de pays africains, membres de la CEMAC, à savoir :

- le Cameroun,
- le Congo,
- le Gabon,

---

[41] V. les cotations platt's du mois de juillet 2006.
[42] V. les cotations platt's du mois d'août 2006.
[43] V. les cotations platt's du mois de décembre 2006.
[44] V. les cotations platt's du mois de janvier 2007.
[45] V. les cotations platt's du mois de mars 2007.
[46] Le pipeline est une canalisation, prise isolément ou formant réseau, servant au transport – à partir de la tête du puits ou de tout autre lieu de production ou à partir du lieu de stockage, de transformation ou de traitement – du pétrole qu'ils peuvent contenir à la suite des opérations de forage ou de production. Y sont assimilés les terrains ou installations liés, directement ou non, à l'exploitation de la canalisation pour la collecte, le transport, la manutention et la livraison du pétrole.

- la Guinée-Equatoriale,
- la République Centrafricaine (RCA),
- le Tchad.

Cinq de ces six pays sont producteurs de pétrole brut : le Cameroun, le Congo, le Gabon, la Guinée Equatoriale et le Tchad depuis Juillet 2003.

25.- Le Cameroun n'est qu'un modeste producteur de pétrole brut, mais possède des potentialités importantes. La production a démarré en fin 1977[47], et a atteint 4,3 millions de tonnes en 1981. En 1985, elle était de 9,181 millions de tonnes[48], avant de chuter à 3,5 millions de tonnes en 2003[49]. La spécificité du Cameroun en matière de politique pétrolière est l'extrême prudence du gouvernement qui entend ne pas démobiliser une population essentiellement rurale. La politique officielle en la matière est, sinon de n'en pas parler, du moins d'en parler très peu. Le gouvernement n'entend pas pour autant se désintéresser d'un secteur d'activité encore marginal aujourd'hui, mais qui peut devenir essentiel demain. Les compagnies pétrolières étaient encore soumises au régime avantageux de la concession. Néanmoins, l'Etat a mis en place depuis le 12 mars 1980, la Société Nationale des Hydrocarbures (SNH), Etablissement Public à caractère Industriel et Commercial[50], chargé de promouvoir la mise en valeur des hydrocarbures au Cameroun et de gérer les intérêts de l'Etat dans ce domaine.

26.- Le Congo se place au septième rang des producteurs africains en 2002, avec 260 mille barils par jour[51]. Toutefois, le pétrole congolais n'a pas tenu toutes ses promesses. La production a subi quelques discontinuités depuis le démarrage de l'exploitation en 1960. Selon le gouvernement, le Congo doit profiter au maximum de sa production pétrolière pour soutenir son développement économique et social. « Le pétrole ne doit donc pas tourner la tête aux congolais »[52]. Pour mieux participer à la prospection et à la production pétrolière, l'Etat a créé, en 1973, la Société nationale de recherches et d'exploitation pétrolière (HYDRO – CONGO). C'est une structure spécifique dont le capital est détenu en totalité par les pouvoirs publics congolais. Elle avait pour vocation initiale « la recherche, le raffinage, l'exploitation et le monopole de la distribution des produits pétroliers ».

27.- Le Gabon était classé, jusqu'en 2002 sixième producteur africain de pétrole et premier dans la CEMAC[53], avec 290 000 barils par jour[54]. Il est dépassé par le Congo depuis 2003, puis par la Guinée Equatoriale depuis 2004. La primauté du pétrole dans la vie économique du Gabon est telle que les espérances, déçues dans les effets d'entraînement du développement économique, ont conduit le Gabon au

---

[47] *Le pétrole et le gaz en Afrique*, 1è éd. 1983, édiafric la documentation africaine, p. 171.
[48] Comité Professionnel Du Pétrole (CPDP), *Pétrole 88*, précité, p. E16.
[49] Comité Professionnel Du Pétrole (CPDP), *Pétrole 2003*, précité, p. E14.
[50] DIKOUME (A. L), *Droit des Sociétés Commerciales au Cameroun*, Yaoundé, éd. SOPECAM 1997, n° 547, p. 297.
[51] *Ecofinance n° 37*, novembre 2003, « Tchad : A qui appartient le pétrole ? », p. 48.
[52] *Le pétrole et le gaz en Afrique*, précité, p. 197.
[53] V. infra, n° 31.
[54] *Ecofinance n° 37*, novembre 2003, « Tchad : A qui appartient le pétrole ? », p. 48.

bord de la faillite[55]. Après un amenuisement des réserves et une quasi-stagnation de la production jusqu'en 1983, le Gabon a retrouvé son niveau d'antan. Il convient de préciser que la prospection pétrolière au Gabon a débuté en 1928 et que les premières découvertes remontent à 1957.

28.- En Guinée Equatoriale, l'exploration pétrolière a démarré en janvier 1982, avec la société espagnole Hispanica de Petroleos SA (HISPANOIL). Mais l'exploitation pétrolière n'a commencé qu'en 1992. Depuis 1995, la production de la Guinée Equatoriale a augmenté considérablement avec la découverte du grand champ pétrolier Zafiro[56]. En 2003, la Guinée se hisse au neuvième rang des producteurs africains de pétrole brut, et au troisième rang dans la CEMAC. Elle est y occupe la première place depuis 2004[57].

29.- En 1970, les magnétomètres de l'OGO (équipe américaine) ont découvert fortuitement l'anomalie magnétique centrafricaine, connue sous le nom d' « anomalie de Bangui ». Une équipe de géophysiciens soviétiques qui avait placé des cosmos à magnétomètre dans la même région apporta des preuves à l'appui de la thèse américaine sans toutefois la confirmer[58]. La prospection pétrolière a commencé en février 1973[59], avec l'attribution de permis de recherche[60] dans le Nord-Est du pays. Le programme d'investissement initial a été augmenté courant 1978 pour une nouvelle période de cinq ans. Jusqu'en fin 2006, ces recherches n'avaient pas encore abouti à une quelconque découverte.

30.- Au Tchad, les premiers travaux de recherches de brut ont été effectués dans le nord du pays de 1952 à 1955 par le Bureau de Recherches Pétrolières (BRP), ancêtre d'Elf Aquitaine, puis par Shell en 1955, Exxon et Mobil en 1959[61]. Jusqu'en 1965, elles s'avèrent infructueuses. En 1969, la Continental Oil Company (CONOCO) obtint un permis exclusif de recherches d'hydrocarbures dans la région du Lac Tchad et la dépression du Chari[62] ; les prospections y sont concluantes[63] et le 23 juillet 1970, la République du Tchad et Elf Aquitaine signent une convention de concession[64]. Toutefois, ce n'est qu'en 1973 que les premiers puits sont creusés à Doba[65]. En 1979 la guerre éclate. Toutes les activités de prospection pétroliè-

[55] *Le pétrole et le gaz en Afrique*, précité, p. 97.

[56] Agence France Presse (AFP), dépêche du 7 octobre 2001 à 14h14, intitulée *Guinée Equatoriale, Congo et Tchad : « pôles de croissance » du pétrole en Afrique Centrale.*

[57] V. infra, tableau n° 5, p. 31.

[58] FODEM Forum, 24 avril 2004, « *A propos du pétrole centrafricain* »

[59] *Le pétrole et le gaz en Afrique*, précité, p. 265.

[60] V. infra, n° 95.

[61] *Groupe de Recherches Alternatives et de Monitoring du Projet Pétrole Tchad-Cameroun* (GRAMP/TC), « Analyse du cadre juridique régissant les activités pétrolières au Tchad ».

[62] Décret tchadien n° 261/PR/TP/M du 9 septembre 1969 accordant à la Continental Oil Company (CONOCO) un permis exclusif de recherche d'hydrocarbures liquides ou gazeux dans la région du Lac Tchad et de la dépression du Chari.

[63] *Ecofinance n° 37* précité, p. 48.

[64] Convention du 23 juillet 1970, entre la République du Tchad et CONOCO, réglant les conditions des opérations pétrolières d'exploration, d'exploitation et de transport de la CONOCO sur le territoire du Tchad.

[65] *Le pétrole et le gaz en Afrique*, précité, p. 278.

res sont mises en veilleuse jusqu'en 1990. C'est alors la reprise et en juillet 2003, avec une année d'avance sur son calendrier, le Tchad fait son entrée dans le cercle restreint des producteurs de pétrole. Il est appelé à occuper le huitième rang des pays producteurs africains et le troisième dans la zone CEMAC. Une nouvelle ère s'ouvre ainsi pour ce pays, qui devrait recevoir de quoi mener une véritable révolution économique.

31.- Les six pays ci-dessus cités[66] forment la Communauté Economique et Monétaire de l'Afrique Centrale (CEMAC). La CEMAC a succédé à l'Union Douanière et Economique de l'Afrique Centrale (UDEAC)[67] en 1999. En effet, au cours des assises qui se sont tenues à Malabo (Guinée Equatoriale) les 24 et 25 juin 1999 après la ratification par tous les Etats signataires du traité[68] et des conventions de la CEMAC, les six chefs d'Etat présents ont lancé solennellement la nouvelle communauté et procédé au démarrage de ses activités. La CEMAC ambitionne de mieux réussir l'intégration sous régionale de ses six membres, tout en rendant effective la libre circulation des hommes et des biens.

Section 2 : Le pétrole, les économies et les finances des Etats membres de la CEMAC

32.- Les économies pétrolières de la CEMAC sont pour la plupart des économies de « rente » traditionnellement caractérisées par une gestion peu transparente des revenus pétroliers, et de mauvaises performances en matière de développement. Paradoxalement, les pays pétroliers sont parmi les plus pauvres. Le secteur pétrolier dans la région est caractérisé de longue date par la prééminence de grandes compagnies étrangères (les « majors »), qui l'exploitent dans le cadre de contrats de concession ou de partage de production établis avec les Etats. Néanmoins, le plafonnement des réserves dans certains Etats, le relatif tarissement de la rente pétrolière qui en résulte et la prise en compte des critiques dénonçant les impacts politiques, sociaux, économiques et environnementaux de la gestion des revenus pétroliers, pourraient favoriser la transition d'une économie de rente basée sur une logique de production à une économie de rente prenant en compte la répartition des richesses et le bien être social.

33.- Les économies des Etats membres de la CEMAC se limitent parfois, pour la plupart, à un seul secteur, le pétrole pesant d'un poids exorbitant. Il est parfois la source principale, voire quasi unique tant des ressources fiscales que des ressources d'exportation. Cette hyperspécialisation rend l'économie très vulnérable aux fluctuations de la rente. Afin de mieux expliquer cette situation, nous étudierons successivement la place du pétrole dans les économies des Etats membres de la CEMAC (§1), et le pétrole et les finances publiques dans la CEMAC (§2). Fort de ces connaissances, nous préciserons alors l'objet de l'étude (§3).

---

[66] V. supra n° 24 ss.

[67] Pour plus d'informations sur l'UDEAC, voir FOHOUO (M), *L'UDEAC*, Thèse Paris 1, 1984.

[68] Le traité a été signé en 1994 et a été ratifié en juin 1999.

§1 : La place du pétrole dans les économies des Etats membres de la CEMAC

34.- Pour mieux comprendre le rôle du pétrole dans les économies des Etats membres de la CEMAC, il est important de présenter d'abord la notion et l'état des réserves pétrolières (A) et celui de la production de pétrole brut (B) dans ces Etats. Ensuite, nous donnerons un bref aperçu de la situation macroéconomique de ces Etats (C).

A - LA NOTION ET L'ETAT DES RESERVES PETROLIERES DANS LA CEMAC

35.- De nombreux sens sont souvent donnés à l'expression « réserves de pétrole ». On distingue, selon le Conseil Economique et Social des Nations unies, quatre catégories de réserves[69] :

- les réserves prouvées,
- les réserves probables,
- les réserves possibles,
- les réserves potentielles.

Pour des raisons didactiques, nous les regroupons en deux grands groupes : Les réserves fondées (a) et les réserves supposées (b).

a) - Les réserves fondées

36.- Elles sont fondées sur des indices palpables et présentent un certain intérêt commercial ; elles regroupent les réserves prouvées (1) et les réserves probables (2).

1) Les réserves prouvées

37.- Ce sont les quantités de pétrole et de gaz qu'on sait présentes dans les formations forées et qui ont été convenablement évaluées comme récupérables dans des conditions commerciales au moyen des techniques actuelles, aux coûts et prix courants. On les éclate désormais en réserves prouvées développées et réserves prouvées non développées[70].

2) Les réserves probables

38.- Il s'agit des quantités d'hydrocarbures des champs découverts, estimés par extrapolation des données d'un seul puits ou d'un nombre réduit de puits déjà forés.

---

[69] Nations Unies, Conseil Economique et Social – Commission Economique pour l'Afrique (CEA) – « *Les bassins sédimentaires d'Afrique et leurs ressources en hydrocarbures* ». Tripoli 2-12, février 1974, 46 p.

[70] Norme 4-10 de la réglementation S-X de la US *Securities and Exchange Commission* (SEC)

b) - Les réserves supposées

39.- Ce deuxième groupe de réserves n'a rien de concret. Il regroupe les réserves possibles et pronostiquées (1) et les réserves potentielles (2).

1) Les réserves possibles et pronostiquées

40.- Elles sont en général estimées comme réserves non découvertes en fonction de l'existence supposée de conditions géologiques favorables à la présence d'accumulation d'huile et de gaz de valeur commerciale.

2) Les réserves potentielles

41.- Pour un territoire donné, elles correspondent à l'huile qui a été produite, plus les réserves prouvées et les nouvelles découvertes potentielles.

42.- Le premier groupe de réserves comprenant les réserves prouvées et probables est celui que nous retenons ici. En effet, ces réserves sont celles des gisements en exploitation et de ceux dont les travaux de développement ont déjà été décidés. Leur intérêt commercial est par conséquent prouvé. Les informations sur ces réserves de pétrole sont généralement incertaines. Dans la CEMAC, elles sont en plus difficiles à obtenir. En dehors du Gabon où les réserves sont connues et stabilisées à 341 millions de tonnes depuis 1998[71], la situation est confuse pour les autres Etats. En 1983, elles étaient estimées à 63 millions de tonnes au Congo, et à 73 millions de tonnes au Cameroun[72]. Quant aux réserves du Tchad, elles sont estimées, en 2003, à 150 millions de tonnes[73].

B - L'ETAT DE LA PRODUCTION DE PETROLE BRUT DE LA CEMAC

43.- Avant de montrer l'évolution de la production de pétrole brut par Etat membre de la CEMAC (b), nous analysons d'abord le poids de la CEMAC dans l'échiquier pétrolier international et ses perspectives (a).

a) Poids de la CEMAC dans l'échiquier pétrolier et perspectives

44.- Avec une moyenne de production de pétrole brut de 11 % par rapport à l'Afrique et de 1.2 % par rapport au monde (cf. tableau n° 5 ci-après), la CEMAC ne semble pas peser lourd dans l'échiquier pétrolier. Mais l'avenir à moyen terme s'annonce plutôt radieux. En effet, selon le rapport final du 1er forum sur les industries pétrolières d'Afrique Centrale qui s'est tenu du 02 au 04 octobre 2001 à Malabo (Guinée Equatoriale), « l'industrie pétrolière de cette région a été marqué,

---

[71] Annuaires du Comité Professionnel Des Pétroles (CPDP) 1999, 2002, 2003 et 2005, p. E12.

[72] TSASSA (C.), *Système de production du pétrole au Congo et accumulation nationale*, Thèse pour le doctorat de 3è cycle, université des sciences sociales de Grenoble, 1986, p. 79

[73] *Ecofinance n° 37*, novembre 2003, « Tchad : A qui appartient le pétrole », p. 48

depuis le milieu des années 1990, par l'essor de l'activité pétrolière en Guinée Equatoriale, les découvertes importantes au Congo susceptibles de compenser l'épuisement des réserves des anciens gisements, la mise en exécution du projet pipeline Tchad-Cameroun… ». Le projet pipeline fait suite aux importants gisements pétroliers détectés au Nord du Lac Tchad et surtout au sud, dans le bassin de Doba avec des réserves correspondant à des champs « géants »[74].

45.- Par ailleurs, le déclin apparent de l'industrie pétrolière du Cameroun cache mal les potentialités de ce pays. En effet, avec la récupération de la péninsule de Bakassi (dans le sud-ouest du pays) qui était prévue le 15 septembre 2004 après le verdict de la Cour Internationale de Justice[75], la production actuelle du Cameroun pourrait augmenter de plus de moitié. Cette échéance a été plusieurs fois repoussée. Interrompu depuis le mois d'août 2004 peu avant le début du retrait des troupes et de l'administration nigérianes de la péninsule de Bakassi, annoncé le 15 septembre suivant, le processus de mise en œuvre de l'arrêt rendu le 10 octobre 2002 par la Cour Internationale de Justice de la Haye sur le différend frontalier entre le Cameroun et le Nigeria devait reprendre son cours suite au sommet tripartite tenu le 11 mai 2005 au Palais des Nations à Genève en Suisse, entre les chefs des deux Etats et le Secrétaire Général de l'ONU[76]. Ceci est effectif depuis le mois de juillet 2006, et le transfert d'autorité sur Bakassi a été réalisé le 14 août 2006, en présence des représentants des Nations unies, des Etats-Unis, de l'Allemagne, de la France, de la Grande Bretagne, du Cameroun et du Nigeria.

46.- De même, les experts de la Compagnie Générale de Géophysique estiment que le Nord Cameroun et le Nord-Ouest de la RCA pourraient également renfermer d'importantes réserves. L'ensemble de ces réserves serait largement suffisant pour envisager, avec certitude, la possibilité d'une exploitation à échelle convenable en vue de l'exportation de pétrole brut pour les deux prochaines décennies. C'est l'une des finalités de l'oléoduc Tchad-Cameroun mis en service en fin 2003[77].

b) Evolution de la production de pétrole brut par Etat membre de la CEMAC

47.- Elle se résume dans le tableau n° 5 ci-dessous[78].

---

[74] *Pétrole Informations*, n° 1741, juillet - août 1999, « Golfe de Guinée : Comment valoriser au mieux les ressources en hydrocarbures », p. 69.

[75] Par ce verdict, la Cour Internationale de Justice confirme la souveraineté du Cameroun sur la presqu'île de Bakassi.

[76] *Cameroon Tribune* n° 8347/4546 du 12 mai 2005, p. 3.

[77] Fiche de la Mission Economique française de Yaoundé (Cameroun), décembre 2002. Voir aussi *Pétrole Informations*, n° 1741, juillet - août 1999, p. 69. Cette idée peut être confirmée après l'analyse des titres miniers en vigueur au Cameroun (infra n° 96 et n° 102).

[78] Ce tableau est monté à partir des informations tirées des annuaires du Comité Professionnel Des Pétroles (CPDP) 1988, 1996, 1999, 2002, 2003, 2004, 2005 et 2006.

Tableau n° 5 : La production de pétrole brut dans la CEMAC (en milliers de tonnes)

ETATS	1è ANNEE DE PRODUCTION	ANNEES										
		1978	1985	1994	1998	2000	2001	2002	2003	2004	2005	2006
CAMEROUN	1978	625	9 161	5 800	5 300	4 500	4 100	3 800	3 500	3 200	3 000	3 200
CONGO	1969	1 610	5 826	9 600	13 600	14 200	14 000	11 900	11 100	11 200	12 700	13 500
GABON	1957	10 562	8 670	16 800	16 900	16 400	15 000	14 700	12 000	11 800	11 700	11 600
GUINNEE EQUATORIALE	1992	0	0	270	4 100	5 900	8 600	10 400	11 600	16 300	17 600	17 800
CENTRAFRIQUE	-	0	0	0	0	0	0	0	0	0	0	0
TCHAD	2003	0	0	0	0	0	0	0	1 200	8 800	9 100	8 000
TOTAL CEMAC		12 797	23 657	32 470	39 900	41 000	41 700	40 800	39 400	51 300	54 100	54 100
% PROD. AFRIQUE		4,267	9,006	9,748	10,964	10,957	11,094	10,784	9,902	11,625	11,567	11,411
% PROD. MONDIALE		0,414	0,852	1,017	1,135	1,142	1,165	1,154	1,076	1,344	1,404	1,398

Source : L'auteur ; à partir d'informations tirées des annuaires du CPDP 1988, 1996, 1999, 2002, 2003, 2004, 2005 et 2006.
Le calcul du pourcentage par rapport à la production de l'Afrique et du monde est fait par nous-mêmes (deux dernières lignes).

C - LA SITUATION MACROECONOMIQUE DES ETATS MEMBRES DE LA CEMAC

48.- La situation macroéconomique de la sous région s'est caractérisée depuis 2002 par une croissance soutenue (a), et des agrégats monétaires en amélioration (b).

a) Une croissance soutenue

49.- En 2003, la situation macroéconomique des Etats membres de la CEMAC a évolué dans un environnement relativement favorable, caractérisé par la bonne tenue des principaux produits agricoles d'exportation et la reprise de l'économie mondiale. Il en est résulté une croissance soutenue, avec une situation monétaire relativement stable et une maîtrise des tensions inflationnistes, une consolidation des finances publiques et un solde du compte courant extérieur déficitaire[79]. Cette situation s'est maintenue jusqu'en fin 2005, malgré un léger recul de la croissance par rapport à l'année 2004[80], recul qui sera à nouveau enregistré en 2006[81].

50.- La croissance économique réelle de la zone en 2003 s'est établie à 4,1 % contre 4,2 % un an auparavant, entraînant ainsi une croissance du PIB réel par habitant de 1,6 %. L'activité économique a été principalement soutenue par la demande intérieure avec une contribution de +10,4 points, induite par la fermeté de la consommation privée et de l'investissement privé pétrolier. En revanche, la demande extérieure nette a freiné la croissance avec un apport négatif de 6,3 points, bénéficiant essentiellement de l'augmentation de la production et de l'amélioration des cours mondiaux du pétrole brut[82]. En 2005, la croissance économique réelle de la zone s'est établie à 3,9 % contre 6,8 % en 2004, soit une croissance du PIB réel par habitant de 1,4 %. La contribution de la demande intérieure s'est dégradée en passant à +07 points, pendant que celle de la demande extérieure nette s'améliorait, en tombant à 3,1 points[83]. En 2006, la croissance s'inscrirait en baisse avec 3,3 %, entraînant une croissance du PIB réel par habitant limitée à 0,8 %. Le taux de croissance réel du secteur pétrolier ressortirait négatif à -3,0 % en 2006, contre 3,5 % en 2005, tandis que celui du secteur non pétrolier se stabiliserait à 4,4 % comme en 2005[84].

---

[79] Rapport aux Ministres de la réunion du comité de convergence de la zone franc tenue à Paris les 22 et 23 septembre 2004, p. 5.

[80] Rapport aux Ministres de la réunion du comité de convergence de la zone franc tenue à Libreville les 12 et 13 avril 2006, p. 14.

[81] Rapport aux Ministres de la réunion du comité de convergence de la zone franc tenue à Lomé les 04 et 05 avril 2007, p. 11.

[82] Rapport aux Ministres de la réunion du comité de convergence de la zone franc tenue à Paris les 22 et 23 septembre 2004, p. 5.

[83] Rapport aux Ministres de la réunion du comité de convergence de la zone franc tenue à Libreville les 12 et 13 avril 2006, p. 15.

[84] Rapport aux Ministres de la réunion du comité de convergence de la zone franc tenue à Lomé les 04 et 05 avril 2007, p. 11.

b) Des agrégats monétaires en amélioration

51.- Sur le plan des finances publiques, l'excédent budgétaire global, base engagements et hors dons, s'est fixé à 921,87 millions d'Euros, soit 604,7 milliards de FCFA (3,6 % du PIB en 2003), en augmentation par rapport à l'année précédente (0,8 % du PIB). En effet, les recettes budgétaires totales, hors dons, ont été recouvrées à hauteur de 5 601,87 millions d'Euros, soit près de 3 674,6 milliards de FCFA (21,6 % du PIB), en progression de 3,9 % par rapport à l'année précédente où elles étaient de 3 536,0 milliards de FCFA (21,2 % du PIB), tirées principalement de la progression des recettes non pétrolières[85]. Celles-ci ont atteint 1 950,2 milliards de FCFA, en augmentation de 8,4 % par rapport à l'année précédente, sous l'expansion de l'activité économique, l'élargissement de l'assiette fiscale et un meilleur recouvrement des impôts et taxes par les régies financières. Avec des arguments similaires en 2006, les recettes totales hors dons s'inscrivent en hausse de 33,9 %, pour s'établir à 12 310,9 millions d'Euros, soit 8 075,4 milliards de FCFA (29,5 % du PIB) contre 9 193,3 millions d'Euros, soit 6 030,4 milliards de FCFA (24,9 % du PIB) en 2005. L'effet de la hausse des cours du pétrole sur les recettes pétrolières a compensé l'impact de la diminution de la production[86].

52.- De leur côté, les recettes pétrolières ont stagné à hauteur de 2 628,84 millions d'Euros, soit 1 724,4 milliards de FCFA (-0,8 %), affectées par le repli sensible des cours du dollars qui a totalement absorbé l'accroissement de la production pétrolière et la hausse des cours du baril de pétrole brut sur les marchés internationaux. Ce score des finances publiques combine deux situations. Deux pays, la RCA et le Tchad, n'avaient pas respecté la norme communautaire, avec des résultats négatifs, en 2003, de 3,3 % et 2 % du PIB respectivement. Par contre, la guinée Equatoriale avait réalisé l'excédent le plus élevé, avec 12,3 % du PIB, imputable à l'évolution des recettes pétrolières.

53.- Il apparaît dès lors que malgré la modestie de la production actuelle, les recettes pétrolières représentent déjà l'essentiel des recettes budgétaires, l'essentiel des exportations et du PIB pour les pays producteurs. Le pétrole joue ainsi un rôle prépondérant dans les économies de ces pays. Son étude, associée à celle des finances publiques dans ces Etats (§2), permet de mieux cerner ce rôle.

§2 : Le pétrole et les finances publiques dans la CEMAC

54.- Avant 1999, les recettes pétrolières, dans la majorité des Etats membres de la CEMAC, n'étaient pas intégrées dans les budgets annuels desdits Etats. Ceci a été réalisé progressivement sous l'instigation du Fonds Monétaire International (FMI). Celui-ci souhaite en effet la transparence dans la gestion de ces revenus et leur reversement au budget. Le montant des recettes pétrolières n'aura donc pas été aisé

---

[85] Rapport aux Ministres de la réunion du comité de convergence de la zone franc tenue à Cotonou les 6 et 7 avril 2005, p. 7.

[86] Rapport aux Ministres de la réunion du comité de convergence de la zone franc tenue à Lomé les 04 et 05 avril 2007, p. 12.

à obtenir sur certaines périodes anciennes. Nous nous sommes abstenus de procéder à des estimations à partir des cotations de brut, estimations qui à notre avis, se justifieraient plus dans le cadre d'une recherche en économie.

55.- Pour montrer l'importance du pétrole dans les finances publiques de ces Etats, nous étudierons tour à tour :

- le pétrole et le PIB dans les Etats de la CEMAC (A),
- le pétrole et les autres produits d'exportation (B),
- le pétrole dans les opérations financières des Etats (C).

Les chiffres proviennent, en dehors de la production de pétrole brut, de la Banque des Etats de l'Afrique Centrale (BEAC), Secrétariat Exécutif de la CEMAC, Comité de convergence de la zone franc, Septembre 2004, avril 2005 et avril 2006. Les valeurs, initialement en francs CFA, ont été converties en euros[87]. La production de pétrole brut est tirée du tableau n° 5 ci-dessus cité.

A - LE PETROLE ET LE PIB DANS LA CEMAC

56.- Avant de présenter la place du pétrole dans le PIB de chaque Etat (b), nous présentons une synthèse générale d'où il ressort une particularité équato-guinéenne (a).

a) La particularité équato-guinéenne

57.- Parmi les pays producteurs, la situation du Tchad est particulière, du fait que sa production a démarré en juillet 2003 et ses exportations en novembre 2003. Des tableaux n° 6 à 11 ci-après, on relève en effet qu'en moyenne, le pétrole participe au PIB des Etats à concurrence de 90,7 % pour la Guinée Equatoriale, 59,3 % pour le Congo, 46,3 % pour le Gabon, 27,2 % pour le Tchad, 07,1 % pour le Cameroun, et 00 % pour la République Centrafricaine[88]. La faiblesse de la contribution du pétrole au PIB du Cameroun est en ligne avec sa courbe de production actuelle. Pourtant, c'est bien le Cameroun qui présente le PIB nominal le plus élevé en valeurs absolues. Le PIB nominal de la Guinée Equatoriale, jusqu'en 2006, ne vient qu'en troisième position après le Cameroun et le Gabon. Cependant, le PIB par tête d'habitant de la Guinée Equatoriale est de loin le plus élevé, du fait de la faiblesse de sa population. Il se chiffre à plus de 10 000 euros en 2005, et à plus de 12 000 € en 2006, alors que son suivant immédiat, le Gabon, fait à peine 5 000 €.

b) La place du pétrole dans le PIB de chaque Etat.

58.- Les tableaux n° 6 à 11 ci-dessous traduisent la place du pétrole dans le PIB de chaque Etat.

---

[87] Pour mémoire, un euro est égal à six cents cinquante cinq francs et neuf cents cinquante cinq centimes (1€ = 655,955 FCFA).

[88] Ces pourcentages sont calculés par nous-mêmes à partir des tableaux indiqués.

Tableau n° 6 : Pétrole et PIB au Cameroun

ELEMENTS	ANNEES						
	2000	2001	2002	2003	2004	2005	2006
PIB nominal (en millions €)	10 533,95	10 765,22	11 560,55	12 114,09	12 704,99	13 410,98	14 734,70
PIB nominal hors pétrole (en millions €)	9 564,22	10 232,10	11 046,49	11 372,73	11 879,63	12 325,54	13 289,48
Contribution du pétrole au PIB (en millions €)	969,73	533,12	514,06	741,36	825,36	1 085,44	1 445,22
Population (en millions d'habitants)	15,3	15,5	15,9	16,3	16,7	17,2	17,6
PIB par tête d'habitant (en €)	688,49	694,53	727,08	743,20	760,78	779,71	837,20
Taux de croissance	5,2 %	4,5 %	4,1 %	4,2 %	3,6 %	2,4 %	3,5 %
dont secteur pétrolier	0,6 %	-1,4 %	-4,8 %	-4,5 %	-7,9 %	-7,4 %	7,0 %
dont secteur non pétrolier	5,5 %	4,8 %	4,4 %	4,6 %	4,0 %	2,7 %	3,6 %

Source : Banque des Etats de l'Afrique Centrale (BEAC), Secrétariat Exécutif de la CEMAC, Comité de convergence de la zone franc, septembre 2004, avril 2005, avril 2006, septembre 2006 et avril 2007.

Tableau n° 7 : Pétrole et PIB au Congo

ELEMENTS	ANNEES						
	2000	2001	2002	2003	2004	2005	2006
PIB nominal (en millions €)	3 495,06	3 122,62	3 208,91	3 093,05	3 500,70	4 769,53	6 073,13
PIB nominal hors pétrole (en millions €)	1 204,66	1 356,34	1 491,72	1 513,52	1 663,68	1 826,95	2 040,54
Contribution du pétrole au PIB (en millions €)	2 290,40	1 766,28	1 717,19	1 579,53	1 837,02	2 942,58	4 032,59
Population (en millions d'habitants)	3,0	3,1	3,1	3,2	3,3	3,4	3,5
PIB par tête d'habitant (en €)	1 165,02	1 007,30	1 035,13	966,58	1 060,82	1 402,80	1 735,18
Taux de croissance	7,6 %	3,8 %	4,6 %	0,7 %	3,6 %	8,4 %	7,9 %
dont secteur pétrolier	-1,0 %	-7,5 %	-1,5 %	-7,2 %	0,5 %	12,8 %	11,5 %
dont secteur non pétrolier	15,3 %	12,6 %	8,5 %	5,3 %	5,2 %	6,3 %	6,0 %

Source : Banque des Etats de l'Afrique Centrale (BEAC), Secrétariat Exécutif de la CEMAC, Comité de convergence de la zone franc, septembre 2004, avril 2005, avril 2006, septembre 2006 et avril 2007.

Tableau n° 8 : Pétrole et PIB au Gabon

ELEMENTS	ANNEES						
	2000	2001	2002	2003	2004	2005	2006
PIB nominal (en millions €)	5 447,63	5 266,67	5 240,15	5 364,70	5 781,04	6 956,57	7 581,01
PIB nominal hors pétrole (en millions €)	2 834,80	3 079,48	3 125,21	3 174,76	3 232,39	3 468,68	3 429,05
Contribution du pétrole au PIB (en millions €)	2 612,83	2 187,19	2 114,93	2 189,94	2 548,65	3 487,89	4 151,96
Population (en millions d'habitants)	1,3	1,3	1,4	1,4	1,5	1,5	1,6
PIB par tête d'habitant (en €)	4 190,48	4 051,29	3 742,96	3 831,93	3 854,02	4 637,72	4 738,13
Taux de croissance	-1,9 %	2,5 %	-0,3 %	2,2 %	1,4 %	3,0 %	3,0 %
dont secteur pétrolier	-10,9 %	-5,3 %	-2,5 %	7,5 %	-0,1 %	-1,4 %	2,6 %
dont secteur non pétrolier	1,9 %	5,4 %	0,5 %	0,5 %	1,9 %	4,5 %	3,1 %

Source : Banque des Etats de l'Afrique Centrale (BEAC), Secrétariat Exécutif de la CEMAC, Comité de convergence de la zone franc, septembre 2004, avril 2005, avril 2006, septembre 2006 et avril 2007.

Tableau n° 9 : Pétrole et PIB en Guinée Equatoriale

ELEMENTS	ANNEES						
	2000	2001	2002	2003	2004	2005	2006
PIB nominal (en millions €)	1 319,45	1 894,18	2 214,18	2 509,01	3 718,55	5 713,20	7 001,24
PIB nominal hors pétrole (en millions €)	202,15	241,02	271,97	319,84	344,54	405,67	490,58
Contribution du pétrole au PIB (en millions €)	1 117,30	1 653,16	1 942,21	2 189,17	3 374,01	5 307,53	6 510,66
Population (en millions d'habitants)	0,47	0,49	0,50	0,52	0,53	0,55	0,56
PIB par tête d'habitant (en €)	2 780,72	3 887,10	4 415,11	4 862,43	7 016,13	10 387,63	12 502,22
Taux de croissance	13,1 %	67,8 %	20,2 %	14,0 %	29,4 %	8,3 %	8,2 %
dont secteur pétrolier	14,7 %	89,6 %	22,8 %	14,2 %	34,4 %	6,4 %	7,5 %
dont secteur non pétrolier	9,5 %	18,2 %	10,5 %	13,1 %	8,7 %	18,0 %	11,3 %

Source : Banque des Etats de l'Afrique Centrale (BEAC), Secrétariat Exécutif de la CEMAC, Comité de convergence de la zone franc, septembre 2004, avril 2005, avril 2006, septembre 2006 et avril 2007.

Tableau n° 10 : Pétrole et PIB en République Centrafricaine

ELEMENTS	ANNEES						
	2000	2001	2002	2003	2004	2005	2006
PIB nominal (en millions €)	1 047,02	1 074,31	1 081,63	1 033,91	1 049,77	1 144,59	1 233,01
PIB nominal hors pétrole (en millions €)	1 047,02	1 074,31	1 081,63	1 033,91	1 049,77	1 144,59	1 233,01
Contribution du pétrole au PIB (en millions €)	0,00	0,00	0,00	0,00	0,00	0,00	0,00
Population (en millions d'habitants)	3,6	3,7	3,8	3,9	4,0	4,1	4,2
PIB par tête d'habitant (en €)	290,84	290,35	284,64	265,11	262,44	279,17	293,57
Taux de croissance	1,3 %	2,7 %	0,3 %	-4,6 %	3,5 %	2,8 %	3,0 %
dont secteur pétrolier	-	-	-	-	-	-	-
dont secteur non pétrolier	1,3 %	2,7 %	0,3 %	-4,6 %	3,5 %	2,8 %	3,0 %

Source : Banque des Etats de l'Afrique Centrale (BEAC), Secrétariat Exécutif de la CEMAC, Comité de convergence de la zone franc, septembre 2004, avril 2005, avril 2006, septembre 2006 et avril 2007.

Tableau n° 11 : Pétrole et PIB au Tchad

ELEMENTS	ANNEES						
	2000	2001	2002	2003	2004	2005	2006
PIB nominal (en millions €)	1 509,71	1 910,95	2 111,88	2 411,90	2 647,13	4 732,95	5 336,34
PIB nominal hors pétrole (en millions €)	1 509,71	1 910,95	2 111,88	2 066,15	2 158,99	2 519,53	2 773,06
Contribution du pétrole au PIB (en millions €)	0,00	0,00	0,00	345,76	488,14	2 213,41	2 563,29
Population (en millions d'habitants)	7,2	7,4	7,5	7,7	7,9	8,1	8,3
PIB par tête d'habitant (en €)	209,68	258,24	281,58	313,23	335,08	584,31	642,93
Taux de croissance	-0,1 %	11,5 %	8,5 %	14,3 %	34,1 %	8,4 %	4,0 %
dont secteur pétrolier	-	-	-	-	292,7 %	2,1 %	-1,2 %
dont secteur non pétrolier	-0,1 %	11,5 %	8,5 %	1,9 %	2,6 %	11,4 %	7,0 %

Source : Banque des Etats de l'Afrique Centrale (BEAC), Secrétariat Exécutif de la CEMAC, Comité de convergence de la zone franc, septembre 2004, avril 2005, avril 2006, septembre 2006 et avril 2007.

B - LE PETROLE ET LES AUTRES PRODUITS D'EXPORTATION DANS LA CEMAC

59.- Une comparaison rapide de la place du pétrole dans les exportations de la CEMAC montre une exception camerounaise (a) ; une analyse par Etat (b) reste néanmoins intéressante.

a) L'exception camerounaise

60.- Le Cameroun seul aligne des produits d'exportation variés et d'importance considérable en dehors du pétrole brut. Au Congo et au Gabon, en dehors du pétrole, seul le bois peut être retenu comme produit concourant aux exportations. En Guinée Equatoriale, en plus de ce bois, on note, dans une moindre mesure, la contribution du méthanol. Le Tchad exporte, dans une certaine mesure, le coton graine en plus du pétrole brut (depuis novembre 2003). La République Centrafricaine exporte essentiellement le bois, les diamants et le tabac.

b) L'analyse par Etat

Tableau n° 12 : Pétrole et produits d'exportation au Cameroun

ELEMENTS	ANNEES						
	2000	2001	2002	2003	2004	2005	2006
Pétrole brut (milliers de tonnes)	4 500	4 100	3 700	3 500	3 200	3 000	3 300
Cacao (milliers de tonnes)	124,4	145,0	170,0	175,3	178,7	190,0	171,0
Café (milliers de tonnes)	82,4	67,3	54,0	63,0	65,0	67,0	60,3
Coton-graine (milliers de tonnes)	217,9	230,9	246,1	233,8	242,9	306,0	277,0
Aluminium (milliers de tonnes)	72,9	62,6	47,2	56,8	68,8	74,8	86,1
Caoutchouc naturel (milliers de tonnes)	56,9	55,2	50,0	54,6	53,0	61,0	63,5
Banane (milliers de tonnes)	235,9	254,1	238,4	313,7	279,5	270,8	266,7
Bois (milliers de m3)	2 950,0	2 070,0	1 931,3	1 738,2	1 998,9	2 058,9	2 120,6

Source : Banque des Etats de l'Afrique Centrale (BEAC), Secrétariat Exécutif de la CEMAC, Comité de convergence de la zone franc, septembre 2004, avril 2005, avril 2006 et avril 2007.

Tableau n° 13 : Pétrole et produits d'exportation au Congo

ELEMENTS	ANNEES						
	2000	2001	2002	2003	2004	2005	2006
Pétrole brut (milliers de tonnes)	14 200	14 000	13 400	12 500	12 400	13 100	14 400
Bois (milliers de m3)	749,4	1 042,0	1 375,6	1 694,6	1 647,6	1 760,0	2 233,2
Rondins d'eucalyptus (milliers de tonnes)	531,1	318,7	82,6	61,2	0,0	0,0	365,0

Source : Banque des Etats de l'Afrique Centrale (BEAC), Secrétariat Exécutif de la CEMAC, Comité de convergence de la zone franc, septembre 2004, avril 2005, avril 2006 et avril 2007.

Tableau n° 14 : Pétrole et produits d'exportation au Gabon

ELEMENTS	ANNEES						
	2000	2001	2002	2003	2004	2005	2006
Pétrole brut (milliers de tonnes)	16 400	15 000	14 700	12 000	11 800	11 700	11 900
Cacao (milliers de tonnes)	0,5	0,4	0,5	0,5	0,5	0,5	0,5
Café (milliers de tonnes)	0,1	0,1	0,2	0,2	0,2	0,2	0,2
Manganèse (millions de tonnes)	1,7	1,8	1,9	2,0	2,5	2,8	3,0
Bois (milliers de m3)	3 034,1	2 800,0	2 500,0	2 417,0	2 142,5	2 242,0	2 322,2

Source : Banque des Etats de l'Afrique Centrale (BEAC), Secrétariat Exécutif de la CEMAC, Comité de convergence de la zone franc, septembre 2004, avril 2005, avril 2006 et avril 2007.

Tableau n° 15 : Pétrole et produits d'exportation en Guinée Equatoriale

ELEMENTS	ANNEES						
	2000	2001	2002	2003	2004	2005	2006
Pétrole brut (milliers de tonnes)	5 600	9 000	11 700	12 300	16 300	17 600	17 800
Cacao (milliers de tonnes)	4,8	3,4	3,7	2,0	3,6	2,0	2,7
Café (milliers de tonnes)	0,1	0,1	0,1	0,1	0,2	0,1	0,1
Méthanol (milliers de tonnes)	-	473,0	725,3	769,8	1142,8	1377,2	1787,1
Bois (milliers de m3)	714,9	669,9	531,5	528,5	513,5	558,3	528,4

Source : Banque des Etats de l'Afrique Centrale (BEAC), Secrétariat Exécutif de la CEMAC, Comité de convergence de la zone franc, septembre 2004, avril 2005, avril 2006 et avril 2007.

Tableau n° 16 : Pétrole et produits d'exportation en République Centrafricaine

ELEMENTS	ANNEES						
	2000	2001	2002	2003	2004	2005	2006
Pétrole brut (milliers de tonnes)	0	0	0	0	0	0	0
Café (milliers de tonnes)	11,8	8,5	4,5	2,4	3,8	3,5	5,5
Coton-graine (milliers de tonnes)	21,3	24,5	32,9	14,0	6,8	5,5	5,3
Tabacs (tonnes)	225,6	119,5	172,0	213,0	172,0	177,2	141,7
Diamants brut et taillés (milliers de carats)	461,0	449,3	414,8	332,7	354,2	383,3	440,8
Bois (milliers de m3)	806,8	782,3	737,5	524,5	584,9	530,0	645,3

Source : Banque des Etats de l'Afrique Centrale (BEAC), Secrétariat Exécutif de la CEMAC, Comité de convergence de la zone franc, septembre 2004, avril 2005, avril 2006 et avril 2007.

Tableau n° 17 : Pétrole et produits d'exportation au Tchad

ELEMENTS	ANNEES						
	2000	2001	2002	2003	2004	2005	2006
Pétrole brut (milliers de tonnes)	0	0	0	2 100	8 800	9 100	9 000
Coton-graine (milliers de tonnes)	143,0	164,5	168,6	102,2	207,5	200,0	206,0
Bétail (cheptel en milliers de têtes)	15 322	15 759	16 120	16 444	16 855	17 277	17 709

Source : Banque des Etats de l'Afrique Centrale (BEAC), Secrétariat Exécutif de la CEMAC, Comité de convergence de la zone franc, septembre 2004, avril 2005, avril 2006 et avril 2007.

C - LE PETROLE DANS LES OPERATIONS FINANCIERES DES ETATS

61.- Il est important de faire un rappel du cadre général des opérations financières (a) avant de présenter la place du pétrole dans les opérations financières de chaque Etat (c). Entre les deux, un regard synoptique de l'ensemble nous permet de voir que le Tchad est un cas à part (b).

a) Le cadre général des opérations financières

62.- Selon Gaston Jèze[89], l'ensemble de la Science des Finances se résume dans la formule suivante : « il y a des dépenses publiques, il faut les couvrir ». Tout problème financier se ramène à un problème de couverture de dépenses. L'affirmation n'a pas besoin d'être démontrée pour les questions d'impôts et de ressources publi-

[89] JEZE (G), *Cours de la science des finances et de la législation financière,* Paris, Giard, 6è éd. 1922.

ques en général : par définition même, leur raison d'être est d'assurer le règlement des dépenses de l'Etat. La chose est tout aussi évidente pour les problèmes de crédit public et d'emprunt[90]. Le chiffre des dépenses à couvrir constitue le budget des dépenses, tandis que les recettes correspondantes constituent le budget des recettes. Le budget est alors considéré comme le cadre général de toutes les opérations financières. Le pétrole, en générant des recettes additionnelles, permet ainsi de couvrir des dépenses dont la réalisation restait encore, jusque-là, utopique.

63.- C'est ainsi qu'au Congo, on note l'importance prise par les dépenses d'investissement sous l'impulsion des revenus pétroliers. Ces investissements qui n'avaient jamais dépassé le cap de 12 % dans les dépenses totales de l'Etat jusqu'en 1973, représentaient 17,05 % et 23,84 % de ces dépenses en 1974 et 1975 respectivement. La baisse des recettes pétrolières enregistrée entre 1975 et 1978 réduisit cette part à moins de 5 % de 1976 à 1979[91]. Mais celle-ci se releva dès que les recettes pétrolières s'accrûrent de nouveau à partir de 1979 comme suit :
- 26,81 % en 1980,
- 47,31 % en 1981,
- 48,24 % en 1982.

b) Le cas tchadien

64.- La prospection pétrolière s'est avérée concluante au Tchad depuis 1969[92]. Après avoir été longtemps mises en veilleuse du fait de la guerre, les activités pétrolières ont repris en 1990. En 2003, le Tchad fait son entrée dans le cercle restreint des pays producteurs de pétrole. Bien qu'il soit appelé à occuper une place de choix parmi les producteurs africains, le Tchad n'a enregistré qu'une infime recette pétrolière en 2003[93]. La situation n'est pas alarmante. Elle découle simplement du fait que les exportations de pétrole brut n'ont démarré qu'en novembre 2003. Les recettes correspondantes étaient attendues en 2004. Le peuple Tchadien fonde de grands espoirs sur ses revenus pétroliers. C'est pourquoi leur gestion a fait l'objet, sous l'instigation de la Banque Mondiale, de la loi du 11 janvier 1999[94]. C'est une innovation par laquelle les revenus pétroliers, constitués de ressources directes (dividendes et redevances) et de ressources indirectes (impôts, taxes et droits de douanes liés à l'exploitation pétrolière) sont gérés suivant un canevas précis, après avoir été intégralement inscrits au budget général de l'Etat.

65.- C'est ainsi que les ressources directes sont déposées sur le compte d'une institution financière internationale spécialement ouvert pour l'Etat tchadien et appelé compte séquestre off-shore. Une part représentant 90 % de ces ressources, est versée sur des comptes spéciaux du trésor logés dans une ou deux banques primaires

---

[90] DUVERGER (M), *Les Finances Publiques*, que sais-je ? Paris, PUF, 1960, P. 7ss

[91] TSASSA (C)., *Système de production du pétrole au Congo et accumulation nationale*, Thèse pour le doctorat de 3è cycle, université des sciences sociales de Grenoble, 1986, p. 249.

[92] V. supra, n° 30.

[93] V. tableau n° 23 ci-après, p. 46.

[94] Loi tchadienne n° 001/PR/99 du 11 janvier 1999 portant gestion des revenus pétroliers.

de la place[95]. Quatre vingt pour cent (80%) de cette part est principalement affectée aux secteurs prioritaires. La loi considère comme secteurs prioritaires : la Santé Publique et les Affaires Sociales ; l'Enseignement ; les Infrastructures ; le Développement Rural (Agriculture et Elevage) ; l'Environnement et les ressources en Eau[96]. Quinze pour cent (15 %) de ces 90 % sont destinés à couvrir les dépenses de fonctionnement et d'investissement courants de l'Etat, pour une période de cinq ans à compter de la date de production. Cinq pour cent (5 %) de ces quatre vingt dix pour cent sont destinés aux collectivités décentralisées de la région productrice conformément aux dispositions constitutionnelles. Ce montant peut être révisé par décret tous les cinq ans en fonction des ressources disponibles, des besoins et de la capacité d'absorption de la région. Le reliquat de 10 % des ressources directes est déposé dans un compte d'épargne ouvert dans une institution financière internationale au profit des générations futures, conformément à la réglementation de la Banque des Etats de l'Afrique Centrale (BEAC).

66.- Les ressources indirectes quant à elles sont déposées directement sur les comptes du Trésor Public. La loi a mis en place plusieurs institutions pour le contrôle de la mobilisation et de l'utilisation des revenus pétroliers (articles 14 ss). Ces mécanismes marquent un tournant dans la politique de la Banque Mondiale. Jamais l'institution ne s'était impliquée autant dans ce secteur en Afrique. Cette loi a néanmoins l'inconvénient de se limiter aux seuls champs de KOME, MIANDOUM et BOLOBO. Les nouveaux champs à venir devront faire l'objet d'une nouvelle législation, ce qui pourrait leur laisser un intervalle de temps non réglementé.

67.- Par ailleurs, quelques inquiétudes subsistaient quant à la composition et à la compétence des neuf membres du collège de surveillance : deux seulement avaient reçu une formation pour lire les documents comptables, tandis que cinq membres sur les neuf étaient issus du parti au pouvoir[97]. Qui plus est, les collectivités locales de la région de Doba, qui devraient gérer 5 % de la manne, n'avaient pas encore de représentants élus et la définition des secteurs prioritaires restait vague au moment de la mise en exploitation du pipeline. Enfin, il n'est pas prévu de contrôle sur les revenus induits par cette activité, qui iront sur les comptes du Trésor tchadien ; soit, selon l'Agence Française de Développement, jusqu'à 45% des recettes de l'Etat.

68.- Face à ces critiques, la Banque Mondiale estime qu'elle avance aussi vite que possible. Mais c'est l'achèvement des travaux, un an avant la date prévue, qui a perturbé le déroulement des travaux. Le gouvernement quant à lui a pris une série de mesures. C'est ainsi que la loi du 1er août 2000[98] a modifié l'article 1er de la loi de 1999 ; cette modification intègre quatre représentants de la société civile au CCSRP en lieu et place des Directeurs du Pétrole, de la Planification et du Développement, du représentant des ONG locales et du représentant des Syndicats. Par ailleurs trois décrets ont été pris le 1er juillet 2003 pour stériliser les revenus pétro-

---

[95] Loi tchadienne n° 001/PR/99 précitée, art. 3.
[96] Loi tchadienne n° 001/PR/99 précitée, art. 7.
[97] *Ecofinance* n° 37, novembre 2003, « Tchad : A qui appartient le pétrole », p. 48.
[98] Loi tchadienne n° 016/PR/2000 du 1er août 2000, portant modification de la loi n° 001/PR/99 du 11 janvier 1999 portant gestion des revenus pétroliers.

liers[99], stabiliser les dépenses financées au moyen de ces revenus[100], et organiser le contrôle et la surveillance du Collège de Contrôle et de Surveillance des Revenus Pétroliers (CCSRP)[101].

c) L'analyse par Etat

69.- Des tableaux n° 18 à 23 ci-après, on relève que les recettes pétrolières en Guinée-Equatoriale représentent en moyenne 90,6 % de l'ensemble des recettes budgétaires et des dons durant la période comprise entre 2000 et 2006. Ce sont par conséquent elles qui couvrent la quasi-totalité des dépenses publiques de cet Etat. La situation est presque identique au Congo et au Gabon sur la même période. Les recettes pétrolières y représentent respectivement 75,8 % et 61,5 % de l'ensemble des recettes budgétaires et des dons. La République Centrafricaine ne produit pas de pétrole brut. Au Tchad, cette contribution est de 29,9 %. Quant au Cameroun, la contribution des recettes pétrolières à la couverture des dépenses publiques y est de 25,6 %[102] ; ceci s'explique par la diversité de ses produits d'exportation, et partant de ses sources de revenus. Par ailleurs, le montant des recettes pétrolières apparaissant ici ne représente que la quote-part injectée au budget. En effet, en 2002 par exemple, les recettes pétrolières finançant le budget de l'Etat sont de 562,4 millions d'Euros, alors que les exportations de la même année sont évaluées à 835,6 millions d'Euros[103]. On peut considérer que la différence a servi à couvrir les opérations de la Société Nationale des Hydrocarbures[104].

---

[99] Décret tchadien n° 238/PR/MEF/03 du 1er juillet 2003, Portant mise en place du mécanisme de stérilisation des revenus pétroliers provenant de l'exploitation des trois champs de Komé, Miandoum et Bolobo

[100] Décret tchadien n° 239/PR/MEF/03 du 1er juillet 2003, Portant mise en place du mécanisme de stabilisation des dépenses financées au moyen des revenus pétroliers

[101] Décret tchadien n° 240/PR/MEF/03 du 1er juillet 2003, Portant organisation, fonctionnement et conditions du contrôle et de surveillance du Collège de Contrôle et de Surveillance des Ressources Pétrolières (CCSRP)

[102] Les pourcentages sont déterminés par nous-mêmes à partir des données contenues dans les tableaux indiqués.

[103] Rapport Economique et Financier de la République du Cameroun, exercice 2001/2002, p. 16.

[104] V. infra, n° 130 ss.

Tableau n° 18 : Le pétrole dans les opérations financières au Cameroun

ELEMENTS	ANNEES						
	2000	2001	2002	2003	2004	2005	2006
Recettes totales et dons	1 862,5	2 125,0	3 032,5	2 190,4	2 127,1	2 390,1	3 062,1
Recettes totales	1 826,0	1 907,9	2 047,7	2 078,3	2 000,3	2 396,8	2 769,4
Recettes pétrolières	581,7	514,4	562,4	494,1	533,4	699,0	919,6
Recettes non pétrolières	1 244,3	1 393,5	1 485,3	1 584,3	1 466,9	1 697,8	1 849,8
Recettes fiscales	1 144,7	1 304,2	1 375,7	1 446,0	1 367,5	1 561,5	1 705,9
Recettes non fiscales	99,5	89,3	109,6	138,3	99,4	136,3	143,9
Dons	36,4	217,1	984,8	112,1	126,8	-6,7	292,7

Source : Banque des Etats de l'Afrique Centrale (BEAC), Secrétariat Exécutif de la CEMAC, Comité de convergence de la zone franc, septembre 2004, avril 2005, avril 2006, septembre 2006 et avril 2007.

Tableau n° 19 : Le pétrole dans les opérations financières au Congo

ELEMENTS	ANNEES						
	2000	2001	2002	2003	2004	2005	2006
Recettes totales et dons	934,5	963,2	877,0	935,3	1 128,7	1 982,0	2 465,6
Recettes totales	923,8	957,5	871,6	920,2	1 124,9	1 932,4	2 409,2
Recettes pétrolières	713,6	656,8	606,0	642,7	808,6	1 597,1	2 010,5
Recettes non pétrolières	210,2	300,8	265,6	277,5	316,3	335,4	398,7
Recettes fiscales	201,1	283,3	256,4	270,3	304,9	323,2	382,8
Recettes non fiscales	9,1	17,5	9,1	7,2	11,4	12,2	15,9
Dons	10,7	5,6	5,5	15,1	3,8	49,5	56,4

Source : Banque des Etats de l'Afrique Centrale (BEAC), Secrétariat Exécutif de la CEMAC, Comité de convergence de la zone franc, septembre 2004, avril 2005, avril 2006, septembre 2006 et avril 2007.

Tableau n° 20 : Le pétrole dans les opérations financières au Gabon

ELEMENTS	ANNEES						
	2000	2001	2002	2003	2004	2005	2006
Recettes totales et dons	1 841,6	1 789,1	1 555,1	1 622,1	1 740,7	2 186,3	2 427,1
Recettes totales	1 841,6	1 789,1	1 552,2	1 620,2	1 737,5	2 183,2	2 419,1
Recettes pétrolières	1 242,0	1 147,8	928,0	890,2	957,7	1 382,9	1 545,2
Recettes non pétrolières	599,6	641,4	624,3	730,1	779,8	800,4	873,8
Recettes fiscales	576,0	606,1	583,9	687,5	719,4	753,6	822,2
Recettes non fiscales	23,6	35,2	40,4	42,5	60,4	46,8	51,7
Dons	0,0	0,0	2,9	1,8	3,2	3,0	8,1

Source : Banque des Etats de l'Afrique Centrale (BEAC), Secrétariat Exécutif de la CEMAC, Comité de convergence de la zone franc, septembre 2004, avril 2005, avril 2006, septembre 2006 et avril 2007.

Tableau n° 21 : Le pétrole dans les opérations financières en Guinée Equatoriale

ELEMENTS	ANNEES						
	2000	2001	2002	2003	2004	2005	2006
Recettes totales et dons	262,2	537,7	631,9	718,3	1 179,2	2 149,8	2 634,2
Recettes totales	260,7	530,5	631,9	718,3	1 179,2	2 149,8	2 634,2
Recettes pétrolières	205,8	459,8	552,6	622,6	1 067,6	1 993,3	2 451,2
Recettes non pétrolières	54,9	70,7	79,3	95,7	111,6	156,6	182,9
Recettes fiscales	39,8	51,1	59,9	71,2	88,7	94,5	117,7
Recettes non fiscales	15,1	19,7	19,4	24,5	22,9	62,0	65,2
Dons	1,5	7,2	0,0	0,0	0,0	0,0	0,0

Source : Banque des Etats de l'Afrique Centrale (BEAC), Secrétariat Exécutif de la CEMAC, Comité de convergence de la zone franc, septembre 2004, avril 2005, avril 2006, septembre 2006 et avril 2007.

Tableau n° 22 : Le pétrole dans les opérations financières en République Centrafricaine

ELEMENTS	ANNEES						
	2000	2001	2002	2003	2004	2005	2006
Recettes totales et dons	159,8	133,2	161,6	97,1	119,7	134,2	223,5
Recettes totales	92,4	96,3	119,7	81,9	85,1	89,3	111,7
Recettes pétrolières	0,0	0,0	0,0	0,0	0,0	0,0	0,0
Recettes non pétrolières	92,4	96,3	119,7	81,9	85,1	89,3	111,7
Recettes fiscales	81,7	77,6	98,9	69,1	73,5	79,1	97,3
Recettes non fiscales	10,7	18,8	20,7	12,8	11,6	10,2	14,5
Dons	67,4	36,9	41,9	15,2	34,6	44,8	111,7

Source : Banque des Etats de l'Afrique Centrale (BEAC), Secrétariat Exécutif de la CEMAC, Comité de convergence de la zone franc, septembre 2004, avril 2005, avril 2006, septembre 2006 et avril 2007.

Tableau n° 23 : Le pétrole dans les opérations financières au Tchad

ELEMENTS	ANNEES						
	2000	2001	2002	2003	2004	2005	2006
Recettes totales et dons	204,0	239,2	308,4	396,5	546,1	605,4	1 041,7
Recettes totales	122,3	139,8	167,7	202,9	345,3	441,6	929,8
Recettes pétrolières	0,0	0,0	0,0	16,2	120,1	219,5	642,0
Recettes non pétrolières	122,3	139,8	167,7	186,8	225,2	222,1	287,8
Recettes fiscales	103,7	119,8	150,0	169,5	181,9	211,8	233,7
Recettes non fiscales	18,6	20,0	17,7	17,2	43,3	10,4	54,1
Dons	81,7	99,4	140,7	193,6	200,8	163,7	111,9

Source : Banque des Etats de l'Afrique Centrale (BEAC), Secrétariat Exécutif de la CEMAC, Comité de convergence de la zone franc, septembre 2004, avril 2005, avril 2006, septembre 2006 et avril 2007.

Tableau n° 24 : Couverture des dépenses courantes par les recettes fiscales non pétrolières

	2001	2002	2003	2004	2005	2006
CEMAC	0,9	0,8	0,9	0,9	0,8	0,8
CAMEROUN	1,2	1,2	1,3	1,1	1,2	1,1
CENTRAFRIQUE	1,0	1,1	0,8	0,7	0,7	1,0
CONGO	0,6	0,4	0,5	0,6	0,5	0,5
GABON	0,7	0,6	0,9	0,9	0,7	0,7
GUINEE EQUATORIALE	0,6	0,4	0,5	0,5	0,4	0,4
TCHAD	0,8	0,8	0,9	0,9	0,7	0,6
Nombre de pays ayant respecté le critère	2	2	1	1	1	2

Source : Rapports aux Ministres de la réunion du comité de convergence de la zone franc tenue à Paris les 11 et 12 septembre 2006, p. 34 et à Lomé les 4 et 5 avril 2007, p. 19.

70.- Cette première analyse met en évidence la grande dépendance, vis-à-vis du pétrole, de la quasi-totalité des Etats membres de la CEMAC producteurs de pétrole brut. Cette situation peut être comparée à celle de la Fédération de Russie, qui a fait l'objet de critiques de la part des bailleurs de fonds internationaux et notamment du Fonds Monétaire International (FMI). Ces derniers ont recommandé que la Russie devienne moins dépendante des hydrocarbures (dont les recettes sont estimées à 40 % du budget général), et engage des réformes en vue de la diversification de son économie[105]. La diversification de la base productive est également une des recommandations générales du comité de convergence de la zone franc[106]. Cela explique que dorénavant, le secrétariat exécutif de la CEMAC s'intéresse à la couverture des dépenses courantes par les recettes fiscales non pétrolières[107].

71.- Le prix du pétrole est assez erratique et difficile à prévoir ; les recettes sont volatiles. Par ailleurs, le secteur amont pétrolier crée peu d'emplois. La main d'œuvre nécessairement expérimentée, provient souvent de l'étranger. La rente, insuffisante, se convertit généralement en importation de biens et services ayant peu d'effets d'entraînement sur les activités productrices. Ce faisant, le poids du pétrole dans l'économie ne facilite pas le développement des secteurs agricole et industriel hors pétrole marginalisés, ce qui accentue encore la dépendance du pays vis-à-vis du secteur. Cette situation paradoxale peut avoir pour origine un environ-

[105] JUZAITIS (D), L'année fiscale 2006 Débats-Etudes-Chroniques, *Life goes on in a capitalist Russia-updates on Russian taxation in 2005*, pp. 415- 427, Paris, PUF, 2006.
[106] Rapport aux Ministres de la réunion du comité de convergence de la zone franc tenue à Libreville les 12 et 13 avril 2006, p. 28.
[107] V. tableau n° 24 ci-dessus.

nement fiscal qui, sortant du cadre commun, n'est pas facilement maîtrisable par l'ensemble des acteurs intervenant dans le secteur ; ceux-ci ne parviennent pas à mettre en place les mécanismes susceptibles de dégager une rente suffisante pour soutenir la diversification. Les principales activités et les faits saillants étant connus, il convient de préciser l'objet de l'étude.

§3 – Objet de l'étude

72.- Outre l'insuffisance d'intégration qui a caractérisé l'UDEAC, les règles fiscales étaient disparates d'un Etat à l'autre ; une grande confusion régnait entre la mission de protection des productions du territoire douanier, et celle de procurer des recettes pour les finances publiques. Le système, par sa complexité, donnait l'impression d'une jungle exigeant une administration lourde pour l'Etat et pour les contribuables[108]. Face à cette situation, l'Union a essayé, dès 1971, d'harmoniser les fiscalités internes[109]. Cette harmonisation visait exclusivement l'impôt unique sur le revenu des personnes physiques et l'impôt sur les sociétés[110].

73.- C'est ainsi que l'impôt sur les sociétés a fait l'objet de l'acte 3/72-153-UDEAC, signé le 22 décembre 1972[111]. Mais ses modalités d'application différaient d'un Etat à l'autre, ce qui le laissait pratiquement non harmonisé. En 1994, il a été engagé une réforme fiscalo-douanière, qui s'intégrait dans le cadre général du Programme Régional de Réforme (PRR). Seulement, la réforme était limitée :

- au Tarif Extérieur Commun (TEC) ;
- au Tarif Préférentiel Généralisé (TPG) ;
- à la Taxe sur le Chiffre d'Affaires (TCA), qui devait se transformer en Taxe sur la Valeur Ajoutée (TVA) au bout de quatre années ; et
- au Droit d'Accise.

74.- Cette réforme sera suivie de la révision de l'acte instituant l'impôt sur les sociétés, suivant la directive n° 02-/01/UDEAC-050-CM-O6 du 03 août 2001[112]. La fiscalité pétrolière[113] était exclue de toutes ces réformes, tant en ce qui concerne le secteur amont que le secteur aval. Cette exclusion est consacrée, en ce qui concerne le secteur amont, par l'acte 1/98-UDEAC-653-CD-60 du 21 janvier 1998. Par cet acte, les chefs d'Etat prennent acte des clauses de stabilité fiscale et juridique existantes dans le secteur pétrolier, par rapport à la réforme fiscalo-douanière de 1994.

---

[108] *Recueil des textes du Programme de Réformes Régionales (PRR)*, avril 1997, édité par le Secrétariat Général de l'UDEAC, p. 6.

[109] Décision n° 1-71-CD-153 du 18 juin 1971, portant création d'une commission ad hoc pour l'harmonisation des fiscalités internes.

[110] Voir infra, n° 424 ss.

[111] Acte 3/72-153-UDEAC du 22 décembre 1972 harmonisant l'impôt sur les sociétés.

[112] Directive n° 02-/01/UDEAC-050-CM-O6 du 03 août 2001, portant révision de l'acte 3/72-153-UDEAC du 22 décembre 1972 harmonisant l'impôt sur les sociétés.

[113] Voir infra, n° 75.

75.- La fiscalité pétrolière est l'étude de l'ensemble des règles relatives à l'imposition et à la taxation de l'activité pétrolière, sans se circonscrire à la règle juridique. Elle intègre ce à quoi se raccorde la norme fiscale, c'est-à-dire la matière à laquelle elle s'applique : mécanismes de production, sociologie, monnaie, budget de l'Etat, institutions… Cette fiscalité est éminemment politique. Ceci pourrait expliquer les mythes qui continuent à être entretenus à propos de l'exploration pétrolière[114], et qui concernent ce qu'il est convenu d'appeler les « risques » encourus par les sociétés étrangères opérantes en Afrique[115]. Cette fiscalité diffère selon le secteur où l'on se situe. En effet comme nous l'avons souligné plus haut[116], l'activité pétrolière comprend le secteur amont et le secteur aval.

76.- Dans le secteur aval, celui des produits pétroliers, on peut distinguer deux sous-secteurs, celui du raffinage et celui de la distribution. La fiscalité y est tantôt originale, tantôt inspirée du droit commun. Le raffinage est soumis depuis 1928[117] à la surveillance des services de la Direction des Douanes. Les raffineries dans lesquelles est traité le pétrole brut et les entrepôts dans lesquels sont stockés les produits pétroliers sont soumis au régime de l'exercice ou de l'entrepôt. Les produits qui sont livrés à la consommation à la sortie des raffineries ou des dépôts sont considérés comme importés et soumis, par les services des douanes, aux droits et taxes dont la perception incombe à cette administration. Pour tenir compte des conditions particulières qui régissent ces activités, un système de suspension de taxe diffère, jusqu'à la mise à la consommation, l'exigibilité de la Taxe sur la Valeur Ajoutée ou de la Taxe Spéciale sur les Produits Pétroliers afférente à certaines opérations limitativement énumérées. Après la mise à la consommation, les opérations commerciales dont ces produits font l'objet relèvent de la compétence de la Direction Générale des Impôts. Elles sont en théorie soumises aux règles de droit commun[118].

77.- La fiscalité applicable au secteur aval est donc en réalité une fiscalité des produits pétroliers raffinés, plus proche du droit commun. Elle ne sera pas abordée dans le cadre de cette étude, tout comme le secteur auquel elle s'applique[119]. Nous nous limiterons à la fiscalité du secteur amont, celui de l'exploration et de la production de pétrole brut. Elle relève, dans la CEMAC, d'une prolifération de textes et d'accords signés avec les sociétés étrangères, mais dont l'accès est particulièrement difficile et sélectif. Leur trait dominant est la diversité et la complexité des différents régimes d'exploitation proposés aux pays hôtes : forme traditionnelle de

---

[114] Voir supra, n° 5.
[115] Le pétrole et le gaz en Afrique, précité, p. 7.
Voir aussi DANDOU (W. E.), Thèse Paris II, précitée.
[116] Voir supra, n° 9.
[117] Loi française du 16 mars 1928 portant révision du régime douanier des produits pétroliers.
[118] DIKOUME (A. L.), *Les spécificités du régime fiscal applicable aux produits pétroliers au Cameroun*, précité, page 3.
[119] Voir supra, n° 23.

la concession[120], multiples variantes des accords de partage de la production, partage des profits[121], contrat de services...

78.- Cependant, deux contrats de concession ou deux contrats de partage de production peuvent avoir la même structure juridique tout en se traduisant pour les pays hôtes par des divergences sur le plan des recettes financières et du rôle effectif de l'Etat dans l'exécution et le contrôle des opérations pétrolières. Pourtant, l'industrie pétrolière internationale a, en raison de sa complexité, forgé un certain nombre de principes qui constituent les règles de base. Elles servent d'armature à la fiscalité pétrolière et ont un emploi quasi général[122]. Il s'agit notamment de la stabilité du régime fiscal[123], la non discrimination entre les compagnies[124], la rente minière[125] et le plafond de remboursement[126]. Autant de notions que le Code Général des Impôts des différents Etats membres de la CEMAC ignore, mais qui se retrouvent bien dans les conventions d'établissement[127] et les contrats d'association[128].

79.- La fiscalité pétrolière dans les Etats membres de la CEMAC est ainsi une fiscalité spécifique à plusieurs égards, peu propice à une maximisation des recettes fiscales dont ces Etats ont besoin pour financer leur développement ; elle gagnerait à être rationalisée et rapprochée. Qu'est-ce qui fait la spécificité de la fiscalité pétrolière de ces Etats par rapport au droit commun ? S'adapte-t-elle d'un gisement à un autre ? Y a-t-il des écarts d'un pays à l'autre ? Sachant que la CEMAC est vouée à l'harmonisation, peut-on éviter la surenchère d'un Etat à l'autre ? Y a-t-il une sorte de rapprochement de fonds commun dans cette fiscalité de la CEMAC ? Telles sont les principales questions ayant motivé cette recherche.

80.- Notre travail concourt à la recherche de réponses à ces questions. Dans la CEMAC et au 31 décembre 2006, quelques thèses avaient déjà abordé certains aspects de la fiscalité pétrolière. Ces thèses portaient essentiellement sur deux pays, pris isolément. Il s'agit du :

- Gabon, avec une thèse en droit minier[129] ;
- Congo, avec quatre thèses dont une en droit et trois en économie[130].

---

[120] V. infra, n° 108 ss.
[121] V. infra, n° 180 ss.
[122] BRASSEUR (R.), *Législation et fiscalité internationale des hydrocarbures*, Paris, éd. TECHNIP, 1975, p. 128.
[123] V. infra, n° 165.
[124] V. infra, n° 167.
[125] V. infra, n° 179.
[126] V. infra, n° 17 ss.
[127] V. infra, n° 161 ss.
[128] V. infra, n° 168 ss.
[129] OYE MBA (C), *Les problèmes juridiques posés par l'exploitation du sous-sol au Gabon.*
[130] DANDOU (W. E.), *Pratique d'analyse du risque des compagnies pétrolières et les décisions d'exploration-production.*
LELO (A.J.A.), *Aspects juridiques de l'exploitation et de la commercialisation du pétrole au Congo.*
TSASSA (C), *Système de production du pétrole au Congo et accumulation nationale.*

Quelques mémoires de DESS avaient également été publiés. Ils abordaient certains aspects particuliers de cette fiscalité pour quelques pays pris isolément (Cameroun et Gabon notamment). La revue *Le pétrole et le gaz en Afrique* a été limitée à sa première édition. Aucun travail de recherche n'avait encore, jusque-là, étudié la fiscalité pétrolière de ces six Etats, et encore moins envisagé son harmonisation.

§4 : Plan de l'ouvrage

81.- En répondant aux questions posées, nous serons amenés à rationaliser et rapprocher les règles fiscales pétrolières dans la CEMAC (deuxième partie). Cet aboutissement s'explique par ce qu'au-delà des réformes entreprises par les divers Etats membres depuis le second choc pétrolier, la fiscalité pétrolière dans la CEMAC reste disparate, mal adaptée à l'évolution internationale, avec de nombreuses lacunes et omissions. Elle est faite de particularismes (première partie) qui ne permettent pas aux Etats de combler leurs attentes.

Une nouvelle thèse de droit est en cours de rédaction au 31 décembre 2006. Intitulée *les contrats d'exploitation de trading pétroliers*, elle est préparée par Joe-Pépin FOUNDOUX M. pour le doctorat en droit de l'Université Paris 1.

PREMIERE PARTIE

LES PARTICULARISMES DE LA FISCALITE PETROLIERE

82.- L'une des principales conséquences des bouleversements qui affectent l'industrie pétrolière mondiale depuis le premier choc pétrolier[131], est l'intérêt grandissant manifesté pour l'exploration pétrolière en Afrique en général et dans le golfe de Guinée en particulier, ainsi que le démarrage de la production et des exportations d'hydrocarbures dans un nombre croissant de pays africains. Ce phénomène a plusieurs origines qui peuvent se résumer comme suit :

- La nationalisation et le contrôle gouvernemental imposés par les pays de l'OPEP et par d'autres pays exportateurs sur les activités des sociétés étrangères, ce qui a poussé ces sociétés à regarder vers d'autres horizons.
- La volonté toute naturelle des pays en voie de développement, d'ausculter leur sous-sol et de mettre en valeur leurs potentialités énergétiques pétrolières afin de faire face au coût rapidement croissant de l'énergie importée et, éventuellement, de devenir eux aussi exportateurs d'hydrocarbures.

83.- L'accroissement conséquent des activités de recherche et surtout de forage n'est pas toujours celui attendu dans plusieurs Etats de la CEMAC. Ceci peut avoir pour cause les politiques fiscales pétrolières qui y avaient cours. Celles-ci étaient diverses et spécifiques, et ne suivaient pas toujours l'évolution internationale. Le second choc pétrolier a favorisé le réveil de bon nombre de gouvernants de ces Etats, marqué par une volonté de réforme de leur secteur pétrolier. C'est ainsi qu'on peut constater des tendances communes à la définition d'une fiscalité pétrolière spécifique des Etats depuis 1978 (titre 1). Les réformes ainsi engagées ont consacré certains impôts et taxes existants, de même qu'elles instauraient des impôts et taxes nouveaux découlant de la conjoncture internationale. On a ainsi abouti à une fiscalité caractérisée par la multiplicité d'éléments d'imposition (titre 2).

---

[131] Il est situé entre octobre 1973 et janvier 1974 ; v. supra, n° 11.

TITRE I

LES TENDANCES COMMUNES A LA DEFINITION DUNE FISCALITE PETROLIERE SPECIFIQUE

84.- Pour faire ressortir les tendances communes à la définition de cette fiscalité spécifique dans les Etats membres de la CEMAC, nous analysons d'abord les caractéristiques dudit régime à l'aube du second choc pétrolier (chapitre 1). Cette analyse fait ressortir deux caractéristiques majeures :
1°- Une présence remarquée des Etats, qui consacre l'appartenance des mines à l'Etat, tout en mettant en place des structures particulières de gestion chargées de la mise en application des mécanismes fiscaux.
2°- Des sources juridiques particulières de la fiscalité pétrolière. Celles-ci peuvent être regroupées en sources légales dont les plus importantes sont les lois minières et en sources contractuelles, comprenant les Conventions d'établissement et les contrats d'association.

85.- Nous analysons ensuite les aménagements apportés au régime de référence ci-dessus présenté (chapitre 2). Il s'en dégage des modifications fondamentales intervenues dans la législation minière des Etats, notamment les changements de régimes d'exploitation, les alourdissements ou renforcements de la fiscalité. Il en découle aussi des incitations à la recherche et à la production, voire des mesures particulières pour la promotion des activités de production dans les champs dits marginaux notamment, du rehaussement du taux de la Rente Minière, de la suppression de certaines impositions et de la réduction des taux de l'impôt sur les sociétés sur certains champs.

CHAPITRE 1

LES CARACTERISTIQUES DU REGIME D'IMPOSITION EN COURS A L'AUBE DU SECOND CHOC PETROLIER

86.- Ce qui faisait la particularité des Etats africains dans l'activité pétrolière était jusque-là leur caractère de « partenaire dormant », simple détenteur de portefeuille financier. Face à l'intérêt grandissant manifesté pour l'exploration pétrolière en Afrique en général et dans le golfe de Guinée en particulier depuis le premier choc pétrolier, ces Etats essaient de passer de ce statut de « partenaire dormant » à celui de « partenaire actif ». Ils veulent acquérir de l'expérience dans les opérations d'exploitation, et contrôler efficacement les dépenses et les composants du coût de revient de la production. Un certain nombre de dispositions avaient ainsi été mises en place ; elles se caractérisent par :

- une présence remarquée des Etats (section 1) ;
- des sources juridiques particulières de la fiscalité pétrolière (section 2).

Section 1 : Une présence remarquée des Etats

87.- A la suite d'une résolution des Nations unies reconnaissant la souveraineté permanente des peuples sur leurs richesses et leurs ressources naturelles, la quasi-totalité des lois minières ont établi l'appartenance des mines à l'Etat (§1). En vue d'obtenir une juste rémunération de l'exploitation de ces mines, les Etats ont mis en place des structures particulières de gestion (§2) chargées de la mise en application des mécanismes fiscaux.

§1 : L'appartenance des mines à l'Etat

88.- L'idée de l'appartenance des mines à l'Etat pose le problème fondamental de la propriété des hydrocarbures (A). Une fois celui-ci tranché, il engendre un certain nombre d'implications (B).

89.- La question de la souveraineté sur les ressources naturelles a préoccupé les esprits depuis bien longtemps. Déjà Mirabeau[132] affirmait devant l'assemblée constituante française en 1789 que la Nation a le droit de disposer des ressources naturelles de son territoire. La souveraineté politique exercée sur un territoire donné emporte la souveraineté sur les richesses naturelles de ce territoire. Plus récemment, l'ONU s'est penchée sur la question dès les premières années de sa création. Elle fut soulevée pour la première fois en 1952, à l'occasion des travaux menés par la Commission des Droits de l'Homme[133]. C'est sur la proposition du Chili que la Commission décida d'inclure dans les projets de pactes internationaux qui devaient conduire à l'adoption d'une déclaration universelle des Droits de l'Homme, une disposition selon laquelle « le droit des peuples à disposer d'eux-mêmes comprend en outre un droit de souveraineté permanente sur leurs richesses et leurs ressources naturelles ».

90.- A sa séance du 12 février 1952, l'Assemblée Générale des Nations unies a adopté une résolution reconnaissant pour la première fois ce principe et l'appliquant plus particulièrement au cas des pays sous-développés. Cette résolution stipule en effet que « les pays insuffisamment développés ont le droit de disposer librement de leurs richesses naturelles ; ils doivent les utiliser de manière à se mettre dans une position plus favorable pour faire progresser davantage l'exécution de leurs plans de développement économique conformément à leurs intérêts nationaux, et pour encourager le développement de l'économie mondiale »[134].

91.- Quelques mois plus tard, l'Assemblée Générale adoptait, le 21 décembre 1952, une autre résolution qui complétait la première en interdisant à tout Etat de porter atteinte directement ou indirectement à l'exercice par un autre Etat de sa souveraineté sur ses richesses naturelles[135]. Ces proclamations soulevaient des problèmes complexes qu'il convenait d'éclaircir. Certains membres de l'ONU obtinrent la mise sur pied d'une commission temporaire de neuf membres, spécialement chargée de procéder à une enquête sur la question de la souveraineté permanente sur les ressources naturelles et de formuler les recommandations qui s'imposent[136]. Les

---

[132] Honoré Gabriel Riquetti, de son titre de noblesse Comte de Mirabeau (1749-1791). Le 17 juin 1789, Mirabeau a aidé l'abbé Emmanuel Sieyès à transformer les états généraux en Assemblée Nationale. Le 23 juin 1789 il va prendre à parti le marquis de Dreux-Brézé, officier venu porter l'ordre du Roi de dissoudre l'assemblée constituante : « allez dire à ceux qui vous envoient que nous sommes ici par la volonté du peuple et que nous n'en sortiront que par la force des baïonnettes ». Cette phrase marque l'entrée de Mirabeau dans l'histoire. Auteur de plusieurs ouvrages et essais, il est à l'origine du découpage départemental et contribue à la rédaction de la « Déclaration des droits de l'Homme et du Citoyen » (1789).

[133] Document de l'assemblée générale de l'ONU n° A/AC 97/1 « L'histoire des discussions relatives à la question de la souveraineté permanente sur les ressources naturelles »

[134] Résolution 523 VI adoptée le 12 février 1952 par l'assemblée générale des Nations unies

[135] Résolution 626 VII adoptée le 21 décembre 1952 par l'assemblée générale des Nations unies.

[136] Résolution ONU 1.314 XIII du 12 décembre 1958
La composition de la commission était la suivante : Afghanistan, Chili, USA, Guatemala, Pays-Bas, R.A.U., Suède, U.R.S.S.

travaux de recherche de la Commission ont débouché sur une résolution A/AC 97/10 du 14 décembre 1962 et un rapport analysant les mesures concernant les droits des étrangers dans l'exploitation des ressources naturelles, l'encouragement et le contrôle des capitaux étrangers investis dans cette activité et l'organisation même des entreprises étrangères.

92.- La prise de conscience du problème de la souveraineté des nations sur leurs ressources naturelles au sein des instances internationales s'est opérée essentiellement sous la poussée des pays sous-développés. Cela n'a rien d'étonnant, étant donné que ce sont eux les principaux intéressés. De nos jours, en dehors des Etats Unis[137], les droits au pétrole et au gaz contenus dans le sol et le sous-sol appartiennent normalement à l'Etat. Ce principe est repris dans tous les textes tenant lieu de code pétrolier dans les Etats membres de la CEMAC[138]. Il s'étend également sur toute la zone maritime où s'exerce la souveraineté de l'Etat. Cette zone englobe la partie des fonds marins et leur sous-sol sur lesquels un Etat côtier a une juridiction économique, au-delà de sa mer territoriale : plus couramment, on parle de *plateau continental*. De cette manière, la propriété des hydrocarbures échappe à tout autre propriétaire que l'Etat. Le propriétaire d'une parcelle de terrain ne peut disposer des hydrocarbures existants ou extraits de son sol. Ceux-ci appartiennent exclusivement à l'Etat, bien que l'individu détienne un titre de propriété sur le domaine.

B – LES IMPLICATIONS DE CETTE PROPRIETE DES HYDROCARBURES

93.- L'appartenance des hydrocarbures à l'Etat a un certain nombre d'implications. D'abord nul ne peut prétendre entreprendre des activités de recherches et d'exploitation sans l'autorisation de l'Etat. C'est ainsi que sont institués les autorisations de prospection (a), les permis de recherche (b) et d'exploitation (c), ou des concessions minières (d). Leur attribution, renouvellement ou mutation est soumise au paiement de droits. Ensuite, en sa qualité de propriétaire, l'Etat exige tant le paiement d'une redevance considérée comme un loyer[139], que la perception d'une quote-part de la production[140]. Cette quote-part peut être libérée en nature ou en numéraire selon les accords.

a) L'autorisation de prospection

94.- Elle confère à son titulaire, concurremment avec les autres titulaires d'autorisations de prospection simultanément valables pour les mêmes substances et dans la même région sous réserve des droits acquis, le droit de prospecter tel

---

[137] DANDOU (W. E.), Thèse Paris II, 1993, précitée, p. 63.

[138] Loi 64-LF-3 du 06 avril pour le Cameroun ; loi 29-62 du 16 juin 1962 pour le Congo ; ordonnance 7-PC-TP-MH du 03 février 1962 pour le Tchad ; décret-loi n° 9/1.981 du 12 juin 1981 pour la Guinée Equatoriale ; loi 15/62 du 02 juin 1962 pour le Gabon, modifiée et complétée par la loi de décembre 1974 ; ordonnance impériale n° 79/016 portant modification de la loi n° 61/208 du 11 avril 1961 portant création d'un code minier centrafricain.

[139] V. infra, n° 378.

[140] V. infra, n° 384 ss.

qu'il est spécifié ci-dessus[141]. Le refus, la restriction ou le retrait de l'autorisation de prospection n'ouvre aucun droit à indemnité ou à dédommagement. Le refus, la restriction et l'expiration de validité de l'autorisation de prospecter sont sans effet sur les permis et concessions[142] accordés. La forme de l'autorisation, sa durée et ses modalités de renouvellement varient en fonction des Etats. Nous résumons ces caractéristiques dans le tableau n° 25 ci-dessous[143].

---

141 V. supra, n° 5.

142 V. infra, n° 109.

143 Le tableau ci-après est monté à partir des lois minières des Etats : loi 64-LF-3 du 06 avril 1964 pour le Cameroun ; loi 29-62 du 16 juin 1962 pour le Congo ; ordonnance 7-PC-TP-MH du 03 février 1962 pour le Tchad et son décret d'application du 10 mai 1967 ; décret-loi n° 7/1.981 du 16 juin 1981 pour la Guinée Equatoriale ; loi 15/62 du 02 juin 1962 pour le Gabon, modifiée et complétée par la loi n° 14/74 du 21 janvier 1975 ; ordonnance Impériale n° 79.016 du 6 février 1979 portant modification de la loi n° 61/208 du 11 avril 1961 portant création d'un Code Minier en République Centrafricaine.

Tableau n° 25 : Autres caractéristiques de l'autorisation de prospection par Etat

ETATS	FORME DE L'AUTORISATION	DUREE INITIALE	MODALITES DE RENOUVELLEMENT		
			Nombre	Durée	Autres
CAMEROUN	Arrêté du Ministre chargé des mines	deux ans	une fois	non précisée	nécessité d'acquitter les droits et redevances
CONGO	Arrêté du Ministre chargé des mines	cinq ans	non précisée	non précisée	N/C
GABON	Arrêté du Ministre chargé des mines	cinq ans	non précisée	non précisée	N/C
GUINNEE EQUATORIALE	Arrêté du Ministre chargé des mines	cinq ans	Non précisée	non précisée	N/C
CENTRAFRIQUE	Décret présidentiel	cinq ans	non précisée	Non précisée Mais égales	Maximum cinq Permis ou concessions
TCHAD	Décret présidentiel	Six mois	non précisée	non précisée	N/C

Source : L'auteur ; à partir d'informations tirées des lois minières des Etats

b) Le permis de recherche

95.- Il est attribué au choix de la puissance publique, sans que ce choix puisse ouvrir aucun droit à indemnité au bénéfice du demandeur débouté totalement ou partiellement. Il est tenu compte de l'engagement du demandeur d'assurer la transformation sur place. Le permis de recherche confère, dans les limites de son périmètre et indéfiniment en profondeur, le droit exclusif de prospection et de recherche des hydrocarbures tel que défini ci-dessus[144]. Il est délivré sous réserve des droits antérieurs. Sa superficie est déterminée compte tenu des capacités techniques et financières du demandeur d'une part, de la difficulté d'exploitation et du volume des travaux indispensables pour une recherche effective sur toute la superficie du permis sollicité d'autre part. Au Cameroun comme au Tchad, le permis de recherches, qu'il porte sur des hydrocarbures liquides ou gazeux, est dit permis H[145]. Les autres particularités du permis de recherches sont résumées dans le tableau n° 26 ci-dessous[146].

---

[144] V. supra, n° 5.

[145] Cameroun : décret n° 64-DF-162 du 26 mai 1964 fixant les modalités de recherches, d'exploitation et de transport des hydrocarbures liquides ou gazeux, art. 4.
Tchad : ordonnance n° 7-PC-TP-MH du 3 Février 1962 organisant les activités de recherche, d'exploitation de transport par canalisations et le régime fiscal des hydrocarbures liquides et gazeux, art. 1er.

[146] Ce tableau est monté à partir des lois minières des Etats, précitées.

Tableau n° 26 : Autres particularités du permis de recherche par Etat

ETATS	FORME DU PERMIS	DUREE INITIALE	MODALITES DE RENOUVELLEMENT/PROROGATION		
			Nombre	Durée	Autres
CAMEROUN	Décret présidentiel	quatre ans	négociable à l'institution	quatre ans	réduction de superficie suivant acte institutif
CONGO	Décret présidentiel	Cinq ans	Deux fois	Cinq ans	réduction de superficie de 25% tous les ans
GABON	Décret présidentiel	Cinq ans au plus	Trois fois	Trois ans	réduction de superficie suivant acte institutif
GUINEE EQUATORIALE	Décret présidentiel	Cinq ans au plus	Trois fois	Trois ans	réduction de superficie suivant acte institutif
CENTRAFRIQUE	Décret présidentiel	Cinq ans au plus	négociable à l'institution	Un an	réduction de superficie suivant acte institutif
TCHAD	Décret présidentiel	cinq ans Maximum	Deux fois	Trois ans minimum	réduction de superficie De 50% au 1er renouvellemt et 25% lors du 2è renouv.

Source : L'auteur ; à partir d'informations tirées des lois minières des Etats

96.- Au Cameroun, le domaine minier comprenait 28 permis de recherches en 1982, pour une superficie de plus de 62 000 km2[147]. Il en ressort que ces permis sont renouvelables trois (3) fois. La durée totale d'un permis de recherche peut ainsi aller jusqu'à seize (16) ans. Les permis en-cours tiennent compte des permis de recherche de :

- Logone Birmi (PH45) : 11 000 km2 attribué le 23 mars 1980, près du Lac Tchad, à ELF SEREPCA (100 %) ;
- Garoua (PH46) 7 445 km2 attribués le 26 mars 1980 à ELF SEREPCA (100 %) ;

97.- Quant au Gabon, les permis de recherche couvraient 90 641 km2 à fin 1980, dont 45 846 km2 à terre, et 44 795 km2 en mer. Cette superficie est en baisse de 14 % par rapport à l'année 1979 (105 779 km2)[148]. La diminution des superficies, malgré l'attribution de nouveaux permis (N'Dindi marin 2 372 km2 en 3 blocs ; Estérias marin 5 000 km2, Omboué sud marin 1 015 km2 à Houston Oil), est due, d'une part, à l'abandon par Shell Gabon du permis en eaux profondes Atlantique (16 596 km2 accordés le 14 janvier 1976 pour 5 ans), et d'autre part, aux rendus lors de renouvellement (294 km2 pour Gombé Sud Marin, 67 km2 pour Cap Lopez Marin et 1 252 km2 pour Grand Large).

98.- Bien que la durée standard d'un permis de recherche soit de cinq ans, il existe de nombreux cas au Gabon où les permis de recherche sont accordés pour des durées inférieures :

- Estérias Marin (5 000 km2 offshore) accordé le 15 février 1980 pour trois ans (1ère période) ;
- Pongara Marin (6 900 km2 offshore) accordé le 28 juin 1979 pour trois ans (1ère période) ;
- graine Marin G4-84 (2 723 km2 offshore) accordé le 7 décembre 1978 pour quatre ans (1ère période) ;
- N'Dindi Marin G4-98 (2 372 km2 offshore) accordé le 15 février 1980 pour trois ans (1ère période) ;
- Mayumba Grands Fonds G4-85 (933 km2 offshore) accordé le 7 décembre 1977 pour quatre ans (1ère période).

99.- S'agissant du Congo, six permis de recherche seulement sont en-cours de validité en 1979. Trois de ces permis sont attribués à l'association Elf Congo et Agip Recherche Congo[149]. Ce sont :

- Le permis offshore de recherche Pointe Noire Grands Fonds, octroyé en 1968 (2 841 km2) et renouvelé en 1977 pour une période de cinq ans qui prenait fin en

---

[147] Ediafric la documentation africaine, *Le pétrole et le gaz en Afrique*, 1è édition 1983, p. 176 ss.
[148] Ediafric la documentation africaine, précité, p. 115.
[149] Ediafric la documentation africaine, précité, p. 200 ss.

novembre 1982. En effet, début 1982, le forage de Louvessi Profond a obtenu un résultat significatif, avec un débit de 430 m3 par jour d'huile.
- Le permis onshore de recherche Loémé octroyé en juillet 1973 (3 225 km2).
- Le permis offshore de recherche Haute Mer octroyé en juillet 1973 (2 561 km2).

100.- Les trois autres permis étaient accordés directement à la société d'Etat[150] Hydro-Congo[151] :
- Le permis Kayes, d'une superficie de 450 km2, attribué le 18 décembre 1979, avec Coastal-Congo comme opérateur ; Les dépenses engagées à la fin de l'année 1980 s'élevaient à 1 524 495 Euros, dont 762 247 Euros pour Hydro-Congo.
- Le permis Marine 1, d'une superficie de 1 432 km2, attribué le 16 mai 1979, avec Cities-Service comme opérateur ; Les dépenses d'exploration sont à la charge exclusive des sociétés étrangères.
- Le permis Mer Profonde, d'une superficie de 9 090 km2, attribué le 06 décembre 1977, avec Agip-Africa comme opérateur. Les investissements totaux réalisés à fin 1980 s'élevaient à environ 7 622 474 Euros.

101.- Il faut préciser que dans le cas du code de 1965, l'obtention d'un permis de recherche (de type «A») était conditionnée par la perception par l'Etat congolais de 20 % des actions des sociétés intéressées au titre de l'apport du permis de recherche. Elle devenait par contre gratuite pour les sociétés dans lesquelles l'Etat était déjà actionnaire. C'est de cette manière que l'Etat devait détenir 20 % du capital d'Agip R. Congo et d'Elf Congo dès leur création en 1969. Par ailleurs, l'Etat congolais avait mis en place cette structure particulière (Hydro-Congo) pour mieux participer à la prospection et à la production pétrolière[152]. Mais confrontée à des difficultés tant techniques que financières, la société d'Etat a dû limiter ses ambitions.

102.- En ce qui concerne le Tchad, un seul permis de recherche était en cours en octobre 1979 avant la mise en sommeil des activités pétrolières, consécutivement à la situation politique du pays. Ce permis situé dans l'ouest et le sud-ouest du pays, avait été attribué en septembre 1969[153], pour une superficie initiale de 603 000 km2. Il a été renouvelé en octobre 1974, pour une superficie de 465 000 km2[154]. Sa renégociation était en-cours en octobre 1979. CONOCO, opérateur sur ce permis, s'est associé à 50 % avec la société Shell Tchadienne de Recherche et d'Exploitation (Shell Tcharex), créée en 1972 à la suite de la scission opérée au sein de l'ex-Shell Afrique Equatoriale, et à 25 % avec la Chevron Oil. En mars 1977, le groupe Esso a rejoint le groupement.

---

[150] Pour plus d'information sur les sociétés d'Etat, voir DIKOUME (A. L), *Droit des Sociétés Commerciales au Cameroun*, Yaoundé, éd. SOPECAM 1997, n° 547, p. 297.
[151] Ediafric la documentation africaine, précité, p. 204.
[152] V. infra, n° 125 ss.
[153] Décret tchadien n° 261/PR/TP/M du 9 septembre 1969 accordant à la Continental Oil Company (CONOCO) un permis exclusif de recherche d'hydrocarbures liquides ou gazeux dans la région du Lac Tchad et de la dépression du Chari.
[154] Ediafric la documentation africaine, précité, p. 278.

103.- On peut remarquer que dans l'ensemble des anciens pays de l'AEF[155] autre que le Tchad, si le chercheur utilise toutes les possibilités qui lui sont offertes, ses travaux peuvent se poursuivre sur une période de quatorze ans. Au Cameroun, cette période variera entre douze et seize ans.

c) Le permis d'exploitation

104.- Il est délivré sous les mêmes réserves que le permis de recherche dont il découle. Le permis d'exploitation confère à son titulaire, dans les limites de son périmètre et indéfiniment en profondeur, le droit exclusif de prospection, de recherche et d'exploitation des gîtes d'hydrocarbures pour lesquels le permis de recherche dont il dérive est valable et pour lesquels la preuve d'un gisement exploitable est fournie. Sauf dérogation, le permis d'exploitation est limité par un périmètre dont les côtés sont orientés Nord-Sud et Est-Ouest. Ce périmètre doit être entièrement situé à l'intérieur du permis de recherche dont il dérive. Dans des cas exceptionnels, il pourra chevaucher plusieurs permis appartenant au même titulaire, si le gisement est au voisinage immédiat des limites du permis. Toutefois, cette exception est susceptible de créer des difficultés dans l'application du principe de l'enclos fiscal au sens originel[156]. Au Tchad, le permis d'exploitation est accordé sous la forme d'une autorisation provisoire d'exploiter[157]. Les autres particularités du permis d'exploitation sont résumées dans le tableau n° 27 ci-dessous[158].

---

[155] La délibération du 12 novembre 1958 du Grand Conseil de l'AEF leur était applicable.

[156] V. infra, n° 429.

[157] Ordonnance tchadienne n° 7-PC-TP-MH du 3 février 1962 relative à la recherche, à l'exploitation, au transport par canalisations des hydrocarbures et au régime fiscal de ces activités sur le territoire de la République du Tchad, art. 19 et 7.

[158] Ce tableau est monté à partir des lois minières des Etats, précitées.

Tableau n° 27 : autres caractéristiques du permis d'exploitation par Etat

ETATS	FORME DU PERMIS	DUREE INITIALE	MODALITES DE RENOUVELLEMENT		
			Nombre	Durée	Autres
CAMEROUN	Décret présidentiel	quatre ans	quatre fois	quatre ans	Nécessité de maintenir une exploitation suffisante et acquitter droits et redevances
CONGO	Décret présidentiel	cinq ans	trois fois	cinq ans	Nécessité de maintenir une exploitation suffisante et acquitter droits et redevances
GABON	Décret présidentiel	cinq ans au plus	trois fois	variable	Nécessité de maintenir une exploitation suffisante et acquitter droits et redevances
GUINNEE EQUATORIALE	Décret présidentiel	cinq ans au plus	trois fois	variable	Nécessité de maintenir une exploitation suffisante et acquitter droits et redevances
CENTRAFRIQUE	Décret présidentiel	quatre ans	quatre fois	quatre ans	Nécessité de maintenir une exploitation suffisante et acquitter droits et redevances
TCHAD	Décret présidentiel	Deux ans maximum	trois fois	variable	Nécessité de maintenir une exploitation suffisante et acquitter droits et redevances

Source : L'auteur ; à partir d'informations tirées des lois minières des Etats

105.- L'on remarque qu'en général, la durée légale effective des permis d'exploitation est de vingt ans, répartie en tranches dont le nombre varie avec les Etats. La finalité devrait être le volume des recettes que chaque option génère pour l'Etat. Il est toutefois aisé de relever que plus il y a des renouvellements de titres, plus il y a des recettes à encaisser pour l'Etat, toute choses restant égales par ailleurs. Le renouvellement du permis ne constitue pas un droit pour le demandeur, mais une simple possibilité que la loi lui reconnaît, sous certaines conditions précises. On ne peut en effet permettre à n'importe quel exploitant de prolonger ses travaux. Le renouvellement du titre ne doit être accordé qu'à ceux qui méritent d'être encouragés et soutenus par les pouvoirs publics.

106.- Au Cameroun, deux permis d'exploitation étaient en cours. Ils ont été obtenus en mars 1982 dans le Nord du pays, l'un dans les environs de Garoua, l'autre dans l'extrême nord, non loin de Kousseri (proche du Tchad)[159]. Mais leur mise en exploitation effective aurait engendré d'importants moyens financiers en termes de transport de pétrole brut.

107.- Au Gabon par contre, de nombreux permis et demandes d'exploitation provisoires étaient en cours en 1980 (14 au total)[160]. De leur analyse, il ressort que la durée de validité de ces permis n'est pas homogène. Elle varie en général de cinq ans (Mérou Sardine, Mayumba/Lucina, Brême Marine ...) à quinze ans (Tchibala Marin), en passant par dix ans (Baudroie Marine). Ces permis sont renouvelables trois fois. Mais le Gabon permet aussi d'obtenir des autorisations d'exploitation provisoires. Celles-ci sont accordées pour une durée de deux (2) ans : M'Boumba 1 et 2 (onshore) attribuée le 19 décembre 1979 pour deux ans.

d) La concession

108.- Avant de présenter sa situation dans la CEMAC (3), nous établirons d'abord la genèse de la concession (1), puis son principe et ses caractéristiques (2).

1) La genèse de la concession

109.- Le régime de la concession est le plus ancien pratiqué dans l'industrie pétrolière, aussi bien dans les pays développés que dans ceux du tiers monde. C'est aussi l'un des plus équivoques. Les termes de ces premiers contrats de concession résultent de l'interférence entre la « concession », telle qu'elle est présentée dans son principe par le « Code Napoléon », et la « concession générale » du droit musulman[161]. Le système de la concession, qui est le système français, dérive du code Napoléon. Reconnaissant en principe que la propriété du sol entraîne celle du sous-sol, la loi de 1810 a fait exception pour un certain nombre de substances d'intérêt

---

[159] Ediafric la documentation africaine, précité, p. 184.
[160] Ediafric la documentation africaine, précité, p. 104 ss.
[161] ANGELIER (J.P.), *LA RENTE PETROLIERE Eléments pour une Interprétation Théorique de la Structure des Prix des Produits de l'Industrie Pétrolière Internationale*, Editions du Centre National de la Recherche Scientifique, Paris, 1976, p. 84.

national, le pétrole étant une de ces exceptions[162]. Pour ce qui est du droit musulman, il est établi que : « Pour rechercher des mines cachées dans le sous-sol et les exploiter, l'intervention du souverain est nécessaire. Il en concède le droit à titre exceptionnel et exclusif sous forme d'une grâce. C'est un don du souverain dénommé Concession Générale »[163].

2) Le principe et les caractéristiques de la Concession

110.- Dans son principe de base, un Etat concède à une société le droit d'entreprendre tout genre d'opérations pétrolières (exploration, production, transport, commercialisation...) dans une zone et au cours d'une période déterminée. En cas de découverte, le concessionnaire a le droit exclusif d'extraire les produits et d'en disposer, sous réserve de remplir certaines obligations techniques, financières et économiques. Les obligations financières consistent en général au paiement à l'Etat d'une redevance et d'un impôt sur le revenu. Le mot concession prête lui-même à confusion. Dans les pays occidentaux, la concession implique un contrôle extrêmement strict par l'Etat concédant sur la société concessionnaire qui est généralement de la nationalité de l'Etat concédant et qui est chargée de la gestion d'un service public. Il n'en a pas été de même dans les pays de l'OPEP et les autres pays du tiers monde. Là-bas, des Etats encore faibles ont accordé des concessions à des sociétés multinationales soutenues par les grandes puissances coloniales.

111.- Les caractéristiques des concessions octroyées par les Etats pétroliers au sociétés pétrolières de 1901 à 1950 au Moyen-Orient, se résument comme suit :
- les concessions couvraient une très large superficie, et couraient sur une très longue période ;
- la *royalty*, l'impôt sur les sociétés et dans une moindre mesure les primes au comptant et les dividendes, constituaient la base financière principale des contrats de concession, la *royalty* étant versée en fonction des volumes produits ;
- les sociétés concessionnaires étaient peu nombreuses ;
- les termes des concessions, sur cette période de près d'un demi siècle, sont restés pratiquement inchangés.

Les sociétés pétrolières ont de ce fait constitué de véritables Etats dans l'Etat. C'est ainsi que le régime de la concession a été transformé ou complètement abandonné dans de nombreux pays producteurs. Il confinait en effet l'Etat hôte dans le rôle de simple percepteur d'impôts, tout en accordant de très grands pouvoirs à la compagnie[164].

---

[162] MAINGUY (M), *Recherche et Production des Hydrocarbures ; Eléments de Technique à l'usage des élèves en Science Economique*, Paris, Mouton, 1965.
[163] ANGELIER (J.P.), *LA RENTE PETROLIERE Eléments pour une Interprétation Théorique de la Structure des Prix des Produits de l'Industrie Pétrolière Internationale*, précité, p. 84.
[164] Ediafric la documentation africaine, *Le pétrole et le gaz en Afrique*, précité, P. 9.

3) La situation dans la CEMAC

112.- Les concessions primitives décrites ci-dessus existent encore dans certains Etats de la CEMAC, à l'instar du Gabon et du Tchad ; c'est également ce régime que prévoit la loi en vigueur en République Centrafricaine[165]. Les concessions sont accordées dans ces Etats après publicité, au titulaire d'un permis de recherche ou d'exploitation minière si ce dernier a, pendant la durée du permis de recherche, fourni la preuve par des travaux de recherches régulièrement poursuivis, de l'existence d'un gisement exploitable à l'intérieur du périmètre sollicité. La concession est limitée par un périmètre de forme rectangulaire, de côtés orientés nord-sud et est-ouest vrais et entièrement situés à l'intérieur du périmètre du permis de recherche ou du permis d'exploitation dont elle découle. La forme du périmètre peut être modifiée dans les mêmes cas que ceux du permis d'exploitation.

113.- Exceptionnellement, une concession peut être constituée par plusieurs périmètres non jointifs. Elle peut, dans des cas exceptionnels lorsque le gisement reconnu se trouve en limite de plusieurs permis, chevaucher des permis différents appartenant au même titulaire et valables pour les mêmes substances. Telle que présentée ci-dessus, une concession peut contenir plusieurs champs pétrolifères. Nous verrons plus loin[166] comment la notion d'enclos fiscal ou *Ring Fence* s'applique à la concession. Les autres caractéristiques de la concession se résument comme suit par Etat[167] :

[165] Ordonnance Impériale n° 79.016 du 6 février 1979 portant modification de la loi n° 61/208 du 11 avril 1961 portant création d'un Code Minier en République Centrafricaine, art. 11, 37 ss.
[166] V. infra n° 429 ss.
[167] Ce tableau est monté à partir des lois minières des Etats.

Tableau n° 28 : Autres caractéristiques de la concession par Etat

ETATS	FORME DE LA CONCESSION	DUREE INITIALE	MODALITES DE RENOUVELLEMENT		
			Nombre	Durée	Autres
CAMEROUN	Décret présidentiel	vingt cinq ans	négociable à l'institution	négociable à l'institution	Respect des dispositions conventionnelles
CONGO	Décret présidentiel	cinquante ans	négociable à l'institution	vingt cinq ans	Respect des dispositions conventionnelles
GABON	Décret présidentiel	Soixante-Quinze ans	négociable à l'institution	vingt cinq ans	Respect des dispositions conventionnelles
GUINNEE EQUATORIALE	Décret présidentiel	vingt cinq ans	négociable à l'institution	négociable à l'institution	Respect des dispositions conventionnelles
CENTRAFRIQUE	Décret présidentiel	Dix ans	illimité	cinq ans	Respect des dispositions conventionnelles
TCHAD	Décret présidentiel	cinquante ans	négociable à l'institution	vingt cinq ans	Réduction de 20% de superficie au 1er renouvellement

Source : L'auteur ; à partir d'informations tirées des lois minières des Etats

114.- Au Gabon, quatorze concessions pétrolières étaient en cours en fin 1979[168]. Huit d'entre elles sont détenues à 100 % par Elf Gabon. Quatre autres sont partagées par Elf Gabon (65,275 %) et la SNEA (34,725 %). Une concession est partagée entre Elf Gabon (59,03 %) et Mobil (40,97 %). Enfin la dernière est partagée entre Elf Gabon (50 %) et Shell Gabon (50 %). La plus ancienne de ces concessions, Ozouri (25,08 km2) attribuée le 13 octobre1958 à Elf Gabon (100 %) arrive à expiration en l'an 2 033[169]. Les plus jeunes, que sont :
- Girelle Marine (62 km2 offshore) attribuée le 2 juillet 1974 à Elf Gabon (65,275 %) et SNEA (34,725 %),
- Pageau Marine (85,5 km2 offshore) attribuée le 2 juillet 1974 à Elf Gabon (65,275 %) et SNEA (34,725 %),
- Barbier Marine (74 km2 offshore) attribuée le 2 juillet 1974 à Elf Gabon (65,275 %) et SNEA (34,725 %),

arrivent à expiration en l'an 2 049.

115.- Toutefois, l'exploitation de certains gisements se situant à l'intérieur de ces concessions a déjà été arrêtée. C'est le cas de[170] :

- Ozouri, dont l'exploitation a été arrêtée en 1967 ; en fin 1979, ce gisement représentait 0,57 % du pétrole brut produit par le Gabon.
- M'Bega, exploité de 1957 à 1969, dont la production cumulée s'est élevée à 1 185 000 tonnes.
- Alewana, exploité de 1958 à 1968, dont la production cumulée s'est élevée à 50 000 tonnes.
- Animba, exploité de 1959 à 1967, dont la production cumulée s'est élevée à 175 200 tonnes.
- Simany, exploité de 1961 à 1967, dont la production cumulée s'est élevée à 47 200 tonnes.
- Rembo-Kotto, exploité de 1961 à 1968, dont la production cumulée s'est élevée à 75 000 tonnes.
- Anguille Sud-Ouest, exploité de 1970 à 1976, dont la production cumulée s'est élevée à 151 400 tonnes.

116.- Quant au Congo, six concessions étaient en-cours en 1979[171] :

- Emeraude, octroyée à Elf Congo le 18 novembre 1970 (331 km2) pour une durée de 50 ans, sur laquelle la compagnie française est associée 65/35 avec Agip.
- Loango Ouest octroyée en mai 1973 à Elf Congo associé 65/35 avec Agip (65,09 km2).
- Loango Est octroyée en mai 1973 à Agip Recherches Congo associé 65/35 avec Elf.
- Pointe-Indienne octroyée en mars 1960 à SPAFE pour 75 ans renouvelable une fois et mutée au profit d'Elf Congo (100 %) en 1969.

---

[168] Ediafric la documentation africaine, *Le pétrole et le gaz en Afrique*, précité, p. 100 ss.
[169] Cette projection est faite par nous-même, en ajoutant la durée des concessions de 75 ans à la date de leur attribution.
[170] Ediafric la documentation africaine, *Le pétrole et le gaz en Afrique*, précité, p. 100.
[171] Ediafric la documentation africaine, *Le pétrole et le gaz en Afrique*, précité, p. 197 ss.

- Likouala octroyée le 27 mai 1978 à Elf Congo associé 65/35 avec Agip (63,43 km2).
- Yanga-Sendji octroyée à Elf Congo associé 65/35 avec Agip (170 km2).

117.- Par ailleurs, une demande de concession était déposée pour le gisement on-shore Mengo sur le permis de la Loémé où Elf est associé 85/15 avec Hydro-Congo[172]. La validité de ces concessions s'étend jusqu'à l'an 2 010 pour la plus ancienne, Pointe-Indienne, et à l'an 2 028 pour la plus jeune, Likouala. Depuis 1973, ces conventions se caractérisent par une participation de l'Etat congolais au capital des sociétés pétrolières, en fonction des niveaux de production atteints. Ainsi, la participation de l'Etat du Congo serait de 20% quand la production est inférieure à 10 millions de tonnes de brut par an. Elle augmenterait d'un (1) point par million de tonne additionnel et serait de 30 % au cas où la production de la société atteindrait 20 millions de tonnes.

118.- Cette participation de l'Etat au capital lui donne droit à deux postes d'administrateurs au conseil de la société exploitante. Par ces mesures, l'Etat congolais pensait partir de sa situation de simple détenteur de portefeuille financier. Il voulait avoir la possibilité d'acquérir de l'expérience dans les opérations d'exploitation, et contrôler efficacement les dépenses et les composantes du coût de revient de la production. Cet objectif est encore loin d'être atteint. La participation au capital des sociétés exploitantes n'a en effet d'intérêt que dans la répartition des bénéfices[173] ; par cette opération, les actionnaires perçoivent alors un dividende variant entre cinq et dix pour cent du capital investit.

119.- Au Cameroun également, six concessions étaient en-cours en 1979[174] :
- kolé-Marine : 25,5 % pour Elf-Serepca, opérateur, 24,5 % pour PECTEN Cameroun et 50 % pour la SNH[175] attribuée le 25 août 1976 (38 km2).
- Ekoundou Marine : 25,5 % pour Elf-Serepca, opérateur, 24,5 % pour PECTEN Cameroun et 50 % pour la SNH, attribuée le 18 août 1977 (170 km2).
- Logbaba : 100 % pour Elf-Serepca, attribuée le 18 novembre 1974 (64 km2).
- Boa-Bakassi : 25,5 % pour Elf-Serepca, opérateur, 24,5 % pour PECTEN Cameroun et 50 % pour la SNH, attribuée le 12 septembre 1979.
- Bavo-Assoma : 25,5 % pour Elf-Serepca, opérateur, 24,5 % pour PECTEN Cameroun et 50 % pour la SNH (108 km2).
- Kita Edem : 25,5 % pour Elf-Serepca, opérateur, 24,5 % pour PECTEN Cameroun et 50 % pour la SNH (185 km2).

Les concessions camerounaises, à l'exception de celle de Logbaba (qui ne sera pas renouvelée), revêtent un caractère d'association en participation ostensible, où il y a partage de production[176] avec *Royalty*.

---

[172] V. infra, n° 125 ss.

[173] Pour plus d'information sur la répartition des bénéfices, voir DIKOUME (A. L.), *Droit des sociétés commerciales au Cameroun*, précité, n° 93 ss, p. 64 ss.

[174] Ediafric la documentation africaine, *Le pétrole et le gaz en Afrique*, précité, p. 174.

[175] V. infra, n° 130 ss

[176] V. infra, n° 180 ss.

4) La durée des concessions dans la CEMAC

120.- On peut remarquer, à la lecture du tableau n° 28 ci-dessus, que la durée des concessions est extrêmement longue. Dans des pays comme le Gabon et le Congo, elle a parfois donné lieu à des discussions d'une sévère âpreté. Il convient de rappeler à ce sujet qu'en France, le droit du concessionnaire était au départ un droit de propriété, c'est-à-dire perpétuel[177], qui rendait la mine disponible et transmissible comme tout autre bien. La loi du 9 septembre 1919 est venue poser un principe nouveau. Elle dispose en son article 1er que toutes les concessions seront désormais accordées pour une durée limitée. L'instauration de la précarité des concessions répondait au souci de ne pas remettre définitivement entre les mains de particuliers des richesses appartenant à la communauté nationale.

121.- Les partisans de ce nouveau système arguaient aussi du fait qu'il était nécessaire de réserver la possibilité pour l'Etat de recouvrer périodiquement la disposition des mines[178], ce qui permettait d'imposer le renouvellement et l'adaptation des méthodes d'exploitation, en fonction du progrès technique, de l'évolution des idées et de la conjoncture socio-économique. Il s'agissait en outre de stimuler l'activité minière en fixant à l'avance un terme à l'exploitation. La vigueur des oppositions rencontrées par ce système fut à la mesure de la nouveauté et de l'importance du changement qu'il apportait. Les adversaires dénonçaient le désastre économique vers lequel on s'acheminait : les initiatives des exploitants seraient découragées ; ils préfèreront désormais se livrer à une exploitation abusive et désordonnée pour pouvoir amortir le plus rapidement possible leurs investissements ; on aboutira à un gaspillage des richesses du sous-sol par la pratique de « l'écrémage » des mines.

122.- On adopta finalement une solution médiane, consistant à octroyer des concessions relativement longues et aisément renouvelables. La loi du 9 septembre 1919 prévoyait en son article 2 pour la houille et la lignite, des concessions de 99 ans, et pour les autres gisements des concessions dont la durée variait entre 50 ans et 99 ans. La plupart des pays francophones ont adopté des solutions similaires. Le Gabon a repris les solutions en vigueur sous le décret de 1954. Le Tchad, le Congo et la RCA[179] se sont alignés sur la borne inférieure de la fourchette. Cette différence peut s'expliquer par le fait que le Gabon était déjà producteur de pétrole avant son indépendance.

§2 : Des structures particulières de gestion des mécanismes fiscaux

123.- Les mécanismes fiscaux sont régis par les textes et mis en application par des structures administratives. En droit commun, ces structures se résument aux servi-

---

[177] Loi française 1810/042 du 21 avril 1810, concernant les Mines, Minières et Carrières. Titre II, art. 7.

[178] Rapport PERRIER devant l'Assemblée Nationale française, le 4 décembre 1918.

[179] Cette grande période de validité des concessions en République Centrafricaine n'est valable que dans le cadre de la loi n° 61/208 du 11avril 1961, portant création d'un Code Minier. Elle sera abrogée très tôt par rapport aux autres Etats de la sous région, en 1979, par l'ordonnance impériale n° 79/016 du 6 février 1979.

ces extérieurs de la Direction Générale des Impôts ou de la Direction Générale des Douanes. Le régime fiscal des sociétés pétrolières fait intervenir des structures particulières que l'on peut regrouper comme suit :

- les sociétés nationales chargées de la gestion des hydrocarbures (A) ;
- les ministères en charge des mines, des hydrocarbures ou des pétroles (B) ;
- les Directions Générales ou nationales des impôts (C) ;
- les Directions Générales ou nationales des douanes (D).

A – LES SOCIETES NATIONALES CHARGEES DE LA GESTION DES HYDROCARBURES, EMANATION DES ETATS

124.- Ce sont en général des Etablissements Publics à caractère Industriel et Commercial[180] mis en place par les Etats, doté de la personnalité juridique et de l'autonomie financière, prenant la forme d'une société. Ils sont chargés de promouvoir la mise en valeur des hydrocarbures et de gérer les intérêts de l'Etat dans ce domaine. C'est le cas de Hydro Congo (a), de la SNH (b), de PetroGab (c). Les autres sociétés nationales (d), créées plusieurs années après, s'inspireront généralement de l'une ou l'autre de ces expériences.

a) La Société nationale de recherche et d'exploitation pétrolière (HYDRO-CONGO)

125.- Elle est créée par ordonnance le 4 juin 1973[181]. Aux termes de l'article 8 de la dite ordonnance, « la société HYDRO-CONGO est chargée d'intervenir pour le compte de l'Etat, directement ou en association avec des partenaires étrangers, dans toutes les activités de mise en valeur des richesses du sous-sol national ». Cette décision relève d'une démarche reposant sur des principes jugés fondamentaux et inspirant la politique congolaise des hydrocarbures. L'action de la société va s'étendre à toutes les phases de l'activité pétrolière. A ce titre, HYDRO-CONGO a pour objet :
1°- D'entreprendre toutes les opérations relatives à la recherche et l'exploitation industrielle et commerciale des gisements d'hydrocarbures solides, liquides et gazeux et des substances annexes.
2°- La construction et l'exploitation industrielle et commerciale et tous moyens de transport des hydrocarbures et des substances annexes, soit par canalisation soit par voie terrestre ou maritime, ou autrement.
3°- Le traitement et la transformation des hydrocarbures et des substances annexes sur le territoire congolais ou en d'autres pays.
4°- La création d'une industrie de pétrochimie.
5°- La distribution et la vente, tant au Congo qu'à l'étranger, desdits hydrocarbures et produits dérivés ou annexes.

---

[180] DIKOUME (A. L.) *Droit des Sociétés Commerciales au Cameroun*, précité, n° 547, p. 297s.

[181] Ordonnance congolaise n° 14/73 du 4 juin 1973, créant la société nationale de recherche et d'exploitation pétrolière (HYDRO-CONGO).

6°- La gestion en son nom propre des actifs détenus par l'Etat congolais ou qu'il viendrait à détenir dans les différents secteurs d'activités correspondant à l'objet social ci-dessus.
7°- La participation de la société dans toutes opérations industrielles, financières, commerciales, mobilières ou immobilières pouvant se rattacher à l'un des objets précités, par voie de création de sociétés filiales ou autrement, souscription ou achat de titres ou droits sociaux, fusion, alliance, association en participation ou autrement.
8°- Et généralement toutes opérations industrielles, commerciales, financières, mobilières ou immobilières se rattachant directement ou indirectement à l'objet social.

126.- Comme on peut le constater, l'Etat congolais envisageait ainsi de jouer un rôle plus actif dans la branche du pétrole brut par l'intermédiaire de la société nationale. Son association avec des sociétés plus expérimentées lui permettrait de faire son apprentissage dans la conduite de l'activité pétrolière et de limiter le risque financier. Ce risque serait d'autant plus limité que devant l'importance des moyens financiers qu'exigent la recherche pétrolière et le caractère aléatoire de ses résultats, elle ne supporterait sa quote-part financière qu'en cas de découverte commerciale. C'est seulement une fois qu'Hydro-Congo aurait acquis l'expérience nécessaire et réuni les moyens financiers qui s'imposent, qu'elle pourrait devenir opérateur et peut-être ainsi, constituer pour l'Etat un moyen efficace d'intervention dans la branche.

127.- Mais confrontée à des difficultés tant financières que techniques, la société d'Etat a dû limiter ses ambitions. Sa participation dans la recherche et la production est limitée à une gestion des parties d'association (directe et indirecte) de l'Etat. Ainsi, elle prend à la fin des années 1970 une participation de 20 % dans le capital d'Elf-Congo et d'Agip Recherches Congo qui assuraient 100 % de la production du pétrole du pays. L'objet social de Hydro Congo était démesurément grand. Il correspondait en réalité à celui de trois sociétés distinctes, qui auraient pu être respectivement chargées :
- de l'exploration et de la production de pétrole brut ;
- du raffinage de pétrole brut ;
- de la distribution des produits pétroliers.

128.- Une fois les activités maîtrisées, les trois sociétés ainsi distinguées pourraient alors constituer un groupe de sociétés, à l'image des *majors*. Dans le cadre de la liquidation de Hydro Congo dans sa forme originelle, la Société Nationale des Pétroles du Congo (SNPC) a été crée le 23 avril 1998[182]. C'est un Etablissement Public à caractère Industriel et Commercial doté de la personnalité morale. Cette société doit être subrogée dans tous les droits et obligations résultant des contrats et des accords ou conventions conclus par Hydro-Congo en matière de recherche, d'exploration et de production des hydrocarbures liquides ou gazeux.

---

[182] Loi congolaise n° 1-98 du 23 avril 1998, créant la Société Nationale des Pétroles du Congo (SNPC).

129.- Elle est également chargée de commercialiser la part de pétrole brut revenant à l'Etat et provenant essentiellement des contrats de partage de production. Pour ce faire, elle dispose d'un bureau à Londres. Elle assure enfin une fonction d'expertise et de conseil auprès du gouvernement. Ses comptes ont fait l'objet d'une demande d'expertise de la part du FMI qui souhaite la transparence de ses revenus et leur versement au budget. Sa forme, son organisation et ses missions sont comparables à celle de la SNH au Cameroun. Les activités aval de Hydro Congo ont été attribuées, en février 2000, à plusieurs sociétés dans le cadre de la privatisation du secteur : Total, Puma, Shell, Texaco[183].

b) La Société Nationale des Hydrocarbures (SNH) du Cameroun

130.- Elle a été créée par décret du 12 mars 1980[184] ; cette création fait suite à la loi du 29 décembre 1978[185]. Aux termes de l'article 2 de cette loi, les sociétés pétrolières opérant au Cameroun étaient tenues de passer avec l'Etat un contrat d'association[186]. La SNH devait être l'instrument de cette politique. Elle est un établissement public à caractère industriel et commercial, placé sous la tutelle du Secrétariat Général de la Présidence de la République. Ses missions consistent à promouvoir la mise en œuvre des hydrocarbures et gérer les intérêts de l'Etat dans ce domaine par :
- La négociation et le suivi des accords d'association entre l'Etat et les opérateurs pétroliers de recherche et de production.
- La commercialisation de la part de pétrole brut revenant à l'Etat.
- La création des sociétés et la prise de participation dans les sociétés camerounaises des secteurs pétroliers et connexes.

131.- C'est ainsi qu'en matière de prise de participation, la SNH détient 20 % du capital de chacun des opérateurs du secteur exploration - production de pétrole brut. Elle détient en outre des participations, dans les secteurs connexes, de :

- 15 % dans les dépôts pétroliers ;
- 21,91 % dans le raffinage ;
- 61,58 % dans la construction offshore ;
- 51 % dans le contrôle de qualité ;
- 15 % dans les constructions navales.

Par ailleurs, sa mission de commercialisation de la part de pétrole brut revenant à l'Etat confère à la SNH le droit de percevoir la redevance minière proportionnelle[187].

---

[183] Congovision e-Business 2003, « *Le pétrole au Congo et dans le monde* », p. 5.
[184] Décret camerounais n° 80-086 du 12 mars 1980, créant la Société Nationale des Hydrocarbures (SNH).
[185] Loi camerounaise n° 78-14 du 29 décembre 1978, complétant en ce qui concerne les hydrocarbures, la loi n° 64-LF-3 du 6 avril 1964 portant régime des substances minérales.
[186] V. infra, n° 168 ss.
[187] V. infra, n° 384 ss.

132.- Cette activité a été d'autant plus renforcée que par la loi du 26 novembre 1982[188], l'Etat fixait le délai du 1er janvier 1983 aux sociétés pétrolières, pour passer avec l'Etat des contrats d'association. Les sociétés qui ne se seraient pas conformées à ces dispositions perdraient tous leurs droits dans le domaine de la recherche et de l'exploitation des hydrocarbures au Cameroun. Dans le cadre de ses activités pétrolières, la SNH est titulaire d'une convention d'établissement depuis le 17 mai 1996[189]. Cette convention intègre toutes les dispositions législatives en vigueur à cette date. La gestion de cette société est mieux assurée, notamment depuis la mission conjointe Fonds Monétaire International/Banque Mondiale arrivée le 1er mai 2000 à Yaoundé (Cameroun), avec comme objectif l'informatisation de la gestion du pétrole.

c) La société nationale pétrolière gabonaise (PETROGAB)

133.- Elle est créée en octobre 1979, suite à la décision de l'Etat de commercialiser 25 % de la production du pétrole. Ce pourcentage est susceptible d'être augmenté à l'avenir. Comme dans les deux sociétés nationales précédentes, l'Etat détient la totalité du capital de PETROGAB. Elle est chargée dans une première phase de commercialiser les 25 % de la production de pétrole revenant à l'Etat gabonais. Les recettes provenant de la commercialisation de pétrole seront fiscalisées et s'ajouteront aux recettes de l'Etat tirées du pétrole. Toutefois, le changement du système d'exploitation n'a pas touché les anciennes concessions[190]. Les permis concernés étant récents ne pourront faire l'objet de production avant plusieurs années. PETROGAB n'aura donc à commercialiser que le quart de la production de pétrole dans le cadre de la décision indiquée ci-dessus, aucune production ne pouvant déjà provenir des contrats de partage[191]. PETROGAB sera dissoute en 1993 sans avoir eu d'autres activités que la commercialisation théorique de la part de pétrole brut revenant à l'Etat. Ses actifs ont été reversés à l'Etat gabonais.

d) Les autres Sociétés Nationales

134.- Plus tard, la Guinée Equatoriale et le Tchad ont également crée des sociétés nationales des hydrocarbures, chargées de représenter le gouvernement dans la conclusion des accords d'association ou pour la constitution d'entreprises mixtes. Les missions, l'organisation et le fonctionnement de ces sociétés sont proches de celles de la Société Nationale des Hydrocarbures (SNH).

135.- Malgré l'autonomie juridique et financière dont jouissent ces sociétés tant par leurs statuts que par leur fonctionnement, elles sont couramment considérées par

[188] Loi camerounaise n° 82/20 du 26 novembre 1982 fixant des obligations particulières aux sociétés pétrolières sur le territoire national.
[189] Convention d'établissement du 17 mai 1996 entre la République du Cameroun et la SNH.
[190] V. supra, n° 109 ss.
[191] V. infra, n° 180 ss.

les tribunaux comme des émanations de leur Etat d'origine[192]. Cependant, l'immunité d'exécution qui découlerait de cette situation leur est refusée[193].

B – LES MINISTERES EN CHARGE DES MINES, DES HYDROCARBURES OU DES PETROLES

136.- En matière d'hydrocarbures dans la CEMAC, les ministères en charge des mines, des hydrocarbures ou des pétroles assurent la tutelle des questions pétrolières selon les Etats. Si les conventions d'établissement[194] et autres accords d'association[195] sont surtout négociés par les sociétés nationales en charge des hydrocarbures, ce sont ces ministères qui les signent. Plusieurs organismes ont été créés au sein de ces ministères, au fur et à mesure que se dessinait une politique des hydrocarbures dans les Etats. Ces structures vont évoluer et se transformer, mais elles constituent en quelque sorte le noyau à partir duquel vont naître des organismes plus élaborés. Ils prennent l'appellation de Direction des Mines, de l'Energie ou des Hydrocarbures selon les Etats, avant d'être parfois érigés en Ministère plein. Mais leur situation juridique (a) et leur rôle (b) sont quasi identiques.

a) La situation juridique des Directions en charge des hydrocarbures

137.- Au plan juridique, ces directions s'analysent comme des services administratifs attachés à une grande unité administrative. Elles sont, comme toute direction de ministère, un service de l'administration centrale, sans autonomie et sans personnalité morale. Ces directions ont beaucoup mué, avec les changements intervenant à la tête de ces ministères. Ces multiples mutations les placent dans une situation juridique peu orthodoxe tenant à plusieurs facteurs. Le plus important de ces facteurs est certainement l'évolution rapide de l'économie pétrolière dans les Etats, jointe à la complexité des problèmes qu'arrivait difficilement à maîtriser un personnel peu expérimenté. Il devenait dès lors difficile de prévoir une organisation susceptible de répondre pendant plusieurs années à des besoins du reste mal connus. Dès lors, il apparaît ainsi que conçu à l'origine comme l'instrument le plus important de l'élaboration de la politique des gouvernements en matière d'hydrocarbures, le rôle des directions en charge de l'énergie, des mines ou des

---

[192] Tout récemment, l'arrêt n° 38 du 22 janvier 2004 rendu par la Cour d'Appel de Paris (8è chambre section B) dans l'affaire SOCIETE WINSLOW BANK & TRUST COMPANY LIMITED contre SOCIETE NATIONALE DES HYDROCARBURES - "S.N.H", a « ...Dit que la S.N.H est une émanation de la République du Cameroun... ».

[193] Par principe, les biens appartenant à l'Etat et aux personnes morales de droit public ne sont pas susceptibles d'être saisis par les créanciers de l'Etat ; cependant, ce principe subit de plus en plus d'exceptions. Ainsi, l'arrêt n° 38 du 22 janvier 2004 rendu par la Cour d'Appel de Paris, tout en déclarant la SNH émanation de l'Etat, déclare fondée la saisie-attribution effectuée sur ses avoirs en vue du paiement du solde d'une dette contractée par la République du Cameroun.
Plus tôt, dans l'affaire SONATRACH contre MIGEON, la Cour d'Appel de Paris avait refusée d'accorder l'immunité d'exécution à la Société Nationale Algérienne de Transport et de Commerce des Hydrocarbures (SONATRACH). Les avoirs de cette dernière ont ainsi été saisis auprès de la Banque Française du Commerce Extérieur, en vue du paiement de l'indemnité de licenciement de sieur MIGEON.

[194] V. infra, n° 162 ss.

[195] V. infra, n° 168 ss.

hydrocarbures s'est amenuisé au fur et à mesure du développement de celui des sociétés nationales en charge des hydrocarbures.

b) Le rôle des Directions en charge des hydrocarbures

138.- Les directions en charge des hydrocarbures sont généralement chargées de l'élaboration et de l'application de toute politique gouvernementale en matière d'hydrocarbures. Elles ont généralement pour mission de :
- Définir et mettre en œuvre, conformément aux directives du gouvernement, la politique générale de développement des ressources énergétiques du pays ;
- Etudier, élaborer et appliquer toutes les mesures de réglementation et d'organisation concernant ce secteur.

Ces directions sont ainsi étroitement impliquées dans la mise en place du cadre normatif dans lequel s'effectuent les opérations pétrolières et dans leur fiscalisation. Elles perçoivent certains droits dus par les sociétés pétrolières. Il en est ainsi des droits à verser à l'institution, au renouvellement et à la mutation des différentes autorisations et des permis.

139.- Toutefois, les activités de ces directions se sont réduites tacitement, avec la création des sociétés nationales. En effet, ces sociétés sont présentes tant sur le domaine minier que dans les conseils d'administration, et disposent d'une souplesse et des moyens dont ne peuvent pas disposer les directions de l'administration centrale. En effet dans les pays de la CEMAC, l'administration centrale n'a ni les solides structures, ni l'expérience, ni l'auréole qui lui permettraient, comme dans les pays de longue tradition administrative, de résister à l'extension des entreprises publiques. Il en résulte que ce sont les sociétés nationales qui deviennent les véritables centres de réflexion où se forment les décisions les plus importantes et où s'élabore en définitive la politique du gouvernement.

C – LES DIRECTIONS NATIONALES OU GENERALES DES IMPOTS

140.- Après avoir présenté cet acteur fiscal particulier avec ses missions (a), nous verrons ensuite son organisation (b).

a) La présentation et les missions

141.- La direction chargée des impôts est un service de l'administration centrale du ministère en charge des finances. Dans certains Etats comme le Gabon, la Guinée Equatoriale ou la République Centrafricaine, elle est érigée en direction générale[196], mais ses missions sont généralement similaires d'un Etat à l'autre. Elle est ainsi chargée, entre autres de :

- l'élaboration des textes législatifs et réglementaires en matière d'impôts directs et indirects, de droits d'enregistrement, du timbre, de la curatelle, de

[196] Le Cameroun les a rejoint en avril 2005, suite à une réorganisation de son Ministère de l'Economie et des Finances.

redevances et taxes diverses, y compris celles pétrolières, minières, forestières, agricoles, de l'élevage et halieutiques, en liaison avec les administrations compétentes ;

- la centralisation des données statistiques sur les émissions et le recouvrement en matière d'impôts directs et indirects, de droits d'enregistrement, du timbre, de la curatelle, de redevances et taxes diverses, y compris celles pétrolières, minières, forestières, agricoles, de l'élevage et halieutiques ;
- l'identification, la localisation et l'immatriculation des contribuables ;
- l'émission et du recouvrement en matière d'impôts directs et indirects, de droits d'enregistrement, du timbre, de la curatelle, de redevances et taxes diverses, y compris celles pétrolières, minières, forestières, agricoles, de l'élevage et halieutiques ;
- contrôles et vérifications en matière d'impôts directs et indirects, de droits d'enregistrement, du timbre, de la curatelle, de redevances et taxes diverses, y compris celles pétrolières, minières, forestières, agricoles, de l'élevage et halieutiques ;
- l'instruction des recours gracieux et contentieux des contribuables portant sur les impositions émises ;
- l'application et du suivi des conventions et accords en matière fiscale en liaison avec la direction en charge des affaires juridiques.

b) L'organisation

142.- Les directions en charge des impôts sont structurées en services centraux et services extérieurs, que constituent les centres d'impôts[197]. Les impôts sont en général gérés par les services extérieurs ; mais certaines activités triées sur le volet ont amené à des exceptions avec la mise en place, au sein même de ces directions, de structures particulières devant assurer la gestion de leurs impôts. Il en va ainsi des mines en général et des hydrocarbures en particulier. Une structure spécifique des fiscalités pétrolière et minière existe ainsi au sein desdites directions[198]. Elle fait partie des services centraux, et gère les impôts provenant des sociétés pétrolières. Ces dernières sont tenues d'y effectuer leurs déclarations et leurs paiements, alors qu'en général, ces opérations se passent dans les centres d'impôts du lieu où se trouve le siège social de la société.

D – LES DIRECTIONS GENERALES OU NATIONALES DES DOUANES

143.- Elles ont une organisation spécifique (b) définie par le Code des Douanes, autant que leurs missions (a).

---

[197] Au Cameroun par exemple, ce sont les centres principaux, centres spécialisés, centres départementaux et divisionnaires des impôts.

[198] La tendance va de plus en plus à la création d'une entité chargée des grandes entreprises au sein de ces directions générales, centralisant toutes les relations fiscales avec les sociétés qui en dépendent.

a) Les missions

144.- Les directions générales ou nationales des douanes sont chargées entre autres de :
- l'élaboration et de l'application de la législation et de la réglementation douanière en matière d'importation et d'exportation, des régimes économiques particuliers, de commerce et de change, des prohibitions d'entrée ou de sortie, et d'autres restrictions ;
- la mise en œuvre et du suivi des législations spécifiques ;
- la détermination, de la liquidation et du recouvrement des droits et taxes de douane ;
- la surveillance des frontières terrestres, maritimes, fluviales, ainsi que des gares routières et ferroviaires, des ports et des aéroports ;
- la protection de l'espace économique national ;
- l'étude et la mise en œuvre, en liaison avec les administrations et opérateurs impliqués, des mesures de facilitation en vue de la réduction des délai de passage des marchandises au regard des exigences de compétitivité de l'économie camerounaise ;
- la coopération internationale avec l'Organisation Mondiale des Douanes, l'Organisation Mondiale du Commerce et la Commission Economique et Monétaire de l'Afrique Centrale.

b) L'organisation et le fonctionnement

145.- Le Code des Douanes définit, dans ses grandes lignes, l'organisation et le fonctionnement de l'administration des douanes[199]. Des décisions du gouvernement de chaque Etat peuvent compléter ou modifier cette organisation[200]. En général, l'administration des douanes comprend des services centraux et extérieurs. Ces derniers se subdivisent en secteurs des douanes, bureaux des douanes, subdivision active des douanes, brigade active des douanes et postes des douanes. Comme en matière d'impôts, les droits et taxes douaniers sont gérés par les services extérieurs. En général, ces services extérieurs ne sont sollicités dans l'activité pétrolière qu'à partir du moment où les sociétés pétrolières mettent en exploitation les gisements découverts. En effet, dans la phase de prospection et de recherche pétrolière, tous les produits et matériels importés sont admis en franchise de tous droits et taxes d'entrée[201]. Dans ces phases, les sociétés pétrolières ont alors plus recours aux ser-

---

[199] Code des Douanes de l'UDEAC, articles 41 à 48.

[200] République du Cameroun : Arrêté n° 271/MINFI/I du 13 juin 1966 fixant l'organisation et le fonctionnement de la Direction des Douanes – Arrêté n° 798 du 24 octobre 1968 – Décret n° 2003/165 du 30 juin 2003 portant organisation du Ministère des Finances et du Budget.
République Centrafricaine : Arrêté n° 296 du 25 janvier 1952 – Arrêté n° 0043 du 4 février 1965 – Décision n° 216/UDE-BC du 4 décembre 1965 – Décret n° 238 du 21 juillet 1967 – Arrêté n° 0001/MF du 4 janvier 1969 et n° 0112/MECF du 21 avril 1969.
République du Congo : Décret n° 66/181/FF du 27 mai 1966 fixant la liste et les attributions des bureaux des douane.
République du Gabon : Arrêté n° 296 du 25 janvier 1952 fixant les attributions des bureaux et postes des douanes – Arrêté n° 1130/PR/MF du 5 septembre 1962 et n° 01460/PR/MF du 7 décembre 1967.

[201] V. infra, n° 553.

vices compétents de l'administration pour délivrer les attestations d'exonération correspondantes.

Section 2 : Des sources juridiques particulières de la fiscalité pétrolière

146.- A travers le développement de l'activité pétrolière, les Etats visent divers objectifs, desquels nous retenons trois :
- le contrôle accru sur les activités des sociétés ;
- la maximisation des recettes pétrolières de l'Etat ;
- la maximisation de l'effort d'exploration – production dans le pays.

Ces objectifs présentent une certaine cohérence, même si certains d'entre eux paraissent contradictoires. En effet, l'objectif de maximisation des recettes de l'Etat et celui visant à attirer les sociétés pétrolières sont contradictoires. L'effort d'exploration-production repose en grande partie sur les intérêts des sociétés qui ont des objectifs différents. Dans tous les cas, les Etats impliqués dans ces activités mettent en place un cadre institutionnel. La *fiscalité pétrolière* est l'instrument de base employé par les Etats pour réguler l'exploration et la production pétrolière. Les sources de cette fiscalité sont tantôt légales (§1), tantôt contractuelles (§2).

§1 : L'étroitesse des sources légales

147.- Les sources légales de la fiscalité pétrolière sont généralement de trois ordres :
- le Code Général des Impôts (A) ;
- le Code des Douanes (B) ;
- les lois minières (C).

A - LE CODE GENERAL DES IMPOTS (CGI)

148.- Le Code Général des Impôts (CGI) présente de nombreuses limites (b) quant à son application aux activités pétrolières ; cependant, présentons le d'abord (a).

a) Présentation

149.- Dans la plupart des Etats membres de la CEMAC, le Code Général des Impôts est hérité du Code Général des Impôts français, tel qu'il était applicable au moment des indépendances. C'est le cas du Congo, du Gabon, de la République Centrafricaine et du Tchad. Au Cameroun, deux législations prévalaient : le Code Général des Impôts Directs, issu du droit français, applicable dans l'ex-Cameroun oriental ; la loi relative à l'impôt sur le revenu, issue de la *Common law*, applicable dans l'ex-Cameroun occidental. La Guinée Equatoriale, quant à elle, avait un système différent. Après les indépendances, ces différents codes ont été « nationalisés » et parfois refondus. Les grandes réformes du Code Général des Impôts interviennent dans les Etats à partir de 1973. Ces réformes font suite à l'acte 3/72-153-UDEAC du 22 décembre 1972, harmonisant l'impôt sur les sociétés au sein de l'UDEAC. Dès lors, ces codes présentaient la caractéristique d'aborder les mêmes sujets dans un agencement d'articles différents. Toutefois, les codes ainsi réformés faisaient recours à de nombreux textes d'application, qui variaient en fonction des Etats.

b) Limites

150.- Dans l'ensemble des Etats de la CEMAC, le Code Général des Impôts est quasiment vide en ce qui concerne la fiscalité pétrolière. Les différentes lois minières[202] stipulent que les conditions d'application du titre relatif à la fiscalité des hydrocarbures sont fixées par les conventions d'établissement[203] signées entre l'Etat et les compagnies pétrolières. Par ailleurs, les conventions d'établissement garantissent aux compagnies, à leurs actionnaires et associés, l'exonération de tout impôt, droit, taxe et redevance de quelque nature que ce soit, à l'exception :
- de l'impôt sur les sociétés[204],
- de la redevance minière proportionnelle[205],
- des prélèvements spécifiques prévus par les lois minières[206],
- des droits de douanes à l'importation dus dans la phase de production[207].

Néanmoins, il arrive que les sociétés pétrolières elles-mêmes recourent au CGI lorsque certaines dispositions de ce dernier leur sont favorables. C'est généralement le cas en matière d'assiette de l'impôt sur les sociétés, lorsqu'il n'est pas question des dérogations limitativement énumérées dans les conventions d'établissement[208].

B - Le Code des Douanes de la CEMAC

151.- Avant de montrer le rôle (b) du Code des Douanes de la CEMAC, voyons son cadre institutionnel (a).

a) Le cadre institutionnel

152.- Le Code des Douanes de l'Union Douanière et Economique de l'Afrique Centrale a fait l'objet de l'acte n° 8/65-UDEAC-37 du 14 décembre 1965 du conseil des chefs d'Etat de l'Union, complété ou modifié par :
- l'acte n° 13/65-UDEAC-35 du 14 décembre 1965 fixant les conditions d'application de l'article 241, révisé par l'acte n° 2/92-UDEAC-556-CD-SE1 du 30 avril 1992 ;
- l'acte n° 102/66-CD-168 du 10 juin 1966, fixant la liste des marchandises visées par les dispositions de l'article 260 ;
- l'acte n° 23/67-CD-566 du 21 juin 1967, pris en application de l'article 130 ;
- l'acte n° 164/67-CD-608 du 19 décembre 1967, fixant les conditions d'application de l'article 216 ;

---

202 V. infra, n° 157s.
203 V. infra, n° 162 ss.
204 V. infra, n° 422 ss.
205 V. infra, n° 384s.
206 V. infra, n° 363 ss.
207 V. infra, n° 537 ss.
208 V. infra, 162 ss.

- l'acte n°166/67-CD-614 du 19 décembre 1967, modifiant l'article 26 p. 1 ;
- l'acte n°167/67-CD-616 du 19 décembre 1967, modifiant l'article 139 ;
- l'acte n°1/68-CD-96 bis du 11 décembre 1968, modifiant l'article 1er p. 2 ;
- l'acte n° 28/68-CD-671 bis du 10 février 1968, pris en application de l'article 43 ;
- l'acte n° 68/69-CD-753 du 26 juillet 1969, modifiant l'article 112 ;
- l'acte n° 6/70-CD-801 du 27 juin 1970, modifiant l'article 246 ;
- l'acte n° 11/70-CD-806 du 27 juin 1970, modifiant l'article 170 p. 3 ;
- l'acte n° 15/70-CD-811 du 27 juin 1970, pris en application de l'article 189 ;
- l'acte n° 48/70-CD-850 du 15 décembre 1970, créant les articles 139 bis et 139 ter ;
- l'acte n° 45/71-CD-906 du 13 décembre 1971, portant modification du Code des Douanes ;
- l'acte n° 30/72-CD-931 du 23 juin 1972, portant modification du Code des Douanes ;
- l'acte n° 2/79-CD-1142 du 26 juillet 1979, abrogeant les dispositions de l'article 1er p.2 ;
- l'acte n° 31/81-CD-1220 du 14 décembre 1981, portant modification de l'acte n° 114/69-CD-769 du 19 décembre 1969, pris en application des articles 114 à 121 ;

153.- Il a été révisé par :
- l'acte n° 19/86-CD-1297 du 15 décembre 1986 ;
- le règlement n° 5/01-UEAC-097-CM-06 du 03 août 2001, pour la mise en conformité avec la CEMAC. Il est aujourd'hui la base légale du Code des Douanes de la CEMAC en vigueur.

154.- La numérotation du Code, établie en nombre simples, conformément aux dispositions de l'article 7 de l'acte n° 8/65-UDEAC-37 du 14 décembre 1965 du conseil des chefs d'Etats de l'UDEAC, comporte des discontinuités ménagées en prévision d'éventuels remaniements. Ces dispositions sont maintenues dans l'acte n° 19/86-CD-1297 du 15 décembre 1986 portant révision du Code des Douanes de l'UDEAC et dans le règlement n° 5/01-UEAC-097-CM-06 du 03 août 2001 portant révision du Code des Douanes de la Communauté Economique et Monétaire de l'Afrique Centrale (CEMAC).

b) Rôle

155.- Le Code des Douanes régit les opérations d'importation et d'exportation dans les Etats membres. Il doit être appliqué sans égard à la qualité des personnes. Les importations ou exportations effectuées par les Etats membres ou pour leur compte ne font l'objet d'aucune immunité ou dérogation, sauf dans les cas prévus par le Code lui-même[209]. Les marchandises qui entrent sur le territoire douanier sont passibles des droits d'importation inscrits au tarif des douanes. Les marchandises qui sortent du territoire douanier sont passibles des droits de sortie. Mais à l'exportation, la taxation relève de la compétence de chaque Etat.

[209] Code des Douanes de la CEMAC, articles 2 et 276.

156.- Toutefois, des actes du Comité de Direction de la Communauté (l'Union) accordent, en tant que de besoin, des franchises et exonérations des droits de douanes[210] pour certaines opérations. C'est ainsi que par acte n° 2/98-UDEAC-1508-CD-61 portant modification de l'acte n° 2/92-UDEAC-556-CD-SE1 du 30 avril 1992 et son annexe, le Comité de Direction de l'UDEAC a accordé l'admission en franchise des droits et taxes, aux matériels et produits destinés à la recherche minière et pétrolière. Cette franchise était déjà accordée par l'acte 13/65-UDEAC-35 du 14 décembre 1965, repris par l'ensemble des lois minières des Etats de la CEMAC.

C - LES LOIS MINIERES

157.- Comme on peut le voir ci-dessus, les modalités d'assiette, de liquidation et de payement des différents impôts, droits et taxes que les codes mettent à la charge des contribuables ne sont pas toujours opposables aux sociétés pétrolières. De même, celles-ci s'acquittent de certains droits non prescrits par lesdits codes. Ceci est le fait de la grande spécificité des activités de recherche et d'exploitation des hydrocarbures, qui font l'objet d'une législation spéciale constituée par une série de lois[211]. Ces lois concernent l'ensemble des dispositions juridiques qui se rapportent

---

[210] V. infra, n° 553.

[211] Cameroun : - Loi n° 64-LF-3 du 6 avril 1964 portant régime des substances minérales dans la République Fédérale du Cameroun. - Loi n° 64-LF-4 du 6 avril 1964 fixant l'assiette, les taux et mode de recouvrement des droits fixes, redevances et taxes minières. - Loi n° 64-LF-6 du 06 avril 1964 tendant à adapter aux institutions fédérales la loi n° 60-64 du 27 juin 1960 portant code des investissements du Cameroun oriental. - Loi n° 68-LF-13 du 18 novembre 1968 portant modification de la loi n° 64-LF- 4 fixant l'assiette, les taux et le mode de recouvrement des droits fixes, redevances et taxes minières au Cameroun. - Loi n° 78/14 du 29 décembre 1978 complétant en ce qui concerne les hydrocarbures, la loi 64-LF-3 du 6 avril 1964 portant régime des substances minérales dans la République Fédérale du Cameroun. - Loi n° 78/24 du 29 décembre 1978 fixant l'assiette, les taux et mode de recouvrement des droits fixes, redevances et taxes minières au Cameroun.

République du Congo : - Loi n° 29-62 du 16 juin 1962, portant régime des hydrocarbures et autres substances minérales. - Loi 35-65 du 12 août 1965 portant amendement de la loi du 16 Juin 1962 - Loi 44-76 du 06 décembre 1976 ratifiant l'ordonnance 18-76 du 11 octobre 1976 et définissant le régime fiscal des sociétés pétrolières à compter du 01er janvier 1978. - Loi n° 23-82 du 07 juillet 1982, portant code minier en République Populaire du Congo. - Loi n° 24-94 du 23 août 1994, portant révision du code des hydrocarbures.

République du Gabon : - Loi 15/62 du 02 juin 1962 portant création d'un code minier en République du Gabon. - Loi 14/82 du 24 janvier 1982, portant réaménagement du code minier. - Loi 8/83 du 31 décembre 1983 - Loi de Finances pour l'exercice 1998 - Loi n° 011/99 Portant code minier en République gabonaise - Loi n° 005/2000 du 12/10/2000 Portant code minier en République gabonaise - Loi n° 006/2002 du 13 juillet 2002 portant ratification de l'ordonnance n° 003/2002/PR du 26 févier 2002 modifiant et complétant la loi n°005/2000 du 12/10/2000 portant code minier en République gabonaise.

République du Tchad : - Ordonnance n° 7-PC-TP-MH du 3 février 1962 organisant les activités de recherche, d'exploitation de transport par canalisations et le régime fiscal des hydrocarbures liquides et gazeux. – Ordonnance du 25 avril 1970, portant code minier.

Guinée Equatoriale : Décret-loi n° 7/1981 du 16 juin 1981, portant code des hydrocarbures. - Décret-loi n° 9/1981 du 12 juin 1981, portant code minier. - Loi n° 6/2000 du 20 mars 2000, modifiant le Décret-loi n° 7/1981 du 16 juin 1981, portant code des hydrocarbures.

République Centrafricaine : - Ordonnance n° 79.076 du 6 février 1979 portant Code Minier en République Centrafricaine - Ordonnance n° 86.047 du 4 août 1986 complétant et modifiant l'ordonnance n° 79.076 du 6 février 1979 portant Code Minier en République Centrafricaine - Ordonnance n° 04. 001 du 1er février 2004, portant Code Minier centrafricain

aux droits miniers, aux conditions d'obtention des permis de recherche, des permis d'exploitation ou des concessions, et aux obligations fiscales auxquelles ces sociétés pétrolières sont soumises.

158.- Les lois minières, comme toutes les autres lois fiscales, sont de droit étroit : elles doivent être appliquées à la lettre sans qu'il soit permis, sous prétexte d'interprétation et pour des considérations d'analogie, d'en étendre la portée. Ce sont par conséquent les lois minières qui précisent les moyens financiers exigés pour l'octroi de titres miniers[212], ainsi que les différents prélèvements à opérer sur les sociétés pétrolières. Elles sont donc un fondement majeur de la fiscalité pétrolière : Elles régissent les activités minières, définissent les modalités et le régime juridique et fiscal des activités d'exploration-production tel que le taux, l'assiette, le mode de recouvrement de tous les droits et taxes assis sur l'activité minière.

159.- Dans certains Etats comme le Gabon et le Congo, les premières lois sont entrées en vigueur avant l'indépendance. Au Cameroun, au Tchad et en Guinée Equatoriale, les premières lois datent d'après les indépendances, et vont évoluer avec le développement de l'activité pétrolière. Cependant, les lois qui régissent la fiscalité disposent de plus en plus que les conditions d'application de cette fiscalité sont déterminées par les conventions d'établissement et partant, les contrats d'association. Il en découle que ce sont les conventions d'établissement et les accords d'association qui étayent le régime fiscal des sociétés pétrolières. C'est pourquoi on le dit essentiellement contractuel.

§2 : La prépondérance des sources contractuelles

160.- Comme nous l'avons mentionné ci-dessus, les sources contractuelles de la fiscalité pétrolière sont essentiellement les conventions d'établissement (A) et les accords d'association (B). Il convient de préciser que si les lois minières des Etats ont à un moment adopté ces modèles, ce n'est qu'au Cameroun qu'ils ont véritablement fonctionné dès le début de notre période de référence. Dans les autres Etats, ils apparaîtront comme des aménagements au régime de référence[213].

A - LES CONVENTIONS D'ETABLISSEMENT

161.- Ce sont les conventions d'établissement qui contiennent les grands principes fiscaux (b) que l'activité pétrolière s'est forgé ; mais l'étude de quelques généralités (a) s'impose avant d'en arriver là.

a) Généralités

162.- Les conventions d'établissement ont pour fondement le code des investissements. Toute entreprise agréée ou considérée comme prioritaire dans le cadre du développement économique et social de l'Etat peut passer avec le gouvernement

[212] V. supra, n° 89 ss.
[213] V. infra, n° 193s.

une convention d'établissement qui lui impose un certain nombre d'engagements et lui offre un certain nombre de garanties. La convention d'établissement est autorisée par la loi et doit être ratifiée par une loi. Même lorsqu'elle n'est pas ratifiée, le gouvernement doit être habilité à signer la convention. Ceci lui donne force de loi. Conformément aux dispositions du décret camerounais n° 64-DF-162 du 26 mai 1964[214], lors de la délivrance d'un permis H, une convention dite convention d'établissement est souscrite par l'Etat et par la ou les sociétés requérantes : la durée de cette convention d'établissement porte sur celle de l'ensemble des travaux de recherche et d'exploitation effectués sur le permis H en cause et le ou les titres miniers en découlant.

163.- Elle est toutefois limitée à vingt-cinq années à compter de la date de production de la première tonne d'hydrocarbures pour chaque opérateur ; la convention peut être prorogée pour une durée n'excédant pas vingt-cinq ans[215]. Les intérêts et permis miniers concernés sont décrits dans l'une des annexes de la convention. Son extension à d'autres permis se fait sur décision du gouvernement. La convention d'établissement ne peut comporter de la part de l'Etat des engagements ayant pour effet de décharger l'entreprise de pertes, charges ou manque à gagner dus à l'évolution des techniques ou de la conjoncture économique ou à des facteurs propres à l'entreprise. Les conventions d'établissement fixent entre autres les conditions générales de la recherche et de l'exploitation et les modalités d'application du régime fiscal.

b) Les grands principes fiscaux contenus dans les conventions

164.- Il s'agit notamment de la stabilité du régime fiscal (1) et la non discrimination entre les compagnies (2).

1) La stabilité du régime fiscal

165.- La loi camerounaise fixant l'assiette, les taux et mode de recouvrement des droits fixes, redevances et taxes minières, dispose que « pour les entreprises détentrices de titres miniers de recherches et d'exploitation et pour celles qui leur sont associés, les dispositions de la présente loi ne pourront être aggravées pendant la durée du permis de recherche considéré, et pendant une période de vingt cinq ans à compter de la date d'entrée en vigueur des concessions dérivant de ces derniers, sans que la durée totale de la garantie ainsi accordée puisse excéder trente ans »[216].

---

[214] Décret camerounais n° 64-DF-162 du 26 mai 1964 fixant les modalités de recherche, d'exploitation et de transport des hydrocarbures liquides ou gazeux, art. 44, J.O.R.F.C. 1964, p. 492.

[215] Loi camerounaise n° 89/15 du 28 juillet 1989 modifiant et complétant la loi n° 82/20 du 26 novembre 1982 fixant des obligations particulières aux sociétés pétrolières au Cameroun, art. premier nouveau, al. 1. Avant cette loi, la durée des conventions variait avec celle des titres. Actuellement, une convention peut courir sur une période de cinquante ans dans l'ensemble.

[216] Loi camerounaise n° 64-LF-4 du 6 avril 1964 fixant l'assiette, les taux et mode de recouvrement des droits fixes, redevances et taxes minières, art. 42 (1), J.O.R.F.C. 1964, p.52 suppl. Cette disposition n'a pas été reprise par la loi n° 78/24 du 29 décembre 1978 modifiant la loi camerounaise n° 64-LF-4 du 6 avril 1964. Le code pétrolier essaie de revenir à une limitation de la durée totale.

De même ne pourront être appliquées aux sociétés pétrolières sans leur accord préalable :

- Les modifications qui, pendant la durée de la convention, seraient apportées aux dispositions de la législation et de la réglementation minière en vigueur à la date d'entrée en application de la convention d'établissement.
- Les dispositions législatives, réglementaires ou individuelles qui iraient à l'encontre des dispositions de la convention d'établissement en cause.

166.- Ces dispositions sont identiques dans l'ensemble des lois minières en vigueur dans les états membres de la CEMAC. C'est ce qui explique que malgré les modifications apportées au code minier au Gabon notamment, les concessions primitives[217] continuent d'y exister. Lorsque la société pétrolière estime à l'occasion d'une mesure d'application qui lui aura été notifiée, qu'une des modifications énoncées ci-dessus va à l'encontre des dispositions de la convention, elle est fondée à demander que l'application en soit suspendue en ce qui la concerne. A cet effet, elle doit adresser au Ministre chargé des Mines, une requête exposant les motifs sur lesquels elle fonde son opinion. L'introduction de cette procédure entraîne la suspension de la mesure jusqu'à la décision ou à défaut jusqu'à la clôture du délai fixé par la convention. Néanmoins, les parties peuvent faire appel, d'un commun accord, à des règles internationales conventionnelles et/ou coutumières successives. Dans ce cas, ces règles successives peuvent être considérées comme portant spécification et aménagement des obligations des parties déjà contractées en principe de manière générale, avec référence, par exemple, aux « règles de l'art en vigueur dans l'industrie pétrolière ».

2) La non discrimination entre les compagnies

167.- Le principe, repris dans toutes les conventions, postule un traitement égalitaire de toutes les compagnies intervenant dans un même Etat. Par ce principe, lorsqu'une société estime plus avantageuse telle clause dans la convention d'une autre compagnie, elle est fondée à en demander le bénéfice à la faveur d'une modification de la sienne. Mais cette clause ne s'applique pas sur toute l'étendue du territoire d'un Etat. Elle porte sur les bassins.
D'autres principes fondamentaux existent et sont traités dans les contrats d'association.

B - LES CONTRATS D'ASSOCIATION

168.- Ce sont les contrats d'association[218] qui précisent les principes définis par les lois et les conventions d'établissement. Ils énoncent la confidentialité des informations (a) et les principes fiscaux complémentaires (b).

---

[217] V. supra, n° 111s.
[218] C'est l'expression initiale utilisée au Cameroun pour représenter le partage de la production entre l'Etat et le Contractant. Plus tard, dans les autres Etats tout comme au Cameroun, l'expression deviendra tout simplement « Contrat de Partage de la production » ou encore « Contrat d'Exploration et de Partage de la Production ».

a) Informations et confidentialité

169.- Avant de traiter du caractère confidentiel (2) des contrats d'association, insistons quelque peu sur leur rôle (1).

1) Le rôle des contrats

170.- En général, les contrats d'association précisent les détails du cadre juridique et fiscal énoncé par les conventions d'établissement. Ces contrats matérialisent la volonté des Etats de participer à l'activité pétrolière. Ils fixent les conditions dans lesquelles les parties entendent conduire leurs activités de recherche et d'exploitation d'hydrocarbures liquides et substances connexes sur chacun des permis de recherche pour hydrocarbures ainsi que sur chacun des titres d'exploitation sur lesquels la société pétrolière a ou aura des droits, étant entendu que les droits et obligations découlant de ces contrats profitent et incombent aux parties en proportion de leur participation respective dans chacun de ces titres miniers. Ils fixent également les conditions de financement des investissements, le mode et les mécanismes de récupération des coûts d'investissement, les modalités de partage de la production, celles de conduite des opérations et celles d'application du régime fiscal. C'est dans ce sens que des clauses contractuelles consacrent un certain nombre de principes qui imprègnent le régime fiscal des sociétés pétrolières. Il s'agit notamment de la rente minière et du plafond de remboursement. Toutes ces clauses revêtent un caractère confidentiel.

2) Leur caractère confidentiel

171.- Les contrats d'association sont tous soumis à une obligation de confidentialité[219]. C'est ainsi que le contrat, ainsi que toutes les informations se rapportant à son exécution seront considérés comme confidentiels par les parties. Toutefois, cette obligation n'est pas stricte si ces informations ont été rendues publiques par une source non liée, directement ou indirectement, par une obligation de confidentialité avec le Contractant ou avec l'Etat. Par ailleurs, le devoir de confidentialité n'est pas applicable à tout élément d'information qui doit être divulgué conformément à des dispositions législatives ou réglementaires, ou à une décision d'un tribunal

---

[219] Contrat de partage de production relatif au permis de mer profonde sud du 6 mai 1996, entre la République du CONGO et la société ELF CONGO, art. 16.2 ; contrat d'association entre la Société Nationale de Recherches et d'Exploitation Pétrolière « HYDRO-CONGO » et ELF CONGO (non signé), art. 7.03 ; contrat de partage de production portant sur le champ marginal dénommé « Kouakouala » du 14 décembre 1996 entre la République du CONGO et le groupe ZETAH, art. 15.2 ; contrat d'association pour les opérations de recherches et d'exploitation d'hydrocarbures au Cameroun signé le 8 février 1980 entre la République du Cameroun et LA SOCIETE DE RECHERCHE ET D'EXPLOITATION DES PETROLES DU CAMEROUN (ELF SEREPCA), art. XII 1 ; contrat d'association pour les opérations de recherches et d'exploitation d'hydrocarbures au Cameroun signé le 28 février 1980 entre la République du Cameroun et PECTEN CAMEROON COMPANY art. XII 1 ; contrat d'association EBOME du 17 mai 1996 entre la SNH, PERENCO CAMEROON et MOBIL PRODUCING CAMEROON INC, art. 17.1 ; contrat de partage de production DISSONI du 4 avril 2005 entre la République du Cameroun, TOTAL E&P Cameroun et PECTEN Cameroon Company LLC, art. 25.2.

compétent. Enfin, les parties peuvent révéler toute information qui peut être nécessaire à leurs filiales, à des tiers prestataires, aux sous-traitants ou fournisseurs de services y compris des institutions de prêt qui participeraient au financement des opérations pétrolières pour autant que lesdits tiers soient prêts à se considérer comme obligés par le devoir de confidentialité.

b) Les principes fiscaux des contrats d'association

172.- Les principes fiscaux énoncés dans les contrats d'association concernent le plafond de remboursement (1), les modalités de partage de la production (3), la rente minière (2), les modalités de conduite des opérations (4).

1) Le plafond de remboursement

173.- Les parties contribuent à toutes les dépenses d'exploration, de développement et d'exploitation, frais généraux compris, en proportion de leur participation dans les dépenses. En ce qui concerne les dépenses de recherche, la société consent à l'Etat des avances pour un montant identique aux dépenses incombant à l'Etat aux termes du contrat les liant, à moins que l'Etat ne décide de financer sa part. Or il est difficile pour les Etats d'engranger des revenus substantiels permettant d'honorer ce type de dépenses. S'agissant des dépenses d'appréciation, de développement et d'exploitation faites sur un permis de recherche donné et les titres d'exploitation en dérivant, la compagnie consent à l'Etat des avances pour un montant identique aux dépenses lui incombant, avances que la compagnie financera par des emprunts auprès des banques et organismes de crédits. Les parties s'engagent à supporter les charges de ces emprunts et, éventuellement, à donner les garanties demandées selon leur pourcentage de participation dans les dépenses.

174.- Les avances consenties par la compagnie à l'Etat sont effectuées aux conditions ci-après :

- les avances consenties à l'Etat par la société et non financées par des emprunts contractés par cette dernière, ne portent pas intérêt ;
- les avances consenties par la société à l'Etat pour un permis de recherche donné et les titres d'exploitation dérivant de ce permis seront remboursées et, le cas échéant, les intérêts exigibles y afférents seront payés sur la production conjointe des titres d'exploitation dérivant de ce permis. Ce remboursement cessera dès lors qu'il n' y aura plus de production conjointe provenant des titres d'exploitation dérivant de ce permis.

175.- Pour effectuer le remboursement des avances ainsi que le service des emprunts conjoints, l'Etat a généralement le choix entre :

- Assigner à la société sa part dans la production conjointe, déduction faite de la part qu'il se réserve. La société commercialise ainsi le pétrole brut et en garde la recette. Lorsque cette solution est adoptée, un mode de valorisation des hydrocarbures liquides est arrêté d'accord parties. En général, le choix est fait pour une année calendaire, trois mois avant le début de celle-ci. Le remboursement est réputé effectué valeur du jour d'exigibilité de la facture correspondant aux enlèvements d'hydrocarbures.

- Verser directement à la société le produit des ventes de sa part dans la production conjointe, déduction faite de la part de cette production conjointe qu'il se réserve.

176.- C'est cette déduction de la part de la production conjointe que l'Etat se réserve qui détermine le plafond de remboursement pour chaque année. Il est parfois aussi appelé *cost stop*. Au Cameroun, l'Etat se réservait 40 % de sa part dans la production conjointe[220], ce qui fixait le plafond de remboursement à 20 %. Au Congo, le système étant basé sur le partage du *profit oil* après les aménagements au système de la concession[221], c'est le *cost oil* qui est plafonné à 65 % de la valeur de la production nette de la zone de permis[222]. Si au cours d'une année civile les coûts pétroliers afférents aux travaux de recherche, de développement et d'exploitation non encore récupérés par la compagnie dépassent le plafond de remboursement des permis, le surplus ne pouvant être récupéré dans l'année civile considérée sera reporté sur les années civiles suivantes jusqu'à récupération totale ou jusqu'à expiration du contrat.

177.- Quel que soit le mode de remboursement retenu, les recettes perçues par la compagnie s'imputent selon l'ordre de priorité suivant[223] :

- Paiement des charges d'exploitation, ou encore coûts des travaux d'exploitation, y compris les sommes allouées à un projet d'aide au développement. On entend par charges ou frais d'exploitation les prix de revient des opérations de production, de traitement, de transport, de stockage et d'évacuation des hydrocarbures.
- Service des emprunts conjoints, notamment ceux afférents aux coûts des travaux de développement. Par ces coûts, il faut entendre les prix de revient d'acquisition en propriété conjointe des immobilisations, matériels nécessaires à l'exploitation et, plus particulièrement, des investissements en moyen de production, de traitement, de transport, de stockage et d'évacuation des hydrocarbures, diminués de l'amortissement des équipements et moyens conjoints utilisés.

---

[220] Contrat d'association pour les opérations de recherches et d'exploitation d'hydrocarbures au Cameroun signé le 8 février 1980 entre la République du Cameroun et LA SOCIETE DE RECHERCHE ET D'EXPLOITATION DES PETROLES DU CAMEROUN (ELF SEREPCA), art. IX 3 b). Ce taux va changer avec la loi de 1998.

[221] V. infra, n° 235 ss.

[222] Contrat de partage de production relatif au permis de mer profonde sud du 6 mai 1996, entre la République du CONGO et la société ELF CONGO, article 7.2.

[223] Contrat d'association pour les opérations de recherches et d'exploitation d'hydrocarbures au Cameroun signé le 28 février 1980 entre la République du Cameroun et PECTEN CAMEROON COMPANY, article IX 3 d). Contrat d'association pour les opérations de recherches et d'exploitation d'hydrocarbures au Cameroun signé le 8 février 1980 entre la République du Cameroun et LA SOCIETE DE RECHERCHE ET D'EXPLOITATION DES PETROLES DU CAMEROUN (ELF SEREPCA), article 6.2. Contrat de partage de production relatif au permis de mer profonde sud du 6 mai 1996, entre la République du CONGO et la société ELF CONGO, article 7.2.6.

- Remboursement des avances consenties par la compagnie, notamment celles couvrant le coût des travaux de recherche. Par coût des travaux de recherche ou frais de recherche, il convient d'entendre les prix de revient d'acquisition en propriété conjointe des immobilisations, matériels et matières consommables nécessaires aux opérations de recherche (géologie, géophysique, forage). Ces prix de revient sont diminués de l'amortissement des équipements en moyens conjoints utilisés.

178.- Au Cameroun, le remboursement ainsi convenu confère à l'Etat la propriété, à hauteur de sa participation dans les dépenses (généralement 50 %), sur les immobilisations corporelles et incorporelles spécifiquement pétrolières que la compagnie a acquises ou produites antérieurement au jour de l'entrée en vigueur du contrat d'association. Il en va de même des emprunts contractés par la société pour financer ces immobilisations et dont l'Etat rembourse le service à la compagnie.

2) La rente minière

179.- La rente minière se détermine sur un permis de recherche donné. Elle est la différence constatée au cours d'un exercice social entre le chiffre d'affaires hydrocarbures[224] pour ce permis d'une part, et le coût technique[225] afférent à ce permis d'autre part. La rente minière est ainsi le résultat de l'exploitation pétrolière sur un permis de recherche donné. Compte tenu de l'importance des coûts engagés dans cette activité et afin d'éviter que les sociétés pétrolières ne s'en tirent avec des pertes, l'Etat peut leur garantir, pour l'ensemble des titres d'exploitation dérivant d'un permis, que chaque année elles disposeront, après paiement de la redevance minière proportionnelle et soit avant soit après paiement de l'impôt sur les sociétés[226], d'une part de la rente minière de ce permis ; on parle alors de *rente minière garantie*. Si cette valeur n'est pas atteinte, le taux de la redevance minière que la société doit acquitter au titre de l'exercice considéré sera revu en conséquence, afin que la société reçoive le revenu prévu par le contrat. Au Cameroun, la rente minière garantie est fixée à 13 % pour les sociétés européennes[227], et à 25,31 % pour les sociétés américaines[228]. Mais la somme des impôts et taxes payés en définitive est la même dans les deux cas[229].

[224] V. infra, n° 428.

[225] Le coût technique afférent à un permis de recherche donné est la somme des frais d'exploitation, des investissements et des frais financiers (à l'exclusion de la redevance minière proportionnelle, de l'impôt sur les sociétés et tout autre impôt, droit, taxe et redevance de quelque nature que ce soit), tel que défini dans les accords comptables annexés aux contrats d'association.

[226] Dans les sociétés américaines, la rente minière garantie est déterminée sur la base d'un revenu avant impôt sur les sociétés, alors que dans les sociétés européennes, elle l'est sur la base d'un revenu après impôt.

[227] Contrat d'association pour les opérations de recherches et d'exploitation d'hydrocarbures au Cameroun signé le 8 février 1980 entre la République du Cameroun ET LA SOCIETE DE RECHERCHE ET D'EXPLOITATION DES PETROLES DU CAMEROUN (ELF SEREPCA), art. II 2.

[228] Contrat d'association pour les opérations de recherches et d'exploitation d'hydrocarbures au Cameroun signé le 28 février 1980 entre la République du Cameroun et PECTEN CAMEROON COMPANY, article II 3 b).

[229] V. infra, n° 497.

3) Les modalités de partage de la production

180.- Le concept de l'accord de partage de la production a pris forme, pour la première fois, au début des années 1960 en Indonésie où il était initialement appliqué dans le domaine agricole. Il a été transposé à l'industrie pétrolière, d'abord en Indonésie puis dans plusieurs autres pays comme l'Egypte, la Libye, le Guatemala, les philippines, le Pérou, la Malaisie et certains pays d'Afrique noire[230]. Du moment qu'il s'agit de partage, cela implique l'existence de deux partenaires : la société étrangère et le pays hôte, ce dernier étant représenté par sa société nationale. A première vue, ce type d'accord suppose, contrairement aux anciennes concessions[231], un rôle actif et direct du pays hôte dans la mise en valeur de ses ressources. Mais la réalité est plus nuancée dans la mesure où le partenaire étranger assure parfois à lui seul toutes les opérations et échappe dans une très large mesure au contrôle du partenaire national.

181.- La structure générale des contrats de partage de la production comprend trois éléments essentiels[232] :

- Le recouvrement des coûts (*cost-oil*) : Le partenaire étranger assume seul le risque de l'exploration. En cas de découverte commerciale et de production, une partie de cette dernière (20 à 40 % ou voire 50 % selon les cas) est enlevée par le partenaire étranger qui la commercialise pour recouvrer ses coûts. Il y a lieu de remarquer ici que, dans un marché qui se caractérise de plus en plus par la difficulté d'accès au pétrole brut, cette disposition devient un avantage majeur pour le partenaire étranger.
- Le partage de la production : après déduction des coûts, le reste de la production, appelé *profit-oil*, est partagé entre les partenaires national et étranger selon les pourcentages qui varient considérablement. Ainsi, la part du gouvernement allait de 15 % au Chili contre 85 % pour la compagnie à 85 % en Egypte contre 15 % à la compagnie, en passant par 50 % au Pérou et 65 % en Indonésie. Dans un même pays, les bases de partage différent d'un accord à l'autre ou, pour le même accord, selon qu'il s'agit d'un gisement *onshore* ou *offshore*, ou selon l'évolution de la production (Angola, Bangladesh et Inde).
- L'impôt sur le revenu : à quelques exceptions près (Libye par exemple), le partenaire étranger est soumis, pour sa part de *profit oil* à un impôt sur le revenu qui allait jusqu'à 68,5 %.

182.- En 1979 et au sein de la CEMAC, le partage de la production n'était institué et effectif qu'au Cameroun. Ses modalités diffèrent selon que la société étrangère est de nationalité américaine ou non. Ainsi, les participations dans la production

---

[230] *Le pétrole et le gaz en Afrique*, édiafric la documentation africaine, précité, p. 10
[231] V. supra, n° 111.
[232] *Le pétrole et le gaz en Afrique*, édiafric la documentation africaine, précité, p. 11

pour un permis de recherche donné sont les suivantes lorsque la société est américaine[233] :
- Tant que la production cumulée, depuis le début de l'exploitation commerciale, de l'ensemble des titres d'exploitation dérivant de ce permis est inférieure à 15 millions de tonnes,
* République du Cameroun 60 % ;
* Société américaine 40 % ;

- Lorsque la production cumulée depuis le début de l'exploitation commerciale de l'ensemble des titres d'exploitation dérivant de ce permis est comprise entre 15 et 30 millions de tonnes,
* République du Cameroun 65 % ;
* Société américaine 35 % ;

- Lorsque la production cumulée depuis le début de l'exploitation commerciale de l'ensemble des titres d'exploitation dérivant de ce permis est supérieure à 30 millions de tonnes,
* République du Cameroun 70 % ;
* Société américaine 30 % ;

183.- Pour les sociétés de nationalité autre qu'américaine, la répartition est identique lorsque la production cumulée depuis le début de l'exploitation est inférieure à 15 millions de tonnes. Les changements interviennent dans les tranches de production suivantes. Ainsi [234]:
- Lorsque la production cumulée depuis le début de l'exploitation commerciale de l'ensemble des titres d'exploitation dérivant de ce permis est comprise entre 15 et 30 millions de tonnes,
* République du Cameroun 70 % ;
* Société étrangère 30 % ;

Aucune disposition n'est prévue ici pour le cas où la production cumulée depuis le début de l'exploitation commerciale de l'ensemble des titres d'exploitation dérivant de ce permis est supérieure à 30 millions de tonnes.

184.- Si l'on tient compte du plafond de remboursement des dépenses d'investissement[235], le Cameroun dispose de ses revenus pétroliers comme suit :
- Lorsque sa part dans la production conjointe est de 60 %, son revenu brut avant ajustement de la rente minière garantie[236] est égal à 40 % de la production totale du permis de recherche donné[237].

---

[233] Contrat d'association pour les opérations de recherches et d'exploitation d'hydrocarbures au Cameroun signé le 28 février 1980 entre la République du Cameroun et PECTEN CAMEROON COMPANY, article II.
[234] Contrat d'association pour les opérations de recherches et d'exploitation d'hydrocarbures au Cameroun signé le 8 février 1980 entre la République du Cameroun et LA SOCIETE DE RECHERCHE ET D'EXPLOITATION DES PETROLES DU CAMEROUN (ELF SEREPCA), article II.
[235] V. supra, n° 173 ss.
[236] V. supra, n° 179.
[237] Ces pourcentages sont élaborés par nous-mêmes à partir de l'analyse des termes des contrats cités.

En effet, les données se présentent ainsi :

* Production totale	+100
* Part des sociétés pétrolières	-40
* Remboursement des avances consenties	-20
* Part de l'Etat après remboursement	-40

- Lorsque sa part dans la production conjointe est de 65 %, son revenu brut avant ajustement de la rente minière garantie se maintient à 40 % de la production totale du permis de recherche donné[238]. Nous avons alors :

* Production totale	+100
* Part des sociétés pétrolières	-35
* Remboursement des avances consenties	-25
* Part de l'Etat après remboursement	-40

- Enfin, lorsque sa part dans la production conjointe est de 70 %, son revenu brut avant ajustement de la rente minière garantie demeure égal à 40 % de la production totale du permis de recherche donné.
  Dans cette hypothèse, la répartition est la suivante :

* Production totale	+100
* Part des sociétés pétrolières	-30
* Remboursement des avances consenties	-30
* Part de l'Etat après remboursement	-40

185.- On peut constater que l'augmentation de la part de l'Etat dans la production conjointe est en priorité affectée au remboursement des avances à lui consenties par les sociétés pétrolières. Ces dernières s'en tirent, quelque soit l'hypothèse, avec au moins 60 % de la production. L'Etat n'a droit en définitive qu'à 40 % de cette production.
Au Tchad, la société pétrolière devait concéder cinquante pour cent (50 %) de ses bénéfices à l'Etat au titre de l'impôt sur les revenus, tout en lui réservant seulement 12,5 % de la production[239].

4) Les modalités de conduite des opérations

186.- L'administration et le contrôle des opérations conjointes sont assurés, pour les permis et titres d'exploitation, par un comité d'opérations (parfois appelé comité de gestion) composé d'un nombre égal de représentants désignés par l'Etat et de représentants désignés par les sociétés pétrolières, assistés en cas de besoin et à titre consultatif, par des experts de leur choix[240]. Pour ce faire, il faudra au préalable obtenir un engagement de confidentialité desdits experts, étant entendu que les experts assistants l'Etat ne devront présenter aucun lien avec des sociétés pétrolières concurrentes des entités composant le contracteur.

---

[238] Ces pourcentages sont élaborés par nous-mêmes à partir de l'analyse des termes des contrats cités.
[239] Ordonnance tchadienne n° 7-PC-TP-MH du 3 février 1962, précitée, art. 62 et 65.
[240] Contrat d'association pour les opérations de recherches et d'exploitation d'hydrocarbures au Cameroun signé le 8 février 1980 entre la République du Cameroun et LA SOCIETE DE RECHERCHE ET D'EXPLOITATION DES PETROLES DU CAMEROUN (ELF SEREPCA), article V 1.

187.- Le comité se réunit au moins deux fois par an au cours de chaque année civile, à tout endroit qui sera décidé d'un commun accord. L'ordre du jour des séances est établi par l'opérateur qui a l'obligation d'y faire figurer toutes les questions posées par les non opérateurs. Chaque réunion du comité d'opération fait l'objet d'un permis verbal établi à la diligence de l'opérateur et approuvé par les parties. Le comité d'opérations a un certain nombre d'attributions contractuelles. C'est ainsi qu'il se prononce sur toutes les questions importantes que pose l'exercice des activités conjointes.

188.- Il a tous pouvoirs pour décider des opérations conjointes[241]. A ce titre, il :

- Examine, révise et approuve pour l'année suivante, les projets de programme de travaux et de budgets correspondants ainsi que tout projet tendant à modifier ces derniers. Ces projets ou leurs modifications deviennent exécutoires à compter de leur approbation ; il examine aussi les programmes prévisionnels des deux années suivantes.
- Se fait rendre compte par l'opérateur des opérations conjointes qui lui sont soumises par l'opérateur.
- Prend toutes décisions en matière de demande de renouvellement ou de renonciation de titres miniers.
- Se prononce sur le caractère commercialement exploitable d'une découverte.
- Fixe la production optimale par gisement. Pour ce faire, il estime la Capacité Maximale de Production de chaque gisement pour l'année concernée, compte tenu du programme adopté par le comité d'opérations et compte tenu des caractéristiques du gisement et de sa capacité de récupération des moyens de production, de traitement, de transport jusqu'au point de livraison, et des installations de chargement disponibles pour l'année considérée. En cas de désaccord entre les parties sur la capacité maximale de production, celle-ci sera fixée par un expert indépendant sur la base des éléments mentionnés ci-dessus.

189.- Chaque fois que le besoin s'en fait sentir, les séances du comité d'opérations sont précédées de réunions entre spécialistes des parties. Toutes les décisions du comité sont prises à l'unanimité. Le comité d'opérations désigne l'opérateur[242], étant entendu que la société pétrolière restera opérateur sur les titres miniers où elle était déjà opérateur au jour de l'entrée en vigueur du contrat d'association. L'opérateur assure, sous l'autorité du Comité, l'exécution des travaux de recherche

[241] Contrat d'association pour les opérations de recherches et d'exploitation d'hydrocarbures au Cameroun signé le 8 février 1980 entre la République du Cameroun ET LA SOCIETE DE RECHERCHE ET D'EXPLOITATION DES PETROLES DU CAMEROUN (ELF SEREPCA), article V 2.

[242] L'opérateur est la partie qui se trouve contractuellement désignée pour effectuer des opérations de recherche ou d'exploitation dans les secteurs de la zone d'association qui lui sont impartis en vertu des accords intervenus. C'est le responsable technique de la production sur les champs.

et d'exploitation[243]. Il peut faire appel, pour l'exécution de travaux, à tout entrepreneur ou sous-traitant qu'il jugera approprié. Après accord des parties, l'opérateur peut, aux fins d'assistance technique et administrative, conclure des contrats avec une ou plusieurs sociétés spécialisées du groupe auquel il appartient.

190.- L'opérateur souscrit et maintient en vigueur les assurances couvrant la responsabilité des opérations effectuées par l'opérateur soit pour le compte conjoint des parties, soit pour le compte d'une seule d'entre elles, que lesdites assurances soient requises par les lois et réglementations applicables ou qu'elles soient convenues entre les parties. Toutes les polices ainsi souscrites par l'opérateur mentionneront la renonciation des assureurs à tout recours contre les non–opérateurs. L'opérateur informera les non opérateurs des assurances souscrites en vertu du contrat d'association et des renonciations à recours contre lui. Il les informera également de la résiliation de ces assurances ainsi que de leur expiration. Il est convenu qu'aucune disposition du contrat d'association ne portera atteinte au droit de l'une quelconque des parties de souscrire, à ses propres comptes et frais, des assurances concernant les activités visées par ledit contrat.

191.- Chaque partie supporte sa part, proportionnellement à sa participation dans les dépenses, de toutes pertes et de tous débours afférents ou consécutifs à toute réclamation justifiée, à tout paiement de dommages intérêts ou à toute décision judiciaire exécutoire, ainsi que de toute autre dépense, y compris des frais et honoraires d'hommes de loi qui résulteraient des opérations conjointes effectuées sur le permis concerné et qui ne seraient pas couverts par une assurance. Il en est de même de toutes pertes ou dommages ou autres conséquences financières résultant directement ou indirectement d'une faute ou d'une erreur de jugement de l'opérateur, ceci dans toute la mesure permise par les principes généraux du droit et aussi longtemps que ladite faute ou erreur de jugement aura été commise de bonne foi. Certaines des dispositions présentées ci-dessus vont connaître des aménagements au fil du temps (Chapitre 2).

---

[243] Contrat d'association pour les opérations de recherches et d'exploitation d'hydrocarbures au Cameroun signé le 8 février 1980 entre la République du Cameroun et LA SOCIETE DE RECHERCHE ET D'EXPLOITATION DES PETROLES DU CAMEROUN (ELF SEREPCA), article VI ; contrat d'association pour les opérations de recherches et d'exploitation d'hydrocarbures au Cameroun signé le 28 février 1980 entre la République du Cameroun et PECTEN CAMEROON COMPANY, article VI.

CHAPITRE 2

LES AMENAGEMENTS AU REGIME DE REFERENCE

192.- La prise de conscience de bon nombre de gouvernants des Etats membres de la CEMAC, marquée par une volonté de réforme de leur secteur pétrolier, a abouti d'une part à des modifications fondamentales (section 1) du régime de référence. Il s'agit de changements majeurs intervenus dans la législation minière des Etats, notamment les changements de régimes d'exploitation, des alourdissements ou renforcements de la fiscalité. D'autre part, cette volonté de réforme s'est traduite par des incitations à la recherche et à la production (section 2). Il s'agit en général de mesures particulières pour la promotion des activités de production dans les champs dits marginaux, du rehaussement du taux de la Rente Minière, de la suppression de certaines impositions et de la réduction des taux d'Impôt sur les Sociétés (IS) sur certains champs.

Section 1 : Les modifications fondamentales

193.- Les régimes possibles d'exploration et de production pétrolière couvrent un large éventail qui va du vieux régime de la concession à l'exploitation nationale directe, en passant par les contrats de partage de la production et plusieurs autres formes de rapports avec les compagnies pétrolières étrangères. Pour schématiser, on a pris l'habitude de répertorier les nombreux régimes d'exploitation pétrolière en cinq ou six genres : les concessions[244], les contrats de partage de la production[245], les contrats de service à risque[246], les contrats de service sans risque[247], les accords d'association qui sont en fait des variantes des quatre premiers, l'exploitation directe. Tous les accords pétroliers peuvent, d'une façon ou d'une autre, être classés dans l'un de ces genres. Il n'en demeure pas moins que cette classification donne souvent lieu à des équivoques et à des confusions qui se traduisent parfois pour les pays concernés par des pertes financières considérables. Au-delà d'un certain cadre juridique et institutionnel, chaque contrat pétrolier a ses particularités

---

[244] V. supra, n° 110.

[245] V. supra, n° 168 ss.

[246] Comme dans les concessions et les accords de partage de la production, les contrats de services à risque reposent sur le principe que c'est la compagnie étrangère qui avance les fonds nécessaires à la recherche et au développement et supporte seule le risque de l'exploration. Si aucune découverte n'est réalisée, le contrat cesse d'exister. En cas de découverte, celle-ci est exploitée par la société étrangère ou par la société nationale du pays hôte. La caractéristique fondamentale des contrats de services à risque est que le contractant étranger est payé en espèces et non pas en pétrole brut comme dans les accords de partage de production.

[247] Ce sont des contrats en vertu desquels une entreprise réalise des travaux pétroliers pour le compte d'une société étatique et reçoit en échange une rémunération forfaitaire. Le risque est assumé par le pays hôte qui garde donc pour lui tous les bénéfices du projet. Ces contrats sont pratiqués dans les pays de l'OPEP qui ont pris le contrôle des anciennes sociétés concessionnaires, tout en laissant à ces dernières le soin de poursuivre certaines activités pétrolières pour le compte du pays hôte.

propres qui doivent être prises en compte dans toute évaluation des intérêts et des avantages respectifs du pays hôte et de la société concernée.

194.- En effet, s'il est vrai qu'en théorie un accord de partage de la production est, pour le pays hôte, préférable au vieux régime de la concession, il n'en demeure pas moins que certains accords de concession peuvent, du point de vue fiscal et sur le plan du contrôle de l'Etat sur les activités de la société étrangère, être plus avantageux pour l'Etat que certains accords de partage de la production ou même à la limite, plus avantageux qu'une exploitation directe mal conçue et mal gérée. C'est donc en prenant garde aux simplifications trompeuses et en gardant à l'esprit les objectifs nationaux prioritaires que les Etats devraient opérer des changements de régime d'exploitation (§1). La question est d'autant plus importante qu'une appréciation hâtive ou déficiente au départ peut se traduire par des pertes considérables pour le pays concerné. C'est pourquoi, à défaut d'opérer ces changements, certains alourdissements ou renforcements de la fiscalité (§2) ont été observés dans certaines législations.

§1 : Les changements de régime d'exploitation

195.- Au début de l'exploitation industrielle du pétrole dans le monde, les sociétés pétrolières versaient un loyer[248] fixe annuel aux autorités du pays sans autres conditions fiscales ou financières. Quelques années plus tard, une redevance fixe à la tonne ou surtout au baril extrait[249] est venue s'ajouter à ce loyer. Les augmentations successives de cette redevance poussèrent progressivement l'Etat producteur et les sociétés à un partage égal des bénéfices nets tirés de l'exploitation du pétrole. C'est l'adoption de la fameuse règle « fifty-fifty » introduite dès 1948 au Venezuela, refusée par l'A.I.O.C., à la veille des nationalisations iraniennes de 1951, mais dont l'application est généralisée au Moyen-Orient et dans le monde pétrolier. Les 50 % de bénéfices versés aux Etats producteurs ne sont pas un impôt indépendant de la redevance sur la production. Le partage égal des bénéfices est le résultat de l'ensemble des sommes versées à l'Etat y compris la redevance.

196.- Il en résulte que les sociétés pétrolières paient aux Etats producteurs une redevance fixe sur les quantités extraites à un pourcentage de la valeur des hydrocarbures liquides. A cette somme due, quels que soient les bénéfices réalisés, s'ajoute un impôt direct sur les bénéfices nets réalisés de manière que la redevance et l'impôt direct soient égaux à 50 % des bénéfices tirés de l'exploitation du pétrole. Ce régime fiscal est accompagné d'un régime financier extrêmement favorable qui dispense le plus souvent les compagnies des taxes et autres restrictions financières. C'est sensiblement ce schéma établissant un régime fiscal et un régime financier de

---

[248] La convention de l'I.P.C. et du gouvernement Irakien en mars 1925 prévoyait pour les concessions un loyer annuel de 400 000 livres sterling-or. Rapport de la Federal Trade Commission (F.T.C.) cité par M. LAUDRAIN, dans *Le prix du pétrole brut*, librairie Médicis, Paris, 1958, p. 275.
Le rapport de la F.T.C. est résumé dans « Notes et Etudes documentaires » du 5 juillet 1958, n° 2193.
[249] La convention entre l'I.P.C. et l'IRAK en 1931 prévoit en ce sens le paiement de 4 shillings par tonne. Citée par M. LAUDRAIN, *Le prix du pétrole brut*, précité, p. 276.

faveur, qui est adopté par la France en 1958[250] et repris à partir de 1962 par les pays francophones en général, et ceux de l'Afrique Equatoriale Française (A.E.F.) en particulier. Le Cameroun, qui était un pays sous mandat, en était exclu. Ce texte a néanmoins influencé quelque peu sa première législation minière de 1964[251].

197.- A travers l'exposé des motifs de l'ordonnance de 1958, le législateur français estime que « la métropole qui vise essentiellement à assurer en l'espèce la sécurité du ravitaillement de la zone franc en produits énergétiques et l'équilibre progressif de la balance des comptes de cette zone, entend marquer ici son désintéressement à l'égard des ressources fiscales procurées par l'exploitation pétrolière en Afrique ». Ce régime fiscal accueilli favorablement par les sociétés pétrolières, paraissait déjà en 1958, plus avantageux pour ces dernières que celui du Moyen Orient où les formules de partage des bénéfices à 75 % pour l'Etat et 25 % pour les sociétés étrangères commençaient à produire des effets.

198.- En réalité, les capacités financières des sociétés pétrolières étaient jugées insuffisantes pour faire face au développement souhaité de la recherche et de l'exploitation des hydrocarbures en Afrique francophone. En même temps sur la scène internationale, les entreprises pétrolières françaises de faible dimension, sans grande expérience, étaient encore très fragiles en face des sociétés du cartel pétrolier ; il ne fallait donc pas les amoindrir par un régime fiscal trop sévère. Cette politique fiscale de faveur aux sociétés pétrolières étrangères n'était pas compatible avec les objectifs économiques des Etats d'Afrique francophone, désireux de se procurer les ressources financières nécessaires à leur développement. Cette inadaptation est aggravée par les baisses des prix décidées à la veille des indépendances africaines. C'est pourquoi depuis 1978, on remarque de nombreuses mutations dans les législations fiscales minières, que nous analysons par Etat : Cameroun (A), Congo (B), Gabon (C).

A – AU CAMEROUN

199.- Le changement de régime d'exploitation a été véritablement amorcé en décembre 1999[252]. Comme nous l'avons vu, avant il existait plusieurs lois éparses, qui ne facilitaient pas la tâche aux investisseurs. De plus, la fiscalité était conventionnelle et les conventions d'établissement étaient secrètes. Il y avait donc nécessité d'un code pétrolier, comme cela se passe ailleurs, accompagné d'un régime fiscal compétitif. Le nouveau code abroge toutes les dispositions antérieures contraires, et notamment les lois minières existantes. Toutefois, cette abrogation ne s'applique qu'aux contrats signés sous l'ère du code pétrolier, compte tenu des clauses de stabilité du régime juridique et fiscal figurant dans les anciens contrats. Les Titulaires de conventions d'établissement et de contrats d'association en vigueur à la date de promulgation du code restent soumis aux stipulations contenues

[250] Ordonnance française du 22 novembre 1958, précitée, titre V.
[251] Loi n° 64-LF-3 du 6 avril 1964 portant régime des substances minérales dans la République Fédérale du Cameroun.
[252] Loi camerounaise n° 99/013 du 22 décembre 1999 portant code pétrolier.

dans lesdits conventions et contrats, telles qu'elles peuvent être modifiées ultérieurement par les parties pendant toute la durée de validité desdits conventions et contrats.

200.- L'alignement aux dispositions du code est laissé au choix des Titulaires[253]. Ainsi, le code n'a pas constitué une révolution dans la fiscalité pétrolière[254]. Le contrat demeure une source prédominante de cette fiscalité. Les grands principes régissant la fiscalité pétrolière y sont maintenus, à l'instar de celui de la stabilité du régime, celui des prix affichés, ... Les différents prélèvements sont aussi consacrés ; c'est le cas notamment des droits fixes, de la redevance superficiaire annuelle, de la redevance proportionnelle, de l'impôt sur les sociétés et du bonus de production. Les différentes exonérations existantes dans la législation antérieure subsistent également. Les innovations du code pétrolier s'analysent à travers le régime contractuel (a) et à travers le régime fiscal (b).

a) Le régime contractuel

201.- Il introduit l'option entre le contrat de concession et le contrat de partage de production (2) et la flexibilisation des dispositions légales (3) ; mais avant cela, présentons ses caractéristiques (1).

1) Caractéristiques

202.- On note la disparition des conventions d'établissement dans le secteur d'exploration production des hydrocarbures. Il est désormais institué un contrat pétrolier par champ signé avec le gouvernement. Ce contrat définit le régime fiscal applicable pour ce champ. Par ailleurs, deux types de contrats subsistent désormais : la concession et le partage de production.

2) L'option entre le contrat de concession et le contrat de partage de production

203.- Pour la recherche et l'exploitation d'hydrocarbures, l'Etat peut conclure des contrats pétroliers ; ces contrats peuvent être[255] :

---

[253] Loi camerounaise n° 99/013 du 22 décembre 1999, précitée, art. 118.

[254] Le texte ne prévoit aucune limite dans le temps pour réaliser le choix entre l'ancien et le nouveau régime. La loi tunisienne n° 99-93 du 17 août 1993, qui avait déjà envisagé la même option, prévoit en son article 3 que les titulaires de titres d'hydrocarbures existant avant l'entrée en vigueur du code des hydrocarbures ont la faculté d'opter, relativement à ces titres, pour l'application des dispositions du code, au plus tard six mois à partir de la date d'entrée en vigueur du code des hydrocarbures. Passé ce délai, lesdits titres demeurent, jusqu'à expiration, régis par les dispositions législatives et réglementaires et par les conventions particulières qui leur sont applicables. L'aménagement apporté à ce texte par la loi n° 2002-23 du 14 février 2002, accorde aux nouvelles concessions un délai de trois mois à compter de leur institution, pour opter pour l'application des dispositions du code des hydrocarbures. Il est clair qu'au Cameroun, les sociétés pétrolières attendront de voir concrètement les effets des nouvelles dispositions sur les découvertes à venir.

[255] Loi camerounaise n° 99/013 du 22 décembre 1999, précitée, art. 13 (1).

- soit des contrats de concessions attachés à l'octroi de titres miniers d'hydrocarbures constitués par des permis de recherche et, le cas échéant, des concessions d'exploitation ;
- soit des contrats de partage de production.

204.- Le contrat de concession est conclu préalablement à l'octroi d'un permis de recherche d'hydrocarbures. Il fixe les droits et obligations de l'Etat et du titulaire pendant la période de validité du permis de recherche et, en cas de découverte d'un gisement d'hydrocarbures commercialement exploitable, pendant la période de validité de la ou des concession(s) d'exploitation qui s'y rattache(nt)[256]. Le titulaire du contrat de concession assume le financement des opérations pétrolières et dispose des hydrocarbures extraits pendant la période de validité dudit contrat, conformément aux stipulations du contrat de concession, sous réserve des droits de l'Etat de percevoir la redevance en nature. Le contrat de concession, tel que prévu dans le code pétrolier camerounais, se veut de type moderne et entièrement différent des anciennes concessions existantes en Centrafrique, au Congo, au Gabon et au Tchad[257].

205.- Par le contrat de partage de production, l'Etat directement ou par l'entremise d'un établissement dûment mandaté à cet effet, contracte les services d'un Titulaire en vue d'effectuer pour son compte et de façon exclusive, à l'intérieur du périmètre défini, les activités de recherche et, en cas de découverte d'un gisement d'hydrocarbures commercialement exploitable, les activités d'exploitation. Le Titulaire assure le financement de ces opérations pétrolières. Les opérations pétrolières d'un contrat de partage de production font l'objet, selon leur nature, d'une autorisation exclusive de recherche ou d'une autorisation exclusive d'exploitation couvrant l'exploitation d'un gisement d'hydrocarbures commercialement exploitable[258].

206.- La production d'hydrocarbures est partagée entre l'Etat et le Titulaire, conformément aux stipulations du contrat de partage de production. Le Titulaire reçoit alors une part de la production au titre du remboursement de ses coûts et de sa rémunération en nature, selon les modalités suivantes :
- Selon un rythme défini au contrat pétrolier, une part de la production totale d'hydrocarbures est affectée au remboursement des coûts pétroliers effectivement supportés par le Titulaire au titre du contrat pour la réalisation des opérations pétrolières. Cette part, couramment appelée *cost oil* ou « production pour la récupération des coûts », ne peut être supérieure au pourcentage de la production fixé dans le contrat de partage de production, qui définit les coûts pétroliers récupérables, leurs modalités particulières d'amortissement, ainsi que les conditions de leur récupération par prélèvement sur la production[259].

---

256 Loi camerounaise n° 99/013 du 22 décembre 1999, précitée, art. 14 (1).
257 V. supra n° 112.
258 Loi camerounaise n° 99/013 du 22 décembre 1999, précitée, art. 15 (2).
259 Loi camerounaise n° 99/013 du 22 décembre 1999, précitée, art. 16 (1).

- Le solde de la production totale d'hydrocarbures, après déduction de la part prélevée au titre du *cost oil* comme il est dit ci-dessus, couramment appelé *profit oil* ou « production pour la rémunération », est partagé entre l'Etat et le Titulaire, selon les modalités fixées dans le Contrat Pétrolier[260].
Le contrat de partage de production peut également prévoir une rémunération en espèces du Titulaire au lieu d'une rémunération par une partie de la production d'hydrocarbures[261]. Dans ce cas, le contrat est considéré comme un contrat de services à risque[262].

207.- Le premier contrat de partage de la production sous l'égide du code pétrolier a été signé le 04 avril 2005, entre le consortium Total/Pecten et la SNH[263]. Ce contrat porte sur le bassin du Rio Del Rey. Il précise notamment que :

- En ce qui concerne le *cost oil* ou « production pour la récupération des coûts », « ...la Production pour le Remboursement ne sera en aucun cas supérieure à soixante pour cent (60 %) de la Production Disponible de Pétrole Brut, ou seulement tel pourcentage inférieur qui serait nécessaire et suffisant pour assurer le recouvrement des coûts pétroliers »[264]. Ces dispositions seront reprises par les contrats suivants[265].
- En ce qui concerne le *profit oil* ou « production pour la rémunération », le partage sera modulaire en fonction de la valeur du rapport « R » ci-après[266].

Tableau n° 29 : Modalités de partage de la production découlant du Code Pétrolier camerounais

VALEUR R	PART DE L'ETAT	PART DU CONTRACTANT
Inférieure à 0,25	15%	85%
De 0,25 à 0,50	20%	80%
De 0,50 à 1	25%	75%
De 1 à 1,5	40%	60%
De 1,5 à 2	55%	45%
De 2 à 2,5	65%	35%
Supérieure à 2,5	70%	30%

260 Loi camerounaise n° 99/013 du 22 décembre 1999, précitée, art. 16 (1).
261 Loi camerounaise n° 99/013 du 22 décembre 1999, précitée, art. 16 (2).
262 V. supra n° 193.
263 *La Lettre de la Bourse* (Douala – Cameroun), n° 029 du 07 avril 2005, p. 10 ; v. infra, n° 746.
264 Contrat de partage de production DISSONI du 4 avril 2005 entre la République du Cameroun, TOTAL E&P Cameroun et PECTEN Cameroon Company LLC, art. 13.1.2.
265 Contrat de partage de production BOMANA du 14 mars 2006 entre la République du Cameroun et TOTAL E&P Cameroun, art. 13.1.2.
266 Contrat de partage de production DISSONI du 4 avril 2005 entre la République du Cameroun, TOTAL E&P Cameroun et PECTEN Cameroon Company LLC, art. 13.2.

Source : Contrat de Partage de Production DISSONI du 4 avril 2005 entre la République du Cameroun, TOTAL E&P Cameroun et PECTEN Cameroon Company LLC, p. 25/44

208.- Pour l'application de ce partages, « R » désigne, pour une année civile donnée, le rapport « Revenus Nets Cumulés » sur « Investissements Cumulés » calculé à la fin de l'année civile précédente, où :

- « Revenus Nets Cumulés » signifie la somme, depuis la date d'entrée en vigueur jusqu'à la fin de l'année civile précédente, du chiffre d'affaires du Contractant obtenu au titre des dispositions contractuelles, diminuée de la somme des coûts d'exploitation déterminés selon les dispositions de la Procédures Comptable annexée au contrat et de la somme de l'impôt sur les sociétés relatif aux opérations pétrolières et payé en République du Cameroun pour tous les exercices au titre du Contrat antérieurs à celui de l'année fiscale en cours.
- « Investissements Cumulés » signifie la somme, depuis la date d'entrée en vigueur jusqu'à la fin de l'année civile précédente, des Coûts de Recherche et de Développement déterminés selon les dispositions de la Procédure Comptable annexée au Contrat. Il est précisé, sans aucune motivation, que « Ni le recouvrement, ni l'amortissement des dits Coûts ne seront pris en considération pour le calcul des coûts visés à cette définition ».

209.- Avec ces nouvelles modalités, la part de pétrole brut revenant à l'Etat devrait baisser. En effet, pendant les cinq premières années de production, il sera difficile que la part de l'Etat dépasse les 20 % du solde de la production disponible. Les 70 % du solde ne pourront être atteint que vers la fin de vie du champ, lorsque la production sera moins importante. Si la valeur « R » entraîne un partage de 15 % pour l'Etat et 85 % pour le contracteur, cela revient à dire que l'Etat dispose théoriquement de 6 % de la production conjointe totale, sachant que les 15 % s'appliquent sur les 40 % restant après remboursement des coûts pétroliers. Avec un partage de 20 % pour l'Etat et 80 % pour le contracteur, l'Etat disposerait théoriquement de 8 % de la production conjointe totale. Tous les nouveaux contrats de partage de production sont de ce genre. Certains anciens contrats seront également alignés sur ces nouvelles dispositions, à la demande de leurs titulaires, comme le leur permet la loi sans limite dans le temps[267].

3) La flexibilisation des dispositions légales

210.- Le législateur a évité d'enserrer les rapports avec les partenaires dans une rigueur qui pouvait devenir préjudiciable. Il laisse ainsi la possibilité à chaque candidat opérateur de négocier dans un cadre général les conditions d'exercice de son activité. Cette flexibilité permet aussi de tenir compte des situations objectives particulières liées parfois à la complexité de la zone d'activité. Dans ce type de

---

[267] Loi camerounaise n° 99/013 du 22 décembre 1999, précitée, art. 118.

situations, l'Etat est plus enclin à offrir les conditions les plus avantageuses. C'est le système déjà adopté par le Gabon, puis par la Guinée Equatoriale.

b) Le régime fiscal

211.- Les aménagements ici ont entraîné des réajustements (1), tout en introduisant des prélèvements nouveaux (2).

1) Les réajustements effectués

212.- L'option entre le contrat de concession et le contrat de partage de production a eu certaines conséquences sur le nouveau régime des contrats pétroliers. C'est ainsi que :

- La *royalty* ou redevance minière proportionnelle disparaît dans le contrat de partage de production. Elle ne subsiste que dans le contrat de concession. L'existence de la *royalty* dans les anciens contrats de partage de production faisait l'originalité du système d'exploitation camerounais. Avec ce changement, le pays épouse la tradition de l'industrie pétrolière internationale. Le taux, les règles d'assiette et de recouvrement sont précisés dans le contrat de concession[268].
- L'Impôt sur les Sociétés (I S) est revu à la baisse par rapport au taux général antérieur de 57,5 %. Il est désormais enserré dans une fourchette. Il varie entre un minimum égal au taux de droit commun prévu au CGI (de 35 % jusqu'en 2007, hors CAC) et un taux maximum de 50 %[269]. Le contrat de partage de production DISSONI prévoit un taux d'Impôt sur les Sociétés de 40 %[270]. Il en est de même du contrat de partage de production BOMANA[271].
- Les montants, les modalités de règlement des droits fixes et de la redevance superficiaire annuelle sont désormais du domaine de la loi de finances annuelle, applicable à la date d'entrée en vigueur du contrat pétrolier[272]. Cette nouvelle disposition devrait permettre à l'Etat d'ajuster plus aisément ces droits et taxes par rapport à la conjoncture nationale et internationale[273]. Ainsi, deux Titulaires de contrats pétroliers pourraient avoir à payer des droits fixes et redevance superficiaire différents de l'un à l'autre, en vertu des dispositions de la loi de finances en vigueur au moment de la

[268] Loi camerounaise n° 99/013 du 22 décembre 1999, précitée, art. 92 (1).
[269] Loi camerounaise n° 99/013 du 22 décembre 1999, précitée, art. 96 (1).
[270] Contrat de partage de production DISSONI du 4 avril 2005 entre la République du Cameroun, TOTAL E&P Cameroun et PECTEN Cameroon Company LLC, art. 14.2.2.
[271] Contrat de partage de production BOMANA du 14 mars 2006 entre la République du Cameroun et TOTAL E&P Cameroun, art. 14.2.2.
[272] Loi camerounaise n° 99/013 du 22 décembre 1999, précitée, art. 90
[273] Cet ajustement se limite cependant aux contrats signés après promulgation de la loi de finances qui modifierait ces droits, compte tenu des clauses de stabilisation implicites et explicites contenues dans les contrats (v. art. 14.2.1 b et 29 des contrats DISSONI et BOMANA).

signature du contrat. Le principe de la non-discrimination entre les compagnies ne s'appliquerait pas ici.
- Les provisions constituées en vue de la remise en état des sites vieillissants ou pour abandon des gisements sont désormais des charges déductibles[274]. Le code ici reprend en réalité des assouplissements introduits depuis 1998[275].

2) Les prélèvements nouveaux

213.- Le code pétrolier a introduit deux nouveaux prélèvements : le bonus de signature et le prélèvement pétrolier additionnel ou *Excess profit tax*.
Le bonus de signature est une prime que le Titulaire du contrat pétrolier s'oblige à verser à l'Etat pour la conclusion de son contrat pétrolier. L'institution de ce bonus s'est faite par importation de ce qui était déjà pratiqué ailleurs : Gabon, Congo. Le bonus variera en fonction de la probabilité de gain que pourra récolter la compagnie sur le titre convoité.

214.- Le prélèvement pétrolier additionnel, quant à lui, est un impôt supplémentaire connu dans l'industrie pétrolière internationale. Il frappe les profits exceptionnels ou *windfall profits*, c'est-à-dire « les profits tombés du ciel ». Cette expression est née à la suite de l'augmentation des prix du pétrole aux Etats-Unis à partir de 1979, pour désigner les profits supplémentaires obtenus par les compagnies pétrolières. Ces profits ont été taxés à ce qu'il convient d'appeler un super Impôt sur les Sociétés ou *Excess profit tax*. Le prélèvement pétrolier ne s'applique qu'aux contrats de concession. Il est calculé sur les bénéfices tirés des Opérations Pétrolières, dont les modalités sont fixées dans le contrat[276].

B – AU CONGO

215.- Le premier code minier relève de la loi n° 29/62 du 16 juin 1962. Il était fortement inspiré de l'ordonnance du 22 novembre 1958. Il a fait l'objet d'une première révision en 1965. Mais les grands changements sont amorcés avec la loi du 7 juillet 1982[277], révisée par la loi du 23 août 1994[278]. Entre la loi de 1965 et celle de 1982, l'ordonnance - loi n° 9/68 du 29 novembre 1968 apporte des innovations dans les conventions de ELF et AGIP Congo en termes d'intervention effective de l'Etat (a). Ces conventions vont ainsi connaître des avenants jusqu'en 1973. En application des dispositions des conventions et de leurs avenants, la participation de l'Etat congolais est fixée en fonction des niveaux de production atteints. La loi de 1982 quant à elle prévoit des modifications importantes quant au renforcement de la présence de l'Etat (b), avec l'entrée d'Hydro Congo sur les permis PNGF et Madingo Marine ; elle revoie aussi la durée totale de détention des permis de recherche. D'autres aménagements majeurs sont introduits par les codes miniers de

---

[274] Loi camerounaise n° 99/013 du 22 décembre 1999, précitée, art. 95 f).
[275] V. infra, n° 294.
[276] Loi camerounaise n° 99/013 du 22 décembre 1999, précitée, art. 98.
[277] Loi n° 23-82 du 07 juillet 1982, portant code minier en République Populaire du Congo.
[278] Loi congolaise n° 24-94 du 23 août 1994, portant code des hydrocarbures.

1982 et 1994 (c). Ce dernier code a notamment institué le contrat de partage de la production (d).

a) L'intervention effective de l'Etat

216.- Elle concerne la participation au capital des sociétés pétrolières (1) et la participation à l'administration des sociétés pétrolières (2).

1) La participation au capital des sociétés pétrolières

217.- Dans les conventions, il est déclaré que la participation de l'Etat du Congo serait de 20 % si la production était inférieure à 10 millions de tonnes par an[279]. Elle s'élèverait de 1 % par million de tonne additionnel et serait de 30 % au cas où elle atteindrait 20 millions de tonnes par an. Au-delà, un accord devait intervenir entre l'Etat et les sociétés intéressées. Mais à l'époque, rien ne laissait croire que la production de pétrole brut du Congo pourrait dépasser 11 millions de tonnes par an[280]. Cela explique qu'avec la loi de 1982, l'Etat oblige les sociétés pétrolières à lui céder au moins 35 % des parts de leur capital au titre de son apport en nature en cas d'exploitation[281].

218.- Mais en termes de revenus fiscaux, la participation au capital des sociétés pétrolières ne semble pas particulièrement profitable. En effet, en sa qualité d'associé, l'Etat du Congo doit se borner à attendre la distribution des dividendes à la fin de chaque exercice. Le dividende lui-même est proportionnel à la participation de chaque actionnaire, et n'a rien à voir avec le chiffre d'affaires découlant de la vente du pétrole brut. De plus, le dividende est calculé sur la base du bénéfice distribuable, c'est-à-dire le bénéfice net après impôt sur les sociétés, diminué des réserves légales et statutaires[282]. Suite à l'avènement des contrats de partage de production[283], l'Etat est appelé, dès mars 1995, à céder ses participations dans les sociétés avec lesquelles il doit signer lesdits contrats[284]. En marge des dividendes attendus, cette participation ne conférait à l'Etat que le droit de siéger au Conseil d'Administration des sociétés.

2) La participation à l'administration des sociétés pétrolières

219.- En plus du principe de la participation progressive de l'Etat au capital, celui-ci a le droit de nommer deux administrateurs au conseil d'administration de la so-

---

[279] Au Cameroun, la participation de l'Etat au capital des sociétés est de 20 % quel que soit le niveau de production.

[280] V. supra, tableau n° 5, p. 31.

[281] Loi n° 23-82 du 07 juillet 1982, portant code minier en République Populaire du Congo, art. 74.

[282] Pour plus d'information sur la répartition des bénéfices, voir DIKOUME (A.L.), *Droit des Sociétés Commerciales au Cameroun*, précité, n° 98 ss.

[283] V. infra, n° 235 ss.

[284] Loi congolaise n° 03-95 du 15 mars 1995 autorisant la négociation en vue de la transformation du régime juridique et fiscal applicable aux titres miniers soumis à un régime de concession en régime de partage de production, et autorisant la cession des actions détenues par l'Etat dans les sociétés pétrolières détentrices de ces titres miniers.

ciété exploitante. Ces administrateurs ont libre accès à toutes les informations nécessaires au bon exercice de la société. Par ce droit à l'information[285], le Congo espère accélérer la formation de ses cadres nationaux susceptibles de prendre la relève des expatriés et de faire de l'Etat un véritable opérateur dans les contrats pétroliers. Le pays court toujours après ces objectifs.

220.- Par ailleurs, par cette intervention jugée effective par l'Etat, le Congo pense pouvoir passer du statut de partenaire endormi « *sleeping partner* » sous le régime des conventions d'établissement signées avant 1968, à celui de partenaire qui se « réveille péniblement »[286], sous le régime des modifications signées en 1973. Cette participation prendra également fin avec la cession des actions détenues par l'Etat dans ces sociétés.

b) Le renforcement de la présence de l'Etat

221.- Il découle des modifications prévues à partir de 1981, concernant l'entrée d'Hydro Congo sur les permis PNGF et Madingo Marine. A la demande de la société nationale, le quatrième avenant aux contrats d'association d'Elf Congo et d'Agip R. Congo sur ces deux permis avait été rédigé conjointement par Hydro Congo et les deux sociétés précitées. Cet accord devait modifier la participation des différentes sociétés sur ces permis de la manière suivante en valeur relative[287] :

- Sur Pointe Noire Grands Fonds
  * Elf Congo 45,5 % ;
  * Hydro Congo 30,0 % ;
  * Agip R. Congo 24,5 % ;
- Sur Madingo Marine
  * Agip R. Congo 45,5 % ;
  * Hydro Congo 30,0 % ;
  * Elf Congo 24,5 %.

222.- L'accès aux productions de ces deux permis, quant à lui, aurait eu lieu, pour toutes les concessions concernées, à la date correspondant aux échéances d'amortissement de chacune d'elles. Ainsi, Hydro Congo aurait accédé à 30 % du brut des différentes concessions aux dates suivantes :

- 31 décembre 1981 pour Eméraude,
- 31 décembre 1984 pour Loango,
- 31 décembre 1987 pour Likouala,
- 31 décembre 1988 pour Yanga et Sendji.

---

[285] Le droit à l'information est tout à fait normal pour un administrateur, d'autant plus qu'il franchit rarement le cadre des comptes annuels et du budget.

[286] LELO (A. J. A.), *Aspects juridiques de l'exploitation et de la commercialisation du pétrole au Congo*, thèse précitée, p. 166.

[287] TSASSA (C), *Système de production du pétrole au Congo et accumulation nationale*, Thèse pour le doctorat de 3è cycle, université des sciences sociales de Grenoble, 1986, p. 77.

223.- Malheureusement, ces modifications n'ont jamais été appliquées pour refus de signature dudit avenant par les sociétés. La raison est fort simple. C'est sur le permis PNGF qu'Elf Congo réalisait ses meilleurs résultats au Congo. Sur les quarante et un forages exploratoires qu'elle y a effectué de 1969 à 1983, elle a découvert quatre des cinq principaux gisements en exploitation (Eméraude 1969, Likouala 1972, Sendji 1973 et Yanga 1979). A ces découvertes s'ajoutent sept autres gisements sur le même permis dont les travaux d'appréciation et les études d'économicité étaient en cours en 1984.

224.- Sur le permis Loémé, Elf Congo a découvert de 1973 à 1984, trois gisements, bien que de faible importance, pour moins de dix forages exploratoires. Elf Congo se trouve ainsi dans une situation très confortable, avec un taux de réussite d'un puits sur sept, alors que la moyenne mondiale était estimée plus bas. De même, Agip R. Congo, quoique ayant une activité exploratoire moins importante par rapport à Elf Congo, a aussi obtenu des résultats se situant au dessus de la moyenne mondiale. Elle a pu en effet découvrir trois gisements d'intérêt commercial sur vingt-quatre puits, de 1969 à 1983[288].

225.- Parallèlement, une analyse minutieuse de la place de la production d'Elf Congo et d'Agip R. Congo dans la production de leur groupe respectif permet de constater que la quantité de brut acquise au Congo par ces deux sociétés a progressé de façon considérable. Elle a été dans les deux cas multipliée par plus de deux en l'espace de cinq ans. Elle passe ainsi de 6,10 % en 1979 à 21,20 % en 1984 pour Elf, et de 6,66 % à 15,88 % pour Agip, sur la même période[289]. Dans les faits, le seul point marquant l'entrée d'Hydro Congo dans les permis PNGF et Madingo Marine aura été la participation de celle-ci aux comités de direction qui se sont tenus sur ces permis.

c) Les innovations de 1982 et 1994

226.- Elles portent sur la réduction de la durée totale de détention des titres miniers (1), l'avènement des permis d'exploitation (2) et l'obligation de former le personnel congolais (3).

1) La réduction de la durée totale de détention des titres miniers

227.- Dans le code minier de 1965, le permis de recherche était accordé pour une période initiale de cinq ans. Cette durée était prorogeable deux fois pour une durée de cinq ans à chaque renouvellement, avec une réduction de la superficie de 25 % tous les ans[290]. Le permis de recherche avait ainsi une durée de validité totale de quinze ans. Avec le code minier de 1982, le permis de recherche a une durée de quatre ans. Il est renouvelable deux fois par période de trois ans chaque fois. Le

---

[288] TSASSA (C), *Système de production du pétrole au Congo et accumulation nationale,* précitée, p. 86.

[289] TSASSA (C), *Système de production du pétrole au Congo et accumulation nationale*, précitée, p. 92.

[290] V. supra, n° 95.

renouvellement est également accompagné d'une réduction de superficie ou rendu. Seulement, cette réduction de superficie est négociable au moment de l'institution du titre minier. Elle peut aller jusqu'à la moitié de la surface précédente. La durée de validité totale du permis de recherches est ainsi ramenée de quinze (15) ans à dix (10) ans. Cette durée, entérinée par le code des hydrocarbures de 1994, reste encore assez importante.

228.- L'autorisation de prospection connaît une évolution similaire. Sa durée passe de cinq ans à un an avec le code de 1982[291]. Elle peut être prorogée à son expiration pour partie ou totalité de la superficie accordée. Toutefois, ni la loi de 1982, ni celle de 1994 ne fixe le nombre maximum de renouvellement de l'autorisation. Le code de 1994 se borne à ajouter que « l'autorisation de prospection peut être prorogée une ou plusieurs fois, pour la même durée »[292]. Cette prorogation reste ainsi du domaine contractuel.

2) L'avènement des permis d'exploitation

229.- Dans la loi de 1965, les concessions étaient accordées pour une durée de cinquante (50) ans. La loi de 1982 leur substitue les permis d'exploitation dont la durée est négociable au cas par cas, en fonction de l'importance et de la durée prévisible de l'exploitation du gisement. Une durée maximale de trente ans est fixée. Mais lorsque les réserves récupérables nécessitent une durée d'exploitation plus importante, des prorogations par périodes de cinq ans peuvent être accordées[293]. Aux termes de l'article 38 de la même loi, le permis d'exploitation est accordé par décret pris en conseil des ministres. Ce décret est assorti d'une convention qui fixe les modalités et les conditions d'exploitation.

230.- Depuis le Code des Hydrocarbures du 23 août 1994, le permis d'exploitation est accordé pour une durée initiale n'excédant pas vingt (20) années. Cette durée reste fixée au cas par cas en fonction de la durée prévisible de l'exploitation du gisement. A l'expiration de la durée initiale, une prorogation d'une durée maximum de cinq (5) ans est accordée par décret dans le cas où l'importance des réserves récupérables est démontrée. A l'expiration de cette prorogation, un nouveau titre d'exploitation doit être demandé[294]. Cette méthode, qui parait révolutionnaire, a l'avantage de contourner les difficultés liées au principe de la stabilité des clauses juridiques et fiscales. Cette stabilité pourrait ainsi être limitée à une période maximum de vingt-cinq (25) ans, contrairement à la situation antérieure, où elle ne s'achève qu'avec l'épuisement du gisement.

231.- En effet, la demande d'un nouveau titre d'exploitation serait soumise aux lois et règlement en vigueur au moment de cette demande. Mais cette méthode pourrait également aboutir à une accélération de l'exploitation des gisements, si les compa-

---

[291] Loi congolaise n° 23-82 du 7 juillet 1982, précitée, article 19.
[292] Loi congolaise n° 24-94 du 23 août 1994, précitée, article 8.
[293] Loi congolaise n° 23-82 du 7 juillet 1982, précitée, article 39.
[294] Loi congolaise n° 24-94 du 23 août 1994, portant code des hydrocarbures art. 19 al. 3.

gnies cherchaient à éviter de tomber sous le coup d'une nouvelle législation qu'elles estiment moins favorable. Il est prévisible que les sociétés pétrolières pèseront de leur poids pour rendre cette mesure inopérante. Dores et déjà, il convient de souligner que ces nouvelles mesures ne s'appliquent qu'aux contrats signés après la date de promulgation de la loi en question. Les autorisations de prospection, les permis de recherche, les permis d'exploitation et les concessions en vigueur avant la promulgation de ces lois restent en vigueur, sauf modifications résultant d'accords entre l'Etat et les sociétés signataires.

3) L'obligation de former le personnel congolais

232.- La société participant aux activités couvertes par un permis de recherche ou un permis d'exploitation est tenue de mettre en place un programme de formation du personnel congolais, notamment dans les domaines de la recherche, du développement, de l'exploitation, du transport et de la commercialisation des hydrocarbures. Cette société doit employer en priorité du personnel congolais. Elle assure la formation dudit personnel congolais afin de faciliter à tous les niveaux son accès à des emplois en rapport avec ses capacités[295]. Les modalités de formation et d'emploi prioritaire du personnel congolais sont fixées dans un décret attributif du permis de recherche et inclues dans le contrat de partage de production ou tout autre contrat approuvé par une loi.

233.- A juste titre et pour des raisons évidentes, de nombreux pays sous développés cherchent à inclure cette clause dans les contrats d'exploration et de production pétrolières avec les compagnies. De leur côté, les sociétés pétrolières trouvent que la réalisation de cet objectif dépasse leur mandat, même s'il ne dépasse pas leur compétence. Elles cherchent par conséquent à éviter d'inclure la clause de formation dans les contrats ou à rendre secondaire sa portée[296].

d) L'institution du contrat de partage de la production

234.- A travers ses caractéristiques (1), ce contrat de partage de production diffère du modèle camerounais[297]. Il organise la réalisation des travaux pétroliers sur la zone de permis (2), les modalités de partage de la production (3), le mode et les mécanismes de récupération des coûts d'investissement (4).

1) Les caractéristiques

235.- Le contrat de partage de la production découle des importantes réformes introduites dans l'activité pétrolière par la loi de 1994[298]. Le partage de la production ici relève du système basé sur le partage du profit (*Rate of Return-based profit sharing contract*) ou simplement *R.O.R. - based system*, qui a été introduit à la fin

[295] Loi congolaise n° 24-94 du 23 août 1994, portant code des hydrocarbures, art. 21.
[296] AYOUB (A.), *LE PETROLE Economie et Politique*, Economica, Paris, 1996, p. 346.
[297] V. supra, n° 170 ss.
[298] Loi congolaise n° 24-94 du 23 août 1994, précitée, titre IX.

des années 1970, et qui a été soutenu par la Banque Mondiale comme un contrat applicable tant dans les pays sous-développés que dans les pays développés. Dans ce contrat, le mécanisme fiscal de base est la *ressource rent tax* ou *additional profit tax* (APT). Par essence, cette taxe permet à l'investisseur de tirer une rentabilité plancher de son investissement avant de payer un impôt quelconque. La rentabilité est calculée à partir du *cash flow* actualisé du projet.

236.- L'avantage du système est que « les prélèvements du gouvernement sont automatiquement ajustés au moment des profits réels de la compagnie ; si ces profits sont très élevés (le champ découvert étant important, les coûts d'exploitation étant faibles, les prix augmentent) les prélèvements du gouvernement seront plus élevés que dans le cas inverse ; les profits de la compagnie sont eux aussi fonction de la rentabilité du projet, mais ils augmentent moins que proportionnellement à l'accroissement de cette rentabilité[299] ». C'est ainsi que depuis le 1er janvier 1996, des contrats de partage de production ont été signés pour l'ensemble des nouveaux gisements pétroliers. Comme nous l'avons observé dans le cas du Cameroun, ces contrats définissent les modalités selon lesquelles le contracteur réalisera les travaux pétroliers sur la zone de permis, les modalités selon lesquelles les parties se partageront la production d'hydrocarbures en découlant, les mécanismes de récupération des coûts d'investissement et la rente minière.

2) La réalisation des travaux pétroliers sur la zone de permis

237.- Les travaux pétroliers sont réalisés au nom et pour le compte du contracteur par une des entités composant celui-ci et dénommée « l'opérateur ». L'opérateur est désigné par le contracteur dans le cadre du contrat d'association. Il exécute chaque programme de travaux dans les limites du budget correspondant et ne pourra entreprendre aucune opération qui ne serait comprise dans un programme de travaux approuvé ni engager des dépenses qui excèderaient les montants inscrits au budget, sous réserve de certaines exceptions limitativement énumérées. Sauf décision contraire du Comité de Gestion, le contracteur devra faire des appels d'offres pour les matériels et services dont le coût estimé est supérieur à cinq cents mille (500 000) dollars U.S. par appel d'offres pour les travaux de recherche et un million deux cents mille (1 200 000) dollars U.S. pour les travaux de développement et d'exploitation[300]. Le non respect de ces principes peut entraîner le rejet des dépenses ainsi engagées de l'assiette de l'impôt sur les sociétés.

3) Les modalités de partage de la production

238.- S'agissant du partage de la production, la loi prévoit simplement que la production annuelle totale d'hydrocarbures, après déduction de la redevance minière proportionnelle et du *cost oil*, constitue la part de production d'hydrocarbures af-

---

[299] TOUSCOZ (J), Les nouveaux contrats d'exploration - production pétrolière, *Journal de Droit des Affaires Internationales*, n° 2, 1985, p. 164.

[300] Contrat de partage de production relatif au permis de mer profonde sud du 6 mai 1996, entre la République du CONGO et la société ELF CONGO, art. 3.6.

fectée à la rémunération de l'Etat et des sociétés (*profit oil*)[301]. C'est le contrat de partage de production qui fixe les modalités de ce partage ; celles-ci varient selon les contrats et les champs. C'est ainsi que le contrat de partage de production relatif au permis de mer profonde sud du 6 mai 1996, entre la République du Congo et la société Elf-Congo prévoit que le *profit oil* de la zone de permis est partagé à hauteur de 35 % pour la République du Congo et de 65 % pour l'entité composant le contracteur[302]. Le contrat de partage de production entre la République du CONGO, Elf Congo et AGIP Recherches Congo, du 23 novembre 1995, relatif aux permis issus de l'ancien permis de recherches de PNGF prévoit que « le *profit oil* de la zone de permis est partagé à hauteur de 50 % pour le Congo et de 50 % pour l'entité composant le contracteur »[303]. Par contre, dans les champs de la Concession de Yanga Sendji, la part réservée à l'Etat est de 15 %[304]. Enfin, dans le champ marginal Kouakouala, le *profit oil* est partagé comme suit[305] :

- Tant que la production nette cumulée est inférieure ou égale à cinq millions (5 000 000) de barils, le Congo percevra vingt cinq pour cent (25 %) et le contracteur soixante-quinze pour cent (75 %) du *profit oil.*
- Dès que la production nette cumulée est supérieure à cinq millions (5 000 000) de barils, le Congo percevra vingt-huit pour cent (28 %) et le contracteur soixante-douze pour cent (72 %) du *profit oil.*
- Si la production nette cumulée est supérieure à cinq millions (5 000 000) de barils et que l'exploitation du gisement se poursuit dix (10) ans après la mise en production, le Congo et le contracteur recevront respectivement cinquante pour cent (50 %) du *profit oil.*

239.- On appelle *profit oil* la quantité d'hydrocarbures liquides égale à la production nette de la zone de permis diminuée[306] :

- de la part de la redevance minière proportionnelle supportée au titre de la production nette de la zone de permis, et
- de la quantité d'hydrocarbures liquides correspondant au remboursement effectif des coûts pétroliers effectué dans les conditions contractuelles,
- éventuellement, de la part d'hydrocarbures liquides équivalent en valeur à la différence entre le chiffre d'affaires généré par la vente de la production nette d'une ou de plusieurs qualités d'hydrocarbures liquides aux prix fixés et le chiffre d'affaires correspondant calculé au prix de 22 Dollars par baril. Cette hypothèse intervient chaque fois que, sur la zone de permis, le

---

[301] Loi congolaise n° 24-94 du 23 août 1994, précitée, art. 35.

[302] Contrat de partage de production relatif au permis de mer profonde sud du 6 mai 1996, entre la République du CONGO et la société ELF CONGO, art. 8.1.2.

[303] Contrat de partage de production entre la République du CONGO, Elf Congo et AGIP Recherches Congo, du 23 novembre 1995, relatif aux permis issus de l'ancien permis de recherches de PNGF, art. 7.1.2.

[304] Accord du 21 août 1990 entre la république du Congo, Elf Congo et AGIP R. Congo.

[305] Contrat de partage de production portant sur le champ marginal Kouakouala du 14 décembre 1996, entre la République du CONGO et le Groupe ZETAH, art. 7.

[306] Contrat de partage de production relatif au permis de mer profonde sud du 6 mai 1996, entre la République du CONGO et la société ELF CONGO, art. 8.1.1.

Prix Fixé d'une ou plusieurs qualités d'hydrocarbures liquides est supérieur à 22 dollars par baril. Le cas échéant, cette différence est partagée, après déduction de la redevance, à raison de 66 % pour la République du Congo et de 34 % pour le contracteur.

240.- Le seuil de 22 dollars par baril mentionné ci-dessus est déterminé au 1er janvier 1995 et sera actualisé trimestriellement par application de l'Indice d'inflation du Produit Intérieur Brut des Etats-Unis d'Amérique, tel que publié par l'OCDE dans sa revue mensuelle, à la page « *National Accounts* », sous les références : « *National Income and product* – Etats-Unis – *Implicit Price Level* ». La valeur de l'indice était de 100 en 1990 et de 112,1 au quatrième trimestre 1994 (publication du mois de mars 1995)[307]. Pour la répartition du *profit oil* de la zone de permis entre la République du Congo et chaque entité composant le contracteur prévue ci-dessus, les parts de chaque qualité d'hydrocarbures liquides à recevoir par la République du Congo et par chaque entité composant le contracteur seront proportionnelles au rapport entre la production nette de chacune de ces qualités d'hydrocarbures liquides affectée au *profit oil* et la somme des productions nettes des hydrocarbures liquides affectées au *profit oil* de la zone de permis.

241.- Pour rendre effectives ces dispositions et éviter le chevauchement de ce nouveau régime avec celui des concessions anciennes, le Congo a promulgué, en 1995, la loi autorisant la transformation de ces concessions en contrat de partage de production[308]. Les concessions existantes ont effectivement été transformées en contrat de partage de production dès les mois suivants, malgré les clauses de stabilité qui prévalaient. En contrepartie, l'Etat a cédé les actions qu'il détenait dans ces sociétés, avec toutes les implications que cela comporte[309].

4) Le mode et les mécanismes de récupération des coûts d'investissement

242.- Conformément à la loi du 23 août 1994[310] :

- Une part de production d'hydrocarbures est affectée au remboursement des coûts pétroliers encourus par la société (*cost oil*). Cette part de production qui est fixée par le contrat ne peut être supérieure à 60 % de la production annuelle provenant de l'ensemble des permis d'exploitation découlant d'un même permis de recherche.
- Toutefois, lorsque l'importance des travaux de recherche ou de développement, l'utilisation d'une technologie particulièrement onéreuse ou la difficulté exceptionnelle de la zone comme par exemple les zones marines très profondes et le bassin intérieur dit Bassin de Cuvette congolaise le justifie, cette part de production peut être portée à un niveau supérieur n'excédant pas 70 % de la production annuelle

[307] Contrat de partage de production relatif au permis de mer profonde sud du 6 mai 1996, entre la République du CONGO et la société ELF CONGO, art. 8.2.
[308] Loi congolaise n° 03-95 du 15 mars 1995, précitée, art. 1 et 2.
[309] V. supra, n° 218.
[310] Loi congolaise n° 24-94 du 23 août 1994, portant code des hydrocarbures, art. 35.

provenant de l'ensemble des permis d'exploitation découlant d'un même permis de recherche.

243.- C'est ainsi que le contrat de partage de production relatif au permis de mer profonde sud du 6 mai 1996 prévoit que pour le remboursement des coûts pétroliers autres que les provisions et dépenses pour abandon et autres que le bonus et la Provision pour Investissements Diversifiés (PID), dès le démarrage de la production d'hydrocarbures sur l'un quelconque des permis, chaque entité composant le contracteur aura le droit de récupérer sa part des coûts pétroliers ici considérée. Cette part est calculée en fonction du pourcentage d'intérêt qu'elle détient dans les permis, en prélevant gratuitement chaque année civile une part de la production d'hydrocarbures liquides dont la valeur sera au plus égale à 65 % de la valeur de la production nette de la zone de permis et qui sera appelée « *cost oil* ». La valeur maximale du *cost oil* est appelée « *cost stop* »[311].

244.- Pour le calcul du *cost stop*, la valeur de chaque qualité d'hydrocarbures liquides provenant des permis sera déterminée en fonction des Prix Fixés. Le Prix Fixé reflètera la valeur des hydrocarbures liquides de chaque qualité, FOB terminal de chargement au Congo, sur le marché international déterminé en dollars par baril. Le Prix Fixé sera déterminé paritairement par les entités composant le contracteur et le Congo pour chaque mois. A cet effet, les entités composant le contracteur communiqueront au Congo les informations nécessaires conformément aux dispositions prévues dans la procédure comptable.

245.- L'Etat a voulu tenir compte des situations particulières qui résulteraient de prix exceptionnellement bas des hydrocarbures liquides sur la zone de permis. C'est ainsi qu'il a admis trois hypothèses[312]. Si le Prix Fixé d'une ou plusieurs qualités d'hydrocarbures liquides est compris entre 10,71 Dollars et 14 Dollars par baril, les coûts Pétroliers, à l'exclusion des provisions et dépenses pour abandon, du bonus et de la Provision pour Investissements Diversifiés[313], seront remboursés à chaque entité composant le contracteur par affectation d'une quantité d'hydrocarbures liquides concernée exprimée en barils.

246.- Si le Prix Fixé d'une ou plusieurs qualités d'hydrocarbures liquides est inférieur à 10,71 dollars par baril, les coûts pétroliers, à l'exclusion des provisions et dépenses pour abandon, du bonus et de la Provision pour Investissements Diversifiés, seront remboursés à chaque entité composant le contracteur par affectation d'une quantité d'hydrocarbures liquides dont la valeur au Prix Fixé de chaque qualité d'hydrocarbures liquide visée sera au plus égale au produit des 85/100ème du Prix Fixé de la qualité d'hydrocarbures liquides concernée par la production nette de cette même qualité d'hydrocarbures liquides exprimée en barils.

---

[311] Contrat de partage de production relatif au permis de mer profonde sud du 6 mai 1996, entre la République du CONGO et la société ELF CONGO, art. 7.2.1.
[312] Contrat de partage de production relatif au permis de mer profonde sud du 6 mai 1996, entre la République du CONGO et la société ELF CONGO, art. 7.2.4.
[313] V. infra, n° 480 ss.

247.- Si le Prix Fixé d'une ou plusieurs qualités d'hydrocarbures liquides est supérieur à 22 dollars par baril, les coûts pétroliers, à l'exclusion des provisions et dépenses pour abandon, du bonus et de la Provision pour Investissements Diversifiés, seront remboursés à chaque entité composant le contracteur par affectation d'une quantité d'hydrocarbures liquides dont la valeur sera au plus égale, pour chaque qualité d'hydrocarbures liquide visée, au produit de la production nette de la qualité d'hydrocarbures liquides concernée exprimée en barils multiplié par 65 % multipliée par 22 Dollars.

248.- Pour les besoins de la gestion du contrat, le contracteur déterminera en tant que de besoin un prix mensuel provisoire, pour chaque qualité d'hydrocarbures liquides, qu'il appliquera jusqu'à la détermination définitive, pour le mois considéré, du Prix Fixé. Ce Prix Fixé sera porté à la connaissance du Congo. En cas de désaccord persistant des parties sur la détermination du Prix Fixé, l'une ou l'autre partie pourra soumettre le différend à l'arbitrage dans les conditions contractuelles[314].

C - AU GABON

249.- Le Gabon a également introduit les contrats de partage de production (b), après avoir consacré le rôle de l'Etat (a). Plus tard, il introduira également la notion de Contrat d'Exploration et de Partage de Production (c), les accords d'évaluation technique (d) et le paiement de l'impôt sur les sociétés en nature (e).

a) La consécration du rôle de l'Etat

250.- La loi pétrolière de décembre 1974 qui a modifié et complété le code minier de 1962, a tracé le cadre juridique des activités de recherche et d'exploration. Cette loi, qui n'a été réaménagée qu'en 1982[315], a consacré le rôle de l'Etat qui, de simple rentier, accède aux fonctions de participant, voire de dirigeant. A cet égard, la loi pétrolière codifie un certain nombre de droits que l'Etat se réserve, parmi lesquels :
- le droit d'association à l'exploitation, qui varie entre 5 % et 25 % lorsque le champ est mis en production, sauf en cas de refus express de sa part[316]. La participation de l'Etat est toujours négociable et elle pourrait, dans certains cas, s'accompagner d'une participation privée prise par les nationaux ;
- le droit de transporter au moins 50 % de la production ;
- le droit d'imposer aux compagnies d'assurer en priorité les besoins des raffineries nationales ;
- le droit d'obliger les compagnies à présenter, avant le démarrage des travaux, un programme précis de formation et d'insertion des cadres nationaux dans tous les emplois techniques.

[314] Contrat de partage de production relatif au permis de mer profonde sud du 6 mai 1996, entre la République du CONGO et la société ELF CONGO, art. 9.2.
[315] Loi gabonaise n° 14/82 du 24 janvier 1983, portant réglementation des activités de recherches et d'exploitation des hydrocarbures.
[316] Loi gabonaise 14/82 du 24 janvier 1983 précitée, art. 19 du contrat type y annexé.

b) L'avènement des contrats de partage de la production

251.- Depuis 1978, les contrats signés au Gabon étaient des contrats « d'association de type partage de la production ». Cependant, leur existence n'a été reconnue de façon officielle qu'en 1981[317]. L'une des raisons est que ces contrats sortent du cadre juridique établi en 1962, et révisé en 1974[318]. Le nouveau cadre contractuel a été appliqué aussi aux sociétés Elf Aquitaine et Shell, pour les permis obtenus hors des zones déjà octroyées en concession. Du point de vue légal, les nouveaux arrangements sont des contrats d'association, mais de façon pratique et fiscale, ce sont des contrats de partage de la production avec *Royalty*. Il s'agit de contrats hybrides qui fonctionnent comme suit : L'Etat est propriétaire du permis et les compagnies pétrolières interviennent comme prestataires de service ; elles sont rémunérées comme tel. Par contre elles supportent le risque de l'exploration, et sont remboursées en cas de découverte par un droit à une part de la production tant pour récupérer les coûts que pour retirer un profit. La répartition de la production intervient après déduction de la *Royalty*. Dans sa structure, ce type de contrat est similaire à celui qui avait déjà cours au Cameroun en 1978[319].

252.- A travers la loi du 24 janvier 1983 portant réaménagement du code minier[320], le cadre juridique gabonais a finalement été aménagé pour inclure la signature de tels contrats. L'objectif est qu'à terme, le système des anciennes concessions soit aboli et qu'à l'avenir, tous les nouveaux permis soient du type partage de la production. Concernant l'abolition des concessions, il faudra attendre l'an 2 050, car comme nous l'avons vu plus haut, les plus anciennes de ces concessions arrivent à échéance en 2 033, et les plus récentes en 2 049[321]. L'essentiel de la production du Gabon provient de ces concessions, qui peuvent être renouvelées.

c) L'introduction des contrats d'exploration et de partage de production (CEPP)

253.- Après avoir défini le contrat d'exploration et de partage de production (1), nous analyserons son principe (2), ses différentes périodes (3), puis les principales recettes pétrolières qu'il génère (4).

1) Définition du contrat d'exploration et de partage de production (CEPP)

254.- Le contrat d'exploration et de partage de production (CEPP) est un accord entre l'Etat et les compagnies pétrolières. Le CEPP est un contrat d'entreprise dans

---

[317] Le Pétrole et le Gaz Arabe, 16 décembre 1981, p. 22.
[318] Loi n° 14/74 du 21 janvier 1975 portant réglementation des activités de recherches et d'exploitation pétrolière sur le territoire de la République gabonaise.
[319] V. supra, n° 168 ss.
[320] Loi gabonaise n° 14/82 du 24 janvier 1983, portant réglementation des activités de recherches et d'exploitation des hydrocarbures, art. 3.
[321] V. supra, n° 114 ss.

lequel l'entreprise pétrolière est prestataire de service et l'Etat est le maître d'œuvre. A travers ce contrat :

- Toutes les opérations pétrolières sont réalisées pour le compte de l'Etat qui est donc propriétaire des réserves et des investissements.
- Le partage de la production en cas de découverte constitue le prix des prestations réalisées par la société contractante.
- Le partage des hydrocarbures (partage de l'huile) extraits est négocié pour chaque CEPP entre le contracteur et l'Etat à un taux fixe.
- Les sociétés pétrolières sont exemptées du paiement d'impôts sur les sociétés et de taxes hormis celles expressément prévues par le contrat.
- Les sociétés pétrolières doivent s'acquitter des redevances.
- Le risque d'exploration est 100% à la charge du contractant.
- Le contracteur exécute les travaux d'exploration et de production en apportant ses propres technologies et moyens financiers.
- L'Etat a l'option de participer aux phases de développement et de production[322].

2) Le principe du Contrat d'Exploration et de Partage de Production (CEPP)

255.- Une fois la production démarrée, celle-ci est subdivisée en deux parties selon des schémas de partage variable selon les termes du contrat : Le *cost oil* et le *profit oil* ou production restante.

256.- Le *cost oil* :

- Le *cost oil* est la part d'huile destinée au recouvrement des dépenses d'exploration, d'opération et de développement réalisées dans le cadre du CEPP.
- La limite pour la récupération des coûts varie entre 40 % et 70 % de la production nette d'hydrocarbures. La loi l'avait plafonnée à 55 % de la production nette annuelle[323].
- Le *cost oil* est calculé sur une base annuelle mais il est récupéré mensuellement[324].
- La base de calcul du *cost oil* est la production nette
- La production nette signifie la production totale disponible d'hydrocarbures, diminuée de la redevance minière proportionnelle (RMP)[325] ;

257.- Le *profit oil* ou production restante.

Le *profit oil* ou production restante signifie la production nette diminuée des prélèvements d'hydrocarbures opérés par le contracteur au titre de la récupération des coûts pétroliers :

profit oil = production nette - *cost oil.*

---

322 Si l'Etat a participé aux phases de développement et de production, il aura sa part de *cost oil* à hauteur de sa participation.

323 Loi gabonaise 14/82 du 24 janvier 1983, précitée, art. 24.2 du contrat type y annexé. Mais l'article 19.3 parle également d'une limite à 70 % des recettes nettes ou de la part de production du mois revenant à l'Etat.

324 Coûts pétroliers (*cost oil*) = coûts d'exploration + coûts des opérations + coûts de développement

325 Production nette = Production brute - redevances

Le contracteur et l'Etat se partagent le *profit oil* selon un pourcentage prédéfini contractuellement par le CEPP. Selon les contrats, deux tiers (2/3), trois quarts (3/4) ou quatre cinquièmes (4/5) iront à l'Etat gabonais comme équivalent d'impôt[326].

3) Les différentes périodes du Contrat d'Exploration et de Partage de Production

258.- Le Contrat d'Exploration et de Partage de Production (CEPP) est un cadre général de travail. Il nécessite différentes autorisations qui correspondent à deux périodes dans le CEPP : La période d'exploration et la période d'exploitation.

1°- La période d'exploration : le Contrat d'Exploration

259.- Une autorisation exclusive d'exploration est octroyée au contracteur pour une période variable liée à la prospectivité du bloc[327]. Cette autorisation peut être prorogée par le Directeur Général des Hydrocarbures pour une durée comprise entre 3 et 6 mois à la demande du contracteur en fonction de l'étendue des travaux à réaliser. Le montant total des travaux engagés par le contractant pour les travaux géologiques et géophysiques est préalablement défini. Le contractant a la possibilité de renoncer à ses droits stipulés dans le contrat.

2°- La période d'exploitation : le Contrat de Production

260.- Le contrat de production est consacré par une autorisation exclusive d'exploitation ; c'est un acte administratif délivré par arrêté du Ministre de l'Energie et du Pétrole. Cette autorisation est conditionnée par la découverte ainsi que la commercialité et l'exploitabilité des hydrocarbures dans la zone délimitée. Sa durée est de 10 ans à compter du début de la production. Elle est renouvelable 2 fois à la demande du contracteur pour une durée maximum de 5 ans. Une fois l'obtention de l'autorisation, le contracteur a l'obligation de soumettre pour approbation un programme de développement et de production.

4) Les principales recettes pétrolières générées par le Contrat d'Exploration et de Partage de Production (CEPP)

261.- Le CEPP génère une Redevance Minière Proportionnelle (RMP), le *profit oil* et une redevance superficiaire. Le calcul de la Redevance Minière Proportionnelle[328] n'intervient que lors de la phase de production. Son taux peut être fixe ou variable par tranche de production ; il représente 10 % à 20 % du pétrole vendu[329]. La RMP s'obtient suivant la formule Prix de Cession Officiel (PCO) x Taux contractuel x Production Brute. S'agissant du *profit oil*, L'Etat gabonais est rému-

---

[326] Pétrole informations, n° 1737, de décembre 1998, « Gabon : 8è round pétrolier », p. 78s.
[327] Pour l'appel d'offre lancé en 1998, cette durée était prévue pour *deux ans au plus* (Pétrole informations, n° 1737 précité, p. 78s)
[328] V. infra, n° 387 ss.
[329] Pétrole informations, n° 1737, de décembre 1998, « Gabon : 8è round pétrolier », p. 78s.

néré en huile selon un pourcentage défini contractuellement. La part de production revenant à l'Etat au titre de son Profit Oil est commercialisée par les compagnies pétrolières ou par des tiers. Les revenus correspondant aux ventes faites par les compagnies pétrolières pour le compte de l'Etat sont payés à celui-ci après déduction des frais de commercialisation. A l'issue de la vente du *profit oil*, la compagnie pétrolière adresse un chèque ou un virement à l'ordre du trésor Public. Quant à la redevance superficiaire, les titulaires d'une autorisation exclusive d'exploration et ceux titulaires d'une autorisation exclusive d'exploitation y sont assujettis.

262.- Comme au Congo, ce contrat d'exploration et de partage de production relève également du système basé sur le partage du profit (*Rate of Return-based profit sharing contract*) ou simplement *R.O.R.- based system*, qui a été introduit à la fin des années 1970, et qui a été soutenu par la Banque Mondiale comme un contrat applicable tant dans les pays sous-développés que dans les pays développés[330]. En 1998, certaines dispositions des CEPP ont été aménagées pour mieux prendre en compte un environnement spécifique et ainsi mieux encourager les investisseurs potentiels. Cet aménagement est intervenu au moment où des blocs en eaux profondes allaient faire l'objet d'une procédure d'appel d'offres. Les dossiers d'appel d'offres étaient à retirer auprès d'une société, Petrolin, puis adressés sous pli fermé en trois exemplaires au secrétariat du Ministère des Mines, de l'Energie et du Pétrole.

263.- Les offres portaient notamment sur les points suivants[331] :

- Le nombre et la durée des périodes d'exploration, qui devront en tout état de cause être au minimum soit de deux fois cinq ans, soit de cinq ans plus trois ans plus deux ans.

- Les engagements de travaux et les dépenses d'exploration ; sur ce point, les société devront prendre des engagements fermes quant

  * au nombre de kilomètres de sismiques 3D sachant que les données techniques fournies par Petrolin concernent des résultats de sismiques 2D,
  * aux montants investis et,
  * à la profondeur des forages à effectuer.

- La participation de l'Etat, qui devra être de 10 % minimum et, innovation tout à fait intéressante, celle d'investisseurs gabonais jusqu'à 5 %. Les modalités de participation des investisseurs gabonais n'avaient pas été arrêtées définitivement. Mais cette participation pouvait revêtir la forme d'une société gabonaise dite holding dont les actionnaires seront au moins à 75 % des personnes privés ou morales de nationalité gabonaise. Il est à noter que ces 5 % devraient au moins être en partie attribués à des personnes physiques ou morales, techniciens du pétrole.

---

[330] V. supra, n° 235s.

[331] *Pétrole informations*, n° 1737, décembre 1998, « Gabon : 8è round pétrolier », p. 78s.

- Le montant de participation au Fonds de Soutien des Hydrocarbures qui a été créé pour faire progresser la recherche et la promotion pétrolière au Gabon, étant entendu que cette contribution est généralement incluse dans le compte de coûts pétroliers.
- La Redevance Minière Proportionnelle pour laquelle un taux minimum de 5 % est prévu.
- Le pourcentage de récupération des coûts pétroliers (*cost oil*) sachant qu'il est prévu dans le projet un plafond de 55 % de la production nette (production brute diminuée de la Redevance Minière Proportionnelle) et de 75 % si, après cinq ans de production, les « investissements de développement » n'ont pas été totalement récupérés.
- Le partage de la production restante après le paiement de la Redevance Minière Proportionnelle et la récupération proportionnelle des coûts pétroliers (*profit oil*), qui devra être précisée par tranche de production de 50 000 barils par jour.
- Le montant du bonus de signature et celui du bonus de production.
- Des précisions sur la contribution à la satisfaction des besoins du marché intérieur, et sur la contribution à la formation de gabonais autres que ceux employés par le contracteur.

264.- Les sociétés pétrolières devront avoir rempli un formulaire d'offre sur chacun de ces points pour chacun des blocs concernés. D'une manière générale, il apparaît que les termes du CEPP sont largement négociables. Mais bien entendu, les sociétés pétrolières ne pourraient pas faire de propositions nouvelles en deçà des termes de leurs propres offres. Ceci correspond à la logique d'un appel d'offre. Avec cette nouvelle méthode, le principe de la non-discrimination entre les compagnies[332] n'est plus applicable. En effet, les compagnies se discriminent entre elles, à travers leurs offres qui les engagent. Elles ne peuvent donc plus prétendre que l'Etat a engagé des conditions discriminatoires vis-à-vis de certaines d'entre-elles.

d) Les accords d'évaluation technique

265.- En mai 2003, le Ministre des Mines, de l'Energie et du Pétrole a signé avec le Directeur Général de la société Sud-africaine Sasol un contrat portant sur l'exploration du champ « Dussafu ». Ce champ situé au Sud du Gabon, à la frontière congolaise, pourrait recéler entre 22 et 70 millions de barils de réserves récupérables. Le contrat signé inaugure un nouveau type de contrat : « l'accord d'évaluation technique », qui permet à la société d'effectuer une phase préalable d'évaluation du champ avant même de signer un contrat d'exploitation, d'exploration ou de partage de la production. Cette nouvelle solution vise à actualiser la connaissance des potentiels du domaine pétrolier jusqu'ici en jachère. Ce type de contrat a également été signé, durant la même année, avec une autre société Sud-africaine, Rockover Oil & Gas Limited, sur le bloc MT 2000, situé à l'extrême sud du domaine pétrolier on shore du Gabon. Les travaux sont d'une durée de douze mois. S'ils débouchaient sur des résultats positifs, ils pourraient être suivis

[332] V. supra, n° 167.

de la signature d'un contrat d'exploration ou d'exploitation et de partage de production[333].

e) La liquidation et le paiement de l'impôt sur les sociétés (IS) en nature

266.- Dans le cadre de la rédaction des CEPP de 1998, l'article 26-1-e) relatif au calcul de l'impôt sur les sociétés a été modifié. Il est fait obligation, autant pour des raisons de droit comptable et fiscal gabonais que pour des raisons fiscales du pays de l'investisseur, d'établir à la fois des comptes de coûts pétroliers et des comptes d'exploitation de droit commun[334]. Sans que cela soit dit dans le texte, il est également nécessaire de veiller à leur parfaite concordance s'agissant notamment du calcul de l'impôt sur les sociétés. Il était ainsi prévu dans cette rédaction que l'impôt sur les sociétés est réglé « en nature, par remise à l'Etat d'une quantité d'hydrocarbures correspondant au montant dudit impôt » et que cette « quantité est incluse dans la part revenant à l'Etat » au titre des dispositions relatives au partage de production. Ainsi, le montant de l'IS à payer ne peut être calculé dans le cadre du Compte des Coûts Pétroliers qu'à partir de la méthode dite du « *gross-up* » dont la base sera la part de *profit-oil* revenant à la société pétrolière, et selon la formule suivante :

$$IS = \frac{\textit{profit oil} \times \text{taux d'IS}}{1 - \text{taux d'IS}}$$

267.- Ce montant de l'IS calculé par la méthode du *gross-up* dans le cadre du Compte des Coûts Pétroliers, devrait logiquement être le même lorsqu'il est calculé dans le cadre du compte de résultat[335]. Or le fait de préciser dans le texte que cet impôt est « déterminé sur la base, notamment, du revenu brut…et, d'autre part, des charges déductibles prévues et définies par la réglementation fiscale en vigueur », pourrait être source d'ambiguïté. En effet, les dites « charges déductibles prévues et définies par la réglementation fiscale en vigueur » ne sont pas nécessairement les mêmes que celles correspondant aux montants des coûts pétroliers récupérables au titre d'un même exercice[336]. Le Ministère des Mines, de l'Energie et du Pétrole était favorablement disposé à examiner, sous réserve des règles de fiscalité étrangère pour l'obtention des crédits d'impôt au titre des activités au Gabon, une rédaction nouvelle et incitative afin de lever toute ambiguïté sur la liquidation de l'IS.

---

[333] Fiche réalisée par la Mission Economique française de Libreville, décembre 2003.

[334] Le Gabon s'aligne ainsi derrière le Congo où, depuis le code pétrolier de 1994, les contrats d'association prévoient la tenue d'une comptabilité générale distincte de la comptabilité des coûts pétroliers.

[335] *Pétrole informations*, n° 1737, décembre 1998, « Gabon : 8è round pétrolier », p. 79.

[336] V. infra, n° 439 ss.

§2 : Les alourdissements ou renforcements de la fiscalité

268.- La fiscalité a été alourdie ou du moins renforcée dans la quasi-totalité des Etats membres de la CEMAC : Congo (A), Gabon (B), Cameroun (C), Guinée Equatoriale (D), République Centrafricaine (E).

A – AU CONGO

269.- Les alourdissements de la fiscalité au Congo se sont traduits par une révision de la base de calcul des revenus fiscaux (a) et l'augmentation des charges fiscales (b).

a) La révision de la base de calcul des revenus fiscaux

270.- Jusqu'en juillet 1981, ce sont les prix de transfert qui ont servi au calcul des recettes pétrolières de l'Etat. Selon les dispositions prévues à cet effet dans l'avenant n°1 des conventions d'établissement d'Agip R. Congo et d'Elf Congo, les prix affichés[337] devaient être déterminés par une commission paritaire réunissant les représentants de l'Etat congolais et de la société intéressée. Ces prix seraient établis selon les accords de Tripoli d'avril 1971, en tenant compte notamment des différences de qualité et de situation géographique. Sur la base de ces dispositions, les prix de transfert ne pouvaient donc servir au calcul des recettes de l'Etat. Or en pratique, ce sont les prix de transfert que les sociétés pétrolières communiquaient à l'Etat qui lui ont finalement servi au calcul de ses revenus.

271.- On peut remarquer que les accords de 1977 entre l'Etat, Agip R. Congo et Elf Congo tentent de lever l'ambiguïté à ce propos. En effet, ces accords précisent que les prix servant au calcul de la redevance minière et de l'impôt sur les sociétés pétrolières seraient dorénavant les prix FOB. La référence aux accords de Tripoli qui avaient permis à la Libye notamment de bénéficier d'un relèvement substantiel de ses prix affichés, semble donc tout à fait impropre.

b) L'augmentation des charges fiscales

272.- Le contrat *Superior/Cities Service* de 1979, portant sur le permis de recherche offshore Marine I, traduit bien l'endurcissement des conditions exigées des compagnies qui voulaient prendre de nouveaux permis[338]. Ce contrat a une durée de trois ans renouvelable pendant la phase d'exploration, et de trente ans pendant la phase de production. Il ne comporte pas une clause de répartition de la production avec l'Etat, comme ce fut le cas des contrats avec Elf et Agip Congo en 1973. Par contre, le contractant est soumis au paiement d'une *royalty* et du *corporate tax* d'au moins 55 %. Une *additional tax* de 55% est applicable dans le cas où le montant de l'impôt perçu par l'Etat est inférieur à 55 %. La participation directe d'Hydro Congo dans le titre minier est de 20 %. Chaque compagnie du consortium doit

---

[337] V. infra, n° 435.

[338] *World Petroleum Arrangements* 1987, New York Barrows Co. P. 181s

contribuer à satisfaire la demande nationale de pétrole. Jusqu'à 30 % de la production qui lui revient peut être demandée. Par ailleurs, les compagnies peuvent être obligées de participer de façon conjointe à la construction des installations de transport ou de raffinage.

273.- Cet accord a été renégocié en 1981 pour permettre l'incorporation dans le permis de Petrobras et de *International Energy Development Corp* (IEDC), et le retrait des deux sociétés canadiennes, *Superior Oil* et *Canadian superior*, qui étaient entrées dans le consortium. Aux termes du nouvel arrangement, la répartition des intérêts est la suivante :

- Hydro Congo 50 % ;
- Cities Service 25 % ;
- Petrobras 12,5 % ;
- IEDC 12,5 %.

Les dépenses d'exploration sont à la charge exclusive des sociétés étrangères. Le programme pour l'année 1982 prévoyait l'interprétation des données géologiques et le forage d'un puits[339].

B – AU GABON

274.- Membre de l'OPEP jusqu'en 1995, le Gabon ne suit pas toutes les décisions prises par l'organisation en matière de fiscalité et de prix. C'est ainsi que la Redevance Minière Proportionnelle et le taux de l'impôt sur les bénéfices sont progressivement alourdis (c) sans toutefois suivre le rythme imposé par l'OPEP. Ces paiements fiscaux sont calculés sur la base du prix posté diminué d'un certain pourcentage négocié avec chaque compagnie, ce qui traduit également une pratique de prix différents de ceux de l'OPEP (a). Depuis 1998, le Gabon a aussi institué l'obligation pour les compagnies de protéger l'environnement (b).

a) Une pratique de prix différents de ceux de l'OPEP

275.- En octobre 1981, le Ministre gabonais de la planification, du développement et des participations avait précisé que le Gabon n'a jamais suivi les prix OPEP comme variable stratégique de politique économique. Ceci veut dire que dans ses prévisions budgétaires, le Gabon considère les prix OPEP comme des données, et fait sa programmation budgétaire pluri annuelle sur la base d'un « prix limite » des prix OPEP. Le Gabon ne compte donc pas développer son économie en brandissant « l'arme pétrole » que constitue la surenchère des prix OPEP[340]. C'est ainsi que sur le prix posté retenu pour la liquidation des droits fiscaux, il était pratiqué un abattement forfaitaire de 10 %. Depuis 1974, cet abattement est ramené à 5 % de la base d'imposition, sans changement notable sur la rentabilité des compagnies.

---

[339] Le pétrole et le gaz Arabe, 16 décembre 1981

[340] *Pétrole et Gaz en Afrique*, précité, p. 99.

b) L'obligation pour les compagnies de protéger l'environnement

276.- C'est l'une des innovations majeures que comporte le projet de CEPP de 1998[341]. Les dispositions relatives à la protection de l'environnement comportent les propositions suivantes :
- L'obligation pour l'investisseur d'établir des études d'impacts.
- La mise en place d'un mécanisme de provisions récupérables au titre des coûts pétroliers et/où des charges déductibles fiscalement, pour faire face aux coûts d'enlèvement des équipements et installations (abandon de chantier) et de restauration des sites.

Il appartient ainsi aux opérateurs pétroliers de prendre en charge la remise en état des lieux indépendamment du fait que les biens immeubles ou meubles utilisés pour les opérations pétrolières seraient la propriété de l'Etat. S'agissant de ce dernier point, on peut considérer qu'il s'agit d'une application de la convention de Montego Bay[342]. Il était déjà en vigueur au Cameroun.

c) Un essai de relèvement des droits fixes et des redevances

277.- En matière de droits fixes, la fiscalité relevant de la loi du 21 janvier 1975[343] appliquait des tarifs allant de cent mille francs CFA (institution, renouvellement ou mutation d'un permis de recherche) à vingt cinq millions de francs CFA (institution et renouvellement d'une concession)[344]. L'ordonnance du 23 décembre 1979[345] les a considérablement relevés ; Les tarifs se présentent comme suit :
- Autorisation de prospection minière, cinquante mille francs CFA.
- Délivrance, renouvellement ou mutation du permis de recherche d'hydrocarbures, un million de francs CFA.
- Institution ou extension d'une autorisation temporaire d'exploiter, dix millions de francs CFA.
- Institution, renouvellement mutation, fusion et division d'une concession d'hydrocarbures, cent cinquante millions de francs CFA.

278.- De même, cette ordonnance a notablement majoré le montant de la redevance superficiaire :

- Permis de recherches pour hydrocarbures, 450F/km2 pour les trois premières années, et 1500 F/km2 pour les années suivantes.
- Permis d'exploitation et Concessions d'hydrocarbures, 2000F/ha.

Cependant, les dispositions de cette ordonnance n'ont pas souvent été appliquées. D'une part, le principe de la stabilisation des clauses fiscales ne permettait pas son

[341] V. supra, n° 254.
[342] Convention de Montego Bay de 1982, sur le droit de la mer (partie relative à la remise en état des sites).
[343] Loi gabonaise n° 14/74 du 21 janvier 1975 portant réglementation des activités de recherches et d'exploitation pétrolière sur le territoire de la République.
[344] V. infra, n° 368.
[345] Ordonnance gabonaise n° 38-79 du 23 décembre 1979 fixant l'assiette, les taux et mode de recouvrement des droits fixes, redevances et taxes minières.

application aux titres miniers existant. D'autre part, du fait du changement de régime d'exploitation introduit à la même période et légalisé par la loi du 24 janvier 1983, les conditions d'application du régime fiscal sont définies dans les conventions et contrats. Ceux-ci ont privilégié la volonté de relancer la recherche et la production en accordant des conditions plus souples, celles de la loi de 1974.

C – LA REVISION DES DROITS ET REDEVANCES AU CAMEROUN

279.- Au Cameroun, le renforcement de la fiscalité porte essentiellement sur la révision des taux de droits et redevances superficiaires. Les taux, l'assiette et les modalités de recouvrement des droits fixes et redevances superficiaires applicables aux hydrocarbures étaient jusque-là régis par la loi du 29 décembre 1978[346]. Le décret de janvier 2002[347] les a partiellement révisé. Ainsi, les droits fixes relatifs à la délivrance et au renouvellement des autorisations de prospection et des permis de recherche des hydrocarbures sont restés inchangés par rapport à la loi de 1978. Par contre, l'autorisation d'exploitation suit dorénavant le traitement antérieurement réservé aux concessions :

- à la délivrance, 250 000 000 FCFA (381 123,71 Euros) contre 18 000 000 FCFA (27 440,91 Euros) précédemment ;
- au renouvellement, 250 000 000 FCFA (381 123,71 Euros) contre 24 000 000 FCFA (36 587,88 Euros) précédemment ;
- à la mutation, 250 000 000 FCFA (381 123,71 Euros) contre 30 000 000 FCFA (45 734,84 Euros) précédemment.

280.- S'agissant des redevances superficiaires, l'autorisation de recherche pétrolière est imposée comme suit[348] :

- pendant la première année, 1 750 FCFA/km2 (2,67 Euros/km2) contre 500 FCFA/km2 (0,76 Euros) précédemment ;
- pendant la deuxième année, 2 000 FCFA/km2 (3,05 Euros/km2) contre 1 000 FCFA/km2 (1,52 Euros/km2) précédemment ;
- pendant la troisième année, 3 500 FCFA/km2 (5,34 Euros/km2) contre 2 000 FCFA/km2 (3,05 Euros/km2) précédemment ;
- pendant chacune des années suivantes, 5 500 FCFA/km2 (8,38 Euros/km2) contre 5 000 FCFA/km2 (7,62 Euros/km2) précédemment ;

L'autorisation ou permis d'exploitation pour hydrocarbures liquides supportent une redevance de 100 000 FCFA/km2 (152,45 Euros/km2) contre 50 000 FCFA/km2 (76,22 Euros/km2) précédemment. Le minimum de perception est fixé à 6 000 000

[346] Loi n° 78/24 du 29 décembre 1978 fixant l'assiette, les taux et mode de recouvrement des droits fixes, redevances et taxes minières au Cameroun. V. aussi infra, n° 367 & 379.
[347] Décret camerounais n° 2002/032/PM du 03 janvier 2002 fixant les modalités de recouvrement des droits et redevances superficiaires applicables aux hydrocarbures
[348] Décret camerounais n° 2002/032/PM du 03 janvier 2002 précité, art. 2. 2° a) ; la conversion en Euros est faite par nous-mêmes.

FCFA (9 146,97 Euros) contre 2 000 000 FCFA (3 048,99 Euros) précédemment[349].

D – EN GUINEE EQUATORIALE

281.- La Guinée Equatoriale quant à elle renforce sa fiscalité en précisant les mesures à prendre en cas de manquement au programme de travail et au budget (b) et en légalisant le dédommagement (a). Elle les a également alourdis avec la légalisation de la participation de l'Etat dans les hydrocarbures (c) et le relèvement du taux de l'impôt sur les bénéfices (d).

a) La légalisation du dédommagement

282.- Aux termes de la loi de 1981, « l'Etat et ses entrepreneurs, dans le cadre de leurs activités, disposeront du droit de procéder à des expropriations forcées ou à des occupations temporaires des biens et des droits nécessaires au développement de leurs opérations d'exploitation pétrolières ainsi que des droits de servitude de passage au cas où ce droit serait nécessaire à l'exercice de leurs activités »[350]. A cette fin, ces activités définies par le Décret-loi, sont déclarées activités d'utilité publique. Aucune obligation ne leur était faite ni de payer au moins la juste évaluation à titre de droits de servitude de passage, ni de dédommager les populations expropriées. L'article 16 du même décret-loi ne les subordonnait qu'à l'indemnisation des dommages ou préjudices causés du fait des activités pétrolières. L'article 5 modifié par la loi du 20 mars 2000[351] comble ce vide en se limitant effectivement à la juste évaluation. A ce sujet, il convient de relever que les opérateurs des contrats et leurs sous-traitants utilisent généralement de gros engins pour leurs travaux et de ce fait, dégradent plus les biens publics. Il devrait leur être appliqué une taxation spécifique eu égard à cela.

b) La précision des mesures en cas de manquement au programme de travail et budget

283.- L'article 12 du décret-loi n° 7/1981 du 16 juin 1981 portant code des hydrocarbures disposait que « Les contrats définiront les phases distinctes d'exploration, de développement et d'exploitation. L'Entrepreneur[352] présentera chaque année son programme d'investissement et de travail au Ministère de l'Industrie, des Mines et de l'Energie ». La présentation du budget des dépenses correspondantes n'était pas obligatoire de par la loi. De plus en cas de manquement, c'est à l'Entrepreneur qu'il appartenait de définir les mesures à prendre. Cette situation était susceptible

---

[349] Décret camerounais n° 2002/032/PM du 03 janvier 2002 précité, art. 2. 2° b).

[350] Décret-loi n° 7/1981 du 16 juin 1981, portant code des hydrocarbures en République de Guinée Equatoriale, art. 5.

[351] Loi équato-guinéenne n° 6/2000 du 20 mars 2000, modifiant le Décret-loi n° 7/1981 du 16 juin 1981, portant code des hydrocarbures.

[352] Au sens de la loi équato-guinéene (n° 6/2000 art. 6), « l'Entrepreneur » désigne toute personne physique ou morale avec laquelle l'Etat signe un Contrat de Participation à la Production ou de toute autre nature.

de créer d'énormes pertes à l'Etat. C'est pourquoi la modification apportée à ce texte par la loi n° 6/2000 du 20 mars 2000 oblige l'Entrepreneur à soumettre annuellement à l'approbation du ministère des Mines et de l'Energie un programme de travail pour ladite année accompagné de son budget de dépenses correspondant. Désormais, les mesures à prendre en cas de manquement à ce programme sont prévues au contrat signé entre l'Etat et l'Entrepreneur. Les mesures ne sont donc plus prises après, mais avant coup.

c) La légalisation de la participation de l'Etat dans les hydrocarbures

284.- Aux termes de l'article 20 de la loi n° 6/2000 du 20 mars 2000, « l'Etat aura une participation dans les hydrocarbures nets produits dans une zone déterminée, conformément aux termes de chaque contrat, une fois déduits les prélèvements au titre des redevances et la part du pétrole destinée au remboursement de l'investissement. Le pourcentage de cette participation sera fixé conformément aux termes de chaque contrat et dépendra de la production cumulée ». Le décret-loi de 1981[353] ne mentionnait pas expressément cette disposition. Seul le contrat modèle joint à ce texte prévoyait et organisait cette participation. Dans le système actuel, la participation de l'Etat part de 0 % en début d'exploitation et monte jusqu'à 50 % en fin de vie du champ. Mais globalement, 75 % du chiffre d'affaires de l'activité pétrolière va encore aux *majors*, contre 25 % à l'Etat. Ce n'est qu'avec l'entrée en production des nouveaux champs que la part de l'Etat devrait monter à 40 %[354].

d) Le relèvement du taux de l'impôt sur les bénéfices

285.- Dans les années 1990 et avec les contrats signés sous l'égide du décret-loi n° 7/1981 du 16 juin 1981 portant code des hydrocarbures, l'Etat ne prélevait que 3 % (trois pour cent) du bénéfice des sociétés pétrolières. Avec les contrats signés sous l'égide de la Loi de 2000[355], le taux de prélèvement sur les bénéfices des sociétés pétrolières est passé à 15 %[356]. Mais en vertu des clauses de stabilisation du régime fiscal contenues dans les contrats, le relèvement du prélèvement de l'Etat ne s'applique pas aux contrats conclus antérieurement à ladite loi. Or ces anciens contrats assurent pour le moment l'essentiel de la production.

E – UNE DUREE DE DETENTION DES TITRES INSTABLE EN REPUBLIQUE CENTRAFRICAINE

286.- Sous l'empire de la loi du 11avril 1961[357] et de l'ordonnance de 1973, les titres miniers en général et les concessions en particulier avaient des durées compa-

---

[353] Décret-loi équato-guinéen n° 7/1981 du 16 juin 1981 portant code des hydrocarbures.
[354] Jeune Afrique *l'intelligent,* n° 2302 du 20 au 26 février 2005, « Du bon usage du brut », p. 54.
[355] Loi équato-guinéenne n° 6/2000 du 20 mars 2000, modifiant le décret-loi n° 7/1981 du 16 juin 1981, portant code des hydrocarbures.
[356] Jeune Afrique *l'intelligent,* n° 2302 du 20 au 26 février 2005, « Du bon usage du brut », p. 54.
[357] Loi centrafricaine n° 61/208 du 11 avril 1961, précitée.

rables à celles du Congo et parfois du Gabon. L'ordonnance du 6 février 1979[358] a sensiblement réduit ces durées, notamment en ce qui concerne les concessions. Ces dernières voient ainsi leur durée passer de cinquante ans maximum à dix ans maximum à l'institution, avec cependant plusieurs possibilités de renouvellement[359], qui pourraient ramener cette durée à la situation initiale de 1961. Mais avec l'ordonnance de 1993, la durée des concessions d'exploitation d'hydrocarbures remonte à trente ans à l'institution. La concession peut être renouvelée deux fois pour une durée de dix ans au plus chaque fois[360]. Elle acquiert ainsi une durée de vie totale de cinquante ans.

287.- S'agissant des autres titres, on relève que :

- L'autorisation de prospection passe de cinq ans en 1979 à un an en 1993. Elle était renouvelable une ou plusieurs fois pour la même durée, elle ne l'est plus qu'une fois pour un an[361] ; sa durée totale passe ainsi de quinze ans à deux ans.

- Le permis de recherche d'hydrocarbures prend l'appellation de permis H et a une durée initiale de validité de quatre ans au plus[362]. Il est renouvelable deux fois pour quatre ans maximum chaque fois[363]. Dans la législation de 1979, le permis de recherche, dit permis A ou B, était attribué pour une durée initiale de cinq ans maximum, renouvelable sans limitation par périodes d'un an maximum chaque fois[364].

Section 2 : Les incitations à la recherche et à la production

288.- Nous l'avons vu plus haut[365], les Etats visent entre autres objectifs la maximisation de leurs recettes pétrolières et celle de l'effort d'exploration – production dans le pays. Ces objectifs ne peuvent être atteints qu'avec la participation des entreprises pétrolières. Or en général, lorsque ces entreprises pétrolières estiment que l'équilibre du contrat pétrolier n'est plus préservé, elles réduisent leurs activités d'exploration. Elles essaient alors de négocier avec l'Etat des mesures d'incitation dans le cadre de leur convention d'établissement ou de tout autre contrat. C'est ainsi qu'après la décrue de 1983, le prix du pétrole brut connaît une chute complète entre fin 1985 et 1986, due à la volonté de l'Arabie Saoudite de retrouver une part du marché mondial plus conforme à son potentiel[366].

289.- Cette situation a entraîné une perte d'intérêt pour l'exploration, et partant une perte de production. Les gouvernements doivent alors trouver des incitations pour

[358] Ordonnance impériale centrafricaine n° 79/016 portant modification de la loi n° 61/208 du 11 avril 1961 portant création d'un Code Minier, précitée, art. 8 ss.
[359] Ordonnance impériale centrafricaine n° 79/016 portant modification de la loi n° 61/208 du 11 avril 1961 portant création d'un Code Minier, précitée, art. 38.
[360] Ordonnance centrafricaine n° 93.007 du 25 mai 1993 portant Code Pétrolier, art. 24.
[361] Ordonnance centrafricaine n° 93.007 du 25 mai 1993 portant Code Pétrolier, art. 10.
[362] Ordonnance centrafricaine n° 93.007 du 25 mai 1993 portant Code Pétrolier, art. 12.
[363] Ordonnance centrafricaine n° 93.007 du 25 mai 1993 portant Code Pétrolier, art. 13.
[364] Ordonnance impériale centrafricaine n° 79/016, précitée, art. 19s.
[365] V. supra, n° 146.
[366] V. supra, n° 13.

l'exploration et le renouvellement des gisements. En effet, s'il n'y a pas de production, il n y a ni partage de production, ni impôts à percevoir. Des mesures incitatives ont ainsi été prises entre 1990 et 1999, pour favoriser les activités de recherche et de production des hydrocarbures. Ces mesures peuvent se regrouper en deux grandes masses : l'allègement des charges d'exploitation (§1) et la revalorisation des produits d'exploitation (§2).

§1 : L'allègement des charges d'exploitation

290.- La quasi-totalité des Etats membres de la CEMAC a également pris des mesures tendant à un allègement des charges d'exploitation des compagnies pétrolières : Cameroun (A), Congo (B), Gabon (C), Tchad (D) et Guinée Equatoriale (E).

A – AU CAMEROUN

291.- L'allègement des charges d'exploitation résulte surtout de la réduction du risque d'exploration des compagnies et de l'élargissement de la notion d'enclos fiscal ou *Ring Fence*. Sont ainsi concernés le relèvement de la capacité de remboursement (a), le partage du risque d'exploration (b), l'élargissement du *ring fence* au bassin sédimentaire (c), la déductibilité totale des dépenses de recherche (d) et l'autorisation de tenir la comptabilité en dollars des Etats-Unis d'Amérique (e).

a) Le relèvement de la capacité de remboursement

292.- La loi du 29 décembre 1978[367] prévoyait que les dépenses de recherche et de développement sont intégralement avancées par les sociétés pétrolières. En cas de mise en exploitation d'un gisement, les modalités de remboursement des avances faites pour le compte de l'Etat sont fixées par les accords d'association, telles que nous les avons déjà présentés[368]. Par ailleurs, le remboursement au titre d'un exercice était limité à une part de la production conjointe revenant à l'Etat[369]. Le surplus non remboursé constituait une dette à imputer sur les exercices ultérieurs pour lesquels le remboursement est également limité. Il y a alors un risque pour les sociétés pétrolières qu'à la fin de l'exploitation, l'Etat n'ait pas apuré sa dette.

293.- Compte tenu de l'évolution défavorable relevée en 1986, les activités de recherche et d'exploration étaient quasiment arrêtées. Aux alentours de 1989, les représentants des compagnies et du gouvernement se retrouvent pour renégocier les conventions d'établissement. Au terme de ces négociations, une loi est promulguée le 10 août 1990[370]. Elle autorise le gouvernement à conclure des conventions d'établissement avec les sociétés pétrolières bénéficiaires de titres miniers

[367] Loi camerounaise n° 78/24 du 29 décembre 1978 précitée, art. 5.
[368] V. supra, n° 175.
[369] V. supra, n° 176.
[370] Loi camerounaise n° 90/018 du 10 août 1990 autorisant le Gouvernement à conclure des conventions d'établissement avec les sociétés pétrolières bénéficiaires de titres miniers d'exploration sur les bassins sédimentaires autres que le Rio Del Rey, art. 1er.

d'exploitation sur les bassins sédimentaires autres que le Rio del Rey. Les avenants signés conduisent entre autres à la révision à la hausse de la capacité de remboursement de l'Etat. Cette capacité est ainsi passée à 35 % en 1990. En 1991, ce taux passe à 45 % dans le cadre des mesures particulières d'incitation en vue de la promotion des activités de recherche et de production des hydrocarbures dans le bassin de Douala[371]. La loi n° 98/003 du 14 avril 1998 relative aux mesures fiscales particulières en matière de recherche des hydrocarbures sur le domaine minier national arrête définitivement ce taux à 35 % pour l'ensemble du domaine minier national[372]. Depuis la loi de 1999, ce taux est porté à un maximum de 60 %[373].

b) Le partage du risque d'exploration

294.- C'est la loi n° 98/003 du 14 avril 1998[374], qui opère un véritable partage du risque d'exploration. Elle prévoit d'une part la possibilité pour l'Etat de financer directement sa quote-part des dépenses d'exploration (partage direct), et d'autre part la fiscalisation annuelle d'une partie de ces dépenses (partage indirect). Aux termes de cette loi de 1998, « l'Etat peut, à titre exceptionnel et s'il le juge opportun, financer directement sa quote-part des dépenses de recherche ou de développement » [375]. Ce financement direct par l'Etat de sa quote-part est constitutif du partage direct du risque d'exploration. Cette possibilité vient assouplir le régime strict des avances, d'autant plus que les compagnies ont voulu y voir un engagement de l'Etat à procéder par cette option. Toutefois, la technique des avances faites par les Titulaires des permis de recherches et de concessions énoncés par la loi n° 78/14[376] n'a pas cessé d'exister. Elle continue d'avoir droit de cité et constitue la règle, le financement direct étant l'exception.

295.- Le partage indirect du risque d'exploration résulte de la fiscalisation annuelle et entière d'une partie des dépenses d'exploration. Contrairement à la situation précédente de la loi n° 78/14 du 29 décembre 1978 où l'Etat ne procédait à un remboursement limité qu'en cas de mise en exploitation et se mettait ainsi à l'abri de tout risque de perte, l'article 5 de la loi de 1998 dispose que « les dépenses de forage et sismique en trois dimensions (3D)[377] réalisées au cours d'un exercice fiscal par un contractant sur tout permis de recherches n'ayant pas donné lieu à production commerciale, sont déductibles de l'assiette fiscale de l'impôt sur le bénéfice

---

[371] Loi camerounaise n° 91/018 du 12 décembre 1991, relative aux mesures particulières d'incitation en vue de la promotion des activités de recherches et de production des hydrocarbures dans le bassin de Douala/kribi/Kampo.

[372] Loi camerounaise n° 98/003 du 14 avril 1998 relative aux mesures fiscales particulières en matière de recherche des hydrocarbures sur le domaine minier national, article 11. Toutefois, aux termes de l'article 3, cette loi touche exclusivement les permis de recherche et les concessions valables pour hydrocarbures liquides. Les permis d'exploitation en sont exclus.

[373] V. supra, n° 207.

[374] Loi camerounaise n° 98/003 du 14 avril 1998, précitée, art.8.

[375] Loi camerounaise n° 98/003 du 14 avril 1998, précitée, art.6.

[376] Loi camerounaise n° 78/14 du 29 décembre 1978, précitée, art. 24.

[377] La sismique en trois dimensions (3D) est une sismique de détails, une technologie très développée et extrêmement coûteuse comme la technique de forage, mais qui annihile pratiquement la marge d'erreur dans l'identification des indices d'hydrocarbures.

déterminé à la fin de l'exercice fiscal considéré. Un audit desdites dépenses est effectué par l'Etat avant la déclaration fiscale ». Le risque de l'Etat dans la fiscalisation de ces grosses dépenses qui peuvent se révéler infructueuses est évident. Celles-ci viennent inexorablement grever le bénéfice imposable et, partant, les revenus attendus de l'Etat.

c) L'élargissement du *ring fence*

296.- Le *ring fence* ou enclos fiscal était initialement constitué par le permis de recherches. Celui-ci constituait donc l'unité d'imposition. Les différents impôts étaient ainsi arrêtés permis par permis. De cette manière, seules les charges justifiées par l'exploitation des gisements situés dans le périmètre d'un permis étaient déductibles du résultat brut de cette exploitation. Or la surface couverte par un permis est une parcelle d'un ensemble beaucoup plus vaste appelé bassin sédimentaire sur lequel on peut attribuer plusieurs permis. La conséquence de l'application du *ring fence* au permis de recherches était que les dépenses d'exploration engagées dans le cadre d'un permis qui n'avait pas permis de découverte de pétrole, ne pouvaient être imputées sur la production issue d'un autre permis, même si celui-ci est situé dans le même bassin sédimentaire.

297.- L'évolution survenue à la faveur des mesures d'incitation de 1990[378] a permis que de telles dépenses dites « dépenses d'exploration sèche », soient déduites du résultat positif dégagé par l'exploitation des gisements découverts dans le cadre d'un autre permis à condition que celui-ci soit situé dans le même bassin sédimentaire[379]. Sous l'empire de cette disposition, les impôts seraient calculés par bassin sédimentaire qui constituait ainsi la nouvelle unité d'imposition. Comme on peut le constater, ceci permet d'amortir une plus grande part des dépenses d'exploration. Toutefois, ces mesures d'incitation ne concernent pas les dépenses engagées avant la promulgation de la loi. De plus, elles portent sur une période limitée à six ans[380] et ne concernent que deux bassins. Ceci explique en partie qu'en 1993, les compagnies interrompent les recherches et suggèrent une amélioration des incitations existantes.

d) La déductibilité totale des dépenses de recherche

298.- L'élargissement du *Ring Fence* au bassin sédimentaire tel que nous l'avons vu ci - dessus[381] était valable pour six ans. Mais avant cette échéance, les compagnies avaient manifesté leur désir de voir améliorer les incitations déjà offertes. Dans ce contexte où la production de pétrole brut tardait à redécoller, la loi de 1998 a apporté une réponse à cette attente. Elle admet les dépenses de recherches en déductibilité totale de l'assiette de l'impôt sur les sociétés. A cet effet, la loi distingue deux cas.

---

[378] Loi camerounaise n° 90/018 du 10 août 1990 précitée ; loi camerounaise n° 91/018 du 12 décembre 1991 précitée.
[379] V. infra, n° 429.
[380] L'on devait donc revenir au *statu quo ante* en 1996.
[381] V. supra, n° 297.

299.- D'une part, les dépenses de forage et de sismique en trois dimensions[382] sont entièrement déduites à la fin de l'exercice au cours duquel elles ont été engagées, même si le permis dans le cadre duquel elles l'ont été n'a pas donné lieu à production commerciale. D'autre part, les autres dépenses relatives aux travaux de recherche infructueux qui ne sont pas amorties à la date d'expiration d'un permis de recherches n'ayant pas donné lieu à octroi d'une concession, sont déductibles de l'assiette de l'impôt sur les sociétés sur une période à déterminer d'accord partie par l'Etat et le contractant. Cette période prend effet à compter de la fin de l'exercice fiscal au cours duquel est venu à expiration le permis de recherche considéré[383]. Par ailleurs, pour les permis de recherches échus à la date de promulgation de la loi, l'Etat prend l'engagement de déterminer, en accord avec le contractant, les sommes amortissables et les conditions et modalités de leur déductibilité.

e) L'autorisation de tenir la comptabilité en dollars des Etats-Unis d'Amérique

300.- Aux termes de la loi du 08 août 1995[384], les sociétés pétrolières effectuant des activité de recherche, d'exploration et de production des hydrocarbures sont autorisées à tenir leur comptabilité en dollar américain et de libeller leur capital social en cette monnaie. Il s'agit de la généralisation d'un avantage déjà accordé en 1991[385], aux sociétés pétrolières opérant dans le bassin de KRIBI. Celles-ci étaient autorisées à tenir les registres et les livres de comptes relatifs aux opérations menées dans ce bassin en une devise étrangère choisie en accord avec l'Etat, devise qui généralement était le dollar. Le dollar est en effet la monnaie de référence dans les transactions pétrolières internationales. L'on estime à environ 90 % les charges des compagnies qui sont libellées en dollars. Les sociétés subissaient donc, du fait de la conversion en Francs CFA, de grosses pertes de change que la loi vient éradiquer. Les sociétés étaient même autorisées à effectuer les règlements de toute nature en cette devise.

301.- Par rapport au paiement des impôts, l'arrêté du 26 février 1996 précisant les modalités d'application de la loi de 1995 a prévu le paiement en FCFA[386]. La conversion du dollar en FCFA doit alors se faire deux jours avant le paiement. Cette loi a en plus la particularité d'être rétroactive. En effet, l'autorisation de tenir la comptabilité en dollar américain s'applique *mutatis mutandis*, avec effet rétroactif au 01er janvier 1994, aux sociétés pétrolières opérant avant cette date[387]. On peut

[382] V. supra, n° 295, n.i.p. n° 377.
[383] Loi camerounaise n° 98/003 du 14 avril 1998, précitée, art. 15, al. 3.
[384] Loi camerounaise n° 95/14 du 8 août 1995 relative à la tenue de la comptabilité des sociétés pétrolières en dollars des Etats-Unis d'Amérique, art. 1er.
[385] Loi camerounaise n° 91/018 du 12 décembre 1991 , précitée, art. 6 (1).
[386] Arrêté n° 00096/MINEFI/DI/CE du 26 février 1996 fixant les modalités d'application de la loi n° 95/14 du 8 août 1995 relative à la tenue de la comptabilité des sociétés pétrolières en dollars des Etats-Unis d'Amérique.
[387] Loi camerounaise n° 95/14 du 8 août 1995, précitée, art. 2.

comprendre que l'objectif de cette mesure était d'éviter les effets catastrophiques de la dévaluation du Franc CFA aux compagnies pétrolières. Cette dévaluation est intervenue le 01er janvier 1994, en passant d'une parité de 1 FF = 50 FCFA à celle de 1 FF = 100 FCFA. La conversion du Franc CFA en Franc Français était préalable à la conversion en dollar US.

B – AU CONGO

302.- Le Congo a allégé les charges d'exploitation en autorisant l'accélération des amortissements (a), la comptabilisation des opérations en devises (b) et en réduisant le taux de l'impôt sur les sociétés (c).

a) L'accélération des amortissements

303.- Les amortissements ont plus souvent été accélérés afin de favoriser une plus grande valorisation des sommes investies. C'est le cas des dépenses de développement qui sont amorties pendant sept ans alors qu'elles le sont généralement pour toute la durée de vie du gisement dans le pays d'origine des principales firmes pétrolières. En effet, ces immobilisations doivent être amorties selon la méthode de l'unité de production dans laquelle le taux d'amortissement est égal au rapport de la production d'hydrocarbures du champ pendant l'exercice sur les réserves d'hydrocarbures estimées récupérables au début du même exercice[388]. Etant donné que la presque totalité des gisements en production au Congo avait des durées d'exploitation de cinquante ans[389], on mesure l'importance du gain que les sociétés pétrolières peuvent tirer dans de telles conditions.

b) La comptabilisation des opérations en devises

304.- Depuis le code minier de 1994, le contracteur est autorisé à tenir sa comptabilité en dollars, mais en langue française. L'enregistrement initial des dépenses ou recettes réalisées en monnaies, y compris le Franc CFA, autres que le dollar dans le cadre des travaux pétroliers sera effectué en dollars à titre provisoire sur la base des taux de change prévalant dans la période et calculés conformément aux méthodes habituelles du contracteur[390]. La différence de change constatée entre l'enregistrement initial et le montant résultant de l'application du taux de change en vigueur lors du règlement ou de l'encaissement est imputée aux mêmes comptes de coûts pétroliers que ceux qui ont été mouvementés par l'enregistrement initial.

305.- Le contracteur fera parvenir au Congo, avec les états trimestriels prévus au contrat, un relevé des taux de change utilisés dans la période, tels que cotés par la Banque de France. Il est de l'intention des parties qu'à l'occasion de la conversion des devises, de la comptabilisation en dollar de montants en monnaies, y compris le

---

388 Rapport annuel SNEA, 1983, p. 66

389 V. supra, n° 116s.

390 Contrat de partage de production relatif au permis de mer profonde sud du 6 mai 1996, entre la République du CONGO et la société ELF CONGO, Annexe I, chapitre 1, art. 2.

Franc CFA, autres que le dollar et de toutes autres opérations de change ou de couverture relatives aux travaux pétroliers, le contracteur ne réalise ni gain, ni perte qui ne soit porté aux comptes de coûts pétroliers.

c) L'allègement du taux de l'impôt sur les sociétés

306.- Le nouveau taux d'IS décidé en juin 1973 de 47 % est resté valable jusqu'en octobre 1977, malgré la flambée des prix du brut de 1974. En octobre 1977, ce taux a été relevé pour passer à 60 % et 75 % selon les cas. Il est de 75 % pour les gisements mis en production avant 1977 et tous ceux qui sont sur des permis onshore. Pour les gisements découverts entre le 14 octobre 1977 et le 14 octobre 1980, le taux prévu est de 60 % les quatre premières années de production dudit gisement et de 70 % pour les deux années subséquentes[391]. Avec la loi du 7 juillet 1982, « le taux d'imposition sur les bénéfices industriels et commerciaux est fixé au cas par cas dans le cadre de la convention prévue par le décret accordant le permis d'exploitation, en tenant compte des contraintes qui pèsent sur l'exploitation et du contexte international. Ce taux peut être révisé dans le cas où les conditions initiales relevant du contexte international se trouveraient modifiées[392] ». Aucune fourchette de taux n'est déterminée par la loi.

307.- La loi du 23 août 1994 essaie de rectifier cette lacune. Ainsi, « l'impôt sur les sociétés est calculé sur le résultat de l'exercice au taux de 35 % pour l'ensemble des permis d'exploitation découlant d'un même permis de recherche et pour une durée n'excédant pas cinq ans. A l'expiration de ce délai et après concertation entre l'Etat et la société, ce taux peut être porté à un niveau supérieur »[393]. Aucune idée de ce niveau supérieur n'est donnée dans la loi ; de plus, il ne s'agit que d'une possibilité. L'impôt pour chaque société est obtenu par addition des impôts calculés sur le résultat imposable dégagé par chacun des permis de recherche et les permis d'exploitation en découlant.

C – LA LEGALISATION DE L'AMORTISSEMENT DEGRESSIF AU GABON

308.- L'allègement a consisté essentiellement en la légalisation de l'amortissement dégressif des biens d'équipement. En effet, les sociétés pétrolières établies au Gabon et titulaires de conventions d'établissement pouvaient jusque-là amortir leurs biens d'équipement selon un mode linéaire ou, après autorisation du Directeur Général des Contributions Directes et Indirectes, selon un mode accéléré. La loi de finances pour l'exercice 1998 prévoit désormais la possibilité pour les entreprises d'exploitation et de transport des ressources naturelles éligibles aux codes spécifiques prévus par la charte des investissements de pratiquer également l'amortissement dégressif. L'amortissement dégressif est autorisé pour les biens figurant

[391] TSASSA (C.) *Système de production du pétrole au Congo et accumulation nationale*, précité, p. 121.
[392] Loi n° 23/82 du 7/7/1982 portant Code Minier en République Populaire du Congo, art. 77.
[393] Loi congolaise du 23 août 1994 portant code des hydrocarbures, art. 42.

sur une liste dressée par arrêté conjoint du Ministre chargé des finances et du Ministre chargé de la tutelle du secteur concerné.

309.- L'instruction administrative n° 127198[394] précise les conditions d'application de cet amortissement. Elle prévoit notamment que seuls les biens d'équipements nécessaires à la production, la transformation des ressources naturelles ou à leur développement économique et qui participent à la mise en œuvre de la politique d'industrialisation de ce secteur peuvent en principe bénéficier de l'amortissement dégressif. La liste des biens d'équipement admis au bénéfice de ce régime est arrêtée conjointement par le Ministre des finances et le Ministre de tutelle du secteur concerné. Le système de l'amortissement dégressif mis en place par la loi de finances pour l'exercice 1998 est comparable à celui existant en France : le taux de l'amortissement dégressif autorisé est obtenu en multipliant le taux d'amortissement linéaire par un coefficient arrêté par le Ministre des Finances, et variable selon la durée d'utilisation du bien.

D – AU TCHAD

310.- Le Tchad est l'Etat ayant apporté le plus d'allègements aux charges d'exploitation des compagnies pétrolières. Il finance la prospection de manière voilée (c), et accorde la déductibilité à toutes les dépenses encourues sans limite dans le temps (b). Par ailleurs, il institue un impôt sur les sociétés modulaire (e), de même qu'une stabilisation particulière du régime fiscal (d). Tout ceci se déroule dans un contexte général particulier (a).

a) Le contexte général

311.- Le Tchad aura fait montre d'originalité à plus d'un titre dans le cadre de cette étude. D'abord, il est l'unique pays à avoir mis sur pied, avec l'appui des institutions de Bretton Woods, un dispositif de gestion des ressources pétrolières. La loi de janvier 1999[395] portant gestion des revenus pétroliers, et la création d'un collège de contrôle et de surveillance des ressources pétrolières, dont la mission est de « vérifier la conformité des engagements sur les comptes spéciaux avec la loi des finances, contrôler et autoriser l'affectation des fonds et les décaissements des comptes spéciaux »[396]. Ensuite, il est le seul à n'avoir pas officiellement aménagé sa législation fiscale pétrolière de référence. C'est toujours l'ordonnance n° 7-PC-TP-MH du 3 Février 1962 organisant les activités de recherche, d'exploitation de transport par canalisations et le régime fiscal des hydrocarbures liquides et gazeux qui y a cours.

---

394 *Pétrole informations*, n° 1736, octobre – novembre 1998, « Gabon : amortissement dégressif des biens d'équipement », p. 91

395 Loi tchadienne n° 001/PR/99 du 11 janvier 1999 précitée, modifiée par la loi n° 016/PR/2000 du 1er août 2000.

396 Loi tchadienne n° 001/PR/99 du 11 janvier 1999 précitée, art 18.

312.- Néanmoins, quelques réaménagements y ont été apportés par voie d'avenant[397] à la convention initiale de Recherches, d'Exploitation et de Transport des Hydrocarbures conclue le 19 décembre 1988 entre la République du Tchad et le Consortium[398] Esso E & P Chad Inc., Petronas Carigali Chad E & P Inc., et Chevron Petroleum Chad Company Ltd. Ces aménagements portent sur la déductibilité de toutes les dépenses encourues sans limite dans le temps ; le financement déguisé de la prospection par l'Etat tchadien ; une stabilisation particulière du régime fiscal ; l'institution d'un impôt sur les sociétés modulaire. Ces réaménagements ont été approuvés par l'assemblée nationale sur proposition du gouvernement[399], dans la méconnaissance de l'activité pétrolière[400]. Ceci expliquerait le mécontentement de l'Etat qui, en octobre 2004, a accusé le consortium de « brader le brut tchadien ». Les autorités contestent la forte décote du brut de Doba par rapport au *Brent*. Depuis janvier 2004 en effet, les calculs du consortium s'effectuent sur la base d'un baril à 25 USD, alors que le prix moyen est d'environ 40 USD[401].

b) La déductibilité de toutes les dépenses encourues sans limite dans le temps

313.- L'article 23.4 de la convention[402] et ses divers alinéas qui a fait l'objet de l'avenant n° 2, permet au consortium de porter au débit du compte d'exploitation générale et du compte des pertes et profits, toutes les dépenses encourues depuis l'octroi du permis de recherche original en … 1969. Concrètement, ceci veut dire que toutes les dépenses d'investissements réalisées par les différentes compagnies pétrolières qui se sont succédé depuis CONOCO jusqu'à ESSO et autres seront remboursées à un taux préférentiel. Cela semble être le prix à payer si le Tchad voudrait entrer dans le cercle très fermé des pays producteurs de pétrole. En effet, le rapport de la commission parlementaire soumis à l'appréciation des députés avant l'adoption de la loi approuvant l'avenant n° 2[403] soulignait : « Les avantages fiscaux paraissent exorbitants au regard de la pratique en droit commun, mais cela semble se justifier par la volonté du Tchad à exploiter son sous-sol afin de sortir de la misère actuelle et pour les exigences du Consortium en matière de récupération de ses investissements ».

---

[397] Avenant n° 1 du 19 mai 1993 à la convention entre la République du Tchad et le consortium Esso E & P Chad. ; avenant n° 2 du 12 mars 1997 à la convention entre la République du Tchad et le Consortium Esso E & P Chad.

[398] Pour plus d'informations sur le consortium, voir CHENUT (C-H), *Le contrat de consortium*, LGDJ, Paris, 2003.

[399] Loi tchadienne n° 001/93 du 7 juin 1993, approuvant l'avenant n° 1 du 19 mai 1993 ; loi tchadienne n° 004/PR/97 du 17 juillet 1997, approuvant l'avenant n° 2 du 12 mars 1997.

[400] Le 21 novembre 1996, un protocole d'accord à été signé entre la République du Tchad et le Consortium. Il a pour objet de clarifier la compréhension des parties par rapport aux différents termes employés dans la convention du consortium de 1988. Il couvre l'ensemble des opérations pétrolières relevant des trois champs et apporte des modifications substantielles au régime fiscal par l'institution d'une fiscalité modulaire.

[401] Jeune Afrique *l'intelligent*, Hors Série n° 8, *l'état de l'Afrique 2005*, p. 213.

[402] Convention de Recherches, d'Exploitation et de Transport des Hydrocarbures conclue le 19 décembre 1988 (et ses avenants) entre la République du Tchad et le consortium Esso E & P Chad Inc., Petronas Carigali Chad E & P Inc., et Chevron Petroleum Chad Company Ltd, art. 23.4.

[403] Loi tchadienne n° 004/PR/97 du 17 juillet 1997 précitée.

c) Le financement déguisé de la prospection par l'Etat tchadien

314.- En marge de la déductibilité des charges décrite ci-dessus, toutes les dépenses de prospection qui se font actuellement à l'extérieur de la zone de Doba sont déductibles du revenu d'exploitation. Ce dernier est lui-même allégé de tous les coûts de fonctionnement, de redevance, amortissement, provisions. Jusque-là, les dépenses d'exploration s'imputaient sur des découvertes postérieures à leur engagement. La formule retenue dans le cadre de cette convention va beaucoup plus loin que les pratiques connues. En d'autres termes, le gouvernement tchadien subventionne les opérations de prospection du consortium sans que cela lui donne des droits additionnels sur les parts futures. Cette situation découle du protocole d'accord du 12 janvier 2003 signé entre la République du Tchad et le consortium[404]. A travers ce protocole, on réalise que le consortium cherche en réalité une reconduction tacite de la convention de 1988. Le *modus operandi* qui a été trouvé comme formule de compromis est la rédaction d'une nouvelle convention[405].

d) Une stabilisation particulière du régime fiscal

315.- L'article 34 de la convention interdit à l'Etat d'aggraver, sous quelque motif que ce soit, les obligations et charges imposées par la convention au consortium[406]. Seul le consortium peut s'en prévaloir. Ainsi, selon la première modification apportée à ce texte, « pendant la durée de validité des présentes, l'Etat assure qu'il ne sera pas fait application au consortium, sans l'accord préalable des parties, d'actes gouvernementaux à venir ayant pour effet dûment établi d'aggraver, directement, par voie de conséquence ou du fait de leur application aux actionnaires du consortium, les obligations et charges imposées par les dispositions de la présente convention, ou ayant pour effet de porter atteinte aux droits et aux avantages économiques du consortium ou de ses actionnaires, prévus par la présente convention, y compris l'effet dûment établi et répercuté sur le consortium de l'aggravation des charges des sociétés affiliées ou des contractants du fait de ces actes (...) ».

316.- En outre, « la république du Tchad fait son affaire, dans l'exercice de ses pouvoirs d'Etat signataire du traité de l'UDEAC ou de tout autre traité ou convention internationale, de ce qu'aucun engagement existant ou futur pris par elle dans le cadre d'un tel traité qui aurait pour effet d'aggraver, directement ou par voie de conséquence, les obligations et charges imposées par la présente convention ou qui serait susceptible d'entrer en conflit avec l'une quelconque des dispositions de la présente convention, ne soit mis en œuvre dans le cadre de la présente convention. Dans l'hypothèse ou une telle mise en œuvre ne pourrait être évitée, la République du Tchad s'engage à maintenir le consortium et ses actionnaires dans leurs droits et

---

[404] Le décret d'application de ce protocole a été signé un jour plus tard, le 13 janvier 2003 ; il devait permettre au gouvernement de toucher la somme de 150 millions de dollars US.
[405] Convention du 10 mai 2004 entre la République du Tchad et le consortium Esso E & P Chad Inc., Petronas Carigali Chad E & P Inc., et Chevron Petroleum Chad Company Ltd ; v. infra, n° 615s.
[406] Convention de Recherches, d'Exploitation et de Transport des Hydrocarbures conclue le 19 décembre 1988 entre la République du Tchad et le consortium Esso E & P Chad Inc., Petronas Carigali Chad E & P Inc., et Chevron Petroleum Chad Company Ltd, art. 34 modifié par l'avenant n° 2.

avantages économiques tels qu'ils résultent de la présente convention. A cet effet, les dispositions économiques et fiscales de la présente convention seront amendées en tant que de besoin »[407]. Pourtant, l'Etat tchadien, qui est aussi partie au contrat, ne bénéficie d'aucune autre facilité, d'autant plus qu'il doit supporter seul quand l'opérateur le juge nécessaire, des charges supplémentaires. Cette particularité est inexistante dans la législation minière des autres Etats de la CEMAC. Seules certaines charges créées par les Etats leur étaient imputées jusque-là par les sociétés pétrolières. C'est le cas notamment des Provisions pour Investissements Diversifiés instituées au Congo et au Gabon[408].

e) L'institution d'un Impôt sur les Sociétés modulaire

317.- C'est un mode de calcul de l'Impôt sur les Sociétés (IS) qui varie en fonction du prix du brut, par rapport au prix du brut de référence (*Brent* 1995) de la quantité produite et vendue. Il se présente comme suit :

Tableau n° 30 : **Mode de calcul de l'I.S. du Consortium Esso au Tchad**

Prix du Brut de Référence *Brent* US $/Baril	Ratio R Inférieur à 1,75	Ratio R supérieur ou égal à 1,75 et inférieur à 2,50	Ratio R supérieur ou égal à 2,50
≤18,00 $	40%	50,00%	65%
>18,00 $ et ≤ 19,00 $	45%	52,50%	65%
>19,00 $ et ≤ 20,00 $	50%	55,00%	65%
>20,00 $ et ≤ 21,00 $	55%	57,50%	65%
>21,00 $ et ≤ 22,00 $	55%	57,50%	65%
Plus de 22,00 $	60%	60,00%	65%

Source : Protocole d'accord du 21 novembre 1996 entre la République du Tchad et le consortium.

Ratio R = Revenus amont nets cumulés après impôt / investissements amont cumulés.

Revenus amont cumulés = (Quantité produite sur une période x Prix du baril convenu pour la période) – Impôts.
Investissements cumulés = Coût des investissements depuis 1969 jusqu'à la période considérée.

Ce mode de calcul modifie fondamentalement les dispositions fiscales du code pétrolier, notamment les articles 64 et 65 pour ce qui est du principe de 50/50 comme base de l'impôt sur le bénéfice des sociétés. C'est l'un des changements majeurs ayant motivé l'avenant n° 2 du 12 mars 1997.

[407] Convention de Recherches, d'Exploitation et de Transport des Hydrocarbures conclue le 19 décembre 1988 entre la République du Tchad et le consortium Esso E & P Chad Inc., Petronas Carigali Chad E & P Inc., et Chevron Petroleum Chad Company Ltd, modifié par l'avenant n° 2, art. 34.3.
[408] V. infra, n° 480.

E – LE PLAFONNEMENT DE LA ROYALTY EN GUINEE EQUATORIALE

318.- En Guinée Equatoriale l'allègement est caractérisé par le plafonnement de la *royalty*. Le code des hydrocarbures de 1981[409] fixait le taux minimum de la *royalty* à 10 % de la production brute d'hydrocarbures de l'Entrepreneur. La loi ne prévoyait aucun maximum pour ce taux. C'est le contrat entre l'Etat et l'Entrepreneur qui devait définir le montant exact de la redevance, qui pouvait ainsi atteindre, du moins en théorie, les sommets les moins imaginables. Cette mesure qui était initialement favorable aux sociétés pétrolières, risquait de se retourner contre elles avec le système de l'appel d'offre international. Ces dernières ont donc cherché à fixer une borne supérieure à la *royalty*. C'est ainsi qu'en vertu de la loi du 20 mars 2000, « les entrepreneurs seront tenus de payer une redevance qui sera calculée selon le taux de production quotidien. Les contrats entre l'Etat et chacun des entrepreneurs fixeront les pourcentages de variation de la redevance de 10 % à 16 % selon la production »[410].

§2 : La revalorisation des produits d'exploitation

319.- Le Cameroun (A), le Congo (B), le Gabon (C) et la Guinée Equatoriale (D) ont tous pris des mesures visant à revaloriser les produits d'exploitation des sociétés pétrolières. Ces mesures ne sont pas identiques pour tous, ce qui justifie leur analyse par Etat.

A – AU CAMEROUN

320.-La revalorisation des produits d'exploitation est retracée par la systématisation du partage de la production (a), le rehaussement du taux de la rente minière garantie (b), l'exonération de la taxe spéciale sur le revenu (c) et les mesures particulières pour la promotion des activités de production dans les champs dits marginaux (d).

a) La systématisation du partage de la production

321.- Nous avons passé en revue les différents régimes possibles d'exploration et de production pétrolière[411]. Le Cameroun, pour sa part, a opté dès le départ pour un contrat de type hybride. Il s'agit d'un contrat de partage de production, mais qui renferme plusieurs éléments caractéristiques du contrat de concession. Traditionnellement dans le contrat de partage de production, le pétrole extrait est divisé en deux parts : le *cost oil* ou « coût pétrole » et le *profit oil* ou « pétrole bénéfice ». Le *cost oil* est la portion de la production que la société productrice conserve à titre de remboursement de tous les frais engagés. Le *profit oil* est constitué par le solde à répartir entre la société pétrolière et l'Etat, selon des taux fixés au préalable dans le

---

[409] Décret-loi équato-guinéen n° 7/1981 du 16 juin 1981 précité, art. 20.
[410] Loi équato-guinéenne n° 6/2000 du 20 mars 2000 précitée, art. 19.
[411] V. supra, n° 193.

contrat[412]. La part qu'obtient la société dans le partage de ce solde constitue sa rémunération. Les taux étaient réputés nets d'impôts. Autrement dit, ce que recevait l'Etat comprenait déjà les impôts que la compagnie n'avait donc plus à supporter sur sa part. Cette pratique a évolué dans le monde vers un système où la société paie elle-même directement l'impôt sur sa part. Chaque pays producteur y est allé de sa manière.

322.- Au Cameroun où la société est tenue de payer les impôts sur sa part même s'il y a des aménagements comme la rente minière garantie, la situation demeure un peu différente. Jadis, après soustraction du *cost oil* auquel était consacré 20 %, 30 %, voire 35 % de la production[413], le *profit oil* était réparti selon une clé qui tenait compte du seuil croissant de la production. On avait alors les pourcentages suivants en faveur de l'Etat : 60 % - 40 %, 65 % - 35 %, 70 % - 30 %[414]. La loi de 1998 a modifié cette solution. Elle fixe de façon stricte la répartition de la production conjointe totale à 60 % pour l'Etat et 40 % pour le contractant[415]. Sur ses 60 %, l'Etat prélève 35 % de la même production conjointe pour l'affecter au remboursement de sa quote-part des dépenses[416]. Ce changement qui améliore le revenu des sociétés pétrolières n'est pas frappé par le principe de la stabilité du régime fiscal. Sous l'emprise de cette loi, la répartition ne varie plus avec la production. Elle est fixement arrêtée par la loi pour tous les contrats non marginaux[417]. Les contrats signés après la promulgation du Code Pétrolier n'obéissent plus à ce principe ; ils prévoient un partage modulaire[418].

b) Le rehaussement du taux de la rente minière garantie

323.- La rente minière garantie est une portion du produit total de l'exploitation que par convention, la société récolte de son activité. Elle était initialement fixée à 13 % de la rente totale après paiement des impôts. Avec la renégociation des conventions d'établissement survenue en 1990, elle fut portée à 22 %[419]. Mais comme pour l'élargissement du *ring fence*[420], cet aménagement était limité dans le temps (six ans) et dans l'espace (deux bassins). En 1991, de façon toute aussi limitée dans le temps, ce taux a été porté à 26 % dans le bassin de Douala[421]. Les incitations intervenues en 1998 ont également touché la rente minière garantie. Avec la

---

412 Loi n° 24-94 du 23 août 1994 portant code des hydrocarbures au Congo, art. 35.

413 V. supra, n° 175 ss.

414 Contrat d'association pour les opérations de recherches et d'exploitation d'hydrocarbures au Cameroun signé le 28 février 1980 entre la République du Cameroun et PECTEN CAMEROON COMPANY, art. II 2.

415 Loi camerounaise n° 98/003 du 14 avril 1998, précitée, art. 10.

416 Loi camerounaise n° 98/003 du 14 avril 1998, précitée, art. 11 ; avec le code pétrolier de 1999, le remboursement de sa quote-part de dépenses peut être porté à 60 % de la production conjointe, à la discrétion du contractant (v. supra, n° 206 et 207).

417 V. infra, n° 329.

418 V. supra, n° 207.

419 Cette renégociation a été autorisée par la loi n° 90/018 du 10 août 1990 précitée.

420 V. supra, n° 296s.

421 Loi camerounaise n° 91/018 du 12 décembre 1991 précitée, art. 12 autorisant la clarification de cette disposition par les conventions d'établissement.

loi de 1998, elle fait désormais l'objet de deux options dont le choix est laissé à la discrétion du contractant.

324.- Dans la première option, le contractant perçoit après paiement de la redevance minière proportionnelle, de la contribution au Fonds de Soutien des Hydrocarbures le cas échéant, et de toute autre taxe, tout droit, tout bonus, tout tarif et toute redevance de quelque nature que ce soit de l'impôt sur les sociétés, et de tous autres droits de quelque nature que ce soit, une rente minière garantie aux taux ci-après de la Rente Minière Totale[422] :

- 22 % pour le bassin du Rio Del Rey ;
- 26 % pour le bassin de douala/Kribi/Campo ;
- 30 % pour les autres bassins et zones à eau profonde.

325.- Dans la deuxième option, le contractant perçoit après paiement de la redevance minière proportionnelle, de l'impôt autre que l'impôt sur les sociétés et de la taxe proportionnelle, de la contribution au Fonds de Soutien des Hydrocarbures le cas échéant, et de toute autre taxe, tout droit, tout bonus, tout tarif et toute redevance de quelque nature que ce soit, mais, en tout état de cause, avant paiement de l'impôt sur les sociétés et de la taxe proportionnelle spécifiée dans la présente option, une Rente Minière Garantie calculée aux taux ci-après de la Rente Minière Totale[423] :

- 42,84 % pour le bassin du Rio Del Rey ;
- 50,63 % pour le bassin de Douala / Kribi – Campo ;
- 58,42 % pour les autres bassins et zones à Eaux profondes.

326.- Nonobstant les taux de l'impôt sur les sociétés et de la taxe proportionnelle prévue par le code général des impôts, le taux d'imposition résultant de la combinaison de l'impôt sur les sociétés et de la taxe proportionnelle est égal à 46,6475 % pour cette deuxième option. Bien qu'il soit dit que le choix de l'option est à la discrétion du contractant, il ressort bien que cette seconde option a été aménagée en faveur des sociétés d'origine américaine, compte tenu du problème du crédit d'impôt aux Etats-Unis[424].

c) L'exonération de la Taxe Spéciale sur les Revenus (TSR) frappant les travaux de recherche et de développement

327.- La Taxe Spéciale sur les Revenus (TSR) est régie par la loi du 29 juin 1979[425] et ses modificatifs subséquents. Elle frappe les revenus servis aux personnes morales et physiques domiciliées hors du Cameroun, par des entreprises ou établisse-

---

[422] Loi camerounaise n° 98/003 du 14 avril 1998, précitée, art. 8
[423] Loi camerounaise n° 98/003 du 14 avril 1998, précitée, art. 8
[424] V. infra, n° 494.
[425] Loi n° 79/01 du 29 juin 1979 portant Loi de Finances de la République unie du Cameroun pour l'exercice 1979/1980, art. 7.

ments situés au Cameroun à divers titres[426]. Mais pour la conduite des opérations de recherche et de développement, le contractant et ses sous-traitants sont exonérés du paiement de la TSR. Cette exonération porte sur l'assistance, la location d'équipement et de matériel et sur toutes prestations de service rendues au contractant par ses sous-traitants au titre d'opérations pétrolières, à conditions que ces derniers[427] :

- ne disposent pas d'un établissement stable au Cameroun ;
- fournissent à prix coûtant, pour le compte des sociétés pétrolières concernées, des prestations de service ou des biens au titre d'opérations pétrolières ;
- perdent, pour toute concession minière, l'exonération susvisée à compter de la fin de la phase de développement.

328.- Cette exonération, telle que décrite ci-dessus, n'est pas applicable en phase d'exploitation ; elle était par ailleurs déjà contenue dans la loi de 1991[428], intéressant le bassin de Douala. Le texte exonérait alors les sociétés affiliées et le siège des sociétés pétrolières effectuant des opérations dans ledit bassin. Le texte de 1998, quant à lui, exonère tous les sous-traitants, qu'ils soient affiliés ou non. N'ayant pas d'impôts à payer sur les rémunérations à eux versées, les sociétés pétrolières s'en tirent avec un gain net plus important. En effet, ce sont les sociétés affiliées ou le siège même qui fournissent souvent ces prestations. C'est donc bien le même groupe qui bénéficie des sommes que l'Etat s'abstient de prélever. Ceci peut expliquer le fait que le législateur exige des sous-traitants, pour bénéficier de l'exonération, qu'ils fournissent leurs services à prix coûtant. On voit mal une société non affiliée respecter cette obligation. De même, on se demande si l'Etat a les moyens de s'assurer que les services ont été fournis à prix coûtant.

d) Les mesures particulières pour la promotion des activités de production dans les champs dits marginaux

329.- Un champ est dit marginal lorsque le volume des réserves récupérables d'hydrocarbures liquides ou de condensats estimé avant le développement est inférieur ou égal à trois millions de tonnes métriques ou vingt millions de barils, volume (V0) [429]. L'application des mesures particulières accordées pour un champ marginal cesse dès lors que la production cumulée dudit champs dépasse le volume (V0) défini ci-dessus augmenté d'une marge égale à 1/6 dudit volume. Ce nouveau volume, égal à trois millions cinq cents mille tonnes métriques, est le volume (V1)[430]. Lorsque la production cumulée d'un champ marginal est supérieure au volume (V1) et atteint un maximum égal à une fois et demi le volume (V0) soit

[426] V. infra, n° 506 ss.

[427] Loi camerounaise n° 98/003 du 14 avril 1998, précitée, art. 12 (1)

[428] Loi camerounaise n° 91/018 du 12 décembre 1991, précitée.

[429] Loi camerounaise n° 95/13 du 08 août 1995, fixant les mesures particulières pour la promotion des activités de production des hydrocarbures liquides des champs marginaux dans le domaine minier national, article 2 (1).

[430] Loi camerounaise n° 95/13 du 08 août 1995, précitée, art. 7 (1).

quatre millions cinq cents mille tonnes métriques, ce seuil constituant le volume (V2), il est appliqué à la différence de production (V2) – (V1) le régime de base de la concession dans laquelle est situé le champ marginal concerné. Lorsque la production cumulée de ce même champ marginal excède le volume (V2), il est appliqué à l'ensemble de la production cumulée, le régime de base de la concession dans laquelle le champ marginal est situé[431].

330.- Les champs marginaux sont donc des champs recelant du pétrole en petite quantité. Leur valorisation étant impossible dans les conditions contractuelles et économiques normales, il s'est agi de faciliter leur mise en production pour freiner la chute de la production pétrolière. Mais il était également question de se prémunir contre les risques de camouflage des réserves récupérables au départ. Pour ce faire, le législateur, dérogeant à la législation et aux conventions en vigueur, a permis que les sociétés puissent négocier les conditions d'exploitation particulières au champ par champ. Ces mesures particulières s'appliquent[432] :

- aux découvertes d'hydrocarbures liquides ou de condensats identifiées à la date de promulgation de la loi sur les superficies libres du domaine minier national ;
- aux découvertes d'hydrocarbures liquides ou de condensats identifiées ou qui seront identifiées sur les titres miniers en cours de validité et dont les opérations de production ne peuvent être entreprises de façon rentable dans les conditions définies par le cadre contractuel qui lie le Cameroun et les détenteurs de ces titres ;
- aux découvertes résultant des travaux d'exploration et d'appréciation sur l'ensemble des zones sédimentaires libres sur le territoire national et s'étendant offshore jusqu'à la limite des eaux territoriales, entrepris par l'Etat à travers des établissements publics mandatés pour la promotion et la gestion des intérêts de l'Etat dans le domaine des hydrocarbures.

331.- Les découvertes dont il est question ici sont exploitées dans le cadre de concession octroyée dans les conditions prévues par la législation minière en vigueur. Toutefois, lorsqu'il s'agit d'établissement public, de filiale ou de société affiliée tels que précisé ci-dessus, l'octroi d'une concession est subordonné à la signature d'un contrat avec l'Etat. Ce contrat définit les termes commerciaux et financiers et fixe les conditions de financement des investissements, de partage de la production, le mode et les mécanismes de récupération des coûts d'investissement, les modalités de conduite d'opérations, le régime fiscal et toutes autres conditions requises par la législation minière en vigueur[433].

---

[431] Loi camerounaise n° 95/13 du 08 août 1995, fixant les mesures particulières pour la promotion des activités de production des hydrocarbures liquides des champs marginaux dans le domaine minier national, art. 7 (3).
[432] Loi camerounaise n° 95/13 du 08 août 1995, précitée, art. 3
[433] Loi camerounaise n° 95/13 du 08 août 1995, précitée, art. 4.

332.- En général, les contrats signés à cet effet allaient plus loin que les assouplissements présentés jusque-là. Pour le champ KF dans la concession d'EBOME MARINE par exemple, l'on a arrêté des taux d'Impôt sur les Sociétés (IS) très bas :

- 15 % dans la phase A, qui s'étend de la date d'entrée en vigueur jusqu'au jour où le contractant aura extrait du champ KF trois millions de barils d'hydrocarbures liquides[434] ;
- 38,5 % (soit le taux de droit commun, CAC compris) dans la phase B, commençant le lendemain de l'expiration de la phase A et expirant avec la concession[435].

333.- De même, l'on a arrêté un régime de partage de la production particulier :
- Pendant la durée de la phase A, la production disponible sera partagée entre l'Etat et le contractant à raison de quinze pour cent (15 %) pour l'Etat et quatre-vingt cinq pour cent (85 %) pour le contractant. Officiellement, le contractant financera et supportera l'intégralité des coûts liés au opérations pétrolières sans pouvoir prétendre à aucun remboursement de la part de l'Etat jusqu'au début de la phase B. Mais en réalité, le contractant a la possibilité de passer ces dépenses en charges déductibles ou de les amortir conformément aux taux réglementaires[436]. Dès lors, ces charges sont partagées par les deux parties et ne sont plus soumises, en ce qui concerne l'Etat, à un quelconque plafond de remboursement. C'est une situation particulièrement alléchante, que le contractant a intérêt à faire perdurer[437].
- Pendant la durée de la phase B, la production disponible sera partagée entre l'Etat et le Contractant, à raison de cinquante pour cent (50 %) pour l'Etat et cinquante pour cent (50 %) pour le Contractant. Les coûts liés aux opérations conjointes à frais partagés sont répartis selon les mêmes proportions. Il est question ici de revenir au régime de base de la concession dans laquelle est situé le champ marginal KF[438].

334.- A côté de ce champ situé dans le bassin de Douala/Kribi/Campo et opéré par le consortium SNH/MOBIL/PERENCO, trois autres champs ont été mis en production par ELF SEREPCA et PECTEN dans le bassin du Rio Del Rey[439]. Ces quatre champs mis en production en 1997 ont permis de relever la production nationale de pétrole brut de près de 10 % en moyenne, entre 1996 et 1997. Ceci fait suite aux investissements réalisés entre 1995 et 1998 dans ces champs marginaux. Ils sont

---

[434] Contrat d'association EBOME du 17 mai 1996 entre la SNH, PERENCO CAMEROON et MOBIL PRODUCING CAMEROON INC, article 9.3.3.

[435] Contrat d'association EBOME du 17 mai 1996 entre la SNH, PERENCO CAMEROON et MOBIL PRODUCING CAMEROON INC, art. 9.4.2.

[436] Contrat d'association EBOME du 17 mai 1996 entre la SNH, PERENCO CAMEROON et MOBIL PRODUCING CAMEROON INC, art. 9.3.1 et 9.3.2.

[437] V. infra, n° 766s.

[438] Contrat d'association EBOME du 17 mai 1996 entre la SNH, PERENCO CAMEROON et MOBIL PRODUCING CAMEROON INC, art. 9.4.1.

[439] Il s'agit notamment des concession Moudi (215 km2), Isongo (340 km2) et des concessions Lobé-Kribi Ouest, Kribi Sud-Batanga, couvertes par la convention d'établissement du 11 mars 1982 entre la République du Cameroun et Kelt (Perenco) Cameroun S.A., modifiée le 11 décembre 1997.

évalués à 200 (deux cents) millions de dollars américains. Les réserves correspondantes sont estimées à 69 millions de barils[440]. Les observateurs estiment alors que les mesures relatives au développement des champs marginaux dans le domaine minier national ont porté des fruits.

335.- En effet, l'on s'accorde sur le fait que 78 % des réserves ayant déjà été exploités en 1989, la production nationale de pétrole aurait cessé en l'an 2000, n'eussent été les champs marginaux. Il convient néanmoins de reconnaître que la stabilisation de la production du puits d'Ebome couplé au vieillissement croissant des champs du Rio Del Rey, principal bassin de production, ont conduit à une baisse constante de la production[441].

B - AU CONGO

336.- Le Congo quant à lui a revalorisé les produits d'exploitation à travers l'introduction des rabais sur les prix affichés (a), l'évolution ralentie des prix de transfert (b) et la pratique de taux de redevance et d'imposition bas (c).

a) L'introduction des rabais sur les prix affichés

337.- Dans les accords que l'Etat à signés en 1977 avec Elf Congo et Agip R. Congo, des rabais étaient prévus sur les prix retenus, pour les permis à terre et ceux situés dans des profondeurs d'eau supérieures à 120 mètres. L'importance des rabais prévus, jusqu'à 10 % des prix affichés, et le type de permis sur lesquels ils devaient porter pouvaient laisser penser à une opération de charme visant à encourager la recherche dans les zones peu ou mal prospectées. Ces rabais étaient prévus de la manière suivante[442] :

- Pour les permis à terre,
  - Rabais de 10 % tant que la production issue du permis est inférieure à 4 millions de tonnes par an ;
  - Rabais de 8 % la première année suivant celle où la production a atteint 4 millions de tonnes ;
  - 2 % en moins par la suite pour chaque année.

- Pour les permis situés dans des profondeurs d'eau supérieures à 120 mètres,
  - Rabais de 10 % tant que la production issue du permis est inférieure à 8 millions de tonnes par an ;

---

440 Message de la SNH dans *Cameroon Tribune* du 29 avril 1998, P. 5.

441 V. supra, tableau n° 5, p. 31.

442 Avenant n° 2 aux conventions d'établissement d'Agip R. Congo et Elf Congo, cité par TSASSA (C), Système de production du pétrole au Congo et accumulation nationale, précitée, p. 113.

- Rabais de 8 % la première année suivant celle où la production a atteint 8 millions de tonnes ;
- 2 % en moins par la suite pour chaque année.

338.- D'autres rabais étaient également prévus pour toute la production pour tenir compte des « difficultés inhérentes à l'exploitation d'une production de faible niveau », et des coûts de transport intérieur et de commercialisation. Le niveau des rabais liés à la faible taille des exploitations était le même que celui prévu pour les permis *onshore*[443]. Leur incidence sur les prix affichés devait être limitée de telle sorte que ceux-ci ne soient inférieurs aux prix de transfert. Etant donné qu'il n'y avait en réalité aucune différence entre les prix affichés et les prix de transfert, ce type de rabais ne fut pas pratiqué. Les rabais portant sur les coûts de transport intérieurs et de commercialisation étaient quant à eux effectivement pratiqués sur ces prix de transport. Ils furent de 20 % du prix de transfert de 1968 à 1973. L'Etat, en calculant ses revenus sur la base des prix de transfert sur lesquels des rabais furent de surcroît pratiqués, plaça le capital pétrolier au Congo dans des conditions de profitabilité très avantageuses.

b) L'évolution ralentie des prix de transfert

339.- La comparaison des prix de transfert avec les prix affichés et spots du brut de référence de l'OPEP, l' « *arabian light* » de 34° API, montre en effet, malgré l'absence d'indications sur l'importance réelle des différentiels de qualité (degré API et teneur en souffre surtout) et de situation existant entre le Djéno Mélange et le brut léger d'Arabie, que les prix de transfert pratiqués au Congo ont été plus bas que ceux du brut de référence de l'OPEP[444]. Mais surtout, ils ont connu des hausses plus faibles que celles pratiquées pour l'*arabian light.* En effet, entre juin et décembre 1973, les prix affichés de ce dernier brut ont augmenté de plus de 300 % contre 245 % pour le Djéno Mélange durant la même période.

340.- Pour les hausses décidées à partir de 1979, les prix de transfert du Djéno Mélange paraissent supérieurs aux prix affichés de l'*arabian light*. Ceci provient de ce que les premiers étaient majorés jusqu'en janvier 1981 au moins des primes de marché[445]. Chaque Etat avait en effet la liberté de déterminer le prix de son pétrole comme il l'entendait en évitant cependant de dépasser un certain seuil. Celui-ci était fixé à 37 dollars par baril de juin à décembre 1980, et à 41 dollars par baril par la suite jusqu'à la chute des prix, sur la base du prix de référence augmenté de 5 dollars par baril au maximum pour le différentiel de qualité. Les différences positives existant entre les prix du Djéno Mélange et ceux de l'*arabian light* de 1979 à 1981 se révèleraient ainsi insignifiantes par rapport à ce qu'elles auraient dû être.

---

443 TSASSA (C), Système de production du pétrole au Congo et accumulation nationale, thèse précitée, p. 113

444 TSASSA (C), Système de production du pétrole au Congo et accumulation nationale, thèse précitée, p. 114.

445 Supplément au *bulletin analytique pétrolier* du 31 décembre 1984

c) La pratique de taux de redevance et d'imposition bas

341.- La faiblesse de certains taux de redevance et d'imposition est souvent justifiée par la nécessité de prendre en considération les disparités apparaissant dans les conditions de production entre les pays et les différents gisements à l'intérieur d'un même pays. S'il est vrai qu'on ne peut appliquer les mêmes taux de redevance et d'impôt dans n'importe quelle situation, il n'en demeure pas moins que la faiblesse de ces taux permet à certaines sociétés de réaliser des bénéfices considérables, plus importants par unité de production que ceux qu'elles obtiendraient dans de meilleures conditions de production, mais avec une fiscalité garantissant mieux l'intérêt de l'Etat hôte. Cette situation peut aussi s'expliquer par les rapports de force s'établissant entre les différentes parties en présence. La faiblesse de l'Etat qui tire généralement sa vitalité de sa subordination au capital permet aux sociétés pétrolières d'influer considérablement sur les dispositions fiscales qui sont prises.

342.- Les nouveaux taux de redevance et d'impôt décidés en juin 1973, 12,5% et 47 % respectivement, restèrent valables jusqu'en octobre 1977. Pourtant, ils auraient pu être multipliés par plus de trois dès 1974. Les surprofits résultants d'une telle situation ne pouvaient qu'être importants. Pierre Terzian[446] estime le taux de croissance qu'aurait connu la marge par baril des sociétés pétrolières opérant au Moyen Orient et en Afrique du Nord à 800 % (passant de 0,466 USD au 1er octobre 1973 à 3,797 USD au 1er janvier 1974). En octobre 1977, le taux de redevance fut alors porté à 17,5 %, tandis que celui de l'impôt passait de 60 % à 75 %[447]. L'OPEP avait relevé ces taux à 20 % pour la redevance, et 85 % pour l'impôt.

343.- Le taux de 75 % concernait les gisements mis en production avant 1977 et tous ceux qui sont sur des permis onshore Pour les gisements découverts entre le 14 octobre 1977 et le 14 octobre 1980, le taux prévu est de 60 % les quatre premières années de production dudit gisement, et de 70 % pour les deux années subséquentes. Mais dans la pratique, ces dispositions ont été étendues à certains gisements (Likouala, Sendji et Loango) découverts avant 1977, et parfois après le 14 octobre 1980.
Les taux d'imposition appliqués au 1er janvier 1984 se présentaient ainsi[448] :

- 75 % pour Eméraude, Pointe-Indienne, Kundji, Mengo ;
- 72 % pour Loango ;
- 60 % pour Likouala, Yanga et Sendji.

C - AU GABON

344.- Au Gabon, le contrat modèle de 1985 (a) a été le premier à introduire des mesures tendant à une revalorisation des produits de l'exploitation. Ces mesures

[446] TERZIAN (P), *L'étonnante histoire de l'OPEP*, Les éditions Jeune Afrique, Paris, 1983, p. *228.*
[447] *TSASSA (C), Système de production du pétrole au Congo et accumulation nationale, précitée, p. 120.*
[448] *TSASSA (C)., Système de production du pétrole au Congo et accumulation nationale, précitée, p. 121.*

vont de l'exemption de l'impôt sur les sociétés (b) à la promotion des activités de production dans les champs marginaux et les rendus (d), en passant par un nouveau régime de TVA (c).

a) Le contrat - modèle de 1985

345.- Afin de relancer l'activité de recherche, les autorités lancent en 1985 des appels d'offres pour 14 permis couvrant 30 359 km2 dont 11 en mer et 3 à terre. L'appel d'offres est accompagné de la publication d'un contrat modèle servant de base pour les futures négociations entre l'Etat gabonais et les compagnies privés[449]. Bien que les conditions proposées par les autorités dans le contrat-type de 1985 aient été considérées comme très sévères[450] par rapport au niveau des cours du pétrole, l'ensemble des dispositions est plus favorable aux compagnies que la fiscalité précédente. Désormais, la durée de la période d'exploration est négociable, mais elle est typiquement de deux ou trois ans avec un renouvellement de deux ans. S'il y a une découverte commerciale, on procède à la signature d'un contrat d'exploitation[451] d'une durée de dix (10) ans augmentée de deux périodes supplémentaires de 5 (cinq) ans chacune. Pour chaque découverte, un permis exclusif d'exploitation est concédé, mais les calculs fiscaux sont effectués sur l'ensemble de la production de la zone contractée. Les travaux et les investissements minima à réaliser sont négociables. Il existe des primes de signature et de production dont le montant est sujet à négociation.

346.- Avant une répartition quelconque de la production, la redevance minière proportionnelle doit être payée à l'Etat. La *royalty* est fixée à 20 % pour le pétrole brut. Cependant en pratique, son montant est négociable et il est presque certain qu'aucune compagnie ne paye la totalité prévue par la loi. Etant donné la forte dépression du marché de l'exploration depuis 1986, Petroconsultants (UK) estime que le gouvernement négocie couramment une *royalty* inférieure à 10 %. La *royalty* payée par les principaux producteurs, Elf et Shell (7,5 % et 15 % de la production nationale dans les concessions était de 17,1 % et 16,2 % respectivement). Dans le contrat avec Triton, la *royalty* est liée au niveau de production et augmente graduellement de 5 % à 20 %. La *royalty* peut être payée en espèces ou en nature ; elle n'est pas déductible, c'est-à-dire qu'elle ne peut pas être considérée comme un coût récupérable (partie du *cost oil*).

347.- Une fois la *royalty* déduite, la production nette est destinée à la récupération des coûts. Le taux du *cost oil* est négociable et fluctue entre 30 % et 60 %. Il a été fixé à 55 % dans le contrat avec Triton et à 60 % dans le cas d'Agip en avril 1987.

---

[449] World Petroleum Arrangements 1987, New York, Barrows Co, pp. 272-280

[450] Un seul contrat (Conoco) a été signé la même année, et un autre (Tenneco) l'année d'après. Mais une fois qu'il a été clairement établi que Shell avait mis en évidence un champ « géant », de nouveaux entrants sont arrivés massivement. La découverte se trouve à terre au sud du pays, à une cinquantaine de kilomètres de la côte et à environ 100 km au Nord du gisement de Gamba, en pleine forêt. Les intérêts sont ainsi répartis : Shell-Gabon 50 %, Elf Gabon 30 %, SNEA 20 %. Mais l'Etat a pris une participation de 15 % dans la découverte. *Le Pétrole et le Gaz Arabes*, 16 décembre 1986.

[451] V. supra, n° 260.

La production disponible après récupération des coûts et de la *royalty* est partagée entre l'Etat et le contractant à raison de 85 % - 15 % respectivement. Dans les contrats signés en 1987, le partage du *profit oil* est attaché au niveau de production[452].

- Pour Agip, la répartition est de :
  - 70-30 % en dessous de 10 000 barils par jour ;
  - 80-20 % si production est inférieure à 20 000 barils par jour ;
  - 85-15 % au-delà de 20 000 barils par jour.

- Pour Triton, le partage est de :
  - 65-35 % pour la production initiale ;
  - 70-30 % entre 10 000 b/j et 20 000 b/j ;
  - 73-27 % entre 20 000 b/j et 30 000 b/j ;
  - 80-20 % entre 30 000 b/j et 40 000 b/j ;
  - Et enfin 85-15 % si la production est supérieure à 40 000 b/j.

b) L'exemption de l'I.S. dans le contrat modèle de 1985

348.- Pour les contrats de partage de la production du modèle 1985, l'impôt sur les bénéfices[453] n'est pas applicable. Le revenu fiscal concerne exclusivement la *royalty* et la part de *profit oil* revenant à l'Etat. Le contractant est aussi dispensé de tout autre impôt minier. Néanmoins, il doit payer les impôts locaux et communaux et les droits de port. Ces charges sont déductibles. Le contractant s'engage par ailleurs à approvisionner le marché national en pétrole brut selon un quota négociable. Dans les contrats de 1987, le quota a été fixé entre 10 % et 15 % de tout le brut revenant au contractant (*cost oil* plus *profit oil* de la compagnie), et avec un rabais qui va de 15 % à 25 % par rapport aux prix internationaux.

c) Un nouveau régime de TVA

349.- Pour compléter l'ancien modèle de CEPP, le nouveau projet[454] précise le nouveau régime de la Taxe sur la Valeur Ajoutée[455] applicable aux sociétés pétrolières et à leurs sous-traitants. Il est prévu que, conformément à la réglementation applicable sur ce point, les opérations liées à l'exploration sont exonérées de la TVA. Cela veut dire que ces opérations sont normalement situées dans le champ d'application de la TVA. Les entreprises qui les réalisent ont la qualité d'assujettis, mais se trouvent dispensées de la verser grâce à une mesure générale d'exonération. En ce qui concerne les opérations liées à la production, une distinction est faite entre les non résidents fiscaux et les résidents fiscaux[456].

---

452 World Petroleum Arrangements 1987, précité, p. 272.
453 V. infra, n° 418 ss.
454 V. supra, n° 254 ss.
455 V. infra, n° 531 ss.
456 Pétrole informations, n° 1737, décembre 1998, « Gabon, 8è round pétrolier », p. 79.

350.- Les non résidents fiscaux sont hors champ d'application de la TVA. On considère que leurs activités se déroulent en dehors du circuit économique. Ils sont assimilés à des consommateurs finaux qui ne facturent ni ne déduisent la TVA. Ce sont des non assujettis à l'état pur. A priori, les opérations situées hors champ de la TVA et les opérations exonérées entraînent des effets comparables. Dans les deux cas, elles échappent à la TVA et n'ouvrent pas droit à déduction. Leur régime n'est cependant pas identique, comme nous venons de le montrer. Les résidents fiscaux sont assujettis à la TVA au taux zéro. Le taux zéro signifie que leurs opérations sont assimilées à des exportations. De ce fait, les résidents fiscaux facturent et déduisent la TVA. Les sous-traitants non agréés sont également assujettis à la TVA. En ce qui les concerne, lorsqu'elle est due, la TVA est récupérable et /ou éventuellement imputable sur tous autres impôts.

d) Les mesures de promotion des activités de production dans les champs marginaux et les rendus

351.- Un champ est dit marginal lorsque le volume des réserves récupérables d'hydrocarbures liquides ou de condensats estimés avant le développement est inférieur ou égal à trois millions de tonnes métriques ou vingt millions de barils[457]. Les majors concentrent leurs activités sur les champs importants (réserves prouvées supérieures à 20 millions de tonnes) qu'elles développent. Elles récupèrent une fraction assez importante du pétrole emprisonné dans la roche, dans une fourchette qui peut varier, selon les zones, entre 20 % et 70 %. Ensuite, la pression commence à baisser, et tant pour des questions de rentabilité immédiate que de coûts, ces gisements deviennent nettement moins intéressants pour les géants du secteur, qui choisissent alors de se désengager.

352.- Auparavant, une fois qu'une compagnie se retirait et rendait son permis, c'était fini, même si le puits recelait encore des quantités importantes non récupérées d'hydrocarbures. L'avènement de petites sociétés aux structures plus légères, comptant peu d'expatriés et pas toujours très regardantes sur les conditions de sécurité, a tout changé. Il est désormais techniquement possible d'optimiser les rendements et de donner une « seconde jeunesse » aux champs vieillissants, en faisant de la « récupération secondaire ». Avec la flambée des cours, cette activité est économiquement très intéressante[458]. Mais elle s'accompagne également d'une fiscalité particulièrement allégée, qui obère les gains de l'Etat.

D – EN GUINEE EQUATORIALE

353.- La revalorisation des produits d'exploitation en Guinée Equatoriale s'est traduite par un allègement des contrats antérieurs (a), et l'instauration des contrats de participation à la production (b).

---

[457] V. supra, n° 329s.

[458] Jeune Afrique *l'intelligent*, n° 2296 du 09 au 15 janvier 2005, « Gabon : Pétrole, déclin différé », p. 101.

a) L'allègement des contrats de 1979

354.- Le premier contrat d'association en Guinée Equatoriale a été signé en 1979. Il présentait de nombreuses similitudes avec les contrats d'association en cours au Cameroun[459]. L'association a entraîné la création de la société mixte *Guineo Espanolo de Petroleos* (GEPSA), dont le capital était réparti entre l'Etat équato-guinéen (50 %) et HISPANOIL (50 %). Les travaux étaient assurés par HISPANOIL pour le compte de la société mixte. Les dépenses d'exploration étaient à la charge exclusive d'HISPANOIL. En cas de découverte, la production devait être partagée 50/50 entre les deux partenaires[460], de même que les charges d'exploration et de développement, dont le remboursement est plafonné. L'activité pétrolière était restée morose dans cet environnement, notamment en ce qui concerne l'exploration.

355.- Or le gouvernement considère qu'il est de l'intérêt du pays de déterminer le plus tôt possible l'existence d'hydrocarbures en quantités commerciales et, éventuellement, d'en déterminer les possibilités et les méthodes d'exploitation. A cet effet, il a estimé nécessaire de promulguer une loi réglementant l'exploitation et la production des hydrocarbures qui garantisse pleinement la souveraineté de la République de Guinée Equatoriale sur ses ressources naturelles et qui assure à l'Etat la pleine jouissance économique de celles-ci. Ladite loi devrait permettre que les activités d'exploration et de production soient directement réalisées par le Gouvernement ou par des sociétés privées[461]. C'est dans cette optique que le décret-loi n° 7/1.981 du 16 juin 1981 portant code des hydrocarbures a été pris. L'objectif de la loi est d'organiser, de poser les bases, et d'établir les systèmes contractuels pour l'exploitation des ressources en hydrocarbures. Cette nouvelle loi pétrolière a été mise au point avec le concours de la Banque Mondiale. Elle est fondée sur un système d'adjudication directe entre l'Etat et tout entrepreneur désireux de mener des opérations d'exploitation pétrolière.

356.- En 1982, le gouvernement devait lancer des appels d'offres pour l'attribution de permis de recherche pétrolière *onshore* et *offshore* sur la base des prestations fournies par la firme suisse Petro-Consultants chargée de l'élaboration du dossier d'appel d'offres. La sélection des Entrepreneurs s'est faite par appel d'offres public international (elle pouvait aussi se faire par toute autre méthode qui garantie la concurrence entre les Entrepreneurs potentiels[462]), ce afin de garantir les conditions les plus favorables à la République. Dans les zones protégées, l'Etat pourra directement adjuger des contrats aux Entrepreneurs désireux de mener des opérations d'exploitation pétrolières chaque fois que ceux-ci réunissent les conditions favorables. A chaque appel ou à chaque adjudication, le Ministère de l'Industrie, des Mines et de l'Energie exige la présentation des documents attestant de la capacité technique ainsi que de la solvabilité et des moyens financiers des potentiels Entrepreneurs.

---

[459] V. supra, n° 168 ss.

[460] Pétrole et Gaz en Afrique, précité, p. 247.

[461] Exposé des motifs du décret-loi n° 7/1.981 du 16 juin 1981 portant code des hydrocarbures.

[462] Décret-loi équato-guinéen n° 7/1981 du 16 juin 1981 portant code des hydrocarbures, art. 10.

b) Les contrats de participation à la production

357.- Il s'agit de la traduction française de l'expression espagnole *contrato en la participacion en la produccion*[463]. Ce système qui s'est accompagné d'un contrat modèle, est en réalité la variante du contrat de partage de la production soutenue par la Banque Mondiale. Comme nous l'avions déjà montré en ce qui concerne le Congo[464], le système de partage de la production soutenu par la Banque Mondiale relève du système basé sur le partage du profit (*R.O.R.- based system*). Dans ce contrat, le mécanisme fiscal de base *est la ressource rent tax* ou *additional profit tax* (ATP). Par essence, cette taxe permet à l'investisseur de tirer une rentabilité plancher de son investissement avant de payer un impôt quelconque. La rentabilité est calculée à partir du *cash flow* actualisé du projet.

358.- En 1998, un nouvel accord de partage de la production apparemment plus favorable à l'Etat a été conclu. Dans son dernier *West Africa Report*, Wood Mackenzie estime que le nouveau contrat, qui est rétroactif à compter du 1er janvier 1998, permettra à l'Etat d'accroître ses revenus de $20 millions par année en 1998 et en 1999, cette estimation passant à plus de $80 millions en 2001 et à plus de $100 millions en 2004[465]. Selon les résultats du modèle de Wood Mackenzie, la part totale de l'Etat (redevance, partage du *profit oil*, et impôt sur les sociétés) dans les recettes provenant du bloc B serait de 68 %, contre 46 % avec le contrat précédent.

359.- Les calculs de la société écossaise sont effectués sur la base d'un prix du *Brent* de $16/b en 1998 et d'une décote de 2,5 % du brut de Zafiro par rapport au *Brent*. Le prix du *Brent* augmenterait de 3 % par an à partir de 1999[466]. Cette révision contractuelle, à en croire Wood Mackenzie, n'est pas préjudiciable aux sociétés pétrolières, qui bénéficient de quelques compensations. Outre l'adoption de leur plan de développement, les droits d'exploration sur le bloc B sont prolongés jusqu'à fin 2005 alors qu'ils auraient expirés en juillet 1998 sous le régime de l'ancien contrat. Celui-ci était d'ailleurs très généreux pour les sociétés étrangères, la part de l'Etat en Afrique de l'Ouest oscillant entre 55-67 % pour l'offshore profond et plus de 80 % pour les principales zones de production de l'Angola et du Nigeria. Cependant, *l'analyse du rendement fiscal à la tonne de brut* et son évolution nous montre que le nouvel accord de partage de la production introduit en 1998, n'a eu un effet sur les revenus de l'Etat qu'en 2005, suite à la flambée des cours du brut[467].

360.- Il ressort des précisions ci avant que la législation afférente aux activités d'exploration et de production de pétrole brut a été en constante mutation, comme en témoigne la succession des textes enregistrée dans les divers Etats depuis 1962.

---

463 Décret-loi équato-guinéen n° 7/1981 du 16 juin 1981, précité, art. 6 (e).
464 V. supra, n° 235 ss.
465 Le pétrole et le gaz Arabes, n° 705, 1er août 1998, p. 41.
466 Le pétrole et le gaz Arabes, n° 705, 1er août 1998, p. 41.
467 V. infra, n° 823.

Il en est de même des contrats et conventions d'établissement signés entre les Etats et les sociétés pétrolières. La première série de textes, qui s'est étendue jusqu'à l'aube du second choc pétrolier, avait surtout pour objectif d'asseoir un régime que l'on peut considérer comme un régime de base. En dehors du Cameroun, la fiscalité pétrolière dans les Etats de la CEMAC s'articulait autour du régime de la concession ancienne, avec néanmoins un certain désir de maîtriser ce secteur. Ceci s'est traduit par :

- L'affirmation de certains principes internationaux tels l'appartenance des mines à l'Etat, avec ce que cela comporte comme droits à payer.
- L'instauration de structures particulières de gestion, notamment des sociétés d'Etat chargées d'intervenir pour le compte de l'Etat, directement ou en association avec des partenaires étrangers, dans toutes les activités de mise en valeur des richesses du sous-sol national.
- L'application de règles fiscales aux sources juridiques particulières : Le Code Général des Impôts ne s'applique que dans une moindre mesure ; le Code des Douanes est applicable surtout dans ses dispositions spécifiques ; les règles fiscales découlent pour l'essentiel des lois minières, des conventions et des contrats.

Le Cameroun, tout en maintenant les mêmes caractéristiques, présentait un système original basé sur le contrat de partage de production avec une redevance minière garantie ; ceci l'a parfois amené à supporter une redevance négative, consistant à rembourser à la compagnie une partie de la redevance qu'elle lui avait préalablement versée.

361.- La seconde série de textes qui est intervenue à partir des années 1981 constituait plutôt des aménagements au régime déjà institué. Ces aménagements vont tous dans le sens :

- d'une incitation à la recherche et à l'exploration ;
- d'un relèvement de la production et des finances publiques.

Ils se sont traduits concrètement par des changements de régimes d'exploitation pour certains, des alourdissements ou renforcements de certaines dispositions fiscales considérées comme trop souples, des assouplissements de certaines dispositions considérées comme rigides. On est ainsi passé de l'allègement des charges d'exploitation à la revalorisation des produits d'exploitation. Le système de partage de la production s'est généralisé en épousant plutôt le modèle soutenu par la Banque Mondiale, différent de celui appliqué alors au Cameroun. Cette diversité de système s'est accompagnée par une multiplicité d'éléments d'imposition (titre II).

TITRE II

UNE FISCALITE CARACTERISEE PAR LA MULTIPLICITE D'ELEMENTS D'IMPOSITION

362.- Pour une meilleure compréhension des différents prélèvements auxquels sont assujetties les compagnies d'exploration-production, il convient de se rappeler que de par la loi, l'Etat est le propriétaire de toutes les richesses du sous-sol[468]. A ce titre, il délivre des autorisations aux entreprises qui souhaitent entreprendre des recherches sur son sous-sol. Pour exploiter après découverte, il revient encore à l'Etat de concéder un titre d'exploitation[469]. En retour, la compagnie est passible de deux genres de contribution :

1°- Elle paie à « l'Etat propriétaire » des contributions au titre des différents droits qui lui ont été concédés. Il s'agit de prélèvements spécifiques aux opérations pétrolières (chapitre 1).

2°- Comme toutes les autres personnes morales résidentes poursuivant des activités industrielles et commerciales, les compagnies pétrolières sont passibles de prélèvements fiscaux. Il s'agit des prélèvements issus du droit commun (chapitre 2).

---

[468] V. supra, n° 89s.
[469] V. supra, n° 93 ss.

CHAPITRE 1

LES PRELEVEMENTS SPECIFIQUES

363.- Dès qu'une société pétrolière obtient un titre d'exploitation, elle paie à « l'Etat propriétaire » des contributions au titre des différents droits qui lui ont été concédés. Il s'agit de prélèvements spécifiques aux opérations pétrolières. Les prélèvements spécifiques auxquels sont assujetties les sociétés pétrolières sont constitués d'une part par ce qu'on appelle les primes au comptant (section 1), et d'autre part par les redevances (section 2).

Section 1 : Les primes au comptant

364.- La prime au comptant traduit la nécessité de verser un pas-de-porte pour démarrer une activité. En matière d'exploration, le régime en vigueur aux Etats-Unis est à l'origine de ce type de versement. En effet, l'acquisition d'un *working interest* y nécessite le versement d'un *cash bonus* au propriétaire du sol et du sous-sol, dont le montant varie de quelques cents à plusieurs dollars par acre suivant l'intérêt pétrolier présumé de la zone. Pour les terres publiques, cette pratique a été conservée au bénéfice des Etats, de l'Union ou du pouvoir fédéral. Le plus souvent, les attributions des permis se font aux enchères et le titulaire des droits de recherches est celui qui fait l'offre la plus élevée pour les *cash bonus*[470]. Ailleurs dans le monde, si le versement de primes au comptant est assez répandu, le mécanisme adopté est assez différent. Il s'agit d'un versement devant être effectué lors de l'octroi du titre minier ou tout au moins dans un délai court suivant la date de signature de l'accord. A l'heure actuelle, l'obligation de verser des primes au comptant peut s'observer même dans des pays non producteurs. Dans la CEMAC, les primes au comptant comprennent des droits fixes (§1) et des bonus (§2).

§1 : Les droits fixes

365.- Après quelques rappels sur la notion de droits fixes (A), nous présenterons leur application dans quelques Etats (B).

A – LA NOTION DE DROITS FIXES

366- Dans l'industrie pétrolière, nous avons distingué les étapes de la prospection, de la recherche et de l'exploitation proprement dite[471]. La dernière n'est possible

---

[470] Brasseur (R), *Législation et fiscalité internationale des hydrocarbures exploration et production*, précité, p. 129

[471] V. supra, n° 4 ss.

qu'après obtention d'une concession ou d'un permis d'exploitation[472]. Les deux premières se font sur la base d'une autorisation et d'un permis respectivement[473]. La délivrance de ces différents titres est subordonnée à la perception, au préalable, de certaines sommes d'argent. Il en est de même pour leur renouvellement, leur mutation et le cas échéant, leur scission ou leur fusion pour ce qui est de la concession. Ces sommes constituent les droits fixes, qui s'analysent comme des droits de pas-de-porte. La justification de leur versement sera faite par la production d'un récépissé ou d'une déclaration de versement délivrée par le Trésor Public. Les droits fixes sont remboursés lorsque la demande correspondante n'est pas suivie d'effet.

B – APPLICATION DES DROITS FIXES AU CAMEROUN ET AU GABON

367.- Au Cameroun, les droits fixes sont arrêtés par la loi comme suit avant les alourdissements de 2002[474] :

- Le droit de délivrance ou de renouvellement d'une autorisation de prospection est fixé à 9 146,968923 EUROS (6 000 000 de Francs CFA). La restriction de superficie ne peut donner lieu à aucun remboursement. En cas de refus, le récépissé de versement est retourné au demandeur aux fins de remboursement[475].
- Le droit exigé pour la délivrance ou le renouvellement d'un permis de recherche varie en fonction de la superficie. A l'institution, il est de 22,867422 EUROS (15 000 FCFA) par km2, avec un plancher de 9 146,968923 EUROS. Au renouvellement, il est de 15,244948 EUROS (10 000 FCFA) par km2[476]. Dans le cas d'une restriction du fait de l'administration et compte tenu toutefois du plancher prévu, le montant des droits correspondant à la superficie retirée est remboursé au demandeur, s'il en fait la demande dans le délai d'un an après la date de délivrance du récépissé. Faute de quoi, les sommes versées restent acquises à l'Etat. Par contre, le droit de mutation du permis de recherche est égal à 9 146,968923 EUROS (6 000 000 de Francs CFA), quelle que soit la superficie du titre. Ce droit n'est pas exigible dans le cas d'une prise de possession par voie de succession.
- Le droit exigé pour la délivrance et les renouvellements d'un permis d'exploitation est fixé à 27 440,906770 EUROS (18 000 000 FCFA) à l'institution. Au premier renouvellement, ce droit est porté à 36 587,875693 EUROS (24 000 000 FCFA). Pour chacun des renouvelle-

[472] V. supra, n° 104 ss.
[473] V. supra, n° 94s.
[474] Décret camerounais n° 2002/032/PM du 03 janvier 2002 fixant les modalités de recouvrement des droits et redevances superficiaires applicables aux hydrocarbures, précité.
[475] Loi camerounaise n° 78/24 du 29 décembre 1978 fixant l'assiette, les taux et mode de recouvrement des droits fixes, redevances et taxe minière, art. 3 c). Cette loi reste applicable pour les contrats signés avant le Code Pétrolier. Les taux ont en effet été revus à la hausse avec le décret du 03 janvier 2002 (V. supra, n° 279).
[476] Loi camerounaise n° 78/24 du 29 décembre 1978, précitée, art. 4 c).

ments suivants, il est fixé à 45 734,844616 EUROS (30 000 000 FCFA)[477]. C'est la même somme qui est exigée en guise de droit de mutation du permis d'exploitation. Ce droit n'est pas exigible dans le cas d'une prise de possession par voie de succession[478].

- Le droit exigé pour l'institution, le renouvellement, la division ou la fusion de concession est fixé à 381 123,705132 EUROS (250 000 000 FCFA)[479]. Les frais d'enquête, d'instruction et de publication relatifs à l'établissement, au renouvellement, à la mutation, à la fusion ou à la division de concessions sont à la charge du demandeur. Un engagement de paiement de ces frais est joint à la demande correspondante. Les sommes dues seront réglées directement par le demandeur au vu des factures établies à son nom. Les mutations ou transferts de concessions de mines sont soumis aux dispositions, taxes et redevances prévues par la législation en vigueur sur la propriété foncière.

368.- Au Gabon, l'institution, le renouvellement et la mutation des titres miniers donnent lieu à la perception d'un droit qui est fixe comme suit :

- L'institution, le renouvellement et la mutation des permis de recherches : 100 000 Francs (152,445 €)[480].
- L'institution ou l'extension d'une autorisation temporaire d'exploiter : 100 000 Francs (152,445 €)[481].
- L'institution ou la mutation du permis d'exploitation : 10 000 000 Francs (15 244,948 €) ; au renouvellement, ce droit est ramené à 1 000 000 Francs (1 524,495 €)[482].
- L'institution ou le renouvellement des concessions : 25 000 000 Francs (38 112,371 €) ; pour les mutations, divisions ou fusion, ce droit est ramené à 10 000 000 Francs (15 244,948 €)[483].

Les droits payés sont acquis au Trésor, même si la demande n'est pas suivie d'effet.

§2 : Les bonus

369.- On distingue en général les bonus de production (A) et les bonus de signature (B).

---

[477] Loi camerounaise n° 78/24 du 29 décembre 1978, précitée, art. 5 c).
[478] Loi camerounaise n° 78/24 du 29 décembre 1978, précitée, art. 7.
[479] Loi camerounaise n° 78/24 du 29 décembre 1978, précitée, art. 8 al. 3.
[480] Loi gabonaise n° 14/74 du 21 janvier 1975, précitée, art. 4.
[481] Loi gabonaise n° 14/74 du 21 janvier 1975, précitée, art. 4
[482] Loi gabonaise n° 14/74 du 21 janvier 1975, précitée, art. 4.
[483] Loi gabonaise n° 14/74 du 21 janvier 1975, précitée, art. 4.

A - LE BONUS DE PRODUCTION

370.- Il est exigé aux compagnies et est lié à une découverte commerciale. Il consiste en une série de versements généralement au début de la production, et chaque fois que celle-ci atteint un certain seuil en terme de quantité cumulée. Dans les conventions d'établissement, il est prévu qu'au début, la compagnie paie un droit forfaitaire. Quand la production cumulée d'une concession donnée atteint X millions de Tonnes, la compagnie paie un montant Y à l'Etat. Au seuil de X' millions de Tonnes, la compagnie paie un autre droit Y' au titre de bonus de production.

371.- C'est ainsi qu'au Cameroun, pour les conventions signées avant la promulgation du Code Pétrolier, l'Etat perçoit un bonus unique de production de:

* 304 898,964106 EUROS (200 millions de FCFA) après 90 jours consécutifs de production à la cadence de 20 000 (vingt mille) barils par jour[484] .
* 762 247,410264 EUROS (500 millions de FCFA) après 90 jours consécutifs de production à la cadence de 50 000 (cinquante mille) barils par jour[485].
* 1 372 045,338476 EUROS (900 millions de FCFA) après 90 jours consécutifs de production à la cadence de 100 000 (cent mille) barils de plus par jour[486].

372.- Dans les contrats de partage de la production relevant du Code Pétrolier, le bonus de production est ainsi revu en fonction des contrats :

* US $ 1 000 000 (environ 525 millions de FCFA) le jour où le premier baril d'hydrocarbures liquides est produit sur une Autorisation d'Exploitation dérivant de l'Autorisation de Recherche ; cette mesure n'est actuellement valable que sur le contrat Bomana[487].
* US $ 1 000 000 (environ 525 millions de FCFA) le jour où la production de Pétrole Brut cumulée depuis le début de l'exploitation au titre de l'ensemble des Autorisations d'Exploitation dérivant de l'Autorisation de Recherche atteint pour la première fois le seuil de cinquante millions (50 000 000) de barils[488]. Dans le

---

[484] Convention d'établissement du 11 mars 1982 entre la République Unie du Cameroun et ELF SEREPCA, art. 16.5 ; convention d'établissement du 11 mars 1982 entre la République du Cameroun et TEPCAM (transformée en KELT CAMEROUN) et ses avenants n° 1 et 2, rachetée par PERENCO CAMEROUN, art. 16.5.

[485] Convention d'établissement du 11 mars 1982 entre la République Unie du Cameroun et ELF SEREPCA, art. 16.5 ; convention d'établissement du 11 mars 1982 entre la République du Cameroun et TEPCAM (transformée en KELT CAMEROUN) et ses avenants n° 1 et 2, rachetée par PERENCO CAMEROUN, art. 16.5.

[486] Convention d'établissement du 11 mars 1982 entre la République Unie du Cameroun et ELF SEREPCA, art. 16.5 ; convention d'établissement du 11 mars 1982 entre la République du Cameroun et TEPCAM (transformée en KELT CAMEROUN) et ses avenants n° 1 et 2, rachetée par PERENCO CAMEROUN, art. 16.5.

[487] Contrat de partage de production BOMANA du 14 mars 2006 entre la République du Cameroun et TOTAL E&P Cameroun, art. 15.2.1.

[488] Contrat de partage de production DISSONI du 4 avril 2005 entre la République du Cameroun, TOTAL E&P Cameroun et PECTEN Cameroon Company LLC, art. 15.2.1.

contrat Bomana, ce bonus correspond à un seuil de production de vingt millions (20 000 000) de barils[489].

* US $ 2 000 000 (environ 1 050 millions de FCFA) le jour où la production de Pétrole Brut cumulée depuis le début de l'exploitation au titre de l'ensemble des Autorisations d'Exploitation dérivant de l'Autorisation de Recherche atteint pour la première fois le seuil de cent millions (100 000 000) de barils[490], soit quatre fois la production totale du Cameroun en 2006. Dans le contrat Bomana, ce bonus correspond à un seuil de production de cinquante millions (50 000 000) de barils[491], soit le double de la production totale du Cameroun en 2006.

* US $ 2 000 000 (environ 1 050 millions de FCFA) le jour où le premier baril d'hydrocarbures liquides est produit sur une Autorisation d'Exploitation accordée au Contractant à l'issue de travaux de Recherche sur la Thématique Isongo[492]. Seul le contrat Dissoni contient cette disposition jusqu'en fin 2006[493].

373.- Au Gabon, le bonus perçu par l'Etat est de :

* 200 millions de FCFA (304 898,964106 EUROS) après 120 jours consécutifs de production à la cadence de 20 000 (vingt mille) barils par jour[494].

* 500 millions de FCFA (762 247,410264 EUROS) après 120 jours consécutifs de production à la cadence de 50 000 (cinquante mille) barils par jour[495].

* 800 millions de FCFA (1 219 595,86 EUROS) après 120 jours consécutifs de production à la cadence de 100 000 (cent mille) barils de plus par jour[496].

La cadence de production d'un gisement est mesurée dans les conditions normales d'exploitation.

B - LE BONUS DE SIGNATURE

374.- Il est perçu au moment de la signature du contrat pétrolier. Il consiste en un versement unique à montant variable. Ce bonus est en effet fixé en fonction de l'intérêt d'une zone de recherche donnée (les fortes chances de trouver du pétrole brut, les difficultés relativement faibles sur la zone entraînent généralement un bonus de signature élevé). Il résulte, de plus, d'un accord entre les parties et il est donc en quelque sorte négocié[497]. Il peut aussi être un outil d'incitation à la recher-

---

489 Contrat de partage de production BOMANA du 14 mars 2006 entre la République du Cameroun et TOTAL E&P Cameroun, art. 15.2.2.

490 Contrat de partage de production DISSONI du 4 avril 2005 entre la République du Cameroun, TOTAL E&P Cameroun et PECTEN Cameroon Company LLC, art. 15.2.2.

491 Contrat de partage de production BOMANA du 14 mars 2006 entre la République du Cameroun et TOTAL E&P Cameroun, art. 15.2.3.

492 Par « Thématique Isongo », il convient d'entendre les formations turbiditiques d'âge Miocène Inférieur à Moyen (v. Contrat de partage de production DISSONI du 4 avril 2005 entre la République du Cameroun, TOTAL E&P Cameroun et PECTEN Cameroon Company LLC, art. 6.1).

493 Contrat de partage de production DISSONI du 4 avril 2005 entre la République du Cameroun, TOTAL E&P Cameroun et PECTEN Cameroon Company LLC, art. 15.2.3.

494 Loi gabonaise n° 14/74 du 21 janvier 1975, précitée, art. 9.

495 Loi gabonaise n° 14/74 du 21 janvier 1975, précitée, art. 9.

496 Loi gabonaise n° 14/74 du 21 janvier 1975, précitée, art. 9.

497 Brasseur (R), *Législation et fiscalité internationale des hydrocarbures exploration et production*, précitée, p. 130.

che pour les zones difficiles, telles que les zones en eau profonde. Le montant de ce bonus est par conséquent variable d'un accord à un autre dans un même pays.

375.- Au Gabon, la loi a fixé le montant plancher du bonus de signature à 100 000 FCFA (152,445 €) au km2[498]. La loi camerounaise ne prévoit aucun plancher et laisse toute latitude aux contrats. C'est ainsi que le contrat Dissoni prévoit un bonus de signature de US $ 2 000 000 (environ 1 050 millions de FCFA)[499] ; le contrat Bomana prévoit quant à lui un bonus de signature de US $ 1 000 000 (environ 525 millions de FCFA)[500]. De plus en plus dans certains pays, c'est la procédure des enchères qui est utilisée. L'Etat créé des blocs qu'il soumet à la concurrence, car il a déjà réalisé la sismique qu'il vend aux compagnies. Le bonus de signature est donc un prélèvement fiscal dégagé par l'intérêt de la zone. Il n'est pas fixé par l'Etat. Ce dernier a néanmoins intérêt à capter la rente minière par ces procédés, tout au début de la procédure. Le bonus de signature fait partie des frais de premier établissement et est amortit selon le taux réservé à cette catégorie[501].

Section 2 : Les redevances et droits de transit

376.- La redevance est un impôt calculé sur la valeur des hydrocarbures produits (impôt *ad valorem*). Elle est déterminée en dehors de toute notion de bénéfice. Elle diffère bien entendu d'un pays à un autre et généralement dans le même pays elle peut être appliquée à des taux différents, suivant la taille des gisements, la difficulté liée à l'exploitation ou une situation particulière. Du point de vue de la compagnie pétrolière, plus les taux de redevances sont élevés, plus les chances d'abandonner de façon prématurée les puits en production et de ne pas développer les gisements marginaux sont grandes[502]. C'est pourquoi, pour contrer plus généralement l'impact d'un taux fixe de redevances, certains pays ont introduit des taux progressifs qui s'ajustent à la hausse lorsque la production augmente, et à la baisse dans le cas contraire. Plusieurs types de redevances peuvent exister. Mais il ressort des lois minières que les sociétés pétrolières doivent payer la Redevance superficiaire (§1) et la Redevance Minière Proportionnelle (§2). Lorsqu'elles transportent leur brut par pipeline, elles supportent également un droit de transit (§3).

§1 : La redevance superficiaire

377.- Avant de voir comment elle s'applique dans quelques Etats membres de la CEMAC (B), passons en revue les principes de la redevance superficiaire (A).

---

[498] Loi gabonaise n° 14/74 du 21 janvier 1975, précitée, art. 8.

[499] Contrat de partage de production DISSONI du 4 avril 2005 entre la République du Cameroun, TOTAL E&P Cameroun et PECTEN Cameroon Company LLC, art. 15.1.

[500] Contrat de partage de production BOMANA du 14 mars 2006 entre la République du Cameroun et TOTAL E&P Cameroun, art. 15.1.

[501] V. infra, n° 459.

[502] LAPOINTE (A). & RAYNAUD (D). , *La rente pétrolière et son partage*. Les cahiers du CETAI-Gestion d'entreprises pétrolières, GED-DP-90-20. CETAI, HEC, Montréal, décembre 1990.

A - PRINCIPES

378.- La redevance superficiaire est distincte des droits fixes[503] et de la redevance minière proportionnelle[504]. Elle s'apparente à une redevance domaniale, un loyer du domaine. Elle est reprise dans les lois minières. Initialement, seuls les permis d'exploitation et les concessions y étaient assujettis. Depuis 1978, les permis de recherche le sont également au Cameroun[505]. Cette redevance est calculée sur la base de la superficie définie dans l'acte constitutif, diminuée, le cas échéant, des réductions de périmètre effectuées sur le permis. Elle est payable d'avance et par année, à partir de l'année calendaire qui suit l'institution du titre. Elle n'est donc pas due par exercice fiscal, mais plutôt par année civile. Dans le cas d'adjudication prononcée en application de la législation minière, l'adjudicataire est tenu au paiement de la redevance superficiaire à compter de l'année budgétaire qui suit l'adjudication. Il doit, dans le délai légal qui lui est accordé après la signification qui lui est faite, payer le prix de l'adjudication sous peine d'être déchu de plein droit avec confiscation de son cautionnement et de ne plus pouvoir prendre part à la nouvelle adjudication.

B - APPLICATION DANS QUELQUES ETATS

379.- Au Cameroun, la redevance superficiaire est fixée comme suit par la loi de 1978[506] :

- Pour les permis de recherche[507],
  0,762247 EUROS (500 FCFA) par km² pendant la première année
  1,524495 EUROS (1 000 FCFA) par km² pendant la deuxième année
  3,811237 EUROS (2 500FCFA) par km² pendant la troisième année
  7,622474 EUROS (5 000 FCFA) par km² pendant les années suivantes
  Cette progressivité vise à obliger les compagnies soit à investir, soit à remettre les surfaces à l'Etat.
- Pour le permis d'exploitation, 76,224741 EUROS (50 000 FCFA) par km2 avec un plancher de 3 048,989641 EUROS (2 000 000 FCFA) par an[508]. A partir de ce niveau, la progressivité a cessé, car il y a la preuve que la compagnie a investit et obtient déjà des résultats probants. L'Etat évite donc de décourager l'exploitation par une surtaxation.
- Pour les concessions, 152,449482 EUROS (100 000 FCFA) par km² avec un plancher de 6 097,979282 EUROS (4 000 000 FCFA) par an[509].

Le recouvrement de la redevance superficiaire était autrefois dévolu au ministère en charge des mines (ou du pétrole). Avec l'avènement de la politique de

---

503 V. supra, n° 366.
504 V. infra, n° 384 ss.
505 Loi camerounaise n° 78/24, précitée, article 12.
506 Ces taux ont été révisés par le décret camerounais n° 2002/032/PM du 03 janvier 2002, précité, art. 2. 2° a), applicable aux entreprises relevant du nouveau code pétrolier (supra, n° 280).
507 Loi camerounaise n° 78/24 du 29 décembre 1978, précitée, art. 12 A.
508 Loi camerounaise n° 78/24 du 29 décembre 1978, précitée, art. 12 B.
509 Loi camerounaise n° 78/24 du 29 décembre 1978, précitée, art. 12 C.

l'interlocuteur unique, cette compétence est de plus en plus donnée à la direction des impôts, qui relève plutôt du Ministère en charge des Finances.

380.- Au Gabon, les redevances superficiaires sont fixées ainsi depuis 1975 :

- Pour les permis de recherche[510],
  La première année 150 FCFA le km² (0,229 €)
  Les 2è et 3è années 250 FCFA le km² (0,381 €)
  Les 4è et 5è années 350 FCFA le km² (0,534 €)
  Au-delà de la 5è année 1 500 FCFA le km² (2,287 €)
  La redevance est réduite des quatre cinquième (4/5) pour les permis marins dont la profondeur d'eau est supérieure à 200 mètres. L'exonération est totale à partir de 1 000 mètres de profondeur d'eau.
- Pour les permis d'exploitation et les concessions[511],
  700 FCFA par hectare et par an.

381.- En Guinée Equatoriale, les redevances superficiaires sont payées suivant les termes du contrat entre la société pétrolière et l'Etat[512]. Elles ne sont par conséquent pas du domaine de la loi.

382.- Au Tchad, la redevance superficiaire est fixée comme suit depuis 1962 :

- Pour les permis de recherche[513],
  US $ 1,00 par kilomètre carré de surface détenue pendant la première période de renouvellement du permis ;
- Pour les concessions[514], US $ 100,00 par kilomètre carré de surface détenue par année.

383.- En République Centrafricaine, la redevance superficiaire est fixée comme suit par l'ordonnance de 1993[515] :

- Pour l'autorisation de prospection, 0,5 USD/km²
- Pour un titre minier d'hydrocarbures,
  1 USD/km²/an (1ère année)
  2 USD/km²/an (2è et 3è année)
  3 USD/km²/an (4è et 5è année)

§2 : La redevance minière proportionnelle ou *royalty*

384.- La *royalty* est le plus ancien des prélèvements fiscaux dans la recherche et l'exploitation du pétrole. Elle trouve son origine aux Etats-Unis où la propriété du

---

[510] Loi gabonaise n° 14/74 du 21 janvier 1975, précitée, art. 5.
[511] Loi gabonaise n° 14/74 du 21 janvier 1975, précitée, art. 6.
[512] Décret-loi n° 7/1981 du 16 juin 1981, portant code des hydrocarbures en Guinée Equatoriale, art. 21.
[513] Convention du 19 décembre 1988 entre la République du Tchad et le consortium, précitée.
[514] Convention du 19 décembre 1988 entre la République du Tchad et le consortium, précitée.
[515] Ordonnance centrafricaine n° 93.007 du 25 mai 1993, précitée, art. 65, modifié par les lois de finances des exercices 2002 et 2003.

sous-sol suit la propriété du sol. En effet dans ce pays, lorsque les propriétaires permettaient l'exploitation du pétrole sur leur sous-sol, c'était en contrepartie d'une redevance appelée *royalty* et libérée par l'exploitant. La *royalty* correspond en quelque sorte à une indemnité compensatrice pour destruction du patrimoine du fait de l'exploitation, qui conduit progressivement à l'épuisement des réserves disponibles. Il est donc logique que son montant soit en valeur proportionnel aux quantités extraites du gisement. Ce versement a été repris par les Etats producteurs pour leur propre bénéfice, ce qui se justifie par le caractère de bien national donné aux hydrocarbures dans la plupart des Etats.

385.- A la différence des primes au comptant, la *royalty* est payée à la condition qu'il y ait mise en production préalable. Elle est proportionnelle aux quantités extraites d'un gisement. Elle représente un pourcentage tantôt fixe, tantôt variable de la valeur de la production issue du gisement donné. Il s'ensuit que contrairement à l'impôt sur les sociétés qui n'est dû qu'en cas de bénéfice effectif[516], la *royalty* n'est aucunement liée au bénéfice. Elle est perçue même en cas de perte d'exploitation. Depuis l'origine et pendant longtemps, la *royalty* était considérée comme un acompte de l'impôt sur les bénéfices dont elle constituait alors la garantie d'un versement minimum même en l'absence de bénéfice[517]. Mais en 1964, à la conférence de Djakarta en Indonésie, l'OPEP a réussi à transformer la *royalty* en un impôt propre, une charge déductible du résultat imposable à l'impôt sur les sociétés[518].

386.- Jusqu'en 1974, la *royalty* représentait environ 12,5 % de la production. A la faveur du premier choc pétrolier entre octobre 1973 et janvier 1974[519], les prix du pétrole brut connaissent des hausses successives et brutales jusqu'en janvier 1974. En fin 1974, la *royalty* atteint alors le taux de 20 %. Avec la quasi-stabilité des prix observée entre 1974 et 1979, ce taux va baisser pour se situer à une moyenne de 13 %. Ces dernières évolutions ont toutes été reprises dans la législation minière des Etats membres de la CEMAC[520]. Mais avec l'application de la rente minière garantie, il arrive que dans certains de ces Etats, la *royalty* soit négative. Nous l'analysons ci-après à travers ses modalités de détermination (A), sa liquidation (B), et son paiement (C).

A – LES MODALITES DE DETERMINATION DE LA REDEVANCE MINIERE PROPORTIONNELLE

387.- Nous abordons ici le champ d'application (a) et l'assiette (b) de la redevance minière proportionnelle.

---

[516] V. infra, n° 420.
[517] RIFAI (T), *Les prix du pétrole : Economie de marché ou stratégie de puissance*, Paris, éd. TECHNIP, 1974, pp. 33-34
[518] V. infra, n° 457.
[519] V. supra, n° 11.
[520] La République Centrafricaine est cependant restée dans le système existant avant 1964 (v. infra, n° 684)

a) Le champ d'application

388.- La redevance minière proportionnelle est due au titre de chaque exercice fiscal. Elle est exigée à toute société détentrice de titre minier. Son fait générateur est l'extraction du brut issu d'un gisement « commercialement exploitable », c'est-à-dire un gisement susceptible de produire des hydrocarbures pouvant être vendus à un prix suffisant pour couvrir les frais de développement, d'exploitation, de transport et pour assurer une marge bénéficiaire raisonnable. La redevance minière proportionnelle est due pour l'ensemble des titres d'exploitation dérivant d'un même permis de recherche, conformément au principe du *ring fence* ou enclos fiscal. Elle sera donc déterminée permis par permis ou bassin par bassin selon les cas[521].

b) L'assiette

389.- Les lois minières définissent la redevance minière proportionnelle comme un pourcentage de la valeur « départ champ » des hydrocarbures extraits. Ces mêmes lois précisent que pour l'assiette de la redevance, certaines quantités d'hydrocarbures sont exclues. Il s'agit des quantités d'hydrocarbures qui sont soit consommées pour les besoins directs de la production[522], soit réintroduites dans le gisement, soit perdues ou inutilisées. Les substances connexes sont également exclues de l'assiette. La valeur « départ champ » sera calculée en fonction des prix courants du marché international et suivant les modalités fixées par les conventions d'établissement ou autres contrats pétroliers, déduction faite des frais et charges intermédiaires. Généralement, les conventions d'établissement prévoient que le prix de vente des hydrocarbures est le prix à l'exportation.

390.- Le prix à l'exportation de pétrole brut sera établi FOB port de chargement. Il devra être en ligne avec les prix officiels des contrats à long terme d'exportation de qualité similaire. Les corrections nécessaires sont apportées pour tenir compte des caractéristiques des différentes transactions (qualité, lieu et conditions de livraison, conditions de paiement, qualité…). Le prix à l'exportation du pétrole brut déterminé comme ci-dessus sera le prix affiché[523] fixé par le gouvernement. Au Cameroun, la loi prévoit que cette publication est précédée par un avis d'une commission paritaire réunissant les représentants de l'administration[524]. Mais dans la pratique, ce sont les deux parties qui se réunissent en commission paritaire pour négocier ce prix, et le fixer au début de chaque trimestre. C'est la même situation au Gabon, où le comité paritaire détermine les Prix de Cession Officiels (PCO).

---

[521] Avec les mesures d'incitation à la recherche et à la production prises par les Etats, le ring fence ne se limite plus au permis. Il s'étend au bassin sédimentaire (V. supra, n° 297).

[522] Au Congo cependant, l'article 49 de la loi n° 24-94 du 23 août 1994 réintègre dans l'assiette de la Redevance Minière « les quantités d'hydrocarbures éventuellement utilisées pour les besoins de l'exploitation, à l'exception des hydrocarbures réinjectés dans le gisement pour le maintien d'énergie ou brûlés conformément à la loi ».

[523] V. infra, n° 435.

[524] Loi camerounaise n° 78/24 du 29 décembre 1978, précitée, art. 24, 2°.

391.- Au Congo, on parle aussi de prix fixé depuis la réforme de 1994. Le prix fixé reflètera la valeur des hydrocarbures liquides de chaque qualité, FOB terminal de chargement au Congo, sur le marché international déterminé en Dollars par baril[525]. On peut donc constater que le cheminement est le même que ci-dessus, avec simplement un choix et un agencement de mots différents. Par ailleurs, les différentes exclusions faisaient l'objet d'un rabais de dix pour cent (10 %), puis il était procédé à une réduction pour frais de transport estimés à 0,44 dollars par baril[526].

B – LA LIQUIDATION DE LA REDEVANCE MINIERE PROPORTIONNELLE

392.- La liquidation de la redevance minière proportionnelle se fait en deux étapes : l'une provisoire (b), et l'autre définitive (c). Dans les deux cas, elle fait appel à des taux (a) dont l'analyse présente un intérêt certain.

a) Le taux de la redevance

393.- Jusqu'en 1973, le taux de la redevance minière proportionnelle était de 12,5 % au Cameroun, au Congo, au Gabon, et au Tchad. Ce taux était équivalent à celui de l'OPEP. Au Congo, ce taux découlait des conventions d'établissement[527]. Il devait être proportionnel à la quantité de pétrole brut produite. Ce taux devait évolué comme suit :

- 6,5 % pour moins de 50 000 tonnes par an,
- 8,5 % de 50 000 à 300 000 tonnes par an,
- 10,5 % de 300 000 à 500 000 tonnes par an,
- 11,5 % de 500 000 à 700 000 tonnes par an,
- 12,5 % de 700 000 à 1 000 000 tonnes par an,
- 14 % de 1 000 000 à 3 000 000 tonnes par an,
- 14,5 % de 3 000 000 à 5 000 000 tonnes par an,
- 15 % pour plus de 5 000 000 tonnes par an.

394.- Par rapport à ces conditions conventionnelles, le Congo aurait bénéficié, dès janvier 1974, d'un taux de redevance minière supérieur à celui de l'OPEP. Mais les modifications contractuelles apportées au cours de l'année 1973 le maintinrent à 12,5 % alors qu'il aurait été porté à 14 %. La redevance minière proportionnelle a été stabilisée à ce taux jusqu'en octobre 1977, date à laquelle son taux fut porté à 17,5 %[528]. Le taux de redevance appliqué par les pays de l'OPEP avait été relevé, entre-temps, à 20 %. Depuis le nouveau code des hydrocarbures de 1994, le taux de la *Royalty* est fixé à 15 % pour tous les hydrocarbures liquides[529]. Mais certains

[525] Loi n° 24-94 du 23 Août 1994, portant code des hydrocarbures en République du Congo, art. 50.
[526] LELO (A. J. A.), *Aspects Juridiques de l'exploitation et de la commercialisation du pétrole au Congo*, Thèse de doctorat 3ème cycle, Université René Descartes, Paris V, 1985, p. 93.
[527] Convention d'établissement d'Elf Congo et d'Agip R. Congo
[528] TSASSA (C)., *Système de production du pétrole au Congo et accumulation nationale*, précitée, p. 120
[529] Loi congolaise n° 24-94 du 23 août 1994, portant code des hydrocarbures, art. 47.

contrats affichent des taux inférieurs à cette norme ; c'est le cas du contrat PNGF avec 12 %[530].

395.- Au Cameroun par contre, le taux de 12,5 % relevait de la loi du 6 Avril 1964[531]. Cette loi a été révisée par la loi du 29 Décembre 1978[532]. Mais en parcourant la loi 78/24, on s'aperçoit que le taux a disparu. Ceci peut provenir de ce que les contrats camerounais se rapprochent des contrats de partage de production, qui ne nécessitent en réalité pas de *royalty*. Les conventions d'établissement non plus ne fixent un taux sur la base duquel doit être calculée la *royalty*. Cependant, ces conventions introduisent le concept de rente minière garantie[533]. La compagnie bénéficie d'une rente minière garantie après paiement de la redevance minière, de l'impôt sur les bénéfices et de tout autre prélèvement. Ceci veut dire qu'on détermine la rente minière par reconstitution. On détermine le montant qui, ajouté aux prélèvements fiscaux et déduits ensembles de la rente minière, assure à la compagnie un gain de 22 %, 26 % ou 30 % selon les bassins[534]. Le taux de la redevance devient ainsi variable et peut même être négatif. Dans ce dernier cas, c'est la SNH qui rembourse à la société le surplus d'impôts payé pour ramener son revenu au niveau de la rente minière prévue[535].

396.- Au Gabon, ce taux découlait également des lois minières. Avec l'entrée du pays dans l'OPEP à la fin de l'année 1973, ce taux devait y être soumis aux fluctuations de celui de l'organisation, jusqu'à ce qu'il en sorte. Cependant la loi du 24 janvier 1975 toujours en vigueur le définit dans une fourchette comprise entre 12 % et 16,67 %[536].

397.- En Guinée Equatoriale, les sociétés sont tenues de verser une redevance dont le taux varie en fonction des bassins et des contrats. Néanmoins, ce taux ne devra pas être inférieur à dix pour cent (10 %) de la production brute d'hydrocarbures de la société. Le montant exact de la redevance est établi par le contrat entre la société et l'Etat[537]. Depuis la loi du 20 mars 2000, modifiant le Décret-loi n° 7/1981 du 16 juin 1981, portant code des hydrocarbures, ce taux doit être compris entre 10 % et 16 %[538].

---

[530] Contrat de partage de production entre la République du CONGO, Elf Congo et AGIP Recherches Congo, du 23 novembre 1995, relatif aux permis issus de l'ancien permis de recherches de PNGF, art. 11.1.

[531] Loi camerounaise n° 64-LF-4 du 6 avril 1964 fixant l'assiette, les taux et mode de recouvrement des droits fixes, redevances et taxes minières, art. 25.

[532] Loi camerounaise n° 78/24 du 29 décembre 1978, précitée.

[533] V. supra, n° 179.

[534] Loi camerounaise n° 98/003 du 14 avril 1998, précitée, art. 8 ; v. supra, n° 323.

[535] Convention d'établissement du 17 mai 1996 entre la République du Cameroun et la SNH. art. 14. 2. a).

[536] Loi gabonaise n° 14/74 du 21 janvier 1975 portant réglementation des activités de recherches et d'exploitation pétrolière sur le territoire de la République, art. 3 a).

[537] Décret-loi Equato-guinéen n° 7/1981 du 16 juin 1981, portant code des hydrocarbures, art. 20.

[538] Loi Equato-guinéene n° 6/2000 du 20 mars 2000, modifiant le décret-loi n° 7/1981 du 16 juin 1981, portant code des hydrocarbures, art. 19.

398.- Au Tchad, le taux de 12,5 % relève de l'ordonnance du 3 Février 1962[539]. Autant que son ordonnance de référence, ce taux n'a pas connu d'aménagement. C'est celui que le consortium applique encore à ce jour. La loi prévoit néanmoins que les conventions d'établissement pourront fixer des taux de redevance inférieurs à 12,5 %, pour les gisements de faible production[540].

399.- En République Centrafricaine, le taux de 12,5 % a persisté même avec l'ordonnance de 1993[541] ; celle-ci précise en outre qu'il s'agit d'un taux maximum de la valeur départ champ des hydrocarbures. En effet, le contrat de concession peut prévoir des exemptions totales ou partielles de la redevance à la production dans des cas exceptionnels en vue de promouvoir les opérations pétrolières dans la république[542].

b) La liquidation provisoire

400.- Elle permet de liquider par anticipation la *royalty* pour que la société la paie de manière régulière. La détermination diffère selon que le taux est fixe ou variable. Lorsque le taux est variable, avant le début du douzième mois de l'exercice, la redevance minière proportionnelle due au cours de l'exercice fiscal suivant pour l'ensemble des titres d'exploitation dérivant d'un permis de recherche donné sera fixée à titre provisoire par le gouvernement à un taux tel que la compagnie dispose, dans les conditions conventionnelles, de la rente minière éventuellement garantie de l'exercice fiscal considéré. Lorsque le taux est fixe, la redevance est assise sur les quantités d'hydrocarbures produites dans les gisements. Cette méthode est inspirée de celle appliquée dans les pays membres de l'OPEP.

401.- Dans les deux cas, le calcul du montant de la redevance se fait en fonction des prévisions économiques. Ces dernières sont présentées par l'une et l'autre partie, concernant l'exercice fiscal suivant et après que celles-ci se soient concertées dans le but de définir conjointement et de bonne foi, une solution raisonnable. Il peut arriver que les parties ne s'entendent pas sur une solution raisonnable avant la fin du premier trimestre de l'exercice fiscal. Le cas échéant, le gouvernement fixera le taux provisoire de la redevance minière proportionnelle sur la base du dernier prix à l'exportation du pétrole brut connu, tel qu'il aura été défini dans le respect de la Rente Minière (Garantie). Au Gabon, pour les contrats de concession en cours de validité, l'acompte est versé le 28 de chaque mois sur la base des Prix de Cession Officiels (PCO)[543].

---

[539] Ordonnance tchadienne n° 7-PC-TP-MH du 3 février 1962 organisant les activités de recherche, d'exploitation de transport par canalisations et le régime fiscal des hydrocarbures liquides et gazeux, art. 63 a).

[540] Ordonnance tchadienne n° 7-PC-TP-MH du 3 février 1962, précité, art. 63 c)

[541] Ordonnance centrafricaine n° 93.007 du 25 mai 1993, précitée, art. 66 al. 1.

[542] Ordonnance centrafricaine n° 93.007 du 25 mai 1993, précitée, art. 66 al. 3.

[543] Ils sont arrêtés sur la base des prix des marchés internationaux par le comité paritaire composé d'un représentant de la Présidence de la République, du Ministère des Finances, du Ministères des Mines et du Pétrole, de représentants des compagnies pétrolières afin de tenir compte des spécificités des bruts gabonais

c) La liquidation définitive

402.- Elle permet de procéder à une régularisation en fin d'exercice, de la *royalty* payée à titre provisoire au début de l'exercice. Dans les cas où le taux est variable, avant la fin du 1er trimestre de chaque exercice, la redevance minière proportionnelle due au cours de l'exercice fiscal écoulé pour l'ensemble des titres d'exploitation dérivant d'un permis de recherche donné sera fixée à titre définitif par le gouvernement à un taux tel que la compagnie dispose, dans les conditions conventionnelles, de la rente minière éventuellement garantie de l'exercice fiscal considéré. Au cas où le taux de la redevance proportionnelle ne permettrait pas de remplir les conditions de la Rente Minière garantie, le montant de ladite redevance sera ajusté afin que la société reçoive le revenu prévu par la RMG[544]. Cet ajustement peut aboutir à une rente minière proportionnelle négative. C'est le cas au Cameroun, dans le cadre de la législation antérieure au Code Pétrolier[545]. Dans les cas où le taux est fixe, on procède comme au moment de la liquidation provisoire. La redevance est assise sur les quantités d'hydrocarbures produites dans les gisements. Au Gabon, la régularisation prévue pour les contrats de concession doit tenir compte des variations du prix du *Brent* sur le mois complet, des variations des différentiels de prix constatés chaque mois, des variations de la production réelle, des variations du cours du dollar.

403.- Pour les besoins de liquidation de cette redevance, les compagnies pétrolières sont soumises à des obligations déclaratives mensuelles ou trimestrielles spéciales[546] :

- Une déclaration de la production du mois ou du trimestre selon le cas. Cette déclaration mentionne, par gisement, les quantités d'hydrocarbures liquides produites effectivement au cours du mois précédent et la part de cette production revenant à chacune des parties, calculée sur des bases provisoires en application des dispositions contractuelles.

- Un état de la Redevance. Cet état indique les quantités de chaque qualité d'hydrocarbures liquides enlevées au titre de la redevance minière proportionnelle, les quantités de chaque qualité d'hydrocarbures liquides consommées par le contracteur dans les travaux pétroliers au cours de la

---

[544] Contrat d'association pour les opérations de recherches et d'exploitation d'hydrocarbures au Cameroun signé le 28 février 1980 entre la République du Cameroun et PECTEN CAMEROON COMPANY, art. II 3. d).

[545] Convention d'établissement du 17 mai 1996 entre la République du Cameroun et la SNH. art. 14. 2. a).
Convention d'établissement du 11 mars 1982 entre la République du Cameroun et TEPCAM (transformée en KELT CAMEROUN) et ses avenants n° 1 et 2, rachetée par PERENCO CAMEROUN, art. 16 nouveau.

[546] Les divers états dont il est question sont énumérés dans les contrats d'association entre les sociétés pétrolières et les Etats. Le contrat de partage de production relatif au permis de mer profonde sud du 6 mai 1996, entre la République du CONGO et la société ELF CONGO les explique mieux (chap. VII, art. 23 ss).

période de référence, ainsi que les sommes payées par le contracteur au titre de la redevance sur ces dernières quantités.

- Un état des quantités d'hydrocarbures liquides transportées au cours du mois. Il indique par gisement, les quantités d'hydrocarbures liquides transportées au cours du mois précédent, entre le gisement et le point d'exportation ou de livraison. Il indique également l'identification des canalisations utilisées et le prix du transport payé lorsque celui-ci est effectué par des tiers.

- Un état des enlèvements du mois. Il indique pour chaque qualité d'hydrocarbures liquides les quantités effectivement enlevées pour exportation ou livraison par chaque partie ou remises à elle, au cours du mois précédent. En outre, chaque entité constituant le contracteur fera parvenir, dans le même ordre d'idées et pour son propre compte, un état des quantités de chaque qualité d'hydrocarbures liquides qu'elle a enlevées pour exportation ou livraison, en donnant toutes indications concernant chaque opération d'enlèvement ou de livraison (acheteur, navire, prix, destination finale, ...)

- Un état d'inventaire des stocks d'hydrocarbures liquides. Cet état indique pour le mois précédent, par lieu de stockage et pour chaque qualité d'hydrocarbures liquides, les stocks au début du mois ; les entrées en stocks au cours du mois ; les sorties de stocks au cours du mois ; les stocks à la fin du mois. Ce choix peut être modifié à tout moment, moyennant un préavis (six mois au Cameroun).

C – LE PAIEMENT DE LA REDEVANCE MINIERE PROPORTIONNELLE

404.- Conformément à la pratique internationale reprise par les lois minières nationales, la redevance minière proportionnelle peut être réglée en nature (a) ou en espèces (b), au choix de l'administration.

a) Le paiement en nature

405.- Lorsque l'administration tient à se faire payer tout ou partie de la redevance en nature, elle avise la compagnie dans le mois qui suit la délivrance du titre d'exploitation. Dans ce cas, la redevance est payée mensuellement par une ou plusieurs livraisons de brut. Les modalités de livraison sont arrêtées d'accord parties. En général, l'opérateur assure, aux frais de l'administration, le traitement primaire, le transport et le stockage de la part correspondant à la redevance aux points normaux de livraison des produits extraits. Les conditions de prise en charge au budget de la valeur de ces redevances payées en nature sont fixées par un arrêté du ministre en charge des finances. Dans la pratique, ce mode de paiement de la redevance minière proportionnelle est l'exception. La règle consiste au paiement en espèces.

b) Le paiement en espèces

406.- En l'absence de toute notification de l'administration dans le mois qui suit la délivrance du titre d'exploitation, elle est censée avoir choisi le mode de règlement en espèces. Dans ce cas, la redevance est payée soit mensuellement (cas du Gabon), soit trimestriellement (cas du Cameroun) par acompte selon une formule que nous présentons comme suit :

A = 0,85 x Q x T x V
Où :
A = l'acompte,
Q = les quantités produites au cours du trimestre écoulé,
T = le taux de redevance applicable conformément à la convention,
V = la valeur au lieu d'extraction de l'huile.

Le paramètre 0,85 n'est pas fixe. Il peut varier en fonction des champs et des Etats. C'est ainsi qu'au Cameroun, il est de 0,95 dans les champs dits marginaux[547].

407.- La valeur V sera le prix à l'exportation du brut, tel que déjà défini[548]. Il est tenu compte d'une déduction forfaitaire représentant les frais de transport intérieur, de traitement, de stockage et de chargement. Il est prévu que le défaut de sincérité d'une déclaration ou la production d'une déclaration hors délai entraîne paiement de pénalités ou d'amende. Mais la mise en œuvre de ces pénalités et amendes est assez complexe, et fait parfois intervenir l'arbitrage[549]. Une régularisation définitive est prévue avant la fin du premier mois ou trimestre de l'exercice fiscal suivant selon le cas. Ainsi, pour l'exercice 2003, la société Pecten Cameroon Company a payé à l'Etat camerounais une redevance positive sur la concession Rio Del Rey de USD 1 471 812,00, répartie comme suit :

- Premier acompte : 428 870,39 USD[550]
- Deuxième acompte : 343 769,18 USD[551]
- Troisième acompte : 353 922,68 USD[552]
- Quatrième acompte : 345 249,75 USD[553]

TOTAL 1 471 812,00 USD

---

[547] Convention d'établissement du 11 mars 1982 entre la République du Cameroun et TEPCAM (transformée en KELT CAMEROUN) et ses avenants n° 1 et 2, rachetée par PERENCO CAMEROUN art. 14 (nouveau).
[548] V. supra, n° 390.
[549] V. infra, n° 564 ss.
[550] Lettre confidentielle n° 474/SNH/DG/DFI/DFI-A/SPO-CSA/STF/EWP/nmf/03 du 21 mai 2003.
[551] Lettre confidentielle n° 727/SNH/DG/DFI/DFI-A/SPO-CSA/STF/EWP/nmf/03 du 29 juillet 2003.
[552] Lettre confidentielle n° 1069/SNH/DG/DFI/DFI-A/SPO-CSA/STF/EWP/nmf/03 du 10 novembre 2003.
[553] Lettre confidentielle n° 139/SNH/DG/DFI/DFI-A/SPO-CSA/STF/EWP/nmf/04 du 20 février 2004.

§3 : Le droit de transit par pipeline

408.- Il est important de comprendre d'abord ce que c'est que le droit de transit par pipeline, et ce sur quoi il est assis. C'est ce que nous essayons de faire à travers la définition et l'assiette (A) de ce droit. Ensuite, nous verrons comment ce droit se liquide et se paie (B).

A - DEFINITION ET ASSIETTE

409.- Le droit de transit est une taxe créée au Cameroun par la loi du 05 août 1996[554]. Elle fait suite au projet de création du pipeline Tchad-Cameroun. Cette taxe, exigible mensuellement, est assise sur les quantités de pétrole brut transportées durant le mois précédent. Ces quantités sont arrêtées au moment de l'enlèvement du brut sur le Terminal Pétrolier de KOME – KRIBI 1, situé au large de Kribi.

410.- Au plan technique, cette activité implique la réalisation d'un certain nombre d'opérations en amont, telles que[555] :

- la surveillance des enlèvements de brut par les représentants de l'administration ;
- la supervision des enlèvements, y compris la vérification de la fiabilité du système de comptage, par un inspecteur pétrolier indépendant à recruter par le Comité de Pilotage et de Suivi des Pipelines (CPSP), afin de certifier la qualité et les quantités de Brut enlevées, base de calcul du droit de Transit à payer par la Cameroon Oil Transportation Company (COTCO) à la République du Cameroun ;
- l'élaboration par la CPSP, de la facture à adresser à COTCO, sur la base des quantités enlevées, certifiées par l'inspecteur pétrolier indépendant, pour paiement du Droit de Transit par COTCO[556] ;
- la vérification par la CPSP de la déclaration mensuelle de COTCO relative aux quantités enlevées.

411.- En outre, l'exploitation et l'entretien du pipeline et ses installations annexes (Stations de Pompage de Dompta et de Belabo et de Réduction de Pression de Kribi), opérations préalables également effectuées en amont et permettant de s'assurer, d'une part du bon fonctionnement du Pipeline, condition nécessaire pour l'arrivée du brut sur le terminal et d'autre part, de l'exécution effective des enlèvements de brut sur ce terminal, font l'objet de la surveillance administrative et du contrôle

---

[554] Loi camerounaise n° 96/14 du 05 août 1996 portant régime du transport des hydrocarbures par pipeline en provenance des pays tiers.

[555] Lettre n° 1086/SNH/ADG/CPSP/SP/SPA/ETS/2003 du 18 septembre 2003, du Président du Comité de Pilotage et de Suivi des Pipelines à Monsieur le Ministre des Finances et du Budget (Cameroun), relative au recouvrement du Droit de Transit du pipeline Tchad/Cameroun.

[556] La compétence de la CPSP devrait se limiter à l'établissement de cette facture qu'elle transmettrait non pas directement à la COTCO, mais au programme de sécurisation des recettes des Mines de l'Eau et de l'Energie.

technique à réaliser par les administrations compétentes sous la coordination du CPSP.

B - LA LIQUIDATION ET LE PAIEMENT

412.- Le droit de transit du mois N est payé spontanément au guichet indiqué à cet effet à COTCO par la République du Cameroun, au plus tard le quinze (15) du mois N+1, sur la base d'une déclaration faite et certifiée sincère et exacte par COTCO de la Quantité Transportée au cours du mois N[557]. Le droit de transit est calculé selon la formule suivante :

DTN = t x QN

Où DTN désigne le montant du Droit de Transit du mois N ;
t désigne le taux unitaire du Droit de Transit ;
QN représente les Quantités Transportées au cours du mois N.

413.- Le taux unitaire du Droit de Transit (t) est fixé conformément aux dispositions de la loi 96/14[558] et aux engagements internationaux souscrits par la République du Cameroun. Il est de quarante et un centièmes de dollar (0,41 Dollar) par baril pour les Quantités Transportées de bruts issus des bassins sédimentaires de la zone du permis H[559]. Le taux unitaire de Droit de Transit pour les autres bruts est à convenir entre la république du Cameroun et les expéditeurs desdits bruts. Toutefois, les bruts issus des bassins sédimentaires tchadiens autres que ceux de la zone du Permis H bénéficieront d'un taux unitaire du Droit de Transit préférentiel par rapport aux bruts provenant des pays autres que la république du Cameroun.

414.- La monnaie de paiement du Droit de Transit est le dollar. Toutefois, la République du Cameroun peut, avec un préavis d'au moins quinze (15) jours avant l'échéance, notifier à COTCO sa décision de percevoir le Droit de Transit en Francs CFA ou de changer de guichet de paiement[560]. En l'absence de cette notification, la déclaration du Droit de Transit sera déposée au même lieu que le mois précédent, et le paiement sera fait au même lieu et dans la même devise que le paiement du mois précédent. Pour le mois de septembre 2003, le programme d'enlèvement du brut prévoyait un volume global de 1 900 000 barils, correspon-

---

557 Par sa lettre du 20 août 2003 justement, le Directeur Général de la COTCO a communiqué au Ministre des Finances et du Budget le programme des enlèvements de brut du terminal Kome-Kribi pour le mois de septembre 2003. Suite à cela et en vertu des dispositions de la convention d'établissement (art. 31.1), le Ministre lui a fait savoir, à travers sa correspondance n° 02470/MINFIB/DI du 16 septembre 2003, que le guichet de paiement du Droit de Transit est le programme de sécurisation des recettes des mines, de l'eau et de l'énergie, conformément au décret n° 2003/1397 du 10 juillet 2003. Cette notification met un terme aux diverses querelles qui tournaient autour de la caisse devant recevoir les paiements de la COTCO.

558 Loi camerounaise n° 96/14 du 05 août 1996, précitée.

559 Convention d'établissement du 20 mars 1998 entre la République du Cameroun et COTCO, art. 31.1, al. 4.

560 Convention d'établissement du 20 mars 1998 entre la République du Cameroun et COTCO, art. 31.1, al. 7.

dant à un droit de transit sensiblement égal à 450 millions de francs CFA (686 021,728 EUROS)[561]. Il a été expressément demandé à COTCO, pour ce premier paiement, de l'effectuer en Francs CFA auprès du receveur provincial des impôts de Yaoundé (Cameroun).

415.- Le Droit de Transit est payé par chèque certifié tiré sur une banque établie au Cameroun sauf accord contraire. Le paiement dudit Droit de Transit est fait contre délivrance au moment du paiement d'une quittance de versement par le guichet désigné à cet effet. La COTCO fournit au Ministre chargé des mines une copie de la quittance de versement délivrée par le guichet impliqué, ainsi qu'une copie de la déclaration de la quantité transportée au plus tard le vingt (20) du mois N+1[562]. Depuis le décret du 10 juillet 2003[563], l'assiette, la liquidation et le recouvrement du Droit de Transit sont assurés par le programme de sécurisation des recettes des mines institué en octobre 2002[564]. Ce programme est rattaché à la Direction des Impôts et procède selon les modalités définies par la loi du 05 août 1996[565], le Code Général des Impôts et les conventions d'établissement des entreprises concernées.

416.- Une fiscalité identique existe au Tchad, entre la TOTCO et la république du Tchad. En effet, la COTCO et la TOTCO représentent la même société multinationale chargée de la gestion du pipeline Tchad-Cameroun. Pour des besoins de droit interne, elle est devenue COTCO au Cameroun et TOTCO au Tchad.
A côté de ces impositions spécifiques à l'activité pétrolière, on en dénombre de nombreuses autres issues du droit commun (chapitre 2).

---

561 Lettre n° 0687/MINFIB/DI/FS/CPM du 12 septembre 2003, de la Cellule des Fiscalités Pétrolières et Minières (Direction des Impôts) à Monsieur le Ministre des Finances et du Budget du Cameroun.
562 Convention d'établissement du 20 mars 1998 entre la République du Cameroun et COTCO, art. 31.1, al. 10.
563 Décret camerounais n° 2003/1397 du 10 juillet 2003 modifiant et complétant les articles 1er, 2 et 4 du décret n° 2002/1721/PM du 8 octobre 2002 précisant les règles d'assiette, de contrôle et de recouvrement dans le cadre du programme de sécurisation des recettes des mines, de l'eau et de l'énergie, l'assiette, la liquidation et le recouvrement du droit de transit.
564 Décret camerounais n° 2002/1722/PM du 8 octobre 2002 instituant le programme de sécurisation des recettes des mines, de l'eau et de l'énergie.
565 Loi camerounaise n° 96/14 du 05 août 1996 précitée.

CHAPITRE 2

LES IMPOSITIONS ISSUES DU DROIT COMMUN

417.- Parmi les impositions issues du droit commun applicables à l'activité des sociétés pétrolières, il y a en premier lieu l'impôt sur les sociétés, de par son importance. Compte tenu de ce que le déficit n'est pas envisageable dans l'activité pétrolière, l'impôt sur les sociétés y prend couramment l'appellation d'impôt sur les bénéfices (section 1). Viendront ensuite les autres impôts (section 2), qui s'analysent différemment selon qu'ils relèvent de la fiscalité de porte ou de la fiscalité interne.

Section 1 : L'impôt sur les bénéfices

418.- En vue d'une meilleure assimilation de l'analyse, il convient de préciser d'abord certaines généralités (§1). Fort de ces connaissances, l'analyse plus aisée des mécanismes particuliers de détermination des résultats imposables (§2) facilitera la compréhension tant de l'exemption de certaines exigences de droit commun (§3) que des modalités d'imposition et de recouvrement (§4).

§1 : Généralités sur l'impôt sur les bénéfices

419.- Il s'agit d'apporter une lumière sur les notions de bénéfice (A) et de bénéfice imposable (B), avant de montrer leur application aux compagnies pétrolières (C).

A - LA NOTION DE BENEFICE

420.- Le bénéfice brut est la différence existant, pour une période déterminée (*en général l'exercice budgétaire ou l'année*), entre les recettes et les achats, majorée ou diminuée de la variation positive ou négative des stocks. Cette différence est utilisée par l'administration en particulier pour certaines évaluations et pour les vérifications de comptabilité des entreprises de vente au détail. Dans ce dernier cas, le pourcentage de bénéfice brut (par rapport aux achats nets) sert à apprécier à *priori* sinon la sincérité, du moins la cohérence des résultats déclarés, en les comparant[566] :
- au coefficient moyen pondéré résultant des prix d'achat et de vente pratiqués pendant la même période, ce qui suppose un échantillonnage préalable et précis des produits vendus et la connaissance des prix moyens pratiqués (compte tenu des rabais, promotions, soldes) pendant cette période.

[566] *Dictionnaire fiscal 2003*, n° 596.

- et à titre indicatif uniquement, au pourcentage donné dans les monographies professionnelles dont dispose l'administration, sous réserve bien entendu, que la nature de la profession et les conditions d'exercice de l'activité retenues dans ces documents correspondent à celle de l'entreprise contrôlée. Si elle n'est pas justifiée, une insuffisance ou une variation importante du bénéfice brut peut constituer, si elle est accompagnée d'autres anomalies, un motif de rejet de la comptabilité.

421.- Mais du point de vue des entreprises, le bénéfice est considéré comme la différence positive entre les produits et les charges afférents à une même période, les variations de stocks étant traitées comme des charges ou des produits suivant leur sens. Lorsque cette différence est négative, on parle plutôt de perte. Le cas échéant, on parlera alors de l'impôt sur le résultat, qui permet une fiscalisation particulière de la perte.
Cette approche permet de mieux appréhender la notion de bénéfice imposable.

B - LE BENEFICE IMPOSABLE

422.- Le bénéfice imposable est le bénéfice net déterminé d'après les résultats d'ensemble des opérations de toute nature effectuées par les entreprises au cours de la période servant de base à l'impôt[567]. Il est tenu compte des bénéfices obtenus dans les entreprises exploitées ou sur les opérations réalisées dans un Etat membre de la communauté, sous réserve de l'application des dispositions des conventions internationales. Le bénéfice net est également défini comme étant la différence entre les valeurs de l'actif net à la clôture et à l'ouverture de la période dont les résultats doivent servir de base à l'impôt, diminuée des suppléments d'apport et augmentée des prélèvements effectués au cours de cette période par les associés[568]. L'actif net s'entend de l'excédent des valeurs d'actif sur le total formé au passif par les créances des tiers, les amortissements et les provisions justifiées. Cette définition est semblable à celle édictée par le Code Général des Impôts français, en ses articles 38-2 et 209-I.

423.- Plus simplement, le bénéfice net imposable est égal à la différence entre les produits perçus et les charges supportées par l'entreprise[569]. Toutes les entreprises commerciales déterminent un résultat. Mais l'impôt sur les sociétés ne concerne que les bénéfices réalisés par les sociétés de capitaux (ou les sociétés de personnes qui en ont pris l'option). Cependant les compagnies pétrolières, bien qu'étant des sociétés de capitaux, y étaient exemptes.

C - L'IMPOT SUR LES SOCIETES DES COMPAGNIES PETROLIERES

424.- L'impôt sur les sociétés est apparu très tardivement dans les contrats pétroliers. C'est en 1943 qu'on en parle pour la première fois, alors que l'exploration

---

567 Acte UDEAC n° 3/72-153-UDEAC du 22 décembre 1972 instituant l'impôt sur les sociétés, révisé par la Directive n° 02/01/UEAC-050-CM-06 du 03 août 2001, article 4.
568 Acte UDEAC n° 3/72-153-UDEAC du 22 décembre 1972, précité, art. 5 al. 2.
569 Acte UDEAC n° 3/72-153-UDEAC du 22 décembre 1972, précité, art. 5 al. 1.

pétrolière a démarré en 1900 ; c'était au Venezuela. Cette année-là, ce pays a décidé de manière unilatérale, d'imposer les sociétés avec lesquelles il avait passé un contrat pétrolier. Cette imposition se fait par un prélèvement sur les résultats. Si le résultat est inférieur à zéro, il n'y a pas d'impôt sur les sociétés. Or cette situation n'est pas du tout envisagée en milieu pétrolier, au regard des sommes engagées tant en phase d'exploration que de production. L'activité doit forcément générer un bénéfice. C'est pour cela qu'on parle plutôt ici d'un impôt sur les bénéfices. L'objectif recherché à travers l'imposition de ce bénéfice est de parvenir à un partage égal entre l'Etat et les compagnies pétrolières. En 1948, une nouvelle loi vénézuelienne introduit le principe du partage « fifty-fifty » des bénéfices entre l'Etat et les compagnies.

425.- Le principe de l'impôt sur les sociétés a alors fait tâche d'huile et s'est répandu dans la plupart des pays producteurs. Après sa création en 1960, l'OPEP adopte également ce principe. Dès lors, le taux de l'impôt sur les sociétés va augmenter très rapidement. Au départ, il était de 50 %. A partir de 1970, le taux de l'impôt sur les bénéfices des compagnies passe de 50 % à 55 %[570]. En octobre 1974, l'OPEP relève le taux de l'impôt unilatéralement et le fixe à 65,7 %. Deux mois plus tard, tous les pays de l'OPEP appliquent le taux d'impôt sur les bénéfices de 85 %. Même si depuis lors le taux de l'impôt sur les bénéfices a baissé, il est toujours resté supérieur à 50 %. Ainsi s'est forgée la tradition d'un impôt sur le bénéfice fort, dérogatoire au droit commun, tradition dont les Etats membres de la CEMAC ne se sont pas entièrement détournés. La spécificité de cet impôt se manifeste ensuite à travers les mécanismes particuliers de détermination des résultats imposables (§2).

§2 : Les mécanismes particuliers de détermination des résultats imposables

426.- Nous avons vu que le bénéfice imposable est la différence entre les charges et les produits constatés au cours de la période de référence[571]. Dans les compagnies pétrolières, le principal produit est le chiffre d'affaires (A) dont la détermination est contrôlée. Par ailleurs, les charges admises dans la détermination de cette différence sont réglementées. Seules les charges déductibles (B) sont admises.

A – LA DETERMINATION DU CHIFFRE D'AFFAIRES

427.- Pour comprendre et déterminer le chiffre d'affaires d'hydrocarbures sur un permis de recherche donné (a), il faut d'abord cerner et comprendre la sphère foncière à laquelle il s'applique, généralement appelée *enclos fiscal* (b).

---

[570] BRASSEUR (R), *Législation et fiscalité internationale des hydrocarbures exploration et production*, précité, p. 140.
[571] V. supra, n° 422.

a) Le chiffre d'affaires d'hydrocarbures pour un permis de recherche donné

428.- Il est égal au produit des ventes d'hydrocarbures revenant à la société pétrolière comme associée et à l'Etat et provenant des permis d'exploitation et concessions dérivant de ce permis. Toutefois, le chiffre d'affaire rentrant dans l'assiette de l'impôt sera limité à la part de la production lui revenant, lorsqu'il y a partage de la production. Le prix de vente pour les hydrocarbures liquides est le prix affiché tel que nous le présentons ci-après[572]. Mais avant cela, intéressons-nous à la sphère foncière à laquelle il s'applique (b).

b) L'enclos fiscal

429.- C'est la traduction de l'expression anglo-saxonne *Ring Fence*[573]. Selon ce principe, l'imposition des sociétés pétrolières ne se fait pas sur l'ensemble de leurs opérations de façon consolidée comme en droit commun. Pour ces sociétés, l'imposition se fera par sphère foncière d'intervention. Ainsi le gisement, la concession ou le permis de recherches constitueront une unité d'imposition. La conséquence de ce principe est que les pertes issues d'un gisement ne sont pas imputables sur les bénéfices d'autres gisements. En d'autres termes, les dépenses d'exploration incombant à un permis de recherches non encore productif, ne peuvent s'imputer sur les recettes d'un permis ayant fait l'objet d'un titre d'exploitation. De même, lorsqu'un permis de recherches a donné naissance à une concession d'exploitation, les dépenses d'exploration engagées désormais dans ledit permis en dehors de cette concession ne sont pas déductibles des résultats de cette dernière. On aboutissait ainsi à une limitation de la récupération des dépenses d'exploration lorsque celle-ci ne conduit pas à une mise en production. C'est pour cela qu'au Cameroun, l'enclos fiscal initialement limité au permis de recherche est, depuis les mesures de 1998, élargi au bassin sédimentaire[574].

430.- Le principe de l'enclos fiscal dans la CEMAC, avant les réformes, ne relevait que du domaine des sous entendus. Il n'était précisé ni dans les lois minières, ni dans les conventions d'établissement, et encore moins dans le Code Général des Impôts. Les conventions et les contrats d'association prévoyaient simplement qu'en cas de découverte d'un gisement commercialement exploitable, l'Etat rembourserait sa quote-part de dépenses selon un plafond arrêté. De fait, l'existence de cette pratique dite internationale est difficile à établir. Certaines études spécialisées semblent plutôt démontrer, d'une part la grande variété des solutions adoptées en la matière par les différents pays producteurs et, d'autre part, le caractère évolutif et

---

572 V. infra, n° 435.

573 TIRARD (J M), *La fiscalité des sociétés dans la CEE*, 2ème éd., Paris : La Villeguerin, 1989, p. 93.

574 Loi camerounaise n° 98/003 du 14 avril 1998 relative aux mesures fiscales particulières en matière de recherche des hydrocarbures sur le domaine minier national ; V. supra, n° 296 ss.

la flexibilité des régimes fiscaux adoptés en matière d'exploration et d'exploitation pétrolière[575].

431.- C'est ainsi que dans l'ouvrage de GRAHAM & TROTMAN, on peut lire[576] : « Le développement d'instruments fiscaux propres à rendre le gouvernement plus sensible à la profitabilité d'une opération - par des redevances graduées, des impôts sur le revenu fondé sur la productivité et sur une participation gouvernementale réalisée par l'exploration - pourrait être considérée comme une innovation significative qui a eu lieu dans les quinze dernières années. Le but visé par une grande part de cette innovation fiscale a été de trouver un régime fiscal susceptible de s'adapter à l'incertitude qui règne avant que l'exploration ait identifié l'ampleur et la commercialité des dépôts minéraux et d'hydrocarbures ; de même, l'imprévisibilité des prix des produits miniers, y compris le pétrole, signifiait qu'une opération pourrait être soit très profitable soit juste marginale, selon le prix du produit. Un régime fiscal flexible s'adapterait de lui-même à cette volatilité… ».

432.- On trouve des considérations analogues dans l'ouvrage de BEREDJICK (N) et WALDE (Th)[577]. Par ailleurs, dans une étude de P. Van Meurs[578], on voit qu' « on a reconnu depuis des décennies la relation existant entre la législation fiscale et le degré de risque géologique que peut accepter une compagnie pétrolière. Par exemple, dans plusieurs pays, toutes les dépenses incorporelles d'exploration peuvent être déduites de n'importe quel revenu. Il en résulte qu'une société peut réduire sa responsabilité en investissant dans l'exploration. Si le taux d'impôt est de 40 %, la société réduira sa dette fiscale de 40 cents pour chaque dollar dépensé dans l'exploration. Ceci a d'importantes conséquences sur la prise de risque géologique… ».

433.- Le même auteur écrit, plus loin dans la même étude : « Le partage de production se fait de deux manières différentes. Il peut se faire sur une base champ par champ ; mais dans un tel cas, les coûts d'exploration sont généralement déductibles de n'importe quel champ. Cette procédure est souvent appliquée lorsque le contrat spécifie une échelle décroissante liée à la production comme c'est le cas, par exemple, au Guatemala. Cela peut se faire aussi sur une base de zone contractuelle par zone contractuelle, comme en Indonésie, en Guinée-Equatoriale et au Libéria ». De même, la loi congolaise de 1982 prévoyait que « Lorsque les travaux de recherche exécutés sur un permis ne donnant pas lieu à exploitation, les dépenses ainsi engagées sont considérées comme faisant partie des risques de recherche. Toutefois, les sommes dépensées à la suite d'une recherche infructueuse peuvent faire

---

[575] GRAHAM and TROTMAN, *Energy and Ressources law 92*, International Bar Association Series, London 1992 ; BEREDJICK (N) et WALDE (Th), *Petroleum Investment policies in developing Countries*, International Bar Association Series, London, 1988.
[576] GRAHAM and TROTMAN, précité, p. 399.
[577] BEREDJICK (N) et WALDE (Th), précité.
[578] VAN MEURS (P), *Financial fiscal arrangements for petroleum development – an economic analysis*, p. 47 ss

l'objet d'un amortissement sur une autre exploitation dans le cadre d'un même permis »[579].

434.- A travers ces études, il se dégage l'image d'une très grande variété de pratiques et de systèmes juridico-fiscaux en ce qui concerne les conséquences de l'enclos fiscal. Les solutions sont diversifiées, variant d'un pays, d'une société et d'une période à l'autre. Tout dépend en définitive des dispositions et des mécanismes de chaque contrat particulier.
On mesure ainsi l'insistance des spécialistes sur la très grande variété des régimes fiscaux pétroliers, variété qui confirment l'inexistence d'une quelconque pratique internationale homogène susceptible d'être citée en référence. C'est ce qui explique le changement opéré au Cameroun. En effet, l'enclos fiscal initialement limité au permis de recherche y est, depuis les mesures de 1998, élargi au bassin sédimentaire[580]. Les autres Etats de la CEMAC ont également revu leur législation à ce sujet.

c) Les prix affichés

435.- Ce système est né aux Etats-Unis sous l'appellation « *posted prices* ». Il découle de l'observation selon laquelle la société qui explore vend le plus souvent son brut à une société du groupe pour la distribution, à un prix appelé « prix de transfert[581] ». Il y avait par là un risque de minoration du prix de vente, base du calcul des prélèvements fiscaux. En effet les compagnies, en cédant le brut aux autres sociétés affiliées à moindre coût, permettaient à ces dernières de réaliser des super profits, et conservaient les bénéfices engrangés à l'intérieur du groupe. Il y avait donc une grande nécessité de contrôler les prix des transactions. Les prix affichés avaient pour but de fixer le prix de vente du pétrole brut de telle sorte que sa valeur sur la côte Est de ce pays soit égale à celle du brut du Texas livré sur la même côte. L'objectif est qu'un brut de qualité égale à un autre ait le même prix que ce dernier, sous réserve des frais de transport. Les prix affichés sont devenus les prix de référence préalablement arrêtés, et par rapport auxquels sont calculés les prélèvements fiscaux.

436.- Cette pratique va se généraliser notamment avec l'OPEP. En effet, à la conférence de Djakarta (Indonésie) en 1964, les participants sont parvenus à un accord en vertu duquel les bénéfices imposables sont calculés en fonction des prix affichés et non des prix effectifs ou des prix de transfert. C'est à partir de 1978 que cette expression est apparue dans la législation des Etats membres de la CEMAC. Au

---

[579] Loi congolaise n° 23/82 du 7 juillet 1982 portant code minier en République populaire du Congo, article 72.
[580] V. supra, n° 297.
[581] Les prix de transfert permettent au capital opérant dans un groupe de moduler le niveau de profit devant apparaître dans chacune de ses filiales. Le fait que ces prix ne puissent refléter le niveau véritable des transactions a conduit certains auteurs, tel J. P. ANGELIER (in *La rente pétrolière. Eléments pour une interprétation théorique de la structure des prix des produits de l'Industrie Pétrolière Internationale*) à faire du processus de production du pétrole brut, non une branche particulière, mais un simple niveau de production de la branche des produits raffinés.

Cameroun, la loi du 29 décembre 1978[582] prévoit leur utilisation pour le calcul du chiffre d'affaires. Auparavant, la loi du 06 avril 1964[583], sans parler expressément des prix affichés, prévoyait un système de prix de référence dont les modalités de fixation devaient être arrêtées par les conventions d'établissement. Celles-ci parlent alors de prix à l'exportation[584], qui représentent les prix affichés. Mais alors que la loi de 1978 parle d'un prix fixé par le gouvernement après avis d'une commission paritaire réunissant uniquement les représentants de l'administration, les conventions d'établissement disposent que le prix doit faire l'objet de négociation entre les parties réunies en commission paritaire.

437.- Au Congo, la situation est différente. Ce sont les prix de transfert qui ont servi jusqu'en juillet 1981 au calcul des recettes pétrolières de l'Etat. Selon les dispositions prévues à cet effet, les prix affichés devaient être déterminés par une commission paritaire réunissant les représentants de l'Etat congolais et de la société intéressée[585]. Ces prix devaient être établis selon les accords de Tripoli d'avril 1971, en tenant compte notamment des différences de qualité et de la situation géographique. Sur la base de ces dispositions, les prix de transfert ne pouvaient donc servir au calcul des recettes de l'Etat. Or en pratique, ce sont les prix de transfert que les sociétés pétrolières communiquent à l'Etat qui lui ont finalement servi au calcul de ses revenus. En 1977, l'Etat avait signé des accords avec Agip R. Congo et Elf Congo en vue de lever l'ambiguïté à ce propos. Ces accords précisaient que les prix servant au calcul de la redevance minière et de l'impôt sur les sociétés pétrolières seraient dorénavant les prix FOB. La référence aux accords de Tripoli semble de ce fait impropre. L'entrée en vigueur des prix affichés a été suivie par une batterie de rabais dont l'objectif final non déclaré était de ramener les prix affichés à un niveau tel qu'ils restent équivalents aux prix de transfert.

438.- Au Tchad la situation est exceptionnelle. La production a démarré en juillet 2003, au moment où le *Brent* cotait entre 27 et 30 $/b, et où de nombreux évènements militaient en faveur d'un maintien des prix à un haut niveau[586]. Mais les revenus pétroliers depuis janvier 2004 sont calculés sur la base d'un prix d'environ 25 dollars par baril proposé par le consortium, auquel il faudra appliquer des décotes[587]. Selon un document de la presse présidentielle relayé par les médias nationaux, ce prix ne rencontre pas l'agrément du ministère du pétrole[588]. Le document accuse le consortium de brader le pétrole tchadien. Du côté d'Esso, on se déclare surpris. Un communiqué signale que le consortium a toujours transmis les prix au gouvernement dans la plus grande transparence. La mésentente pourrait provenir

582 Loi camerounaise n° 78/24 du 29 décembre 1978, précité, art. 24.
583 Loi camerounaise n° 64/LF/4 du 06 avril 1964, précité, art. 26 et 32.
584 V. supra, n° 390.
585 Avenant n° 1 aux conventions d'établissement d'Agip R. Congo et d'Elf Congo, cité par TSASSA (C), *Système de production du pétrole au Congo et accumulation nationale*, thèse précitée.
586 V. supra, n° 18.
587 V. infra, n° 654, pour les prix appliqués en 2004.
588 Alwihda actualités - Divers

de négociations mal préparées par des cadres nationaux pas toujours bien formés sur les sujets[589].

B – LES CHARGES DEDUCTIBLES

439.- Le bénéfice net imposable est établi sous déduction de toutes les charges nécessitées directement par l'exercice de l'activité imposable dans un Etat membre de la communauté[590]. Or les charges déductibles prévues et définies par la réglementation fiscale en vigueur ne sont pas nécessairement les mêmes que celles correspondant aux montants des coûts pétroliers récupérables au titre d'un même exercice. Celles définies dans les différents CGI seront analysées dans le cadre du §3, relatif à l'exemption de certaines exigences de droit commun, et qui aborde en définitive les « dépenses autonomes », par opposition aux « dépenses associatives ». Nous abordons ici les charges déductibles traitées dans les conventions d'établissement et/ou les contrats d'association, qui sont imputables aux coûts pétroliers. Il s'agit des dépenses associatives, qui ne peuvent grever le résultat imposable à l'impôt sur les sociétés qu'à la condition d'être admises en déduction au titre des coûts techniques des activités de prospection et d'exploitation[591]. Ces charges, qui relèvent de la comptabilité des coûts pétroliers, obéissent à certains principes généraux d'imputation (a) et ont des bases d'imputation (b) qu'il convient d'expliquer avant de les analyser par nature (c).

a) Les principes généraux d'imputation

440.- On distingue trois catégories d'éléments imputables aux coûts pétroliers, et par là même déductibles : les actifs corporels (1), les charges de fonctionnement « opérationnelles » (2) et les charges de fonctionnement « non opérationnelles » (3).

1) Les actifs corporels

441.- Il s'agit de tous éléments d'actifs corporels dont l'acquisition en propriété conjointe a été prévue dans les budgets et les programmes : terrains, constructions, équipements généraux, équipements et installations spécifiques, matériels et matières consommables. Les parties conviennent de n'avoir recours au financement conjoint d'équipements généraux et de matériels et matières consommables que

---

[589] V. infra, n° 652s.

[590] Directive n° 02/01/UEAC-050-CM-O6 du 03 août 2001, portant révision de l'acte 3/72-153-UDEAC du 22 décembre 1972 instituant l'impôt sur les sociétés, art. 6.

[591] Il convient néanmoins de remarquer que les conventions d'établissement ne comportaient aucune disposition spécifique se rapportant au traitement fiscal des dépenses d'exploration qui ne sont pas intégrées dans les coûts techniques. Compte tenu de cette absence de dispositions contractuelles spécifiques, la société Elf-Serepca a soutenu, au cours d'un litige l'opposant à l'Etat du Cameroun, qu'il y a lieu de se reporter aux dispositions de droit commun applicable par l'effet de la convention d'établissement, soit le Code Général des Impôts (CGI) en vigueur au 1er janvier 1980. Selon l'article 6 de ce Code, le bénéfice net imposable est établi sous déduction de toutes charges nécessitées par l'exercice de l'activité imposable au Cameroun.

dans la mesure où le comité d'opérations n'estimerait pas souhaitable d'avoir recours aux moyens propres dont dispose l'opérateur.

2) Les charges de fonctionnement dites opérationnelles

442.- Ce sont les charges de toute nature liées directement à l'étude, la conduite et l'exécution des travaux définis dans les budgets et les programmes, et correspondant à des activités déployées sur le terrain, dans les bureaux ou départements techniques et dans les services auxiliaires de l'opérateur, que ce dernier les réalise seul avec ses moyens propres ou avec le concours des sociétés de son groupe ou de tiers.

3) Les charges de fonctionnement dites non opérationnelles ou frais généraux

443.- On entend par charges de fonctionnement dites non opérationnelles ou frais généraux les charges supportées par l'opérateur au titre :

- des prestations générales des sociétés de son groupe,

- de la direction et de la gestion administrative de ses activités propres couvrant l'exercice des fonctions suivantes et comprenant les frais de personnel et d'environnement[592] :

* Direction et Secrétariat Général,
* Relations Publiques,
* Finances,
* Contrôle de Gestion,
* Comptabilité, Trésorerie,
* Informatique, Fiscalité et Questions Juridiques,
* Assurance que ces activités soient menées directement par lui ou par des sociétés de son groupe ou par des tiers.

b) Les bases d'imputation

444.- Les bases d'imputation diffèrent selon les éléments à imputer. Ainsi, les actifs corporels s'imputent au prix de revient d'acquisition (1), tandis que les charges de fonctionnement opérationnelles le sont au prix coûtant (2) ; les charges non opérationnelles quant à elles s'imputent au prorata (3).

1) Les actifs corporels au prix de revient d'acquisition

445.- Les actifs corporels sont imputés aux comptes conjoints sur la base de leur prix de revient d'acquisition ou de production sur le lieu d'utilisation, déduction faite des rabais et remises obtenus. Dans l'éventualité où ces actifs seraient fournis

---

[592] V. infra, n° 448 ss.

par l'une des parties, le prix de cession serait déterminé en fonction des règles contractuelles. Les parties conviennent dans l'éventualité où ces règles s'avèreraient d'application difficile dans certains cas particuliers, de rechercher le prix le plus équitable dans l'intérêt des opérations conjointes. Ces mesures sont importantes, car les prix de revient déterminés ont une influence sur la valeur des amortissements.

2) L'imputation au prix coûtant des charges de fonctionnement opérationnelles

446.- Il peut arriver que l'opérateur utilise tant du personnel que des ensembles opérationnels spécifiques appartenant aux sociétés de son groupe. Le cas échéant, les prestations correspondantes sont valorisées d'après les méthodes en usage dans son groupe, sous réserve de l'approbation des parties. Cette précaution devrait avoir pour finalité de contrôler les prix de transfert. Il peut aussi arriver que l'opérateur utilise tant du personnel que des ensembles opérationnels spécifiques dont il assure lui-même la gestion. Le cas échéant, il a la possibilité d'imputer les charges correspondantes aux opérations conjointes en utilisant des moyennes ou des taux standard. Si tel est le cas, à la fin de l'exercice, il doit corriger les écarts qui pourraient apparaître entre les charges ainsi valorisées et les charges réellement supportées. Il a également la possibilité d'utiliser toute autre méthode à laquelle il est accoutumé. Le problème serait alors pour les autres parties de pouvoir la comprendre et de contrôler la valorisation.

3) L'imputation des charges non opérationnelles au prorata

447.- L'opérateur répartit le prix de revient de ses frais généraux entre les diverses activités au prorata des coûts, hors frais financiers et hors amortissement des puits et installations spécifiques de développement, comptabilisés dans ces diverses activités. Les relevés adressés par l'opérateur aux non opérateurs feront apparaître distinctement la quote-part des frais généraux imputée dans les comptes conjoints.

c) Analyse des charges imputables par nature

448.- Les regroupements de charges réalisés pour cette analyse sont proches de ceux utilisés en comptabilité générale pour la ventilation des charges par nature. On distingue les dépenses de personnel (1), les dépenses d'approvisionnement (2), les dépenses de service (3), les dépenses diverses (4), les charges d'amortissement (5), les dépenses d'exception (6), les provisions (7).

1) Les dépenses de personnel

1°- Les méthodes d'imputation

449.- Dans la mesure où elles correspondent à un travail effectif, les dépenses de personnel sont imputées aux comptes conjoints suivant les méthodes analytiques auxquelles l'opérateur est accoutumé. Elles couvrent toutes les charges encourues à l'occasion de l'utilisation du personnel travaillant dans l'Etat. Il est entendu que les salaires du personnel expatrié devront être en harmonie avec ceux de la profession de son pays d'origine. Ces dépenses peuvent, entre autres, faire l'objet :

- Soit d'imputation directes pour le personnel affecté aux opérations ;
- Soit d'imputation indirectes pour le personnel affecté aux services de supervision (bureau ou départements techniques) et à la gestion des moyens auxiliaires.

2°- Les éléments constitutifs

450.- Les dépenses de personnel comprennent d'une part, toutes les sommes payées ou remboursées ou encourues au titre du personnel en vertu des textes légaux et réglementaires, des conventions collectives, des contrats de travail et du règlement propre du contracteur et, d'autre part, les dépenses payées ou encourues pour l'environnement de ce personnel. Ces dépenses sont engendrées par l'utilisation :

- du personnel recruté localement par l'opérateur,
- du personnel mis à sa disposition par des sociétés de son groupe ou par des tiers.

Elles comprennent :

- Les salaires et appointements d'activité ou de congé, heures supplémentaires, primes et autres indemnités ;
- Les charges patronales y afférentes résultant des textes légaux et réglementaires, des conventions collectives et des conditions d'emploi, y compris le coût des pensions et retraites ;
- Les dépenses payées ou encourues pour l'environnement et la mise à disposition du personnel ; celles-ci représentent notamment :
  - les dépenses d'assistance médicale et hospitalière, d'assurance sociale et toutes autres dépenses sociales particulières au contracteur, notamment liées aux œuvres sociales, suivant les réglementations internes en vigueur ;
  - Les dépenses de transport des employés, de leur famille et de leurs effets personnels, lorsque la prise en charge de ces dépenses par l'employeur est prévue par le contrat de travail ;
  - Les plans de pré retraite et de réduction de personnel en proportion de la durée de l'affectation dudit personnel aux travaux pétroliers ;
  - Les dépenses de logement du personnel, y compris les prestations y afférentes, lorsque leur prise en charge par l'employeur est prévue par le contrat de travail (eau, gaz, électricité, téléphone) ;
  - Les indemnités payées ou encourues à l'occasion de l'installation et du départ des salariés, ou directement en relation avec la mise à disposition de personnel par des tiers ou par des sociétés affiliées ;

- Les dépenses afférentes au personnel administratif rendant les services tels gestion et recrutement du personnel local, gestion du personnel expatrié, formation professionnelle, entretien et fonctionnement des bureaux et logement, lorsque ces dépenses ne sont pas incluses dans les frais généraux ou sous d'autres rubriques ;
- Les frais de location des bureaux ou leur coûts d'occupation, les frais des services administratifs collectifs (secrétariat, mobilier, fournitures de bureau, informatique, télécommunication) ;
- Les frais de formation assurée par le contracteur dans l'Etat ou à l'étranger par son personnel ou par des tiers.

2) Les dépenses d'approvisionnement

1°- Les éléments constitutifs du coût d'approvisionnement

451.- Les prix des articles approvisionnés entrant dans le calcul des prix de revient sont les prix des articles amenés à pied d'œuvre. Ils comprennent les éléments suivants :

- Le prix d'achat déduction faite éventuellement des remises et rabais obtenus ;
- Les frais d'approvisionnement ;
- Les frais de transport, d'assurance, de transit, de manutention et de douane depuis le magasin de l'opérateur ;
- Les frais de fonctionnement du magasin de l'opérateur ;
- Les frais de transport, d'assurance, et de manutention depuis le magasin de l'opérateur jusqu'au lieu d'utilisation.

2°- La valorisation des sorties

452.- Pour cette valorisation, on distingue le cas où les sorties de magasin se font à partir d'un stock en propriété conjointe, ou d'un stock appartenant exclusivement à l'opérateur. Dans le cas d'un stock en propriété conjointe, chaque partie est créditée de sa quote-part de la valeur des consommations incorporées dans les prix de revient. Dans le cas particulier où le stock est la propriété personnelle de l'opérateur, le prix de sortie du stock sera majoré de trois pour cent (3 %) pour tenir compte des frais de financement du stock.

3) Les dépenses de service

453.- Les services rendus par les tiers sont enregistrés au prix coûtant, tel qu'il ressort des factures délivrées par ceux-ci. Les prestations techniques, administratives, juridiques, d'approvisionnement et comptables réalisées par les affiliés de l'opérateur au profit direct des opérations sont facturées en fonction des temps passés et valorisées selon les barèmes annexés au contrat d'assistance. Lorsque l'opérateur utilise les équipements et installations qui lui appartiennent en exclusivité plutôt que d'avoir recours à des achats extérieurs, les prestations correspondantes donnent lieu, en fonction du temps d'utilisation du matériel considéré, à une imputation sur la base du coût annuel comprenant :

- un loyer égal au produit du prix d'achat initial du matériel par le taux d'amortissement défini dans la convention d'établissement ;
- un montant destiné à couvrir le coût habituel normal pour une année, des charges d'assurances, d'entretien courant, de révisions périodiques et de frais financiers.

4) Les dépenses diverses

454.- Elles regroupent les frais d'assurances, de justice, contentieux et arbitrage, les impôts et taxes, et les frais financiers.

455.- Les dépenses d'assurances.- Les primes d'assurances sont contractées pour couvrir les personnes et les biens affectés aux opérations conjointes. Elles le sont également pour couvrir les responsabilités de l'opérateur à l'égard des tiers lorsqu'il agit pour le compte des opérations conjointes. Les sommes reçues d'un assureur en règlement d'un sinistre viennent en diminution de la charge d'assurance correspondante ; il y a ainsi compensation entre les charges et les produits. Il est bien entendu que les parties ne bénéficiant pas de l'assurance en cause ne bénéficient pas de ces règlements. En droit commun, les charges d'assurances ne peuvent être compensées avec les indemnisations d'assureurs par suite de sinistre. Chacune de ces opérations doit être enregistrée distinctement.

456.- Les frais de justice, de contentieux et d'arbitrage.- Les frais et dépenses de justice, de contentieux et d'arbitrage nécessaires à la protection des droits liés aux opérations conjointes sont imputables aux opérations conjointes. Il va de soi que les frais de justice en général et d'arbitrage en particulier sont à la charge de la partie qui a succombé. Lorsque les torts sont partagés, ces frais sont partagés entre les parties par parts égales, chaque partie conservant la charge de ses propres frais de conseils. Or ces frais sont souvent avancés par le demandeur à titre provisionnel[593]. Le cas échéant, la partie défenderesse doit alors verser à la partie demanderesse le montant qui lui est imputable. Si l'association est demanderesse, les frais de justice qui lui sont ainsi remboursés doivent venir en diminution de ceux imputés aux opérations conjointes.

457.- Les impôts et taxes.- Seuls sont imputables aux opérations associatives les impôts et taxes exigibles au titre des opérations conjointes, à l'exception de ceux personnels à chacune des parties, tels les impôts sur les bénéfices et le revenu, la redevance minière proportionnelle. Cette dernière redevance est une charge déductible de l'IS dans les comptes séparés de l'opérateur.

---

[593] V. infra n° 572.

458.- Les frais financiers.- Tous les frais financiers ne sont pas imputables aux opérations conjointes. Seuls sont admis :

- les frais financiers relatifs aux opérations courantes ;
- les charges financières des crédits négociés pour le financement de ces opérations.

Ces charges financières ne seront cependant pas prises en considération pour le calcul des frais généraux définis ci-dessus[594].
Les intérêts relatifs aux avances consenties aux non opérateurs par l'opérateur font l'objet d'un traitement particulier[595].
Tous les produits financiers provenant d'intérêts créditeurs ou d'escompte restent la propriété exclusive de l'opérateur et ne sont pas imputés aux comptes conjoints.

5) Les charges d'amortissement

1°- Le principe

459.- Les charges d'amortissement incorporables dans les prix de revient sont celles correspondant, en principe, à l'utilisation des équipements et matériels mobiles non spécifiques tels que matériel de bureau, de magasin ou d'atelier, matériel de transport, etc. Les charges d'amortissement sont calculées par l'opérateur en faisant application des taux définis par les conventions d'établissement et que nous présenterons par la suite[596]. Chaque partie est créditée de sa quote-part des amortissements ainsi incorporés dans les prix de revient, lorsque les investissements correspondants sont en propriété conjointe. Les frais de recherche, les frais de développement, les frais d'exploitation et les équipements et installations spécifiques sont amortis par chaque partie dans ses propres comptes, à concurrence de sa participation.

2°- Les taux d'amortissement

460.- Ils découlent de la durée d'amortissement, fonction de la nature des dépenses. En général, on distingue les dépenses d'exploration et les dépenses de développement qui ont des durées d'amortissement différentes. Il n y a pas de règle générale en la matière et de nombreuses solutions sont possibles. Elles peuvent être classées en trois grands groupes[597] :

- Amortissement de toute l'exploration dès la première année de production et amortissement dans l'année de réalisation des investissements de développement effectués. Ce régime est de moins en moins utilisé[598].
- Même régime que précédemment pour l'exploration et amortissement étalé des investissements de développement : 5 ans, 10 ans. Ce système est le plus courant[599].

---

[594] V. supra, n° 443 ss.
[595] V. supra, n° 174 ss.
[596] V. infra n° 461.
[597] BRASSEUR (R), *Législation et fiscalité internationale des hydrocarbures exploration et production*, précitée, p. 142.
[598] Cependant, ce système est toujours présent dans la CEMAC ; l'analyse des états financiers (exercice 2002) de Total Exploration-Production Cameroun montre que les frais de recherche et développement sont entièrement amortis l'année de leur réalisation.

- Tous les investissements sont amortissables sur une certaine période, qu'il s'agisse d'exploration ou de développement.

461.- Les taux d'amortissement applicables au secteur pétrolier ne sont pas identiques à ceux de droit commun. L'amortissement peut être linéaire ou dégressif (sur autorisation). Le taux de l'amortissement dégressif autorisé est obtenu en multipliant le taux d'amortissement linéaire par un coefficient arrêté par voie réglementaire, et variable selon la durée d'utilisation du bien.
Les taux pourront être aménagés d'accord parties si la durée réelle d'utilisation des matériels est inférieure à celle correspondant aux taux fixés ci-dessous. Les aménagements interviendront notamment en cas de pertes accidentelles, d'usure plus rapide du matériel ou d'exploitation d'une durée moins longue que celle retenue pour la fixation des taux ci-dessous.

NATURE DES IMMOBILISATIONS A AMORTIR	TAUX ANNUEL D'AMORTISSEMENT
Constructions[600] :	
– Immeubles et constructions en dur pour ateliers, bureaux, magasin, garage, laboratoires, apprentissage, logements, cantines, hospitalisation,	5 %
– bâtiments à charpentes métalliques	6 %
– cases et tous bâtiments de chantier démontables ou transportables	20 %
– constructions légères semi fixes non fondées	20 %
– aménagements intérieurs des ateliers	10 %
– machines de bureau	20 %
– mobilier de bureau et d'habitation	15 %
– téléphone	10 %
Installations de chargement et stockage[601] :	
– Installations de stockage	10 %

[599] C'est le système qui est pratiqué par le Groupe Total pour ses états financiers consolidés, paradoxalement à la pratique constatée dans ses filiales au sein de la CEMAC ; il y est même prévu un étalement des frais de développement sur une période comprise entre 10 et 40 ans (v. Total Document de référence 2005, p. 176).

[600] Nous avons vérifié que le taux d'amortissement est le même pour chaque nature d'immobilisation reprise dans les conventions d'établissement entre la société pétrolière et l'Etat d'accueil :
- Convention d'établissement du 11 mars 1982 entre la République Unie du Cameroun et ELF SEREPCA et ses avenants subséquents.
- Convention d'établissement du 14 novembre 1997 entre la République du Cameroun et TEPCAM
- Convention d'établissement du 10 février 1982 entre la République du Cameroun et PECTEN CAMEROON COMPANY.
- Convention d'établissement du 17 mai 1996 entre la République du Cameroun et la SNH.
- Convention d'établissement du 20 mars 1998 entre la République du Cameroun et COTCO.
- etc.

[601] Conventions d'établissement entre la société pétrolière et l'Etat d'accueil, précitées.

– A l'exception des parcs à tubes	20 %
– Mole de chargement	3 %
– Installations de chargement, conduites flottantes	20 %

Véhicules[602] **:**

– Engins de génie civil	30 %
– Véhicules automobiles et leurs remorques	25 %
– A l'exception de : camions-incendie, camions-ateliers, Camions-cimentation	20 %

Transports fluviaux et aériens[603] **:**

– Pinasses	20 %
– Remorqueurs, pousseurs, chalands-citernes, barges	10 %
– Hélicoptères, avions	20 %

Autres immobilisations[604] **:**

– Distribution d'eau et d'air comprimé	10 %
– Distribution d'électricité	10 %

Lignes de transport de force[605] **:**

– Pylônes	4 %
– Autres éléments	8 %

Transformateurs[606] **:**

– Bâtiments et outillage fixe	5 %
– Outillage mobile	10 %

Machines fixes ou mobiles[607] **:**

– Compresseurs	10 %
– Moteurs et pompes diverses	15 %
– Machines-outils	10 à 15 %
– Petit outillage	30 %
– Matériel fixe de laboratoire	10 %
– Matériel mobile de laboratoire, matériel de topographie	20 %
– Matériel de campement	50 %

Travaux souterrains et sondages[608] **:**

– Sondes improductives y compris les voies d'accès	50 %

---

[602] Conventions d'établissement entre la société pétrolière et l'Etat d'accueil, précitées.
[603] Conventions d'établissement entre la société pétrolière et l'Etat d'accueil, précitées.
[604] Conventions d'établissement entre la société pétrolière et l'Etat d'accueil, précitées.
[605] Conventions d'établissement entre la société pétrolière et l'Etat d'accueil, précitées.
[606] Conventions d'établissement entre la société pétrolière et l'Etat d'accueil, précitées.
[607] Conventions d'établissement entre la société pétrolière et l'Etat d'accueil, précitées.
[608] Conventions d'établissement entre la société pétrolière et l'Etat d'accueil, précitées.

– Sondes productives y compris les voies d'accès 20 à 100 %[609]

Matériel de transport[610] :

– Pipe-lines intérieurs	20 %
– Pipe-lines extérieurs	7,5 %

Matériel de forage[611] :

– Appareils de forage	20 %
– Tipes de forage	33 %
– Outillage de forage	33 %
– Moteurs diesel	20 %
– Outillage de derriks, transmissions	33 %

Immobilisations incorporelles[612] :

– Frais de recherche géologiques et géophysiques y compris voies d'accès	20 %

Les équipements *offshore*[613] :

– Barge de forage	15 %
– Plate-forme fixe	15 %
– Plate-forme mobile	15 %
– Tête de puitss sous-marine et supports	20 %
– Lignes de collecte marines	20 %
– Lignes principales	10 %
– Stockage offshore	20 %
– Bouées d'amarrage et de chargement	20 %[614]
– Lignes de chargement sous-marines	20 %
– Equipement de plates-formes	15 %

462.- L'amortissement, bien qu'il ne puisse pas être considéré comme un facteur fiscal proprement dit, peut avoir une incidence importante sur le montant de l'impôt. Par exemple, un régime qui autorise un amortissement très rapide peut conduire à des exercices déficitaires les premières années d'exploitation, quand la production est encore faible, ce qui réduit d'autant l'impôt. Au contraire un régime plus sévère conduit à des rentrées fiscales dès le début de l'exploitation et plus régulièrement étalées dans le temps.

---

[609] Le taux d'amortissement de chaque sonde productive doit être proposé par le titulaire en fonction de la durée probable de la production de la sonde.
[610] Conventions d'établissement entre la société pétrolière et l'Etat d'accueil, précitées.
[611] Conventions d'établissement entre la société pétrolière et l'Etat d'accueil, précitées.
[612] Conventions d'établissement entre la société pétrolière et l'Etat d'accueil, précitées.
[613] Conventions d'établissement entre la société pétrolière et l'Etat d'accueil, précitées.
[614] Dans les champs dits marginaux, ce taux a été porté à 25 %, pour ramener la durée d'amortissement de cinq ans à quatre ans : convention d'établissement du 11 décembre 1997 entre la République du Cameroun et CMS NOMECO CAMEROON LTD et GLOBEX CAMEROON LLC, rachetée par PERENCO OIL AND GAS, annexe I, p. 24.

6) Les dépenses d'exception

463.- Il s'agit des dépenses ayant trait à la création de bases opérationnelles (464), à l'utilisation de matériel ou de services sur plusieurs zones (465) ou aux intérêts autonomes de l'opérateur (466).

464.- La création de bases opérationnelles.- L'opérateur est autorisé à imputer aux comptes conjoints les dépenses nécessitées par la création de Bases Opérationnelles, à caractère industriel, ainsi que celles engendrées par leur fonctionnement. Les charges correspondantes seront réputées opérationnelles.

465.- L'utilisation de matériel ou de services sur plusieurs zones.- Des accords peuvent être passés par les opérateurs, soit entre eux, soit avec d'autres opérateurs, pour ce qui est de l'utilisation éventuelle d'une même plate-forme de forage ou de tout autre équipement ou service important sur les différentes zones où les opérateurs en question exercent leur activité. Les arrangements ainsi conclus feront l'objet de protocoles additionnels qui comporteront les dispositions nécessaires à leur traitement.

466.- Les dépenses et intérêts autonomes de l'opérateur.- Les dépenses de l'opérateur et des non opérateurs afférentes à leurs intérêts autonomes ne sont pas imputées aux comptes conjoints[615]. Il s'agit notamment, et sans que cette liste soit limitative, de :

- Frais d'augmentation de capital ;
- Frais financiers et agios relatifs à des opérations propres à l'opérateur ;
- Jetons de présence ;
- Frais de déplacement des administrateurs ;
- Frais de publications et d'annonces légales, droit de timbre et d'enregistrement à l'occasion d'actes sociaux propres à l'opérateur ;
- Impôts sur les bénéfices et sur les revenus ;
- Redevances minières ;
- Cotisations syndicales propres à l'opérateur et en général toutes autres dépenses étrangères aux opérations conjointes.

7) Les provisions

467.- Diverses provisions peuvent exister, mais deux catégories seulement retiendront notre attention : les provisions pour investissements diversifiés (2°) et la contribution pour remise en état des sites (1°).

1°- La contribution pour Remise en Etat des Sites (RES)

468.- C'est une obligation faite aux parties (en cas d'association) ou aux compagnies (lorsqu'elles agissent seules), de verser une contribution financière annuelle permettant de faire face aux coûts qui seront engendrés par les futurs travaux de

---

615 Contrat d'association pour les opérations de recherches et d'exploitation d'hydrocarbures au Cameroun signé le 28 février 1980 entre la République du Cameroun et PECTEN CAMEROON COMPANY,

remise en état des sites à la fin de l'exploitation des gisements ou en cas d'exploration sèche. La remise en état des sites (RES) constitue une obligation en premier lieu parce que les conventions doivent s'adapter aux nouvelles circonstances en intégrant les règles de l'art, selon l'évolution de la pratique pétrolière. La remise en état des sites fait partie des normes et usages en cette matière. En outre, les Etats sont tenus de s'assurer de la remise en état des sites aux termes de leurs obligations conventionnelles internationales, notamment celles découlant de la Convention de Montego Bay de 1982[616]. Ils ont d'ailleurs transposé une telle obligation dans leur législation interne[617]. Mais les conventions d'établissement et les contrats d'association existant à l'époque n'intégraient pas cette obligation.

469.- Par ailleurs ni les modalités de mise en œuvre des opérations nécessaires, ni leur financement n'avaient été définis. Ce manquement a entraîné plusieurs problèmes relatifs :

- à la vérification de l'épargne constituée par chaque partie ;
- au traitement fiscal de la provision constituée.

Sur ce dernier point, les compagnies considèrent que les contributions RES sont des dépenses pétrolières associatives ayant une nature de coût technique devant, en temps que telles, être intégrées dans le calcul de la rente minière. Ces dépenses de remise en état des sites doivent donc, à leur avis, être imputées sur les revenus de la production pétrolière tant qu'elle existe.

470.- Ceci serait d'autant plus vrai que les contributions RES représentent nécessairement des charges d'exploitation puisque intimement liées aux opérations pétrolières. Elles constituent dès lors des dépenses associatives que les parties doivent supporter conjointement, conformément à leurs accords. Un traitement différent aboutirait, de leur point de vue, à leur faire supporter à la fin du contrat, la quote-part des dépenses RES non imputées alors qu'il n'existe plus de production pouvant supporter celles-ci. D'autre part, l'équilibre contractuel initial s'en trouverait rompu puisque les accords entre les parties prévoient que le résultat de l'exploitation soit partagé « net toute charge ».

471.- Pourtant la notion de rente minière consacre la prise en compte des dépenses réelles encourues au cours du même exercice concerné par le calcul de cette rente. Les provisions relatives à la remise en état des sites ne devraient donc pas être intégrées dans la rente minière. En effet, les contributions RES sont des provisions

---

[616] A l'article 60 alinéa 3 de la convention de Montego Bay de 1982, il est expressément indiqué que « les installations ou ouvrages abandonnés ou désaffectés doivent être enlevés afin d'assurer la sécurité de la navigation, compte tenu des normes internationales généralement acceptées établies en la matière par l'organisation internationale compétente ». Cet enlèvement doit être réalisé en tenant compte de la pêche, de la protection du milieu marin et des droits et obligations des autres Etats. Aux termes de l'article 194 de cette même convention, il appartient aux Etats de prendre toutes mesures destinées à limiter « la pollution provenant des installations ou engins utilisés pour l'exploration ou l'exploitation des ressources naturelles des fonds marins et de leur sous-sol ».

[617] L'article 208 de la convention fait obligation aux Etats d'adopter « des lois et règlements afin de prévenir, réduire et maîtriser la pollution du milieu marin qui résulte directement ou indirectement d'activités relatives aux fonds marins et relevant de leur juridiction ou qui provient d'îles artificielles relevant de leur juridiction ».

pour des dépenses futures et non pas des coûts techniques, puisqu'elles ne correspondent pas à des dépenses effectives ou échues et que la remise en état est une phase exclue du cadre contractuel. Les contributions RES ont un caractère associatif mais cette qualification n'entraîne pas automatiquement la qualification de « coût technique », compte tenu surtout de leur caractère aléatoire, variable et approximatif.

472.- En outre, qualifier les contributions RES de « coûts techniques » romprait l'équilibre du contrat fondé sur la production. L'Etat deviendrait ainsi, le cas échéant, victime d'un grave déséquilibre dans l'économie des relations contractuelles puisqu'il serait amené à supporter la plus grande partie des contributions RES. Par ailleurs, on peut observer à la lecture des comptes des sociétés pétrolières, que bien que de nombreuses provisions y figurent, aucune n'a jamais été intégrée dans le calcul de la rente. Enfin, en professionnel avisé, les compagnies pétrolières devaient, dès le départ, intégrer la remise en état des sites dans le cadre contractuel et informer leur co-contractant de cette obligation, ainsi que de son incidence financière sur l'économie du contrat d'association et de la convention d'établissement.

473.- Malheureusement par une sentence du 23 janvier 2003[618], le tribunal arbitral a décidé que les contributions RES sont des coûts techniques au sens de la convention d'établissement et de l'accord comptable annexé au contrat d'association. Les contributions RES deviennent par conséquent des charges opérationnelles imputables sur la rente minière[619]. La même sentence arbitrale fixe les modalités de constitution et de gestion de l'épargne nécessaire pour assurer la RES quand la production sera terminée. Il s'agit notamment :

- de l'obtention d'une certification émise par une banque internationale de classement minimum AA attestant du versement des contributions RES dans un compte ouvert à cet effet ;
- de l'obligation de faire émettre une garantie à première demande par une institution bancaire de classement similaire.

474.- La sentence, en vertu de la convention d'établissement, du contrat d'association et en conformité avec les demandes des parties, est définitive, exécutoire et sans recours. Cette décision va bouleverser tant les usages que la réglementation en la matière au sein de la CEMAC. En effet, les opérateurs Total et Pecten impliqués dans ce litige sont également présents dans les autres Etats membres de la CEMAC. Si la sentence arbitrale est fondée et justifiée en ce qui concerne les modalités de constitution et de gestion de l'épargne nécessaire à la RES, elle est peu défendable en ce qui concerne le traitement réservé à la contribution RES. En effet dans son réquisitoire, le tribunal ne semble pas établir la différence fondamentale entre une provision et une épargne.

---

[618] Sentence arbitrale dans l'affaire Totalfinaelf contre République du Cameroun, prononcée par le tribunal arbitral constitué de Professeur Andrea Giardina, Maître Paul-A Gélinas et Maître Marlène Breslau-Bertoncini. La sentence est intervenue en janvier 2003 à la suite d'une procédure qui a démarré en juillet 2001, sur le traitement fiscal des contributions RES et leur gestion pratique.
[619] V. supra, n° 446.

475.- L'épargne est une stricte opération de trésorerie, qui est sans incidence directe sur le résultat d'exploitation. Elle consiste à déplacer les liquidités d'une trésorerie immédiate vers une trésorerie à terme, réalisable. Cette opération génère en principe des intérêts à un taux convenu. Ce sont ces intérêts qui constituent l'incidence indirecte de l'épargne sur le résultat d'exploitation, qu'ils viendraient améliorer. L'épargne peut bien entendu être constituée en vue d'une réalisation future. La ressemblance avec la provision se situerait donc au niveau de la finalité.

476.- S'agissant de la provision, c'est une déduction opérée sur les résultats d'un exercice en vue de faire face ultérieurement à une perte ou à une charge dont l'objet est clairement précisé. La réalisation incertaine de cette perte ou de cette charge est rendue probable en raison d'évènements survenus au cours de l'exercice et qui existent toujours à sa clôture[620]. L'objectif de la provision est de faire en sorte que l'effet sur le résultat soit nul l'année où la charge sera effectivement constatée. La provision n'aboutit pas toujours à la constitution d'une épargne, alors que l'idéal serait d'en arriver là. Dans ce cas idéaliste, c'est l'entreprise qui constitue la provision qui a également la charge de constituer l'épargne correspondante. Ceci relève de la concordance même entre le compte d'exploitation et le bilan de cette entreprise.

477.- On ne saurait demander aux associés de constituer, pour le compte de l'entreprise, une épargne correspondant à une provision que leur entreprise aurait constituée. En clair, si le principe de la provision déductible de la rente minière est admis dans le compte associatif, c'est encore ce compte qui doit supporter la constitution de l'épargne. En considérant les contributions RES comme des coûts techniques et en demandant aux parties de constituer séparément l'épargne nécessaire à la RES, le tribunal arbitral a créé un grave déséquilibre dans l'économie des relations contractuelles, puisqu'il a amené l'Etat à supporter la plus grande partie des contributions RES.

478.- On peut également remarquer que les contrats de partage de production signé entre la République du Congo et ELF CONGO (qui deviendra plus tard TOTALFINAELF CONGO), prévoient des dispositions assez ambiguës sur cette question. En effet, on peut y lire : « Le contracteur effectuera les dépenses liées aux travaux de remise en état des sites à l'issue de l'exploitation dans la limite du montant des provisions pour abandon qui auront été progressivement constituées et prises en compte dans la masse des coûts pétroliers effectivement récupérés, conformément aux dispositions du contrat. Toutes les dépenses liées aux travaux de remise en état des sites constitueront des coûts pétroliers qui s'imputeront sur les provisions constituées, lesdites provisions étant reprises pour des montants identiques venant en déduction des coûts pétroliers correspondants »[621]. Ces dispositions vont dans notre sens.

---

[620] Groupe Revue Fiduciaire, *Dictionnaire RF Fiscal 2003*, n° 4261, p. 723.

[621] Contrat de partage de production relatif au permis de mer profonde sud du 6 mai 1996, entre la République du CONGO et la société ELF CONGO, art. 7.2.3 ; contrat de partage de production entre la République du CONGO, Elf Congo et AGIP Recherches Congo, du 23 novembre 1995, relatif aux permis issus de l'ancien permis de recherches de PNGF, art. 6.5.

479.- Toutefois à l'alinéa 1 du même article, on voit qu' « à l'effet du remboursement des coûts pétroliers constituées par les provisions et les dépenses pour abandon et la PID (2°), chaque entité composant le contracteur a le droit de récupérer sa part des coûts pétroliers ici considérés en prélevant chaque année civile une part de la production nette de la zone de permis dont la valeur est égale à sa part des provisions et dépenses pour abandon, déterminé chaque année civile conformément aux dispositions du contrat et de la PID, et ce jusqu'à récupération de la totalité de l'ensemble de ces coûts pétroliers, si nécessaire au cours des années civiles suivantes ». Il ressort de ce mécanisme que la provision pour remise en état des sites n'est en définitive supportée que par la République du Congo. Les entités composant le contracteur récupèrent la perte induite par la constitution de cette provision dans la production nette.

2°- Les provisions pour investissements diversifiés (PID)

480.- Ce sont des charges déductibles de la rente minière, créées au Congo et au Gabon. Elles ont pour objet de permettre aux sociétés pétrolières de mettre annuellement de côté des fonds nécessaires pour financer des investissements à caractère économique, social ou éducatif, qui peuvent leur être demandés par les gouvernements. Le nouveau code minier applicable dans ces Etats et les contrats d'association qui y ont cours prévoient en effet de telles dispositions.

481.- Au Gabon, la PID existe en réalité depuis 1974, avec l'instauration en décembre de la même année d'un Fonds d'Investissement Spécial alimenté par des versements effectués par les compagnies pétrolières opérant au Gabon, proportionnellement à leur chiffre d'affaires et en franchise d'impôt. Ce fonds spécial est appelé Provision pour Investissement Diversifié[622]. Le montant de cette provision est déterminé chaque année, suivant un accord entre les autorités administratives de tutelles et les sociétés pétrolières, en fonction des investissements décidés. En toute hypothèse, il ne peut excéder 10 % du chiffre d'affaires réel de la société[623].

482.- Au Congo, ces fonds sont affectés notamment à la promotion des petites et moyennes industries et à une aide au financement des projets de promoteurs nationaux. Le montant de la PID est fixé pour chaque année civile à 1 % de la valeur au(x) prix fixé(s) de la production nette de la zone de permis[624]. Les montants correspondants sont versés par chaque entité composant le contracteur sur les comptes indiqués par le Congo, conformément aux dispositions de la procédure comptable.

---

[622] *Pétrole et gaz en Afrique*, précité, p. 97.

[623] Loi gabonaise n° 14/74 du 21 janvier 1975, précitée, art. 10 al. 3.

[624] Contrat de partage de production du 6 mai 1996, relatif au permis de Mer Profonde Sud, entre la République du Congo et Elf Congo, article 10 ; contrat de partage de production entre la République du CONGO, Elf Congo et AGIP Recherches Congo, du 23 novembre 1995, relatif aux permis issus de l'ancien permis de recherches de PNGF, art. 6.5 ; contrat de partage de production portant sur le champ marginal Kouakouala du 14 décembre 1996, entre la République du CONGO et le Groupe ZETAH, art. 6.2.3.

Comme en matière de RES, cette provision n'est supportée que par l'Etat, le contracteur récupérant sa quote-part comme ci-dessus[625].

483.- L'analyse des charges imputables étant faite, le véritable problème du personnel travaillant pour le compte de l'Etat est de comprendre ces mécanismes, et de les mettre en pratique. Cette tâche semble assez difficile. En effet, un rapport d'audit a été établi en août 2003 sur les dépenses d'exploration sèches du permis H48 opéré par TotalfinaElf E&P Cameroun[626]. Il en est ressorti que l'état des dépenses établi par la SNH pour la période de 1979 à 2002 comportait de nombreuses insuffisances :

- les dépenses de l'exercice 1989 n'ont pas été prises en compte ;
- les dépenses de l'exercice 1992 proviennent de sources non définies ;
- les dépenses des exercices 1987 et 1992 correspondent à des estimations du Comité d'Opérations (OCM) ;
- la SNH n'a pas utilisé le taux de conversion unique de FCFA 294,775 appliqué par TotalFinaElf pour la conversion en USD des dépenses de la période 1979-1994.

Cet état qui faisait apparaître un total de dépenses de 80 923 000 USD n'était visiblement pas bon. Le grand livre analytique et l'état des immobilisations fournis par l'opérateur établissent des dépenses d'exploration sèches respectivement à 99 816 794,05 USD et 98 140 141,64 USD au titre de la même période. Là également il y a problème, au regard de l'incohérence entre les deux documents, et l'écart de 1 676 656,23 USD restera inexpliqué[627].

484.- L'examen des documents fournis par l'opérateur a fait ressortir des dépenses inéligibles pour un montant de 51 924 936,84 USD comprenant entre autres[628] :

- Des dépenses réalisées dans le cadre des accords relatifs aux mesures d'incitation à l'exploration, suivant l'avenant n° 3 du 23 mai 1990 à la convention d'établissement. Ces dépenses constituent des charges associatives qui ne devraient plus figurer dans les dépenses d'exploration (14 479 132,63 USD).
- Des dépenses relatives à Oongué Marine dont la demande de concession a été rejetée par le Ministère des Mines, de l'Eau et de l'Energie (34 630 172,23 USD). Ces dépenses ont été engagées au cours de la période allant de 1983 à 1986.
- Des dépenses relatives aux redevances superficiaires qui non seulement ne concernent pas le permis H48, mais aussi portent sur des hydrocarbures gazeux non utilisés pour la production d'hydrocarbures liquides

[625] V. supra, n° 479.
[626] Rapport d'audit du cabinet Okalla Ahanda et Associés, Douala – Cameroun, en date du 23 août 2003, sur les dépenses d'exploration sèches du permis H48 opérées par TOTALFINAELF E&P CAMEROUN.
[627] Rapport d'audit du cabinet Okalla Ahanda et Associés, précité, p. 7.
[628] Rapport d'audit du cabinet Okalla Ahanda et Associés, précité, p. 7.

(2 815 631,92 USD). Or l'article II-1 du contrat d'association stipule que « les hydrocarbures gazeux non utilisés pour la production d'hydrocarbures liquides feront l'objet d'un contrat particulier ».

- Le non respect des durées d'amortissement, par leur raccourcissement[629]. Les dépenses d'exploration devraient être amorties sur une période de cinq ans à compter de l'exercice au cours duquel le délai de validé du permis a expiré, soit le 20 août 2002.

485.- L'impérieux besoin de formation des agents impliqués dans ces opérations reste par conséquent d'actualité plusieurs années après, au vu des erreurs qui auraient pu être commises n'eût été cet audit. Néanmoins, il ressort des minutes des réunions des 21[630] et 22[631] avril 2004 relatives à la finalisation de l'audit des dépenses d'exploration sèche tenues à douala (Cameroun) entre la Direction des Impôts et les sociétés PECTEN, TOTAL E&P et SNH, que TOTAL E&P conteste tous les chefs de redressement retenus à sa charge, mais n'apporte pas la preuve du contraire. La société PECTEN quant à elle a reconnu ses erreurs et les a régularisées spontanément. La démarche de TOTAL E&P peut être considérée comme une manoeuvre purement dilatoire.

§3 : L'exemption de certaines exigences de droit commun

486.- Après la détermination du résultat net imposable de l'association, chaque entité détermine son résultat net imposable propre. On remarque dans cette procédure l'exemption d'un certain nombre d'exigences de droit commun. Il s'agit du déplafonnement des frais de siège et des rémunérations de divers services (A), de la non limitation des dépenses locatives (B) et de la déductibilité intégrale des charges financières (C).

A - LE DEPLAFONNEMENT DES FRAIS DE SIEGE ET DES REMUNERATIONS DE DIVERS SERVICES

487.- En droit commun, les sommes versées en rémunération :

- D'une part, des services effectifs : frais généraux de siège pour la part incombant aux opérations faites dans un Etat de la communauté ; frais d'études, d'assistance technique, financière ou comptable ; commissions et honoraires ; intérêts, arrérages et autres produits des obligations, créances, dépôts et cautionnements.

---

629 Le montant excédentaire des amortissements de 13 574 357,6 USD n'a pas été intégré dans la somme des dépenses inéligibles, TotalFinaElf s'étant abstenu de produire les DSF des exercices 1996/1997 à l'exercice transitoire 2002. Il faut néanmoins reconnaître que l'administration fiscale devrait être en possession de ces documents qui, aux termes de la loi, doivent être communiqués à périodicité annuelle fixe.

630 Relevé des conclusions de la réunion du 1er juillet 2004 à la Direction des Impôts, relative à l'audit des dépenses d'exploration sèche avec PECTEN Cameroun.

631 Relevé des conclusions de la réunion du 1er juillet 2004 à la Direction des Impôts, relative à l'audit des dépenses d'exploration sèche avec TOTAL E&P Cameroun.

- D'autre part, de l'utilisation des brevets, licences, marques, dessins, procédés de fabrication, modèles et autres droits analogues.

Ne sont admises comme charges déductibles, lorsqu'elles sont versées à une personne physique ou morale hors de la communauté, que si le débiteur apporte la preuve qu'elles correspondent à des opérations réelles, qu'elles ne présentent pas un caractère anormal et qu'elles ne sont pas exagérées. Toutefois, il peut être admis une déduction forfaitaire de ces sommes dont le seuil et les modalités d'application seront fixés par chaque Etat membre sans préjudice de taxations spéciales prévues par les législations nationales[632].

488.- Ces dispositions sont reprises dans le Code Général des Impôts des divers Etats, qui plafonnent du même coup la déductibilité des frais de siège à dix pour cent (10 %) du bénéfice fiscal[633] avant déduction desdits frais. Mais ces dispositions ne s'appliquent pas aux sociétés pétrolières d'amont. Aux termes de leurs conventions d'établissement, les frais généraux de siège, pour la part incombant aux opérations faites dans un Etat, et les rémunérations de certains services effectifs rendus à l'opérateur par les personnes physiques ou morales étrangères sont évaluées à une somme n'excédant pas cinq pour cent (5 %) de son chiffre d'affaires. Cette nouvelle disposition est de loin plus favorable aux sociétés pétrolières, dont le chiffre d'affaires s'évalue en milliards d'euros.

B - LA NON LIMITATION DES DEPENSES LOCATIVES

489.- Selon le droit commun[634], le montant des locations concédées à une société est admis dans les charges à condition qu'il ne présente aucune exagération par rapport aux locations habituellement pratiquées pour les immeubles ou installations similaires. Lorsqu'un associé dirigeant détient au moins dix pour cent (10 %) des parts ou des actions d'une société, le produit de ses locations – autres que celles des immeubles – consenties à cette société ne peut être admis dans les charges de l'entreprise. Pour l'application de cette disposition, les parts ou actions détenues en toute propriété ou en usufruit par le conjoint, les ascendants ou descendants de l'associé, sont réputées appartenir à ce dernier. Cette restriction est également levée par les conventions d'établissement, qui prescrivent clairement la non application des dispositions du Code Général des Impôts relatives aux « dépenses locatives » pour la détermination du bénéfice imposable, sous réserve de l'application en l'absence d'établissement stable dans l'Etat concerné, de la partie bénéficiaire, des législations nationales relatives au prélèvement spécial[635], aux dépenses concernées.

---

[632] Directive n° 02/01/UEAC-050-CM-06, précitée, art. 18.
[633] Par bénéfice fiscal, il faut entendre le bénéfice net comptable augmenté de l'ensemble des charges non déductibles fiscalement, et diminué des produits non imposables à l'IS.
[634] Directive n° 02/01/UEAC-050-CM-06, précitée, art. 21.
[635] V. infra, n° 506.

C - LA DEDUCTIBILITE INTEGRALE DES CHARGES FINANCIERES

490.- D'une manière générale, les agios, intérêts, commissions et autres frais bancaires, sont déductibles dès lors qu'ils correspondent à des charges effectives et sont appuyés de pièces justificatives. Les intérêts servis aux associés à raison des sommes qu'ils laissent ou mettent à la disposition de la société en sus de leurs parts de capital, quelle que soit la forme de la société, sont admis dans la limite de ceux calculés au taux des avances de la Banque Centrale majorés de deux points[636]. Dans le CGI des divers Etats, on voit qu'en outre, dans les sociétés par actions ou à responsabilité limitée, la déduction n'est admise, en ce qui concerne les sommes versées par les associés ou actionnaires possédant en droit ou en fait la direction de l'entreprise, que dans la mesure où ces sommes n'excèdent pas, pour l'ensemble desdits associés ou actionnaires, la moitié du capital social.

491.- Ces limitations du Code Général des Impôts relatives à la déduction des intérêts servis aux associés et actionnaires ayant en droit ou en fait la direction de l'entreprise ne sont pas applicables aux sociétés pétrolières pour la détermination de leur bénéfice imposable. Cette dernière disposition était éliminée du droit commun dans certains Etats depuis 1996 (Cameroun et Gabon notamment). Les conventions d'établissement rendent également inopérante la limitation relative au taux de rémunération des avances en compte courant.

§4 : Les modalités d'imposition et de recouvrement

492.- Nous analysons ici tour à tour la période d'imposition (A), la liquidation de l'impôt (B), le taux de l'impôt (C) et le paiement de l'impôt (D).

A - LA PERIODE D'IMPOSITION

493.- L'impôt sur les sociétés est assis sur les bénéfices obtenus sur une période de douze (12) mois correspondant à l'exercice budgétaire tel qu'il est défini par la loi de finances de chaque Etat membre de la Communauté[637]. Tout changement à ce niveau doit aboutir à la signature d'avenant aux conventions d'établissement et aux contrats d'association, pour être opposable aux sociétés pétrolières. Toutefois, les entreprises qui commencent leur activité au cours des six (6) mois précédent la date de clôture obligatoire des bilans, peuvent arrêter leur premier bilan à la fin de l'exercice budgétaire suivant celui au cours duquel ont commencé les activités. Lorsqu'il est dressé des bilans successifs au cours d'une même année fiscale, les résultats en sont totalisés pour l'assiette de l'impôt dû au titre de l'année budgétaire suivante.

---

636 Directive n° 02/01/UEAC-050-CM-06, précitée, art. 28.

637 Depuis 2002, l'exercice budgétaire coïncide avec l'année civile et va du 1er janvier au 31 décembre pour l'ensemble des Etats membres de la Communauté. Certains Etats comme le Gabon, la RCA ou le Congo y étaient déjà arrimés. Au Cameroun, l'exercice budgétaire chevauchait deux années civiles, et allait du 1er juillet au 30 juin de l'année suivante. Le Tchad a été dans la même situation.

B - LA LIQUIDATION DE L'IMPOT

494.- L'impôt est établi au nom de la personne morale au siège de direction de l'entreprise ou à défaut, au lieu de son principal établissement pour l'ensemble de ses activités imposables exercées dans l'Etat membre.
Pour le calcul de l'impôt, toute fraction du bénéfice imposable inférieure à 1,524 Euros (mille francs CFA), est négligée[638]. Le montant de l'impôt dû est déterminé en appliquant le taux correspondant au bénéfice fiscal.

C - LE TAUX DE L'IMPOT

495.- Dans le droit commun, le taux de l'impôt est fixé dans une fourchette comprise entre 25 % et 40 % par la loi de finances de chaque Etat membre de la Communauté[639]. C'est ainsi qu'il est fixé à 40 % au Tchad, 35 % (hors Centimes Additionnels Communaux ou simplement hors CAC) au Cameroun, 38 % au Congo[640], 35 % au Gabon, 30 % en République Centrafricaine pour les sociétés autres qu'agricoles[641] et 35 % en Guinée Equatoriale depuis 2005[642]. Pour les sociétés pétrolières, le taux d'IS était généralement au dessus de la borne supérieure de cette fourchette, avant les réformes intervenues à partir de 1994[643]. Il varie d'un Etat à l'autre. A l'intérieur d'un Etat, il peut varier suivant le contrat[644], le champ[645], ou l'option de la société pour le bénéfice mondial, par dérogation au principe de la territorialité de l'impôt.

496.- L'option du bénéfice mondial est une particularité des compagnies d'origine américaine à qui il n'était pas appliqué le taux d'IS prévu par les lois minières. Dans ce principe du bénéfice mondial, les compagnies déterminent leurs bénéfices taxables en retenant l'ensemble de leur résultat américain et des résultats de leurs exploitations directes – succursales, bureaux, comptoirs – à l'étranger. Les impôts étrangers payés à raison des bénéfices d'exploitations étrangères ainsi inclus dans le résultat d'ensemble sont imputables[646], sous certaines conditions, sur l'IS frappant ce même résultat. C'est ainsi qu'aux Etats-Unis, pour pouvoir imputer l'impôt payé à l'étranger :

---

[638] Directive n° 02/01/UEAC-050-CM-06, précitée, art. 55 al. 1.
[639] Directive n° 02/01/UEAC-050-CM-06, précitée, art. 55 al. 2.
[640] Cependant, pour les sociétés se livrant à une activité purement agricole et pour les sociétés immobilières, ce taux est ramené à 30 %.
[641] Dans cet Etat, les sociétés agricoles sont soumises à un impôt sur les bénéfices de 20 %.
[642] Jusqu'à l'exercice clos le 31 décembre 2004, le taux de l'IS était de 25 % ; il est passé à 35 % avec la loi équato-guinéene n°4/2004 du 28 octobre 2004 portant organisation du système fiscal. Ce taux peut être réduit de moitié pour les entreprises ayant leur siège à l'intérieur du Continent.
[643] C'est ainsi qu'au Congo, ce taux est ramené à 35 % pendant les cinq premiers exercices, depuis la loi de 1994
[644] Au Cameroun par exemple, les contrats signés avant le code pétrolier de 1999 sont imposés à 57,5 %, alors que ceux signés sous l'égide de ce code sont imposés à un taux compris entre 38,5 % et 50 %.
[645] Les champs marginaux sont généralement imposés à un taux plus bas.
[646] L'imputation ici est synonyme de crédit d'impôt à faire valoir dans le pays d'origine.

- l'impôt doit être issu du droit commun et être comparable à celui qui est payé par les autres sociétés exerçant dans ledit pays ;
- l'impôt doit être payé par la société elle-même ;
- les quittances de paiement doivent être délivrées par l'administration fiscale[647].

Face à cette situation, les compagnies américaines négocient un taux d'IS différent de celui fixé par les lois minières. Ce taux est la combinaison du taux d'IS de droit commun CAC compris, et du taux de l'impôt de distribution, CAC compris. Compte tenu de ce principe du bénéfice mondial, il est permis de se poser des questions sur le bien fondé des multiples avantages fiscaux accordés aux sociétés américaines.

497.- Au Cameroun, le taux est fixé par la loi à 57,5 %, sans CAC[648]. Il est unique, global et libératoire de tout impôt sur la distribution. Les compagnies américaines ont négocié un taux de 48,6475 % au lieu de 57,5 % pour les autres. Il est la combinaison du taux de 38,5 % de l'IS de droit commun et du taux de 16,5 % de la Taxe Proportionnelle sur les Revenus de Capitaux Mobiliers. Il s'obtient comme suit :

48, 6475 = 100 – [(100-38,5) – (61,5 x 16,5 %)]

Ce taux est un taux de droit commun. On peut penser que l'Etat y perd. Mais il s'agit d'une simple illusion. Tout est rééquilibré avec la Rente Minière Garantie. Cette dernière est fixée à 13 % pour les sociétés européennes, et à 25,31 % pour les sociétés américaines. Dans le premier cas, la rente est déterminée sur la base du bénéfice après impôt, alors que dans le second cas elle est déterminée sur la base du bénéfice avant impôt. La somme des impôts et taxes payés en définitive est la même dans les deux cas. Par conséquent, il n'y a pas violation de la clause de non discrimination, la charge fiscale étant la même pour chaque compagnie.

498.- Au Congo, le taux d'IS était de 47 % jusqu'en 1977 ; il devait passer à 55 % à partir de 1979[649]. La loi du 23 août 1994 l'a ramené à 35 % pour l'ensemble des permis d'exploitation découlant d'un même permis de recherche et pour une durée n'excédant pas cinq ans[650]. A l'expiration de ce délai et après concertation entre l'Etat et la société, ce taux peut être porté à un niveau supérieur. Dans la pratique, les Etats sont généralement faibles pour conduire ce genre de négociation à la réussite.

---

[647] Ceci explique qu'au Cameroun où l'impôt est payé à la SNH, les compagnies américaines refusent cette voie et paient directement au Trésor Public contre quittance.

[648] Loi camerounaise n° 78-24 du 29 décembre 1978, précitée, art. 24.

[649] L'article 9 al. b de l'avenant du 4 juin 1973 à la convention d'établissement du 17 octobre 1968 entre le Congo et la société Elf-Congo dispose en effet que « le taux de l'impôt sur les sociétés pétrolières pendant les années civiles sera de 47 % jusqu'en 1977, 50 % sur 1978 et 55 % les années suivantes ».

[650] Loi congolaise n° 24-94 du 23 août 1994, précitée, art. 42.

499.- Au Tchad, le taux légal d'IS est de 50 % depuis 1962[651]. Il n'a pas évolué depuis lors. Toutefois, la convention du 19 décembre 1988 entre la République du Tchad et le consortium a introduit une fiscalité modulaire non prévue par la loi[652]. C'est la détermination du bénéfice imposable qui pose problème.

500.- Au Gabon, la loi de 1974 a fixé le taux de l'IS à 56,25 %[653]. Cependant les CEPP ont introduit des taux différents pouvant varier avec les contrats. De même, les bénéfices imposables des opérateurs qui exercent leurs activités sous le régime de la concession sont soumis à un impôt sur les sociétés (IS) de 73 % du revenu imposable (profit brut) [654].

501.- En République centrafricaine, l'ordonnance de 1993 a fixé le taux de l'impôt direct sur les bénéfices des opérations pétrolières à 50 %[655]. Cependant, ce même texte laisse aux contrats pétroliers la possibilité de prévoir des dispositions contraires, notamment un taux d'impôt sur les sociétés pouvant être réduit jusqu'au niveau du taux de droit commun en vigueur à la date de signature du contrat. Or en droit commun, il existe un taux pour les sociétés agricoles et un taux pour les autres sociétés[656]. L'ordonnance ne précise pas lequel de ces taux devrait servir de borne inférieure.

D - LE PAIEMENT DE L'IMPOT

502.- Les divers Etats membres de la Communauté ont institué le paiement contemporain de l'impôt sur les sociétés en droit commun. Par ce mécanisme, un minimum fiscal est déterminé en fonction d'un pourcentage du chiffre d'affaires réalisé au cours du mois[657]. Selon les Etats, la date de versement est fixée au 15 ou au 20 du mois qui suit celui au titre duquel le chiffre d'affaires est réalisé. Ce pourcentage varie entre 1 % et 2 % selon les Etats. La base du chiffre d'affaires est généralement la base Hors Taxes. Mais dans certains cas particuliers comme le Tchad, l'assiette de ce minimum fiscal est constituée par le chiffre d'affaires TTC. On lui applique le taux de 1,5 % pour obtenir le montant de l'impôt dû. L'impôt est acquitté spontanément par le contribuable au centre des impôts du lieu du siège social.

503.- Dans les trois mois de la clôture de l'exercice, les sociétés doivent produire la Déclaration Statistique et Fiscale (DSF) de l'exercice clos. L'impôt calculé en fonction des résultats d'ensemble de l'exercice et dont le montant doit être déclaré dans la DSF, est diminué du montant des acomptes mensuels et trimestriels, le solde étant acquitté par un versement unique lors du dépôt de la DSF. Pour les so-

---

[651] Ordonnance tchadienne n° 7-PC-TP-MH du 3 février 1962, précitée, art. 65.
[652] Protocole d'accord du 21 novembre 1996 entre la République du Tchad et le consortium, précité.
[653] Loi gabonaise n° 14/74 du 21 janvier 1975, précitée, art. 10 al. 1.
[654] Les contrats de concession TOTAL, SHELL, AMERADA HESS, PERENCO en cours de validité avant la loi n° 14/82 du 24 janvier 1983 continuent de s'appliquer
[655] Ordonnance centrafricaine n° 93.007 du 25 mai 1993, précitée, art. 69 al. 1.
[656] V. supra, n° 495.
[657] En RCA, il est basé sur le chiffre d'affaires de l'année précédente.

ciétés pétrolières, il n'y a pas de paiement contemporain. L'impôt dû au titre de l'année « N » est payé au cours de l'année « N+1 » sur la base de tiers provisionnels. La dette est déterminée en dollars, la comptabilité se tenant en dollars. Cependant dans les contrats de concession en cours au Gabon, le paiement de l'impôt se fait de la manière suivante :
-un acompte de 6,25 % de l'Impôt sur les Sociétés de l'année précédente est payé du 28/1 au 28/12 : 6,25 % X IS (N-1) x 12
- les 90 % du solde à régler au plus tard le 28/01/N+1
- le reliquat soit (100 %-90 %) = 10 % au plus tard le 28/04/N+1.
Le solde de l'impôt (N) doit se faire cumulativement avec les acomptes de N+1[658].

Section 2 : Les autres impôts

504.- Les autres impôts, après l'impôt sur les bénéfices, peuvent être répartis en trois catégories. La première de ces catégories comprendra le prélèvement spécial ou libératoire, l'impôt de distribution, la patente, le droit d'accise, l'impôt sur le chiffre d'affaires et la taxe sur la valeur ajoutée ; il s'agit d'impôts relevant de la fiscalité interne (§1). La deuxième catégorie quant à elle portera sur la fiscalité de porte (§2) ; elle abordera ainsi les principes généraux de la réglementation douanière et leur application aux activités pétrolières. Enfin dans une troisième catégorie, il sera question des amendes et pénalités (§3), dont l'application requiert une vérification préalable et parfois un recours à l'arbitrage.

§1 : Sur la fiscalité interne

505.- Les impôts analysés ici concernent le prélèvement spécial ou libératoire (A), L'impôt de distribution (B), La patente (C), Le droit d'accise (D), L'impôt sur le chiffre d'affaires et la taxe sur la valeur ajoutée (E).

A - LE PRELEVEMENT SPECIAL OU LIBERATOIRE

506.- Les lois de finances et autres textes à caractère légal des divers Etats membres de la communauté ont introduit une nouvelle taxe dite taxe spéciale[659], prélèvement spécial[660] ou prélèvement libératoire[661] selon les Etats, non répertoriée dans le CGI desdits Etats. Dans l'activité pétrolière, elle est plus connue sous l'expression *fiscalité des contracteurs pétroliers*. Cette taxe frappe les revenus servis aux personnes morales ou physiques domiciliées hors de l'Etat, par des entreprises ou établissements situés dans l'Etat au titre :
- des droits d'auteurs ;
- de la vente ou de la location de licence d'exploitation de brevets, marques de fabrique, procédés et formules secrets ;

[658] Loi de Finances rectificative du Gabon pour l'exercice 1990, article 2.
[659] Loi de Finances camerounaise pour l'exercice 1978/1979, art. 7.
[660] Décret-loi Equato-guinéen n° 2/1997 du 26 mai 1997 instituant l'impôt sur le revenu des personnes résidentes et non résidentes assurant des services aux entreprises pétrolières
[661] Loi de Finances congolaise pour l'exercice 1982.

- de la location ou du droit d'utilisation des films cinématographiques, des émissions ou des films de télévision ;
- des rémunérations pour fournitures d'informations concernant les expériences d'ordre industriel, commercial ou scientifique ainsi que pour la location d'équipements industriels, commerciaux ou scientifiques ;
- des rémunérations pour études, assistance technique, financière ou comptable ;
- des rémunérations versées aux entreprises effectuant des travaux de forage, de recherche ou d'assistance pour le compte des compagnies pétrolières, lorsque ces entreprises renoncent à l'imposition d'après la déclaration[662]. Le prélèvement spécial est exigible tant qu'une déclaration n'aura pas été acceptée par l'administration fiscale.

a) Les redevances concernées

507.- Il s'agit des redevances ci-dessus qui recouvrent la plus grande partie des services qui peuvent être rendus par des personnes physiques ou morales étrangères à des entreprises communautaires notamment :

- les transferts de technologie ;
- les locations de matériels ;
- les redevances de marques.

Il convient de noter que la liste énoncée présente un caractère exhaustif et ne devrait, en vertu du principe de l'étroitesse de la loi fiscale, faire l'objet d'extension par voie interprétative. En vertu de ce principe, l'on constate que ne sont pas visées par le prélèvement spécial, notamment les commissions de vente ou d'achat. Cependant, les charges accessoires à la charge principale d'assistance technique sont également assujetties à cette taxe.

b) La personne imposable

508.- Il convient de ne pas confondre les notions de débiteur et de collecteur de l'impôt. Le prélèvement spécial sur les redevances et autres rémunérations est à la charge de la société étrangère prestataire de service. Il doit être retenu à la source par le débiteur des sommes imposables, à charge pour lui d'en verser le produit au Trésor Public. Toutefois, il peut arriver que par voie contractuelle, le prestataire de service étranger exige une rémunération nette. Dans ce cas, le débiteur doit reconstituer le montant des rémunérations brutes avant paiement de la facture, et y appliquer les retenues de droit.

c) Application de la taxe au montant brut des rémunérations

509.- La base d'imposition est constituée par le montant brut des redevances et autres rémunérations listées ci-dessus. Par montant brut, il convient d'entendre le montant toutes taxes incluses, mais avant liquidation tant de la redevance elle-

---

[662] V. supra, n° 488.

même que de la TVA[663]. Les redevances et rémunérations concernées étant généralement passibles de l'ICAI, de la TCA ou de la TVA[664] selon les contrats, celle-ci sera liquidée en dernier lieu. Par contre, le prélèvement spécial sur les redevances doit être inclus dans la base imposable avant liquidation de la TVA (ou TCA). Par principe, l'entreprise étrangère devrait établir ses factures ICAI, TCA ou TVA incluse, et reverser au Trésor de l'Etat concerné la taxe collectée.

510.- Mais en pratique, la facturation est généralement faite hors ICAI, TCA ou TVA et l'entreprise nationale reverse directement au Trésor le montant de la taxe. Dans cette hypothèse, le prélèvement spécial sur les redevances est liquidé directement sur la base de la facture du fournisseur. Ensuite le montant de la taxe obtenu est ajouté à la valeur de la facture pour liquider l'ICAI, la TCA ou la TVA qui sera directement réglée par l'entreprise nationale. Enfin, il peut arriver que par convention, le fournisseur étranger ait droit à une rémunération nette égale au montant de sa facturation. Dans ce cas, il y a lieu de reconstituer les bases imposables à l'ICAI, à la TCA ou à la TVA et au prélèvement spécial sur les redevances. Dans cette dernière hypothèse fréquente en pratique, le prélèvement spécial sur les redevances n'est pas admis en frais généraux déductibles.

d) Application de la taxe sur la partie déductible des redevances

511.- Le prélèvement spécial sur les redevances n'est applicable que dans la mesure où les redevances ou rémunérations concernées versées à l'étranger, sont admises comme charges déductibles pour les résultats de la partie versante. La partie non déductible subit une taxation différente :
- d'une part, elle est rapportée au bénéfice taxable et se trouve de fait assujettie à l'IS au taux en vigueur ;
- d'autre part, elle est considérée comme distribution des revenus et, de ce fait, assujettie à l'impôt de distribution.

512.- Quelques questions demeurent à cet égard. La taxe est payable dans les quinze ou vingt jours du versement de la redevance à l'étranger. Or il peut arriver que l'on ne puisse savoir à ce moment dans quelle mesure ces redevances seront déductibles. Cette connaissance ne peut être acquise qu'en fonction du résultat ou du chiffre d'affaires selon le cas. Par ailleurs, le prélèvement spécial sur les redevances étant à la charge des sociétés étrangères, celles-ci voient donc leur sort fiscal dépendant de celui de l'entreprise communautaire. Les incidences de cette dua-

---

[663] Cependant, l'article 227 du CGI camerounais prévoit expressément l'inclusion de la TSR dans la base de liquidation du prélèvement spéciale ; il y a surtaxation ici.

[664] Jusqu'en 1993, les Etats membres de l'UDEAC étaient soumis au régime fiscal de l'Impôt sur le Chiffre d'Affaires Intérieur (ICAI) ; avec la réforme fiscalo-douanière de 1994, ce régime a mué en celui de la Taxe sur le Chiffre d'Affaires (TCA) ; il devait évoluer, dans un délai maximum de quatre ans, vers le régime de la Taxe sur la Valeur Ajoutée (TVA). Sachant que le régime fiscal applicable aux conventions d'établissement est celui du CGI en vigueur au moment de leur signature, les contrats d'avant 1994 sont sous l'égide de l'ICAI. Ceux d'après 1994 sont sous l'égide de la TCA ou de la TVA selon le cas, sachant que le Gabon est passé à la TVA depuis 1995. V. infra, n° 531 ss.

lité méritent d'être mesurées. Enfin et pour mémoire, la quote-part non déductible des redevances étant assimilée à une distribution de revenus, l'ICAI, la TCA ou la TVA ne peut s'appliquer à cette fraction réintégrée au résultat. Dès lors, la taxe payée en cours d'année sur cette quote-part pourra s'imputer sur l'IS due par l'entreprise nationale.

513.- Dans le cas de prise en charge de l'impôt par l'entreprise communautaire, les administrations fiscales n'admettent pas la déduction fiscale sur les revenus qui de ce fait, devront être réintégrés dans le résultat imposable à l'IS. Cette formule impliquant que l'entreprise étrangère n'ait pas la charge du prélèvement spécial, il en résulte que les sociétés françaises qui, en vertu de la convention fiscale signée avec le Cameroun[665], le Congo[666] et le Gabon[667], peuvent utiliser à titre de crédit d'impôt le prélèvement spécial supporté par elle dans l'Etat de la Communauté, ne pourront pas dans ce cas particulier bénéficier de cette disposition. Mais pour la conduite des opérations de recherche et de développement, le contractant et ses sous-traitants sont exonérés du paiement de la TSR. Cette exonération porte sur l'assistance, la location d'équipement et de matériel et sur toutes prestations de service rendues au contractant par ses sous-traitants au titre d'opérations pétrolières, sous certaines conditions[668]. Cette exonération, telle que décrite ci-dessus, n'est pas applicable en phase d'exploitation.

e) Les effets du prélèvement libératoire

514.- Pour les contribuables non résidents en Guinée Equatoriale, la somme retenue éteindra leur responsabilité fiscale en ce qui concerne les revenus obtenus dans le secteur pétrolier aux fins du décret-loi numéro 1/1986. De plus, le contribuable ne sera pas tenu de présenter une Déclaration Statistique et Fiscal pour les impôts sur le revenu relatifs à ces sommes, en fin d'exercice. S'agissant du contribuable résident, les sommes retenues des paiements effectués en sa faveur seront décomptées de sa responsabilité fiscale comme le stipulent le Décret-loi numéro 2/1997 et le Décret-loi 1/1986 et ses modifications ultérieures. Si la somme retenue des paiements effectués en faveur d'un contribuable résident dépasse les impôts sur le revenu dus pour cet exercice, l'excédent devra être reporté et traité comme paiement de l'impôt pour l'exercice suivant. Lorsque l'excédent est reporté, il sera utilisé pour réduire les obligations fiscales de ce contribuable qui se rapportent à la déclaration des revenus de l'exercice suivant[669].

---

[665] Convention fiscale du 21 octobre 1976 et son avenant du 31 mars 1994, entre le gouvernement de la République française et le gouvernement de la République du Cameroun, tendant à éviter la double imposition, art. 8.

[666] Convention fiscale du 13 novembre 1967 entre la France et le Congo, visant à éviter les doubles impositions.

[667] Convention fiscale France-Gabon du 20 septembre 1995, visant à éviter les doubles impositions et à prévenir l'évasion et la fraude fiscales (non encore ratifiée par le Gabon, ce qui laisse libre cours à la convention précédente de 1966, et ses deux avenants de 1973 et 1986).

[668] V. supra, n° 327.

[669] Interprétation des articles 4 et 5 du décret-loi équato-guinéen n° 2/1997 du 26 mai 1997 instituant l'impôt sur le revenu des personnes résidentes et non résidentes assurant des services aux entreprises pétrolières, donnée par l'article 2 (2) de l'arrêté ministériel n° 4 du 12 décembre 1997.

515.- Pour les contribuables résidents ou leurs sous-traitants qui sont exonérés de l'impôt sur le chiffre d'affaires selon les dispositions du Contrat de Participation à la Production, l'impôt retenu au titre des dispositions du prélèvement spécial sera traité comme paiement de l'impôt sur le revenu des personnes prévu et réglementé par les dispositions du décret-loi numéro 1/1986 et ses modificatifs subséquents, et non comme paiement de l'impôt sur le chiffre d'affaires. Si le contribuable est non-résident et exonéré de l'impôt sur le chiffre d'affaires selon les dispositions du Contrat de Participation à la Production, l'impôt sur le revenu prévu par le décret-loi numéro 2/1997 remplace l'impôt sur le revenu prévu par le décret-loi numéro 1/1986 et ses modificatifs subséquents.

516.- Au Congo, les entreprises bénéficiant de ce régime sont exonérées de la taxe forfaitaire sur les salaires et de la taxe d'apprentissage à raison des salaires versés au personnel technique détaché dans cet Etat, pour des missions de courte durée et travaillant sur du matériel introduit temporairement (plate-forme, barge…).

B - L'IMPOT DE DISTRIBUTION

517.- Les revenus distribués dans les Etats membres de la CEMAC par une entreprise sont assujettis à un impôt dont l'appellation varie légèrement en fonction des Etats : Impôt sur le Revenu des Valeurs Mobilières (IRVM), Impôt sur le Revenu des Capitaux Mobiliers (IRCM), Taxe Proportionnelle sur le Revenu des Capitaux Mobiliers (TPRCM). Hormis le taux, la structure de cet impôt est identique d'un Etat à l'autre. Après avoir distingué ce qui rentre dans la catégorie des revenus de capitaux mobiliers (a) de ce qui est considéré comme revenus distribués (b), nous présenterons les taux, délai et modalités de paiement de cet impôt (c) ; ceci facilitera la compréhension de son application aux sociétés pétrolières (d).

a) Les revenus de capitaux mobiliers

518.- Entrent dans la catégorie des revenus de capitaux mobiliers :

- les revenus distribués par les personnes morales relevant en principe de l'impôt sur les sociétés ;
- les revenus distribués aux commanditaires des sociétés en commandite simple et aux associés autres que ceux indéfiniment responsables dans les associations ou sociétés en participation ;
- les autres revenus distribués par les sociétés commerciales et non déclarés comme des bénéfices.

b) Les revenus distribués

519.- Sont considérés comme des revenus distribués :

- tous les bénéfices ou produits de la société qui ne sont pas mis en réserve ou incorporés au capital ;
- toutes les sommes ou valeurs mises à la disposition des associés, actionnaires et porteurs de parts et non prélevées sur les bénéfices.

Les sommes imposables sont déterminées par la différence entre les capitaux propres à la clôture et à l'ouverture de l'exercice.

Sous réserve des conventions internationales, les bénéfices des sociétés n'ayant pas leur domicile ou siège social dans un Etat donné de la communauté (établissement stable tel que succursale ou bureau de société étrangère) sont réputés distribués au titre de chaque exercice à des personnes n'ayant pas leur domicile ou siège social dans l'Etat en question. Les sommes imposées sont limitées à une quotité des répartitions effectuées par lesdites sociétés, par rapport au bénéfice comptable total tel qu'il ressort de leur bilan global.

c) Taux, délai et modalités de paiement

520.- Le taux de l'IRVM pour les produits des actions, parts sociales et revenus assimilés varie entre 15 % et 25 %. Au Tchad par exemple, il est de 20 %[670]. Au Gabon, il est de 20 % pour les revenus autres que les rémunérations des administrateurs ; dans ce dernier cas, le taux est de 22 %. Au Cameroun, il est de 15 % (on y ajoute cependant 10 % de CAC, ce qui lui donne un taux apparent de 16,5 %) lorsque le bénéficiaire de la distribution est domicilié dans l'Etat[671]. Dans le cas contraire, ce taux passe à 25 %, sauf pour les entreprises étrangères de nationalité françaises. Pour ces entreprises, la convention fiscale franco-camerounaise a plafonné ce taux à 15 %[672]. En RCA ce taux, unique, est également fixé à 15 %. En Guinée Equatoriale, il est de 25 % depuis 2005. L'IRVM, qui est à la charge des bénéficiaires des revenus, est retenu à la source par la société débitrice et reversé spontanément au Trésor Public.

d) Non application aux sociétés pétrolières

521.- La pratique internationale a consacré la non imposition des dividendes des sociétés pétrolières qui sont ainsi exemptés de l'impôt de distribution. La règle, avant d'être reprise par les clauses des contrats, est édictée par les lois minières[673]. On peut y lire : « l'exemption pour ces entreprises de tout impôt frappant, à l'occasion de leur distribution, les revenus provenant des activités définies par le CGI »[674]. « Les sommes ainsi distribuées à des personnes morales sont exonérées des impôts dont celles-ci seraient redevables soit à l'occasion du bénéfice net résultant de leur encaissement, soit à l'occasion de leur distribution à leur propres actionnaires ». La raison avancée à l'appui de cette exonération est qu'étant donné les lourds investissements que nécessite l'activité d'exploration et de production, il importe pour les compagnies d'avoir des fonds propres très importants pour les financer. La règle y participerait donc.

---

670 Fidafrica Tchad, *Guide de l'investisseur 2003*, p. 27.

671 Ancien Code Général des Impôts du Cameroun, art. 108 ; nouveau CGI, art. 88.

672 Fusion de la convention fiscale du 21 octobre 1976 et de son avenant du 31 mars 1994, entre le gouvernement de la République française et le gouvernement de la République du Cameroun, tendant à éviter la double imposition, art. 14.1 a).

673 V. supra, n° 157, note i. p. n° 211.

674 V. supra, n° 488.

C - LA PATENTE

522.- La patente est un impôt à caractère personnel dû pour une année entière (b) ; sa liquidation résulte de l'application d'un taux sur le chiffre d'affaires réalisé (c). Dans son cadre général (a), elle s'applique à tout commerçant exerçant dans un Etat de la communauté ; cependant, elle subit de nombreuses exonérations (d).

a) Cadre général

523.- C'est un impôt sur l'activité auquel est assujettie toute personne physique ou morale, quelle que soit sa nationalité, qui exerce dans un Etat donné de la Communauté un commerce, une industrie, une profession non expressément exonérée[675]. L'exercice effectif et habituel de la profession et le but lucratif entraînent seuls le paiement de la patente. La contribution des patentes est fixée d'après le chiffre d'affaires. Les activités soumises à la patente figurent dans une annexe au CGI. Elles sont imposables suivant les montants de chiffre d'affaires divisés en classes contenues dans l'annexe. Toutefois en ce qui concerne les transporteurs interurbains de personnes et les transporteurs de marchandises, la patente est déterminée en fonction du nombre de places ou de la charge utile du véhicule. Pour les ventes de produits pétroliers par les gérants de stations services, l'assiette de la patente est constituée par le montant de la marge arrêtée par les *marketers*.

b) Personnalité et annualité de la patente

524.- La patente est personnelle et ne peut servir qu'à celui à qui elle a été délivrée. Les sociétés par actions et les sociétés à responsabilité limitée ayant pour but une activité patentable sont imposées sous la désignation de l'entreprise. Il est dû une patente par établissement, sachant que les immeubles ou parties d'immeubles nettement séparés constituent des établissements distincts. La patente est due pour l'année entière par toute personne exerçant au 1er janvier une activité imposable. Les personnes qui entreprennent en cours d'année une activité soumise à la patente ne doivent cette contribution qu'à partir du premier jour du mois dans lequel elles ont commencé d'exercer à moins que, par sa nature, l'activité ne soit pas susceptible d'être exercée pendant toute l'année. Dans ce cas, la patente est due pour l'année entière quelle que soit l'époque à laquelle l'activité est entreprise. Les omissions totales ou partielles constatées dans les rôles de la contribution des patentes ainsi que les erreurs commises dans la détermination des bases d'imposition ou dans l'application du tarif peuvent être réparées par le service des impôts jusqu'à l'expiration de l'année fiscale suivant celle de l'établissement du rôle primitif.

c) Tarif et paiement de la patente

525.- La contribution due résulte de l'application d'un taux sur le chiffre d'affaires annuel réalisé par le contribuable. Ce taux est arrêté par les collectivités territoria-

---

[675] En France, la patente a été remplacée par la taxe professionnelle ; v. ARDANT (G), *Histoire de l'impôt*, Les grandes études historiques, Fayard, 1972, 2 tomes

les décentralisées publiques locales bénéficiaires du produit de la patente, à l'intérieur d'une fourchette légalement fixée par tranche de chiffre d'affaires[676]. La contribution des patentes est établie au nom des personnes qui exercent l'activité imposable. Elle est payée par anticipation à l'aide d'un bulletin de versement délivré par l'inspecteur des impôts ou l'autorité administrative compétente dans les localités où le service des impôts n'est pas installé.

526.- Les contribuables assujettis à la contribution des patentes sont tenus d'acquitter en une seule fois les droits auxquels ils sont soumis :

- dans les deux (2) mois qui suivent le début de l'activité pour les activités nouvelles ;
- dans les deux (2) mois qui suivent le début de l'année fiscale en cas de renouvellement de la patente.

Après paiement des droits à la caisse de la recette municipale, il est délivré un titre de patente comportant la photographie (éventuellement), la quittance de versement et le visa de l'autorité qui l'a établi.

d) Les exonérations

527.- Parmi les exonérations prévues par le Code Général des Impôts (CGI) des divers Etats, il y a :

- l'Etat, les collectivités territoriales décentralisées, les établissements publics et les organismes d'Etat, pour leurs activités à caractère culturel, éducatif, sanitaire, social, sportif ou touristique quelle que soit leur situation à l'égard de la taxation sur le chiffre d'affaires ;
- les concessionnaires de mines et de carrières, les titulaires de permis d'exploitation de mines et les explorateurs de puits de pétrole et de gaz combustibles, seulement pour l'extraction, la manipulation et la vente des matières extraites.

Une clause des conventions d'établissement réaffirme généralement cette exemption, et l'étend à toute l'activité[677].

---

[676] En RCA il existe néanmoins, pour le paiement de la patente, des montants forfaitaires arrêtés par tranche de chiffre d'affaires pour toutes les activités, à l'exception de celles diamantifères.

[677] Convention d'établissement du 10 février 1982 entre la République du Cameroun et PECTEN CAMEROON COMPANY, art. 8 ; convention d'établissement du 11 mars 1982 entre la République Unie du Cameroun et ELF SEREPCA, art. 8 ; convention d'établissement du 11 décembre 1997 entre la République du Cameroun et CMS NOMECO CAMEROON LTD et GLOBEX CAMEROON LLC, rachetée par PERENCO OIL AND GAS, art. 8 ; convention d'établissement du 17 octobre 1968 entre la République du CONGO et la société ELF CONGO, amendée par les avenants 1 à 13 ainsi que par l'accord du 30 juin 1989, art. 9 ; convention d'établissement du 25 Mai 1979 entre le Congo et le consortium CONGOLESE SUPERIOR OIL CIE, CITIES SERVICE CONGO PETROLEUM OIL LTD, CANADIAN SUPERIOR OIL LTD, et HYDRO-CONGO ; convention de Recherches, d'Exploitation et de Transport des Hydrocarbures conclue le 19 décembre 1988 (et ses avenants) entre la République du Tchad et le consortium Esso E & P Chad Inc., Petronas Carigali Chad E & P Inc., et Chevron Petroleum Chad Company Ltd.

D - Le droit d'accise

528.- Les bases d'imposition du droit d'accise sont presque similaires à celles de la taxe sur la valeur ajoutée[678] (b) ; dans son principe général (a), le droit d'accise frappe une catégorie de biens précis.

a) Les principes généraux

529.- Le droit d'accises est une taxe sur la consommation qui frappe une seule fois, à l'importation ou lors de la première mise à la consommation sur le marché local, une catégorie précise de biens dont la liste est dressée par le Comité de Direction de la CEMAC[679]. Cette liste est reprise en annexe aux différents CGI. Il s'agit essentiellement :

- des produits de grande consommation : cigarettes, boissons (eau, bières et vins) et les cosmétiques ;
- des produits dits de luxe : bijoux, pierres précieuses, caviar, etc.

b) La base d'imposition

530.- La base d'imposition du droit d'accises est contenue dans l'acte n° 4/94-UDEAC-556-CD-56[680], qui dispose :

- pour les importations sur le territoire de la CEMAC, la base imposable est la valeur CAF augmentée des droits de douane ;
- pour l'introduction sur le territoire d'un Etat membre (concerne les produits CEMAC), la base imposable est la valeur sortie usine à l'exclusion du Tarif Préférentiel Généralisé (TPG) et des frais d'approche.

L'activité pétrolière est exonérée du droit d'accises.

E - L'impot sur le chiffre d'affaires et la taxe sur la valeur ajoutee

531.- Jusqu'en 1993, l'Impôt sur le Chiffre d'Affaires Intérieur (ICAI) avait encore cours dans l'UDEAC. C'était un impôt en cascade qui renchérissait le coût des opérations. Avec la réforme fiscalo-douanière entrée en vigueur en 1994, la Taxe sur le Chiffre d'Affaires (TCA) a remplacé l'ICAI. Elle devait se transformer, dans les quatre années suivantes, en Taxe sur la Valeur Ajoutée (TVA). Le Gabon y a accédé le premier en 1995 ; la Guinée Equatoriale a été le dernier Etat à y accéder en 2005. La TVA a conservé un certain nombre de traits caractéristiques de la TCA, notamment le champ d'application (a), la territorialité (b), la liquidation (c) et les exonérations (d).

---

[678] V. infra, n° 532 ss.

[679] Acte n° 5/93-UDEAC-556-CD-SE1 du 21 juin 1993 (et ses modificatifs subséquents), arrêtant les listes respectives de biens exonérés de la TCA, soumis au taux réduit de TCA, susceptibles d'être soumis à un Droit d'Accise, art. 3.

[680] Acte n° 4/94-UDEAC-556-CD-56 du 19 décembre 1994, portant modifications de certaines dispositions de l'annexe à l'Acte n° 1/92-UDEAC-556-CD-SE1 du 30 avril 1992 portant adoption d'une Taxe sur le Chiffre d'Affaires et du Droit d'Accise en UDEAC.

a) Champs d'application

532.- Dans un Etat, la TVA s'applique aux opérations qui y sont faites par les personnes physiques et morales qui, à titre habituel ou occasionnel et d'une manière indépendante, achètent pour revendre ou accomplissent des actes relevant d'une activité commerciale, artisanale ou industrielle. Seules sont assujetties à la TVA les opérations accomplies à titre onéreux dans le cadre d'une activité économique.

b) Territorialité de la TVA

533.- Les opérations réalisées dans un Etat y sont soumises à la TVA. Une opération est réputée réalisée dans un Etat :

- s'il s'agit d'une vente, lorsque la livraison du bien s'effectue dans l'Etat considéré ;
- s'il s'agit d'une prestation de service, lorsque le service est rendu dans l'Etat considéré ou lorsque le prestataire y est établi ;
- s'il s'agit de transports internationaux, lorsque le transporteur est établi dans l'Etat concerné, quel que soit le lieu où s'effectue le transport.

c) Liquidation de la TVA

534.- En ce qui concerne les ventes et échanges de marchandises et les prestations de services, la base d'imposition est constituée par le prix total dû par l'acquéreur du bien ou du service. La TVA est perçue à un taux variable selon les Etats. En effet, le taux général se situe dans une fourchette comprise ente 15 % et 18 %[681], applicable à toutes les opérations taxables, à l'exclusion des opérations soumises au taux zéro[682]. C'est ainsi qu'il est de : 18 % au Tchad, en RCA et au Gabon[683], 17,5 % au Cameroun[684], 18 % au Congo (avec un taux réduit de 8 % pour certaines opérations), 15 % en Guinée Equatoriale (avec un taux réduit de 6 % pour certains produits de base). Les exportations sont fictivement assujetties à la TVA au taux de 0 %. La TVA ayant frappé en amont le prix d'une opération imposable est déductible de la taxe applicable à cette opération à condition que l'assujetti soit soumis au régime du réel. La TVA déductible s'impute sur la TVA globale collectée au titre du mois. Seul le solde positif doit être reversé au Trésor. Le solde négatif constitue un crédit d'impôt, qui est reportable sur les mois suivants dans la limite de la prescription administrative. Au-delà de cette prescription, le crédit est perdu.

---

[681] Directive n° 1/99/CEMAC-028-CM-03 du 17 décembre 1999, portant harmonisation des législations des Etats membres en matière de TVA et de Droit d'Accises (DA), art. 21.1.

[682] Le taux zéro s'applique aux exportations ayant fait l'objet de déclaration visé par les services des Douanes, à leurs accessoires et aux transports internationaux.

[683] Dans ce dernier Etat, il existe néanmoins des taux de 10 % et 25 % pour certains produits dont le détail est donné au Tarif Douanier.

[684] Ce taux est entré en vigueur avec la loi de finances de l'exercice 2005. Il était jusque-là stabilisé à 17 %.

d) Exonérations

535.- C'est un principe international, que les sociétés pétrolières soient exonérées de tout impôt ou taxe sur le chiffre d'affaires. Toutes les lois minières reprennent cette exonération avec parfois quelques aménagements. L'exonération signifie d'une part que les factures adressées à ces sociétés ne comportent pas la TVA. Une annexe des conventions d'établissement précise à cet effet les services et prestations concernés. Cette exonération porte sur les opérations de louage de choses ou de services ainsi que sur les prestations de services de toutes espèces y compris les études, énumérées dans les rubriques 1 à 8 ci-après et consistant exclusivement dans :

1. la reconnaissance, la prospection géologique ou géophysique et la détection par tous moyens de gisements d'hydrocarbures liquides ou gazeux ;
2. la recherche et la délimitation de ces gisements par sondage, forage ou tout autre moyen, la détermination de l'importance des réserves ainsi que les opérations annexes qui y sont directement liées ;
3. le développement, la mise en production, l'exploitation des gisements découverts, ainsi que les opérations annexes qui y sont directement liées ;
4. la construction et l'exploitation des moyens de stockages et d'évacuation des produits externes ;
5. la commercialisation des produits bruts extraits ;
6. la construction des voies d'accès ;
7. le transport du personnel et du matériel, le captage des sources, le stockage, la répartition et l'entretien du matériel, la sécurité des installations et des personnes lorsque ces opérations sont assurées ou effectuées dans le périmètre des titres miniers ;
8. le transport du matériel suivant : matériel lourd de prospection et explosifs, matériel lourd de sondage et de forage, produits à boue, matériel lourd de pompage, de stockage et de transport par pipeline des produits extraits.

536.- L'exonération signifie d'autre part, que les compagnies non plus ne facturent la TVA lors de la cession du brut extrait. Dans la pratique, l'administration fiscale ne sait pas toujours faire la distinction entre opérations exonérées de TVA et opérations non exonérées. Celle-ci a tendance à considérer l'activité pétrolière comme étant entièrement exonérée de TVA, ce qui se traduit par des manques à gagner sur le plan des recettes de l'Etat.

§2 : Sur la fiscalité de porte - Les droits de douane

537.- Le droit de douane est un impôt qui frappe les marchandises à l'importation ou à l'exportation, conformément à la loi tarifaire et dans les conditions prévues par la législation douanière. En effet, les marchandises qui entrent sur le territoire douanier sont passibles des droits d'importation inscrits au tarif des douanes. De même les marchandises qui sortent du territoire douanier sont passibles des droits de sortie. A l'importation, le tarif des douanes est constitué du droit de douane[685] et

[685] Acte n° 7/93-UDEAC-506-CD-SE1 du 21 juin 1993.

de la taxe communautaire d'intégration[686]. Outre le droit de douane, il est perçu des droits ayant trait à la fiscalité interne (droits d'accise, TVA, etc.) applicables aux marchandises quelles que soient leur origine et leur provenance. Dans l'optique de la détermination de cet impôt, les principes généraux (A) sont exposés dans le Code des Douanes. Mais l'application aux activités pétrolières relève de régimes particuliers (B).

A – LES PRINCIPES GENERAUX DE LA REGLEMENTATION

538.- Les lois et règlements douaniers doivent être appliqués sans égard à la qualité des personnes[687]. Les marchandises importées (a) ou exportées (b) par les Etats ou pour leur compte ne font l'objet d'aucune immunité ou dérogation. Divers régimes douaniers sont susceptibles de leur être assignés.

a) A l'importation

539.- A l'importation, le droit de douane est destiné à protéger la production nationale en alignant les prix des produits venant de l'étranger sur les cours du marché intérieur. Pour ce faire, deux catégories de régimes sont susceptibles d'être assignées aux marchandises à l'importation :
- le régime général : mise à la consommation (1) ;
- les régimes particuliers ou suspensifs (2).

1) Le régime général : mise à la consommation

540.- La mise à la consommation est le régime douanier le plus couramment usité. Mettre une marchandise à la consommation signifie :

- accomplir les formalités,
- acquitter les droits et taxes auxquels l'importation est subordonnée pour pouvoir disposer de cette marchandise sur le marché intérieur.

En règle générale, les marchandises mises à la consommation sont libérées de toutes sujétions douanières. Celles qui sont prohibées à l'entrée ne peuvent être mises à la consommation, sauf dérogation prévue par les règlements.

2) Les régimes particuliers ou suspensifs

541.- La législation douanière prévoit un certain nombre de régimes qui ont pour objet :
- soit d'éviter l'application des droits de douane et des autres taxes aux marchandises qui seront réexportées par la suite ;
- soit de différer cette application jusqu'au moment de la mise à la consommation des marchandises importées.

---

[686] Règlement n° 07/01-CEMAC-046-CM-7 du 5 décembre 2001.
[687] Code des Douanes CEMAC, art. 2.1.

Ces régimes, qui permettent également de suspendre l'application des mesures de prohibition (étant entendu que les marchandises doivent être obligatoirement réexportées s'il ne peut pas être dérogé à la prohibition qui les frappe dans les conditions prévues par les règlements) comprennent le transit, l'admission temporaire, l'entrepôt, l'usine exercée, l'exportation préalable, le drawback.

542.- Le transit[688], qui permet de transporter des marchandises sous douanes en suspension des droits, taxes ou prohibitions, soit à destination soit au départ d'un point déterminé du territoire douanier. Sauf dispositions contraires, les marchandises expédiées en transit bénéficient de la suspension des droits, taxes, prohibitions et autres mesures économiques, fiscales ou douanières applicables aux marchandises. En ce qui concerne les marchandises déclarées pour l'exportation, le transit garantit en outre l'exécution des conditions auxquelles sont subordonnés les effets attachés à l'exportation. Le Transit peut être ordinaire[689], simplifié[690] ou international[691]. Ce dernier cas est réservé à certains transporteurs privilégiés qui seuls peuvent être admis par décision du Secrétaire Général de la CEMAC à souscrire vis-à-vis de la douane des engagements que comportent les titres de mouvements utilisés pour les différents modes de transport empruntés.

543.- L'admission temporaire qui peut être normale[692] ou spéciale[693]. Lorsqu'elle est normale, l'admission temporaire permet de recevoir dans le territoire douanier, en suspension totale des droits et taxes à l'importation, certaines marchandises importées dans un but défini et destinées à être réexportées dans le délai fixé, après avoir subi une transformation, une ouvraison ou un complément de main d'œuvre dans le territoire douanier. Des actes du comité de Direction de la CEMAC désignent les marchandises susceptibles d'être admises au bénéfice de ce régime. Pour bénéficier de l'admission temporaire normale, les importateurs doivent souscrire un acquit-à-caution par lequel ils s'engagent à satisfaire aux obligations prescrites par les textes en vigueur sur l'admission temporaire et à supporter les sanctions applicables en cas d'infraction ou de non décharge des acquits. S'agissant de l'admission temporaire spéciale, elle est autorisée par le Directeur National des Douanes aux entreprises de travaux, pour importer des matériels à titre temporaire, en suspension partielle des droits et taxes. Pour bénéficier de l'admission temporaire spéciale, les importateurs doivent souscrire un acquit-à-caution par lequel ils s'engagent comme en matière d'admission temporaire normale.

544.- L'entrepôt[694] qui permet de placer dans un local, soumis au contrôle de la douane, des marchandises en suspension de tous droits, taxes et prohibitions en vue

---

688 Code des Douanes UDEAC, article 158 ss ; art. 156 ss du Code des Douanes de la CEMAC édité en août 2003.
689 Code des Douanes de la CEMAC, art. 162s, éd. août 2003.
690 Code des Douanes de la CEMAC, art. 164.
691 Code des Douanes de la CEMAC, art. 165.
692 Code des Douanes UDEAC, article 202 ss ; art. 166 ss du Code des Douanes de la CEMAC, éd. août 2003.
693 Code des Douanes de la CEMAC, art. 171 ss, éd. août 2003.
694 Code des Douanes UDEAC, article 171ss ; art. 176 ss du Code des Douanes de la CEMAC

de leur réexportation ou de leur mise à la consommation ultérieure. On distingue trois catégories d'entrepôt de stockage : l'entrepôt public[695], l'entrepôt privé[696] et l'entrepôt spécial[697].

545.- L'entrepôt spécial peut être autorisé tant pour des marchandises dont la conservation exige des installations spéciales, que pour des marchandises dont la présence dans l'entrepôt public présente des dangers ou est susceptible d'altérer la qualité des autres produits. L'autorisation d'ouvrir un entrepôt spécial est accordée par le Ministre en charge des Finances de chaque Etat. Les produits admissibles en entrepôt spécial sont désignés dans des actes du Comité de Direction de la CEMAC. Ils peuvent y séjourner pendant deux ans.

546.- L'entrepôt public quant à lui est concédé selon l'ordre de priorité suivant : à la commune, à l'organisme chargé de la gestion du port ou à la chambre de commerce. Il est accordé par arrêté du Ministre des Finances lorsqu'il répond à des besoins généraux dûment constatés. Dans ce cas, les frais d'exercice sont à la charge du budget de l'Etat. Il peut être aussi concédé, à charge pour le concessionnaire de supporter tout ou partie des frais d'exercice, compte tenu du degré d'intérêt général qu'il présente. L'entrepôt public est gardé par les services des douanes. Son emplacement, sa construction et l'aménagement de ses locaux doivent être agréés par le directeur des douanes. Les marchandises peuvent y séjourner pendant trois ans.

547.- S'agissant de l'entrepôt privé, il est constitué dans les magasins du commerce, sous la garantie d'un engagement cautionné de réexporter les marchandises ou, si celles-ci ne sont pas prohibées, de payer les droits et taxes en vigueur au moment où elles seront versées à la consommation, et ce dans un délai de deux ans. L'engagement de se soumettre à la législation en vigueur est souscrit sur la déclaration d'entrée en entrepôt. L'autorisation d'ouvrir un entrepôt privé est accordée par le Directeur National des Douanes aux collectivités ou aux personnes physiques ou morales faisant profession principalement ou accessoirement d'entreposer des marchandises pour le compte de tiers (entrepôt privé banal). Cette autorisation peut également être accordée aux entreprises de caractère industriel et commercial pour leur usage exclusif en vue d'y stocker les marchandises qu'elles revendent à la sortie d'entrepôt (entrepôt privé particulier). Des décisions du Comité de Direction de la CEMAC désignent les produits exclus du régime de l'entrepôt privé.

548.- Le régime de l'usine exercée[698] qui permet également, sous surveillance de l'administration, la mise en œuvre ou la fabrication de produits en suspension totale ou partielle des droits et taxes dont ils sont passibles. Les autorisations d'exploitation sont accordées par voie réglementaire par chaque Etat. Des actes du Comité de Direction devaient préciser la réglementation applicable à ces usines et

---

[695] Code des Douanes de la CEMAC, art. 180 ss, éd. août 2003.
[696] Code des Douanes de la CEMAC, art. 191 ss.
[697] Code des Douanes de la CEMAC, art. 187.
[698] Code des Douanes de l'UDEAC, art. 197

les obligations auxquelles seront astreints les exploitants[699]. Jusqu'au moment où nous achevions l'impression de ce travail, rien n'avait été fait dans ce sens[700].

549.- L'exportation préalable[701] et le drawback[702], qui permettent de se faire rembourser les droits et taxes de douane supportés par les produits entrant dans la fabrication des marchandises exportées, selon la procédure prévue pour l'octroi de l'admission temporaire normale. Ces régimes permettent également aux exportateurs de produits nationaux de bénéficier des avantages alloués à l'exportation, alors que les produits n'ont pas encore quitté le territoire national.

b) A l'exportation

550.- A l'exportation, le droit de douane assure la protection du consommateur national en freinant la sortie des produits qui sont fortement demandés sur les marchés extérieurs ; il évite ainsi que ne se créé sur le marché intérieur une situation de pénurie génératrice de hausse des cours. Le Code des Douanes laisse la possibilité au gouvernement de chaque Etat d'organiser les exportations à l'intérieur de son territoire. D'une manière générale, la valeur à déclarer est celle de la marchandise au point de sortie, à la date d'enregistrement de la déclaration au bureau de douane, majorée, le cas échéant, des frais de transport jusqu'à la frontière mais non compris le montant des droits de sortie, des taxes intérieures et charges similaires dont il a été donné décharge à l'exportateur[703].

551.- Les marchandises destinées à être exportées doivent être conduites à un bureau de douane ou dans les lieux désignés par le service des douanes. Sur les frontières terrestres, il est interdit aux transporteurs de prendre tout chemin tendant à contourner ou à éviter les bureaux de douane. Les navires ne doivent sortir des eaux intérieures que par les estuaires, passes ou rivières conduisant aux bureaux de douanes et doivent représenter, s'ils en sont requis, l'acquit de paiement des droits ou toutes autres expéditions.

B – L'APPLICATION AUX ACTIVITES PETROLIERES

552.- Les entreprises pétrolières et minières sont soumises au régime douanier défini par le Code des Douanes de l'UDEAC et ses textes d'application. Selon les phases de leurs activités, ces entreprises pourront ainsi bénéficier de la franchise (a), des taux réduits (b), de l'admission temporaire (c) et même du régime de droit commun (d). Il existe également des dispositions particulières (e).

---

[699] Code des Douanes de l'UDEAC, art. 198

[700] Les usines exercées existant dans la CEMAC restent de ce fait régies par la pratique internationale en la matière, telle qu'elle découle notamment de la loi française du 16 mars 1928 relative à la protection du raffinage ; cette loi a été abrogée en France par la loi n° 92-1443 du 31 décembre 1992 portant réforme du régime pétrolier, avec la mise en place du marché unique en 1992. Mais la législation douanière d'antan a été quasiment reconduite telle qu'elle en 1992.

[701] Code des Douanes de l'UDEAC, art. 209 ss.

[702] Code des Douanes de la CEMAC, articles 249ss.

[703] Code des Douanes de l'UDEAC, art. 27.

a) L'admission en franchise

553.- Sont admis en franchise de tous les droits et taxes d'entrée ou de sortie :

1- Les produits et matériels destinés à la prospection et à la recherche pétrolière tels qu'annexés à l'acte 13/65 UDEAC-35[704]. Cette liste a déjà fait l'objet de révisions, notamment par l'acte 38/81 – CD – 1251 du 14 décembre 1981, puis par l'acte 2/92-UDEAC-556-CD-SE1 du 30 avril 1992. L'immunité vise les envois adressés directement aux entreprises pétrolières et aux entreprises sous-traitantes.

2- Les hydrocarbures exportés ainsi que les matières et matériels dont les entreprises pétrolières et les entreprises sous-traitantes n'auraient plus l'usage. Certains pays, à l'instar de la Russie, ont plutôt introduit une taxe à l'exportation de pétrole brut. Cette taxe, assise sur les prix de pétrole brut, était fixée à USD 179,90 par tonne depuis le 1er octobre 2005[705].

3- Pendant la période qui prend fin cinq (5) ans après la date de début de l'exploitation, les équipements et matériels (y compris les matériaux de construction, machines et outillage, pièces de rechange ou pièces détachées, consommables liés à ces équipements et matériels, produits chimiques directement nécessaires aux activités) importés par les entreprises de transport de pétrole brut ou par leurs contractants et sous-traitants. La liste des biens concernés est approuvée par le Ministre en charge des Finances dans chaque Etat.

b) L'admission au taux réduit

554.- Sont admis au taux global réduit à 5 % des droits et taxes perçus à l'importation les métiers et matériaux, machines et outillages, ainsi que les produits chimiques qui sont directement nécessaires à la production des hydrocarbures, y compris leur stockage, traitement, transport, expédition et transformation, qu'ils soient importés directement par les sociétés pétrolières ou par l'entremise d'entreprises sous-traitantes. Le bénéfice du taux réduit est accordé par le Ministre en charge des Finances de chaque Etat, sur production :

- d'un programme général d'importation,
- de demandes particulières d'admission au bénéfice du taux réduit.

L'application de la tarification privilégiée cesse avec la mise en exploitation des gisements. Toutefois, pendant une période de cinq ans comptés à partir de la date de mise en exploitation des gisements, le régime du taux global réduit continuera à être appliqué.

---

[704] Acte 13/65 UDEAC-35 du 14 décembre 1965 fixant les conditions d'application de l'article 241 du Code des Douanes de l'UDEAC, et ses modificatifs subséquents.

[705] JUZAITIS (D), L'année fiscale 2006 Débats-Etudes-Chroniques, *Life goes on in a capitalist Russia-updates on Russian taxation in 2005*, pp. 415- 427, Paris, PUF, 2006.

555.- Bénéficient également du taux global réduit à cinq pour cent (5 %) les biens mentionnés ci-dessus nécessaires au transport du pétrole, à compter du cinquième anniversaire de la date de début de l'exploitation du pipeline. Le bénéfice de l'exonération ou du taux global réduit sera accordé à COTCO ou à TOTCO par le Ministre en charge des Finances du Cameroun ou du Tchad, sur production :

- d'un programme général d'importation ; ou
- de demandes particulières à chaque fois qu'une expédition ne figure pas déjà dans le programme général d'importation.

Ces deux documents ne sont opposables qu'après approbation par les Ministres des Finances des Etats concernés.

c) L'admission temporaire

556.- Sont admis en admission temporaire normale ou spéciale selon le cas, les matériels et matériaux, machines et outillages qui sont directement nécessaires à l'exercice des activités des sociétés pétrolières, de leurs contractants et sous-traitants, lorsque lesdits matériels et matériaux, machines et outillages sont destinés à être réexportés après utilisation. Les sociétés de transport de pétrole brut bénéficient du même régime en ce qui concerne leurs équipements, matériels, machines, outillage et véhicules de tous types directement liés à leurs activités, à celle des contractants et sous traitants. Ce régime leur est accordé avec dispense de caution sous réserve du dépôt auprès de l'administration des Douanes, d'une lettre garantissant le paiement des droits et taxes suspendus en cas de non réexportation. Lorsque les biens concernés sont vendus, abandonnés ou réexportés, les droits éventuellement dus sont acquittés, une mainlevée est délivrée par l'administration des Douanes conformément à la réglementation en vigueur et la garantie de la société prend fin.

d) Le régime de droit commun

557.- Sont soumises au régime douanier de droit commun, toutes les importations non justiciables de l'un des régimes définis ci-dessus qu'il s'agisse de l'exploration, de l'exploitation ou du transport de pétrole brut.

e) Les dispositions particulières

558.- Pour toutes les importations d'équipements et de matériaux, de véhicules, de machines et d'outils, de pièces de rechange ou de pièces détachées, produits chimiques, matières consommables et autres biens, les sociétés, les contractants et les sous-traitants se conformeront aux formalités douanières prévues par les textes en vigueur et telles qu'aménagées dans les conventions respectives. Toutefois, afin de faciliter le déroulement de ces importations et d'assurer la célérité des procédures douanières, les dispositions ci-après s'appliquent aux sociétés de transport de brut, aux contractants et sous-traitants :

- Une licence d'importation n'est pas requise pour l'importation des biens sus- mentionnés.
- Les articles importés par fret maritime ou aérien peuvent être à la demande de la société ou d'un contractant ou d'un sous-traitant, provisoirement dédouanés sous le régime de l' « enlèvement direct » sans garantie bancaire, formulaire D48 ou autre garantie, sous réserve d'une régularisation dans les quinze (15) jours qui suivent.
- Les articles importés par fret maritime peuvent, à la demande de la société ou d'un contractant ou d'un sous-traitant, être dédouanés avant l'arrivée des navires conformément au régime des « Enlèvement sous Palan ».
- Toutes les déclarations de Douane seront libérées dans les délais prévus par les textes en vigueur.
- Seul le Directeur National des Douanes ou le Chef Secteur Douane concerné peut ordonner une visite douanière des biens importés dans le cadre des activités ci-dessus énumérées.
- Les formulaires D18 seront délivrés à la société, aux contractants et aux sous-traitants pour les biens admis en vertu du régime de l'Admission Temporaire Normale avec dispense de caution bancaire. Toutefois, pour ses importations propres par les contractants ou sous traitants, la société fournira à l'administration des Douanes, des garanties telles qu'énumérées ci-dessus.

§3 : Les amendes et pénalités

559.- Sous réserve des dispositions particulières des lois portant code pétrolier, code minier et les autres législations en vigueur en la matière, les sanctions prévues par la législation fiscale et douanière en vigueur s'appliquent *mutatis mutandis* en matière d'assiette, de recouvrement et de contrôle des impôts, taxes, droits et redevances minières. Ces sanctions découlent en général d'une vérification ayant abouti à un redressement fiscal accepté par la société pétrolière (A). Toutefois, Les sanctions prévues par la législation et la réglementation, applicables à la société en vertu de sa convention d'établissement ne donneront lieu à aucune mesure d'exécution de la part des Etats avant que les arbitres prévus aux conventions aient entendus les explications des compagnies, préalablement mises en demeure par l'Etat, et énoncés un avis motivé dans les formes et conditions de la procédure d'arbitrage (B) définie dans les mêmes conventions. Cet avis devra, le cas échéant, porter sur la détermination de l'indemnité éventuellement due pour la méconnaissance par la compagnie, des engagements pris par elle.

A – LA VERIFICATION PREALABLE

560.- Elle est le préalable à toute sanction fiscale ; cependant les sociétés pétrolières contestent le bien fondé même des contrôles fiscaux (a), rendant ainsi éphémère les sanctions fiscales. Nous complèterons cette analyse par la conception que se fait la COTCO de ses obligations fiscales (b).

a) La contestation du bien fondé des contrôles fiscaux

561.- Le bien-fondé des contrôles fiscaux a très souvent été contesté par les sociétés pétrolières et leurs contractants. Ces derniers arguent notamment de leur option pour la TSR pétrolière dont les services extérieurs ont régulièrement pris acte. L'option d'imposition sus visée instituée par les textes ci-dessus cités consiste pour les sous-traitants des sociétés pétrolières à choisir entre le régime d'imposition classique sur la base des profits dégagés en fin d'exercice et le régime de taxation forfaitaire à la Taxe Spéciale sur les Revenus (ou prélèvement spécial). Dans la seconde hypothèse, seul l'ensemble de leur facturations auprès des compagnies sont assujetties à la taxe spéciale, ce prélèvement dispensant du paiement de tout autre impôt sur le bénéfice et d'autres obligations de droit commun telles que la patente, la Déclaration Statistique et Fiscale, et surtout de la tenue d'une comptabilité régulière.

562.- Au Cameroun, la question s'est posée de savoir si par rapport à l'option du régime de la TSR validée administrativement par le Centre Provincial des Impôts du Littoral I, il était régulier de procéder à une vérification générale d'une entreprise dont l'imposition libératoire relève de son client par le mécanisme de la retenue à la source de la TSR[706]. S'agissant de COTCO, il convient de rappeler que la retenue ci-dessus n'est applicable que cinq ans après le début de la phase d'exploitation du pipeline, soit à partir d'octobre 2008[707].

b) La conception minimaliste des obligations fiscales de COTCO et ses partenaires

563.- La convention d'établissement de la COTCO exonère explicitement cette dernière et ses partenaires de l'impôt sur les sociétés et de la TVA principalement. Mais elle ne fait pas cas de l'obligation de retenue à la source de la TSR pour assistance technique étrangère. Or en temps que mode d'imposition d'un prestataire de service étranger ne bénéficiant d'aucun privilège fiscal en tant que fournisseur de société pétrolière et à défaut d'attestation d'exonération délivrée par l'administration fiscale, ce prélèvement spécial est dû et doit être collecté par les opérateurs privilégiés. S'agissant de COTCO et ses partenaires, ces derniers se soustraient à cette obligation en concevant l'exonération qui leur est consentie comme extensive indéfiniment, les déperditions y relatives se chiffrant en milliards de Francs CFA pour l'ensemble des contractants.

---

[706] Note n° 309/MINFIB/DI/FS/CPM du 6 octobre 2003 de la Cellule des Fiscalités Pétrolière et Minières à Monsieur le Directeur des Impôts du Cameroun, relative au régime fiscal de COTCO et ses partenaires.

[707] Convention d'établissement du 20 mars 1998 entre la République du Cameroun et COTCO, art. 25.1, b.2

564.- Toute notification de redressement contestée par la société pétrolière est appelée à passer par l'arbitrage. Sans rentrer dans le détail de cette procédure, nous en donnons les grands traits, à savoir la saisine et la composition du tribunal arbitral (b), son fonctionnement (c), sa compétence (d), les effets de l'arbitrage (e) ; mais avant cela rappelons quelques généralités sur l'arbitrage (a)

a) Généralités sur l'arbitrage

565.- L'arbitrage est une procédure simple qui permet de régler un litige sans passer par les tribunaux, en confiant le différend à un ou plusieurs particuliers choisis par les parties[708]. C'est donc un mode juridictionnel de résolution des litiges. Toute personne physique ou morale confrontée à un litige peut bénéficier de l'arbitrage. Il faut pour cela que les deux parties soient d'accord pour y recourir, et que le conflit ne soit pas exclu de cette procédure de par sa nature. Pour obtenir l'arbitrage, s'il n'existe pas déjà une clause compromissoire, les deux parties doivent signer un compromis d'arbitrage. C'est un acte écrit, authentique ou sous seing privé, qui détermine l'objet du litige et énumère les questions posées à (ou aux) arbitre(s), les modalités de leur désignation et leur rémunération. Le compromis d'arbitrage peut intervenir même si une instance devant une juridiction a été entamée, mais, dès qu'il est signé, il n'est plus possible d'avoir recours à une procédure ordinaire : les deux parties renoncent définitivement à faire régler l'affaire par un tribunal.

566.- Les arbitres sont dispensés de suivre les formes habituelles de la procédure civile mais doivent par contre respecter les règles de droit, sauf si les parties les ont désignés comme " amiables compositeurs ". Dans ce cas, ils peuvent fonder leur décision sur l'équité, des usages ou des coutumes, même à l'encontre d'une règle de droit. La décision rendue, appelée sentence arbitrale, doit contenir le nom des arbitres, la date et le lieu où elle est rendue, les noms, prénoms et domicile des parties ainsi que celui des avocats ou des personnes qui ont assisté ou représenté les parties. La sentence arbitrale a les mêmes effets qu'un jugement mais elle n'a pas force exécutoire. Cela signifie qu'elle ne peut pas être exécutée contre la volonté d'une partie. Si la partie qui a été condamnée refuse d'exécuter la sentence, l'autre partie doit alors obtenir du tribunal de grande instance une « ordonnance d'exéquatur ». Ce n'est qu'une fois l'ordonnance rendue que la sentence arbitrale pourra s'exécuter de la même manière qu'un jugement ordinaire. Les contrats d'exploration et d'exploitation pétrolière, qui contiennent toujours une clause compromissoire, organisent en détail le déroulement de l'arbitrage, parfois en s'écartant des principes généraux ci-dessus.

b) La saisine et la composition du tribunal arbitral

567.- Dans un délai de deux mois à compter de la notification de l'acte qui fait l'objet de litige, la partie qui entend faire appel à l'arbitrage notifie sa décision à

[708] Nouveau Code de Procédure Civile français, art. 1442 ss.

l'autre partie par lettre recommandée avec accusé de réception. Cette lettre fait connaître l'objet du litige ainsi que les qualités et domicile de l'arbitre choisi. La partie adverse a trente jours pour désigner son arbitre. Faute pour l'autre partie de désigner son arbitre dans un délai de trente jours à compter de la réception de la lettre recommandée telle que prévue ci-dessus, la désignation en est faite, à la requête du demandeur, par une personnalité indépendante généralement désignée dans la convention d'établissement ou le contrat d'association. Il est souvent fait appel au Président de l'Institut de Droit International ou, à défaut de désignation par lui, dans un délai fixé, par le Président de la Cour de Justice des Communautés Européennes.

568.- Les deux arbitres ainsi désignés ont soixante jours pour désigner le troisième et dernier d'entre eux qui présidera le Tribunal. A défaut pour les deux arbitres de s'être mis d'accord dans les soixante jours de la désignation du dernier d'entre eux, soit sur le fond du litige, soit sur le choix d'un tiers arbitre, ce dernier serait désigné, à la requête de l'arbitre le plus diligent, par la première ou, faute pour elle, de le faire dans un délai de trente jours, par la seconde des personnalités visées ci-dessus.

c) Fonctionnement du tribunal arbitral

569.- S'il est composé de deux membres, le collège arbitral statut à l'unanimité. S'il est composé de trois membres, il est présidé par le tiers arbitre, désigné comme il est indiqué ci-dessus. Dans ce cas, le collège arbitral statue à la majorité. Le collège arbitral est maître de la procédure. Il fixe le lieu où il entend procéder à l'audition des parties et des témoins, à toutes confrontations, et plus généralement à toutes enquêtes sur les faits constitutifs du litige. Il peut décider de toute mesure d'instruction qu'il juge utile, demander aux parties toute documentation, entendre tous témoins et les confronter. Dans ce cas, il détermine leur mission et fixe un délai pour le dépôt de leurs rapports. Il fixe le lieu où l'arbitrage sera rendu[709]. Les parties peuvent se faire assister de tous conseils de leur choix mais les mémoires sont rédigés et les plaidoiries prononcées dans les langues officielles retenues : l'espagnol et l'anglais pour la Guinée Equatoriale, le français et l'anglais pour les autres Etats.

d) La compétence du tribunal arbitral

570.- Le collège arbitral *statue comme amiable compositeur* sur toutes les questions qui lui sont soumises, tant par la partie demanderesse que, reconventionnellement, par la partie défenderesse. Il fixe également le montant des honoraires et frais d'enquête dus aux arbitres ainsi que la répartition desdits dépens entre les Parties. A titre provisionnel, les frais relatifs à l'arbitrage sont avancés par le demandeur.

---

[709] Cet arbitrage, entièrement organisé par les parties, est dit *ad hoc*. Il s'oppose à l'arbitrage institutionnel, celui qui est organisé par une institution et dont le procès se déroule dans un cadre préétabli.

e) Les effets de l'arbitrage

571.- La mise en œuvre de la procédure d'arbitrage entraîne de plein droit la suspension de l'exécution par les parties de toute mesure ou décision faisant l'objet du litige. Or l'effet suspensif de la procédure d'arbitrage ne profite qu'aux sociétés pétrolières, puisqu'elles seules recourent à cette institution pour suspendre telle action de l'Etat. Par ailleurs, la sentence est exécutoire sans *exequatur* sur le territoire du pays des parties. Ceci permet aux sociétés pétrolières d'éviter toute tentative de contrôle des juridictions nationales en cette matière. L'on comprend dès lors que les Etats profitent de la moindre occasion pour demander la modification de ces règles.

572.- La sentence énonce les mesures d'exécution à l'encontre des parties et les délais d'exécution de ces mesures. Elle peut décider, le cas échéant, qu'il y aura lieu à compensation. Elle fixe également le montant des honoraires et frais d'enquête dus aux arbitres, ainsi que la répartition desdits dépens entre les parties. A titre provisionnel, les frais relatifs à l'arbitrage sont avancés par le demandeur. En général les conventions d'établissement, qui organisent l'arbitrage, ne rentraient pas dans le détail des modalités de paiement des sommes que l'une des parties était condamnée à verser à l'autre. Elles leur laissaient le soin de fixer ces modalités d'un commun accord, dans un délai précis, à compter de la notification de la sentence. La convention de COTCO[710] apporte une innovation en la matière.

573.- Elle prévoit ainsi que « Si les négociations n'aboutissent pas, ou si le paiement n'est pas effectué dans les délais convenus, et sans qu'il en résulte une modification du taux unitaire du Droit de Transit, lequel taux constitue une composante du tarif alors payable par les expéditeurs à COTCO, les parties conviennent que :

a) pour le paiement de ces sommes lorsqu'elles sont dues par la République du Cameroun, COTCO prélève jusqu'à apurement desdites sommes, trente-cinq pour cent (35 %) sur le montant dû mensuellement au titre du droit de transit, payable aux échéances fixées pour le Droit de Transit[711] ;
b) pour le paiement de ces sommes lorsqu'elles sont dues par COTCO, celle-ci effectue jusqu'à apurement desdites sommes, un versement équivalent à trente-cinq pour cent (35 %) du montant dû mensuellement au titre du Droit de Transit, payable aux échéances fixées pour le Droit de Transit[712].

Toutefois, si après trois mois lesdites sommes ne sont pas apurées, le prélèvement ou le règlement sera porté à soixante pour cent (60 %) du montant dû mensuelle-

[710] Convention d'établissement du 20 mars 1998 entre la République du Cameroun et Cameroon Oil Transportation Company (COTCO).
[711] Convention d'établissement du 20 mars 1998 entre la République du Cameroun et Cameroon Oil Transportation Company (COTCO), art. 36.6.
[712] Convention d'établissement du 20 mars 1998 entre la République du Cameroun et Cameroon Oil Transportation Company (COTCO), art. 36.6.

ment au titre du Droit de Transit, et ce pendant six mois. Si après cette période de six mois, ces sommes ne sont toujours pas apurées, le prélèvement ou le règlement sera finalement porté à soixante-quinze pour cent (75 %) du montant dû mensuellement au titre du Droit de Transit, jusqu'à apurement complet[713] ».

574.- L'étude des particularismes de la fiscalité pétrolière dans les Etats membres de la CEMAC nous a permis de montrer qu'à l'aube du second choc pétrolier, la fiscalité pétrolière dans les Etats membres de la CEMAC est une fiscalité spécifique. La spécificité se détermine d'abord par rapport au droit commun, avec des règles générales constamment rendues inapplicables. La spécificité se détermine ensuite d'un Etat à l'autre, et à l'intérieur d'un même Etat, d'un gisement à l'autre. Cette fiscalité est par ailleurs mal adaptée à l'évolution internationale. En dehors du Cameroun qui pratiquait déjà un système particulier de partage de la production avec Rente Minière Garantie, les autres Etats pratiquaient encore le régime traditionnel de la Concession.

575.- Des aménagements vont être apportés au régime de référence des Etats ; ils vont en général vers un système de partage de la production, basé sur un modèle mis en place par la Banque mondiale. Ces aménagements traduisent une tendance commune à la définition d'une fiscalité pétrolière spécifique. Ils entretiennent une multiplicité d'éléments d'imposition aux origines diverses et à l'application instable. Il est nécessaire d'établir un bilan de ces règles fiscales, en vue de leur harmonisation dans la CEMAC (deuxième partie).

---

[713] Convention d'établissement du 20 mars 1998 entre la République du Cameroun et Cameroon Oil Transportation Company (COTCO), art. 36.6.

DEUXIEME PARTIE

ESSAI DE RATIONALISATION ET DE RAPPROCHEMENT DES REGLES FISCALES

576.- Les Etats de la CEMAC, comme tous les Etats d'Afrique noire francophone ont, dès leur naissance, trouvé dans leur berceau une législation composite et assez complexe. Après avoir adopté les lois fondamentales qui déterminent et organisent les pouvoirs publics, ces Etats ont entamé une œuvre de codification[714] de portée considérable. Il s'est ainsi déclenché un mouvement quasi général de codification. Toutefois les matières de droit public ne sont pas en principe touchées par la codification. Néanmoins, des lois minières ont été promulguées. Il importe même de souligner que ce puissant courant législatif qui traverse ces Etats se concentre surtout entre 1960 et 1965, brève période au cours de laquelle s'est constituée la base de la législation fiscale minière[715].

577.- De nombreux aménagements y ont été apportés depuis 1978[716] dans chaque Etat pris isolément. Cependant la codification interne doit logiquement déborder les frontières nationales, suivant en cela le mouvement général de codification, pour déboucher sur une harmonisation externe ou interétatique. Les réformes entreprises contiennent certes des forces, mais elles contiennent aussi des faiblesses ; il faut les rendre plus efficaces en vue de cette harmonisation externe. Pour ce faire, il est nécessaire d'établir un bilan des règles fiscales régissant les opérations pétrolières (titre I) dans la CMAC. Ce bilan laissera entrevoir les rapprochements possibles pour de meilleures perspectives dans le cadre de la CEMAC (titre II).

---

[714] Le terme « codification », qui n'est le plus souvent défini par les dictionnaires de terminologie juridique que par rapport au substantif « code » dont il est dérivé a, contrairement à ce dernier, un aspect beaucoup plus dynamique que figé. Il parait signifier que l'élaboration des lois en forme de codes, l'action légiférante, est un processus en cours, qui n'est peut-être qu'à un certain niveau de développement, mais qui n'est certainement pas achevé.

[715] Lois camerounaises n° 64-LF-3 du 6 avril 1964 et n° 64-LF-4 du 6 avril 1964 précitées ; loi gabonaise 15/62 du 02 juin 1962 précitée ; lois congolaises n° 29-62 du 16 juin 1962 et n° 35-65 du 12 août 1965 précitées ; ordonnance tchadienne n° 7-PC-TP-MH du 3 février 1962 précitée ; loi centrafricaine n° 61/208 du 11 avril 1961 précitée.

[716] V. supra n° 192 ss.

TITRE I

LE BILAN DES REGLES FISCALES REGISSANT LES OPERATIONS PETROLIERES

578.- Les aménagements apportés au régime fiscal de référence[717] l'ont été tantôt en prévision ou en conséquence d'évènements, tantôt en vue de corriger des erreurs constatées : c'est ce que nous essayons de montrer à travers l'appréciation des reformes entreprises (chapitre 1). Malgré ces aménagements, la réglementation dans certains Etats présente encore quelques insuffisances et / ou omissions. Il est de ce fait important de montrer les limites et insuffisances de la réglementation fiscale des opérations pétrolières (chapitre 2) qui persistent.

---

[717] V. supra, n° 192 ss.

CHAPITRE 1

L'APPRECIATION DES REFORMES ENTREPRISES

579.- A l'aube du second choc pétrolier[718], les lois et règlements régissant l'activité pétrolière dans les Etats membres de la CEMAC étaient déjà jugés mal adaptés. Leur révision était nécessaire et urgente, ce qui a abouti à une série d'aménagements depuis 1978. Ces aménagements ont visé d'une part, à exploiter ou anticiper des évènements (section 1), d'autre part à corriger des erreurs constatées (section 2).

Section 1 : Les réformes anticipant ou exploitant des évènements.

580.- Parmi les réformes que nous avons analysées, certaines s'apparentent à une anticipation d'évènements (§1). D'autres par contre sont comparables à une exploitation d'évènement ou de dispositions légales ou réglementaires (§2).

§1 : Les réformes proches d'une anticipation d'évènement

581.- Nous mettrons l'accent ici sur le partage du risque d'exploration (A), et l'instauration de la tenue de la comptabilité en US$ (B).

A - LE PARTAGE DU RISQUE D'EXPLORATION

582.- Au Cameroun, le partage du risque d'exploration est véritablement institué avec la loi du 14 avril 1998[719]. Dans la situation précédente, l'Etat ne procédait à un remboursement limité des dépenses d'exploration qu'en cas de mise en exploitation. Dans le cas contraire, les dépenses d'exploration sèche étaient supportées par la seule compagnie, qui ne devait pas les déduire du bénéfice fiscal. Cette disposition n'était toutefois pas clairement exprimée ni dans les lois, ni dans les conventions et contrats. Ceci explique que pour l'ensemble des permis de recherche venus à échéance définitive, c'est-à-dire n'ayant pas débouché sur une découverte commercialement exploitable, les sociétés ont toujours suivi la pratique consistant, dans la détermination de leur revenu imposable, à constater l'absence de valeur des immobilisations constituées par les coûts d'exploration, c'est-à-dire à les déduire de ce revenu. Jusqu'en septembre 1995, cette pratique n'avait jamais été contestée par l'administration camerounaise.

583.- En effet, par une lettre du 6 septembre 1995, le Directeur des Impôts du Cameroun a notifié au Directeur Général de la société Elf-Serepca le résultat d'un

[718] Les experts l'ont situé entre 1979 et 1981 ; v. supra, n° 12.

[719] Loi camerounaise n° 98/003 du 14 avril 1998, précitée, art. 8 ; v. supra, n° 294.

audit fiscal auquel sa société avait été soumise. Il en résulte que les dépenses d'exploration relatives aux permis H 37 (Damara) et H 28 (Lokele) qui avaient été passées en charges déductibles dans la comptabilité d'Elf-Serepca n'étaient pas fiscalement déductibles au sens de la convention d'établissement[720]. Après un échange de courriers infructueux, la société Elf-Serepca a mis en œuvre, par une lettre du 13 février 1996, la procédure d'arbitrage prévue par le titre VII de ladite convention. Dans sa sentence du 11 juin 1997, le tribunal arbitral[721] a jugé que les dépenses d'exploration sèche dont il s'agit « constituent des charges déductibles pour la détermination du résultat imposable d'Elf-Serepca en vertu des dispositions du Code Général des Impôts en vigueur au 1er janvier 1980 et en particulier de ses articles 5-1, 5-2 et 6, qui sont applicables aux parties par l'effet direct ou indirect de la convention d'établissement du 11 mars 1982, en son article 15 »[722]. Avant leur intégration, la partie camerounaise devra cependant procéder à un audit financier et fiscal des dépenses cumulées au 1er juillet 1997[723].

584.- Bien que la sentence précise que les décisions énoncées « ne constituent en aucune façon un précédent pour l'avenir », il est certain que ces décisions allaient marquer profondément les relations entre l'Etat et les sociétés pétrolières sur ce sujet. La solution qui s'imposait au Cameroun était de les entériner par une loi ; cela fut fait à travers la loi du 14 avril 1998[724]. Dans les autres Etats, hormis la République Centrafricaine qui ne figure pas encore au rang des pays producteurs de pétrole, des aménagements identiques ont été apportés. Les dépenses d'exploration sèche y sont considérées comme des charges déductibles. Certains Etats, à l'instar du Tchad, vont même plus loin en préfinançant indirectement la recherche[725].

B - L'INSTAURATION DE LA TENUE DE LA COMPTABILITE EN US$

585.- Jusqu'en 1993, la comptabilité des sociétés pétrolières en activité en Afrique Centrale était tenue en monnaie locale, c'est-à-dire en Francs CFA[726]. Cette monnaie était, pour les opérations internationales, arrimée au Franc français ; depuis l'avènement de la monnaie unique européenne, elle est arrimée à l'Euro. La parité fixe entre le Franc français et le Franc CFA était de 1 Franc français pour 50 Francs CFA. Le 1er janvier 1994, une dévaluation du Franc CFA est intervenue ; elle fait

---

[720] Convention d'établissement du 27 mai 1964 conclue entre les mêmes parties.

[721] Tribunal arbitral composé de Professeur Pierre LALIVE président, Jean-louis DELVOLVE arbitre désigné par Elf-Serepca et Martin KIRSCH arbitre désigné par la République du Cameroun. Le tribunal a choisi Paris comme lieu de l'arbitrage et a tenu ses audiences à la Maison de l'avocat, rue de Harlay.

[722] Sentence arbitrale du 11 juin 1997, précitée, p. 34.

[723] Accord du 23 avril 1998 entre la SNH et Elf-Serepca sur le traitement fiscal des dépenses d'exploration sèches en fin de vie des permis n'ayant pas donné lieu à découverte et attribution d'un titre minier d'exploitation, point 8.

[724] Loi camerounaise n° 98/003 du 14 avril 1998, précitée, art. 15 et 16.

[725] V. supra, n° 314.

[726] Cependant au Cameroun, la loi n° 91/018 du 12 décembre 1991 relative aux mesures particulières d'incitation en vue de la promotion des activités de recherche et de production des hydrocarbures dans le bassin de Douala/ Kribi/Campo offrait déjà la possibilité aux entreprises en activité dans ce bassin, de tenir leur comptabilité dans une devise étrangère choisie en accord avec la République du Cameroun.

passer la parité fixe à 1Franc français pour 100 Francs CFA. Au regard de l'importance des ressources financières que brassent les sociétés pétrolières, cette dévaluation du FCFA est catastrophique du point de vue des pertes de change que ces sociétés sont appelées à enregistrer. Ces pertes de change sont en réalité des frais financiers relatifs aux opérations courantes ; elles sont admises dans les charges associatives et s'imputent de ce fait sur la rente minière.

586.- Or compte tenu des facilités d'achat, de vente, de transfert et de conservation de fonds accordées à ces sociétés, les pertes de change à constater par elles seront pour la plupart comptables, sans impact réel sur la trésorerie. Leur imputation sur la rente minière ne pénaliserait en définitive que les Etats. Afin d'éviter l'émiettement de leur part de rente minière, ces derniers ont promulgué, durant les mois suivants, des lois autorisant toutes les sociétés pétrolières effectuant des opérations de recherche, d'exploration et de production d'hydrocarbures à tenir leur comptabilité en dollars US. Ces lois ont toutes un effet rétroactif au 1er janvier 1994, même lorsqu'elles sont promulguées plus d'une année après[727].

§2 : Les réformes comparables à une exploitation d'évènement ou de dispositions légales ou réglementaires

587.- C'est le cas notamment de l'élargissement du *ring fence* au bassin sédimentaire (A) et de la déductibilité de toutes les dépenses encourues sur des titres repris (B).

A - L'ELARGISSEMENT DU *RING FENCE* AU BASSIN SEDIMENTAIRE

588.- Le *ring fence* ou enclos fiscal était initialement constitué par le permis de recherches, qui constituait l'unité d'imposition[728]. A partir de 1983, les prix du pétrole brut chutent[729] ; cette évolution défavorable des prix du brut a conduit les compagnies à ralentir leurs activités de recherche et d'exploration. Au Cameroun, ces activités sont pratiquement arrêtées, ce qui pourrait entraîner des pertes de production ; le gouvernement devait trouver des mesures d'incitation pour explorer et renouveler les gisements. C'est ainsi que vers la fin des années 1980, les représentants des compagnies et du gouvernement se sont retrouvés pour renégocier les conventions d'établissement. Ces négociations ont conduit, en 1990, à la mise en place d'une série d'incitations fiscales pour relancer l'exploration. Le gouvernement a accepté de lâcher sur les charges des compagnies par l'élargissement de l'enclos fiscal, notamment en ce qui concerne les dépenses d'exploration. L'enclos fiscal est désormais élargi au bassin sédimentaire[730] ; en conséquence, les dépenses d'exploration engagées dans un permis situé dans le même bassin sédimentaire

[727] C'est le cas de la : loi camerounaise n° 95/14 du 8 août 1995 relative à la tenue de la comptabilité des sociétés pétrolières en dollars des Etats-Unis d'Amérique ; loi congolaise n° 24-94 du 23 août 1994, portant code des hydrocarbures.
[728] V. supra, n° 296 et n° 429.
[729] V. supra, n° 12.
[730] Loi camerounaise n° 90/018 du 10 août 1990, précitée.

qu'un autre permis ayant donné lieu à concession sont amorties sur la production issue de cette concession[731].

B - LA DEDUCTIBILITE DE TOUTES LES DEPENSES ENCOURUES SUR DES TITRES REPRIS

589.- Il convient d'insister sur l'importance de la date d'origine et la durée des titres repris (a) ; ensuite, nous verrons ses implications sur la déductibilité des dépenses (b).

a) Date d'origine et durée des titres repris

590.- Les divers codes pétroliers des Etats membres de la CEMAC prévoient que les mutations même partielles des titres miniers doivent être soumises à l'approbation du ministre chargé des hydrocarbures[732]. Par ailleurs, en cas de mutation partielle, chacune des parties du permis initial constitue un nouveau permis ayant pour date d'origine la date d'institution du permis initial[733]. Cette disposition apparemment anodine, est d'une importance capitale dans sa mise en oeuvre. Au Tchad, le gouvernement et CONOCO ont signé le 23 juillet 1970, une convention réglant les conditions des opérations pétrolières d'exploration, d'exploitation et de transport de la CONOCO sur le territoire du Tchad. La durée de validité de cette convention est de quarante (40) années. A cause de la guerre civile déclenchée en février 1979, les activités ont été arrêtées pendant huit (8) mois, c'est-à-dire jusqu'au 9 septembre 1979. Ce cas de force majeure a eu pour conséquence la prorogation de la période de validité du permis H de huit mois.

591.- C'est également dans ces circonstances que CONOCO a transféré tous ses droits conférés par le permis H au consortium Esso Exploration & Production Chad Inc., Shell Tchadienne de Recherches et d'Exploitation et Chevron Oil company of Chad. L'instabilité politique et la situation de conflits ont ralenti, voire arrêté les activités des compagnies. Il aura fallu attendre le 19 décembre 1988 pour qu'une nouvelle convention soit signée entre le Gouvernement du Tchad et le consortium (Esso, Shell et Chevron). Cette convention remplace celle signée avec CONOCO le 23 juillet 1970, et a une durée de 35 ans à compter du 19 août 1988. En se conformant à la loi et en tenant compte des cas de force majeure liés à l'instabilité politique et la situation de conflits, la durée de cette convention aurait dû être de 32 ans. En effet, on peut considérer dans ces mêmes conditions que la convention initiale CONOCO a eu une durée de vie non perturbée de huit ans ; il lui restait 32 ans à courir.

[731] Ces mesures sont cependant limitées à deux bassins : Rio Del Rey et Douala/Kribi/Campo ; de plus, elles ne concernent pas les dépenses engagées avant la promulgation de la loi.
[732] Loi congolaise n° 24-94 du 23 août 1994, précitée, art. 36 ; loi camerounaise n° 99/013 du 22 décembre 1999, précitée, art. 18 ; ordonnance tchadienne n° 7-PC-TP-MH du 3 février 1962, précitée, art. 13 ;
[733] Ordonnance tchadienne n° 7-PC-TP-MH du 3 février 1962, précitée, art. 13 ; loi camerounaise n° 99/013 du 22 décembre 1999, précitée, art. 17.

b) Les implications sur la déductibilité des dépenses

592.- Les dépenses déductibles sont bien celles encourues sur les titres durant leur période de validé. Ainsi, pour un titre ayant pour date d'origine 1970, il est normal que les dépenses qui y ont été encourues depuis cette date soient déductibles. Dès lors, l'étonnement né de la situation tchadienne dans laquelle « le consortium est autorisé à porter au débit du compte d'exploitation général et du compte des pertes et profits, toutes les dépenses encourues depuis l'octroi du permis de recherche original en ... 1969 »[734] n'a plus de raison d'être. L'Etat tchadien n'aurait pu éviter cette situation qu'en autorisant le transfert des droits de CONOCO sous des conditions exclusives de ces dépenses. Cette négociation était difficile à mener sous l'égide de l'ordonnance en vigueur.

Section 2 : Les réformes corrigeant des erreurs constatées

593.- De nombreuses erreurs existaient dans les règles fiscales régissant l'activité pétrolière dans les Etats membres de la CEMAC, qu'il fallait corriger. Suivant leurs intérêts dans cette opération, les corrections ont été tantôt initiées par les sociétés pétrolières (§1), tantôt engagées par les Etats (§2).

§1 : Les corrections initiées par les sociétés pétrolières

594.- On peut considérer que les sociétés pétrolières ont initié un certain nombre de corrections qui vont de la levée des limitations dans le temps de certaines décisions ponctuelles (A) au relèvement du plafond de remboursement (D), en passant par la réduction du taux d'impôt sur les sociétés (B) et le réaménagement des anciennes concessions (C).

A - LA LEVEE DES LIMITATIONS DANS LE TEMPS DE CERTAINES DECISIONS PONCTUELLES

595.- Face à des conjonctures données, à un évènement passé ou à venir, certains Etats ont eu à prendre quelques mesures d'incitations en vue de relancer les activités de recherche, d'exploration et d'exploitation des hydrocarbures. Ces mesures étaient généralement limitées soit à quelques champs précis, soit à un intervalle de temps clairement défini. Les mesures ainsi prises devaient alors être caduques après l'évènement ou en dehors du champs pour lequel elles avaient été prises. Mais cet objectif n'a pas souvent été atteint, les sociétés pétrolières amenant les Etats à étendre les mesures d'incitation au-delà du temps et des champs initiaux.

596.- Au Cameroun par exemple, la loi du 12 décembre 1991[735] a fixé des mesures particulières d'incitation en vue de la promotion des activités de recherche et de production des hydrocarbures dans le bassin de Douala, pour une durée de six ans à

[734] V. supra, n° 314.
[735] Loi camerounaise n° 91/018 du 12 décembre 1991, précitée.

compter de la date de sa promulgation. Ces mesures particulières avaient trait, entre autres, à :
- l'exonération du paiement de la Taxe Spéciale sur les Revenus sous certaines conditions[736] ;
- l'autorisation de tenir la comptabilité dans une devise étrangère choisie en accord avec l'Etat[737] ;
- la convertibilité, dans les règlements de toute nature entre l'Etat et les sociétés, en une devise dont le choix est laissé à l'Etat.

Au terme de la période de six ans initialement prévue, ces mesures ont été indéfiniment étendues à tous les bassins.

B - LA REDUCTION DU TAUX D'IMPOT SUR LES SOCIETES

597.- Avant les aménagements introduits par les Etats depuis 1978, les taux de l'impôt sur les sociétés des compagnies pétrolières étaient généralement très élevés, par rapport à ceux appliqués en droit commun. Ces derniers devaient être compris entre 25 % et 40 %[738], tandis que dans l'activité pétrolière, ils étaient au moins égal à 50 %. A la faveur de la dégradation du niveau des prix du baril à partir de juillet 1992[739], les compagnies se fondent sur la non rentabilité de l'activité pétrolière, et négocient une réduction du taux de l'impôt sur les sociétés. Les Etats y cèdent les uns après les autres : Congo, Tchad, Cameroun, Gabon (qui parfois est allé jusqu'à une exemption de l'impôt sur les sociétés). Depuis lors, le taux d'IS des sociétés pétrolières s'est davantage rapproché de celui de droit commun. Il oscille entre 35 % et 50 %. Les lois n'ont pas prévu que ces taux d'IS puissent être relevés une fois dépassée la conjoncture qui a motivé leur réduction. Ceci aurait été d'autant plus judicieux que depuis 2002, les prix se sont maintenus à un niveau généralement très élevé, et n'ont cessé d'augmenter jusqu'en fin 2007[740].

C - LE REAMENAGEMENT DES ANCIENNES CONCESSIONS

598.- Dans le cadre des aménagements apportés aux différentes législations nationales sur les hydrocarbures, les Etats ont eu une tendance générale à abandonner le régime de la concession ancienne au profit du contrat de partage de la production. Comme nous l'avions souligné, ce changement de régime n'était pas l'unique solution. Le régime de la concession aurait pu être corrigé dans ses points faibles par les Etats mais ces derniers, dans leur majorité, ont préféré le supprimer en ce qui concerne les hydrocarbures[741]. Cependant, les sociétés pétrolières qui se sont accoutumées à ce régime durant des décennies, hésitent à s'en séparer définitivement ; elles préfèrent avoir à choisir entre la concession et le partage de la produc-

---

[736] Loi camerounaise n° 91/018 du 12 décembre 1991, précitée, art. 5.
[737] Loi camerounaise n° 91/018 du 12 décembre 1991, précitée, art. 6.
[738] Directive n° 02-/01/UDEAC-050-CM-O6 du 03 août 2001, portant révision de l'acte 3/72-153-UDEAC du 22 décembre 1972 harmonisant l'impôt sur les sociétés, art. 55 al. 2.
[739] V. supra, n° 15.
[740] V. supra, n° 18.
[741] C'est notamment le cas du Gabon depuis l'adoption de la loi n° 14/82 du 24 janvier 1983, portant réglementation des activités de recherches et d'exploitation des hydrocarbures.

tion. Sous cette pression, la nécessité de ce second régime se fait sentir. Mais il ne peut pas être reconduit comme par le passé. Il fallait préalablement l'aménager, le rapprocher le plus possible du contexte international. C'est ce que le Cameroun a essayé de faire avec la loi du 22 décembre 1999[742]. La législation des autres Etats n'est pas aussi précise que celle du Cameroun ; néanmoins, elle dispose que « d'autres types de contrats peuvent être utilisés et leur approbation fera l'objet d'une loi »[743].

D - LE RELEVEMENT DU PLAFOND DE REMBOURSEMENT

599.- Au départ, les Etats devaient affecter, suivant un plafond déterminé, une part de la production leur revenant au remboursement des avances que la société pétrolière leur avait consenties[744]. Au Cameroun, l'Etat affectait le tiers de la part de production lui revenant à ce remboursement, soit 20 %[745]. Les compagnies pétrolières estimaient qu'à ce niveau, le rythme de remboursement des avances par l'Etat était assez bas, et qu'il y avait un risque d'épuisement des réserves avant le remboursement intégral desdites avances. Dans le cadre des négociations de la fin des années 1980[746], les compagnies ont souhaité que ce plafond soit relevé. C'est ainsi qu'en 1990, l'Etat a fait passer le plafond de remboursement à 35 %[747] sur les bassins autres que le Rio Del Rey.

600.- Les compagnies estiment que cette concession est insuffisante et en 1991, l'Etat a porté la limite de remboursement à 45 % dans le bassin de Douala. Cet aménagement va considérablement réduire le niveau des revenus de l'Etat dans ce bassin, au regard des autres avantages qui y sont accordés[748]. C'est pourquoi dès 1998, l'Etat uniformisa ce plafond à 35 % sur l'ensemble du domaine minier national[749]. Dans les autres Etats, le système du remboursement des avances n'existait pas sous le régime de la concession. Avec le passage au régime du partage de la production, ce principe a été instauré ; le plafond de remboursement dans ces Etats varie entre 40 % et 70 % de la production nette d'hydrocarbures[750].

---

[742] Loi camerounaise n° 99/013 du 22 décembre 1999 portant code pétrolier, art. 13 ss ; v. aussi supra, n° 204.
[743] Loi congolaise n° 24-94 du 23 août 1994, portant code des hydrocarbures, art. 34 al. 3.
[744] V. supra, n° 175s.
[745] Contrat d'association pour les opérations de recherches et d'exploitation d'hydrocarbures au Cameroun signé le 8 février 1980 entre la République du Cameroun et LA SOCIETE DE RECHERCHE ET D'EXPLOITATION DES PETROLES DU CAMEROUN (ELF SEREPCA), art. IX 3 b).
[746] V. supra, n° 293.
[747] Cette décision découle de la loi n° 90/018 du 10 août 1990 autorisant le gouvernement à conclure des conventions d'établissement avec les sociétés pétrolières bénéficiaires de titres miniers d'exploration sur les bassins sédimentaires autres que le Rio Del Rey.
[748] Loi camerounaise n° 91/018 du 12 décembre 1991 relative aux mesures particulières d'incitation en vue de la promotion des activités de recherche et de production des hydrocarbures dans le bassin de Douala. V. aussi supra, n° 332s, pour les champs marginaux.
[749] Loi camerounaise n° 98/003 du 14 avril 1998 relative aux mesures fiscales particulières en matière de recherche des hydrocarbures sur le domaine minier national , art. 11.
[750] V. supra, n° 243 ss pour le Congo, n° 256 pour le Gabon.

§2 : Les corrections engagées par les Etats

601.- S'agissant des corrections engagées par les Etats, elles sont moins nombreuses et revêtent un caractère tantôt hypothétique, tantôt réversible. Elles ont porté notamment sur la réduction de la durée de détention des titres et droits miniers (A), l'introduction de certains prélèvements nouveaux (B) et l'institutionnalisation du contrat de partage de production (C).

A - LA REDUCTION DE LA DUREE DE DETENTION DES TITRES ET DROITS MINIERS

602.- Dans les premières lois minières adoptées par les Etats membres de la CEMAC, la durée de détention des titres miniers en général et des concessions en particulier était extrêmement longue[751]. Les gouvernants en ont pris conscience et ont essayé de réagir face à cette situation, chacun à sa façon et à son rythme. C'est ainsi que dès 1979, La République Centrafricaine[752], qui n'est pourtant pas producteur de pétrole brut, a essayé de réduire la durée initiale de ses concessions, en la faisant passer de cinquante ans à dix ans[753]. Le nombre de renouvellements n'ayant pas été limité, la durée totale de ces concessions pourrait bien revenir à celle de la législation de 1961[754]. Le risque est d'autant plus grand qu'en Afrique, c'était la première fois que la durée des concessions se trouvait ainsi abrégée. Les compagnies allaient tout mettre en œuvre pour obtenir une révision de cette loi[755]. Le Gabon et le Congo, en passant du régime de la concession à celui du partage de la production, ont également réduit la durée des titres à l'institution, mais le nombre de renouvellements de ces titres reste négociable à l'institution. Il en est de même des autorisations et permis de recherches délivrés autant dans ces Etats qu'au Cameroun.

B - L'INTRODUCTION DE CERTAINS PRELEVEMENTS NOUVEAUX

603.- A la faveur des incitations fiscales accordées ici et là, les Etats ont introduit un certain nombre de prélèvements nouveaux. En plus des bonus que nous avons déjà étudiés[756], il y a eu la contribution au Fonds de Soutien des Hydrocarbures (FOSHY). Les contrats gabonais prévoient notamment « que le contracteur contribue à hauteur de 0,05 Dollars des USA par baril au Fonds de soutien des hydrocarbures. Cette contribution n'est pas incluse dans les coûts pétroliers. C'est une taxe non déductible[757] ». Elle aurait dû être prise en compte avec la redevance minière proportionnelle pour la détermination du coût de la production nette. Il nous parait logique que cette taxe ne s'impute pas aux coûts pétroliers, et maintienne ainsi

---

[751] V. supra, n° 111s.

[752] A l'époque, c'était encore l'Empire Centrafricain.

[753] Ordonnance impériale centrafricaine n° 79.016 du 6 février 1979, précitée, art. 8 ss.

[754] Loi centrafricaine n° 61/208 du 11 avril 1961, précitée.

[755] V. supra, n° 286.

[756] Il s'est agit notamment des bonus de production (supra, n° 370) et des bonus de signature (supra, n° 374).

[757] Article 21.7 du CEPP modèle gabonais, mis en place depuis l'adoption de la loi n° 14/82 du 24 janvier 1983 portant réglementation des activités de recherches et d'exploitation des hydrocarbures.

intacte la rente minière. Par contre, il est peu compréhensible que la taxe soit une charge non déductible, à partir du moment où elle grève le fonctionnement de la société. Enfin, le coût de cette contribution nous semble très bas ; il est d'environ 30 FCFA (0,0457 €) par baril.

604.- Le Cameroun a également institué une contribution identique en 1991. La mission du FOSHY ici « est de faire progresser la recherche dans le domaine des hydrocarbures »[758]. Les modalités de son organisation et de son fonctionnement sont fixées par voie règlementaire. La contribution ne concernait que quelques concessions. C'est la loi de 1998 qui complète sa portée. Les conventions et contrats existants ont fait l'objet d'avenants dans ce sens. Dans la convention Elf-Serepca, il est désormais prévu que la société « contribuera annuellement, au prorata de sa participation dans la production provenant des concessions qui lui sont attribuées ou renouvelées, seule ou en co-titularité, au Fonds de Soutien des Hydrocarbures. La contribution à ce fonds est égale à 0,20 dollar US par baril d'hydrocarbures liquides produits et récupérés. Cette contribution n'est pas incluse dans les Coûts Techniques mais est traitée comme une charge fiscalement déductible »[759]. Le Cameroun a quelque peu innové dans cette matière. D'abord la contribution en elle-même est multipliée par quatre ; ensuite cette contribution, bien qu'exclue des coûts techniques, reste une charge fiscalement déductible. Les lacunes constatées dans la formulation gabonaise sont ainsi corrigées.

C - L'INSTITUTIONNALISATION DU CONTRAT DE PARTAGE DE PRODUCTION

605.- Au lendemain du second choc pétrolier, la plupart des Etats membres de la CEMAC avaient encore comme unique régime d'exploitation minière la concession ancienne, telle qu'elle découlait du Code Napoléon[760]. Ce système n'est plus en cours en matière de contrats pétroliers. En dehors du Tchad qui a continué de renforcer ce régime[761], les autres Etats ont manifesté une volonté d'évoluer vers des régimes plus modernes, susceptibles de leur permettre de capter une plus grande part de la rente minière. C'est ainsi qu'ils ont successivement rejoint le Cameroun dans le système du partage de la production[762].

606.- Cependant, le système de partage de la production nouvellement institué par ces Etats diffère quelque peu de celui qui avait cours au Cameroun. Après la Guinée Equatoriale en 1981[763], le Gabon en 1983[764], le Congo a suivi en 1994[765] avec

---

[758] Loi camerounaise n° 91/018 du 12 décembre 1991, précitée, art. 8 (1).
[759] Avenant n° 5 du 20 décembre 1999, à la convention d'établissement du 11 mars 1982 entre la République Unie du Cameroun et ELF SEREPCA, art. 8.
[760] V. supra, n° 111s.
[761] V. supra, n° 311 ss.
[762] Le Cameroun a en effet adopté ce régime avec la loi n° 78/14 du 29 décembre 1978 complétant en ce qui concerne les hydrocarbures, la loi 64-LF-3 du 6 avril 1964 portant régime des substances minérales dans cette République.
[763] Décret-loi Equato-guinéen n° 7/1981 du 16 juin 1981, portant code des hydrocarbures.
[764] Loi gabonaise n° 14/82 du 24 janvier 1983, portant réglementation des activités de recherches et d'exploitation des hydrocarbures.
[765] Loi congolaise n° 24-94 du 23 août 1994, portant code des hydrocarbures.

l'adoption d'un système de partage de production inspiré d'un modèle mis en place par la Banque Mondiale. Ce modèle avait la prétention d'être plus avantageux, et applicable tant aux pays développés qu'aux pays du tiers monde ; à l'analyse, cet objectif est loin d'être atteint. Paradoxalement, le Cameroun reviendra vers ce système en 1999[766]. Cette appréciation a permis d'expliquer les fondements des réformes entreprises par différents Etats, notamment dans ce qui pouvait être considéré comme leurs forces. Les réformes entreprises maintiennent un certain nombre de limites et insuffisances qui peuvent maintenant être abordées (Chapitre 2).

[766] Loi camerounaise n° 99/013 du 22 décembre 1999 portant code pétrolier.

CHAPITRE 2

LES LIMITES ET INSUFFISANCES DE LA REGLEMENTATION FISCALE DES OPERATIONS PETROLIERES

607.- La réglementation ici doit être entendue au sens large, englobant ainsi tout l'arsenal juridique relatif à la fiscalité des opérations pétrolières : ordonnances, lois, décrets, arrêtés, conventions, contrats,... Nous nous intéresserons tour à tour aux lacunes de la réglementation dans certains Etats (section 1) et aux omissions relevées dans certaines règlementations (section 2).

Section 1 : Les lacunes de la réglementation dans certains Etats

608.- On dénombre des lacunes communes (§1) sinon à l'ensemble des Etats, du moins à plusieurs d'entre eux. Mais il existe également des lacunes spécifiques aux Etats (§2).

§1 : Les lacunes communes à plusieurs Etats

609.- L'on pourrait relever une multitude de lacunes communes à plusieurs Etats ; Nous nous limitons à celles qui ont un effet certain sur les mécanismes fiscaux et partant, sur les recettes des Etats. Dans ce sens, nous remettons en cause la primauté des conventions sur le droit national et régional (A), une législation mal adaptée à l'évolution de l'industrie pétrolière (B), une législation fiscale un peu trop flexible (C), le traitement partial des Provisions pour Investissements Diversifiés au Gabon et au Congo (D), l'exposition à des pratiques dites internationales, non contenues dans les lois et règlements des Etats (E).

A - LA PRIMAUTE DES CONVENTIONS SUR LE DROIT NATIONAL ET REGIONAL

610.- La primauté des conventions sur le droit national découle des clauses de stabilisation du régime juridique et fiscal contenues dans l'ensemble des conventions ayant cours dans les Etats de la CEMAC. Au Tchad, l'article 34.3 de la convention[767] du consortium modifié par l'avenant n° 2[768] dispose que « pendant la durée

[767] Convention de Recherches, d'Exploitation et de Transport des Hydrocarbures conclue le 19 décembre 1988 entre la République du Tchad et le Consortium Esso E & P Chad Inc., Petronas Carigali Chad E & P Inc., et Chevron Petroleum Chad Company Ltd, art. 34.3.

[768] L'avenant n° 2 du 12 mars 1997 à la convention entre la République du Tchad et le Consortium Esso E & P Chad, approuvé par la loi n° 004/PR/97 du 17 juillet 1997

de validité des présentes, l'Etat assure qu'il ne sera pas fait application au Consortium, sans l'accord préalable des Parties, d'actes gouvernementaux à venir ayant pour effet dûment établi d'aggraver, directement, par voie de conséquence ou du fait de leur application aux actionnaires du Consortium, les obligations et charges imposées par les dispositions de la présente Convention, ou ayant pour effet de porter atteinte aux droits et aux avantages économiques du Consortium ou de ses actionnaires, prévus par la présente Convention, y compris l'effet dûment établi et répercuté sur le Consortium de l'aggravation des charges des Sociétés Affiliées ou des Contractants du fait de ces actes. (...) Dans le cas où de tels changements seraient effectués par le Gouvernement de la République du Tchad sans l'accord préalable du Consortium, les Parties conviendront des modifications nécessaires afin d'assurer au Consortium les mêmes conditions financières, obligations et charges ainsi que les mêmes droits et avantages économiques, tels qu'ils existaient avant que lesdits changements aient lieu ». Des dispositions similaires se retrouvent, dans un agencement de mots différent, dans les conventions de la Guinée Equatoriale, du Gabon, du Congo et du Cameroun.

611.- Au Cameroun, dans la convention de PECTEN[769], on peut lire à l'article 17 que « Ne pourront être appliquées à PECTEN, sans son accord préalable :

1. Les modifications qui, pendant la durée de la convention, seraient apportées aux dispositions des textes ci-après.
   a. articles 8 à 47 de la loi n° 64-LF-3 du 6 avril 1964 portant régime des substances minérales dans la République Unie du Cameroun ;
   b. décrets n° 64-DF-162 du 26 mai 1964 et n° 64-DF-163 du 26 mai 1964, pris pour l'application de ces dispositions ;
   c. loi n° 64-LF-6 du 06 avril 1964 tendant à adapter aux institutions la loi n° 60-64 du 27 juin 1960 portant code des investissements du Cameroun oriental ; loi n° 64-LF-4 du 6 avril 1964 fixant l'assiette, les taux et mode de recouvrement des droits fixes, redevances et taxes minières, modifiée par la loi n° 68-LF-13 du 18 novembre 1968 ;
   d. loi n° 78/14 du 29 décembre 1978 complétant en ce qui concerne les hydrocarbures, la loi 64-LF-3 du 6 avril 1964 portant régime des hydrocarbures et la loi n° 78/24 du 29 décembre 1978 ;
   e. le Code Général des Impôts tel qu'il s'applique au premier janvier 1980.
2. Les dispositions législatives, réglementaires ou individuelles qui iraient à l'encontre des dispositions de la présente convention ».

612.- L'article 18 de la même convention[770] précise que « Lorsque Pecten estime à l'occasion d'une mesure d'application qui lui aura été notifiée, qu'une des dispositions visées à l'article 17 ci-dessus, va à l'encontre des dispositions de la présente convention, elle est fondée à demander que l'application en soit suspendue en ce qui la concerne... ». La convention de TOTAL comporte des dispositions identi-

---

[769] Convention d'établissement du 10 février 1982 entre la République du Cameroun et PECTEN CAMEROON COMPANY.

[770] Convention d'établissement du 10 février 1982 entre la République du Cameroun et PECTEN CAMEROON COMPANY, art. 18.

ques dans ses articles 17 et 18[771]. Il en est de même pour la convention PERENCO[772]. La situation est identique au Congo et au Gabon. La différence de présentation entre la convention du Tchad et celles du Cameroun et des autres Etats peut s'expliquer par le fait qu'au moment de leur signature, la réglementation fiscale pétrolière était déjà étoffée au Cameroun, au Congo et au Gabon, alors qu'elle était encore à faire au Tchad.

613.- Tels que présentés ci-dessus, et comme nous l'avons montré tout au long de cette étude, les aménagements du droit national n'affectent les conventions que dans le sens d'une amélioration des charges et produits des sociétés pétrolières, ou à la limite dans un statu quo parfait. Tout irait encore mieux, si cette primauté des conventions sur le droit s'arrêtait au niveau national ; mais elle s'étend, de fait, jusqu'au droit régional. Ainsi par exemple, la réforme fiscalo-douanière engagée en 1994[773] dans le cadre du Programme Régional de Réforme de l'UDEAC ne leur sera pas opposable. En effet le 21 janvier 1998, les chefs d'Etat de l'UDEAC étalent leur impuissance en prenant « acte des clauses de stabilité fiscale et juridique existantes dans le secteur pétrolier, par rapport à la réforme fiscalo-douanière de 1994 »[774].

614.- De même, l'Organisation pour l'Harmonisation du Droit des Affaires regroupant seize pays francophones d'Afrique a arrêté un nouveau droit comptable qui devait être appliqué par les entreprises dès le 1er janvier 2002. Le Cameroun s'y est aligné le 1er janvier 2003, mais toutes les sociétés pétrolières n'ont pas suivi cette réforme[775]. C'est la même situation dans les autres Etats. Il y a une quasi-aliénation de la souveraineté des Etats par rapport à ces faits.

B - UNE LEGISLATION MAL ADAPTEE A L'EVOLUTION DE L'INDUSTRIE PETROLIERE

615.- Les différentes conventions ou accords qui ont été conclus entre le Tchad et les compagnies pétrolières sont régis par le régime de la concession[776], considéré dans beaucoup de pays comme étant anachronique, parce que héritage du passé colonial. C'est d'ailleurs ce qui a fait dire à un chargé d'affaires économiques à l'Ambassade de France au Tchad, parlant de la convention entre le Tchad et le consortium Esso et autres, que « ce contrat est du type de ceux que l'on signait il y a une trentaine d'années ; depuis, les Etats ont appris à mieux négocier leurs inté-

---

771 Convention d'établissement du 11 mars 1982 entre la République Unie du Cameroun et ELF SEREPCA.
772 Convention d'établissement du 11 décembre 1997 entre la République du Cameroun et CMS NOMECO CAMEROON LTD ET GLOBEX CAMEROON LLC, rachetée par PERENCO OIL AND GAS.
773 Acte n° 1/92-UDEAC-556-CD-SE1 du 30 avril 1992 portant adoption d'une Taxe sur le Chiffre d'Affaires et du Droit d'Accise en UDEAC.
774 Acte 1/98–UDEAC-653-CD-60 du 21 janvier 1998 prenant acte des clauses de stabilité fiscale et juridique existantes dans le secteur pétrolier, par rapport à la réforme fiscalo-douanière de 1994.
775 Seules les sociétés d'origine françaises se sont alignées à ce système à partir de 2004. Cela peut se comprendre par le fait que l'OHADA a été mis en place sur financement français.
776 Ce régime est instauré par l'ordonnance tchadienne n° 7-PC-TP-MH du 03 février 1962, précitée.

rêts »[777]. Cette observation est quasi-identique à celle rapportée dans le bulletin de l'industrie pétrolière de mars 1996 : « Le Tchad constitue pour les pétroliers un territoire accueillant : le pays pratique encore le régime traditionnel de la concession, avec une redevance de 12,5 % de la valeur des produits extraits du sous-sol et un impôt de 50 % sur les bénéfices nets. Comme au bon vieux temps. Et comme aussi dans un nombre toujours élevé de pays dans le monde sans que cela soit très connu »[778].

616.- Ces observations n'ont pas empêché la signature de l'avenant n° 2 un an après, le 12 mars 1997[779]. Cela aurait pu passer sous le coup de l'héritage colonial, si on en était resté là. Or même en 2004, toutes les conventions et accords signés n'ont fait que conforter ce régime de la concession[780]. Le régime traditionnel de la concession existe également au Gabon[781] et a existé au Congo[782]. Dans ces deux Etats, on peut considérer qu'il fait vraiment partie de l'héritage colonial. En effet, depuis 1982 au Gabon[783] et 1994 au Congo[784], le cadre juridique de ces Etats a été réaménagé pour inclure la signature des contrats de partage de production[785].

617.- L'objectif est qu'à terme, le système des anciennes concessions soit aboli, et qu'à l'avenir, tous les nouveaux permis soient du type partage de la production. S'agissant de la suppression des concessions, il faut reconnaître que ce n'était pas là la priorité. Il fallait simplement transformer ces concessions traditionnelles en concessions modernes, ce d'autant plus que si rien n'était fait contre le principe de la stabilisation du régime juridique et fiscal dont bénéficient les sociétés pétrolières, il faudrait attendre jusqu'à l'an 2050 date à laquelle elles expirent[786], et espérer qu'il n'y ait pas de demande de renouvellement.

618.- En ce qui concerne le système de partage de la production qui est finalement appliqué, on remarque qu'il est basé sur le partage du profit ou *R.O.R. based system*[787]. C'est également vers ce système que semble s'orienter le nouveau code pétrolier camerounais. Le *R.O.R. based system* a été introduit à la fin des années

---

777 Commentaires recueillis dans le rapport de mission internationale d'enquête de la Fédération Internationale des Ligues des Droits de l'Homme (FIDH) réalisée en 1996 au Tchad.
778 Bulletin de l'industrie pétrolière n° 8049, du 5 mars 1996.
779 Avenant n° 2 du 12 mars 1997, précité, approuvé par la loi tchadienne n° 004/PR/97 du 17 juillet 1997.
780 Convention du 10 mai 2004 entre la République du Tchad et le consortium Esso E & P Chad Inc., Petronas Carigali Chad E & P Inc., et Chevron Petroleum Chad Company Ltd, ratifiée par ordonnance.
781 Loi gabonaise n° 15/62 du 02 juin 1962, portant création d'un code minier en République du Gabon
782 Loi congolaise n° 29-62 du 16 juin 1962, portant régime des hydrocarbures et autres substances minérales
783 Loi gabonaise n° 14/82 du 24 janvier 1982, portant réglementation des activités de recherches et d'exploitation des hydrocarbures.
784 Loi congolaise n° 24-94 du 23 août 1994, précitée, titre IX.
785 Au Gabon, les contrats de partage de production initiaux ont été révisés en 1985 et 1998 (supra, n° 251).
786 V. supra, n° 114.
787 V. supra, n° 235.

1970, et a été soutenu par la Banque Mondiale comme un contrat applicable tant dans les pays sous-développés que dans les pays développés. Ce contrat nous semble cependant plus adapté aux pays sous-développés et au regard de son impact sur les finances publiques[788], nous pouvons nous permettre d'avancer qu'il n'est qu'une variante des concessions traditionnelles.

C - UNE LEGISLATION FISCALE TROP FLEXIBLE

619.- Pour l'essentiel des clauses fiscales, les lois régissant les hydrocarbures renvoient aux contrats ou conventions selon les cas. Cela est vrai pour le Cameroun (a), la Guinée Equatoriale (b), le Congo (c), le Tchad (d), le Gabon (e).

a) Au Cameroun

620.- « Dans le cadre d'un contrat de partage de production, la production d'hydrocarbures est partagée entre l'Etat et le Titulaire, conformément aux stipulations dudit contrat. Le Titulaire reçoit alors une part de la production au titre du remboursement de ses coûts et de sa rémunération en nature, selon les modalités suivantes :

> 1°- Selon un rythme défini au contrat pétrolier, une part de la production totale d'hydrocarbures (...). Cette part, appelée *cost oil*, ne peut être supérieure au pourcentage de la production fixé dans le contrat de partage (…).
> 2°- Le solde de la production (…) appelé *profit oil*, est partagé entre l'Etat et le Titulaire selon les modalités fixées dans le contrat »[789].

Considérant qu'au moins des fourchettes devaient être données pour ces différents éléments, on constate que le nouveau code pétrolier marque un recul par rapport à la législation antérieure[790]. Celle-ci fixait le plafond de remboursement à 35 %[791] ; le partage de la production était fixé à 60 % pour l'Etat et 40 % pour le contractant[792]. En effet, les premiers contrats de partage de production (DISSONI et BOMANA) signés après le Code Pétrolier sont très en deçà de ces dispositions[793].

621.- « Les titulaires de contrats de concession s'acquittent mensuellement d'une redevance proportionnelle à la production. Le taux de cette redevance, ainsi que les règles d'assiettes et de recouvrement, sont précisés dans le contrat de concession. La redevance est réglée en nature ou en espèces conformément aux modalités fixées dans le contrat pétrolier »[794]. La loi devrait prévoir au moins les fourchettes

---

[788] V. infra, n° 821.
[789] Loi camerounaise n° 99/013 du 22 décembre 1999, précitée, art. 16 (1).
[790] Loi camerounaise n° 98/003 du 14 avril 1998 relative aux mesures fiscales particulières en matière de recherche des hydrocarbures sur le domaine minier national.
[791] Loi camerounaise n° 98/003 du 14 avril 1998, précitée, art. 11.
[792] Loi camerounaise n° 98/003 du 14 avril 1998, précitée, art. 10.
[793] V. supra, n° 207.
[794] Loi camerounaise n° 99/013 du 22 décembre 1999, précitée, art. 92.

de taux applicables. Les règles d'assiette et de recouvrement devraient relever au moins du domaine réglementaire.

622.- « Le contrat pétrolier peut prévoir des règles comptables spécifiques aux opérations pétrolières, en particulier les modalités de recouvrement de l'impôt sur les sociétés ».[795] Dans cette situation précise, il y a certainement une volonté de s'éloigner du paiement contemporain de l'IS[796], en vigueur au moment où le code pétrolier a été promulgué[797]. Cette situation est identique à celle du code pétrolier de la République centrafricaine[798].

623.- « Le contrat peut prévoir une prime dénommée *bonus de signature* que son Titulaire s'oblige à verser à l'Etat pour la conclusion de son contrat pétrolier, ainsi qu'une prime dénommée bonus de production que le Titulaire a l'obligation de verser à l'Etat en fonction des quantités d'hydrocarbures produites »[799]. Non seulement le bonus de signature est du domaine contractuel, mais on constate en plus qu'il n'est qu'une éventualité au contrat. Cette disposition devrait être fermement régie par la loi.

624.- « Le Titulaire du contrat de concession peut être assujetti à un prélèvement pétrolier additionnel calculé sur les bénéfices tirés des opérations pétrolières, dont les modalités sont fixées, le cas échéant, dans le contrat »[800]. Ici encore, la loi est indécise. Cette disposition devrait être ferme, quitte à ce que des modalités particulières précisent les cas où ce prélèvement n'est pas applicable.

b) En Guinée Equatoriale

625.- « Les entrepreneurs seront tenus de payer l'impôt sur le revenu conformément à la loi y relative ; en outre, ils sont tenus de payer tout autre impôt, servitude ou charge non expressément exclu dans le contrat en vertu des dispositions de cette loi »[801]. Ici, il y a un bouleversement de l'ordre juridique traditionnel. Tout est écrit

---

[795] Loi camerounaise n° 99/013 du 22 décembre 1999, précitée, art. 96 (4).

[796] Ce système consiste à faire un acompte mensuel de l'IS tous les 15 du mois, sur la base de 1,1 % du chiffre d'affaires du mois écoulé. Une régularisation est opérée en fin d'année sur la base des éléments réels d'impsition.

[797] En effet, l'article 14.2.3 des contrats de partage de production DISSONI et BOMANA respectivement du 4 avril 2005 et du 14 mars 2006 prévoient que « le paiement de l'impôt sur les sociétés au titre d'un exercice donné est effectué à raison de quatre acomptes. Chaque acompte sera déterminé par application du taux de l'impôt sur les sociétés de quarante pour-cent (40 %) sur la base du bénéfice imposable cumulé à chaque fin de trimestre civil. Chaque acompte sera versé au plus tard le 15 du mois suivant le trimestre au titre duquel il est dû». C'est un aménagement du paiement contemporain ci-dessus décrit, pour éviter de payer l'acompte sur le chiffre d'affaires qui est forcément très élevé ; il y a déjà une légère amélioration par rapport à l'ancien système du tiers provisionnel, dans lequel les acomptes étaient payés trois fois par an au lieu de quatre. Dans tous les cas, il y a non-conformité aux lois et règlements en vigueur au moment de la signature du contrat.

[798] Ordonnance centrafricaine n° 93.007 du 25 mai 1993, précitée, art. 72.

[799] Loi camerounaise n° 99/013 du 22 décembre 1999, précitée, art. 97.

[800] Loi camerounaise n° 99/013 du 22 décembre 1999, précitée, art. 98.

[801] Loi équato-guinéene n° 6/2000 du 20 mars 2000, précitée, art. 21.
V. aussi décret-loi équato-guinéen n° 7/1981 du 16 juin 1981, précité, art. 19.

comme si c'est le contrat qui fixe les exonérations, alors que ces dernières doivent relever de la loi.

626.- « Les contrats définiront les phases distinctes d'exploration, de développement, et d'exploitation. L'entrepreneur soumettra annuellement à l'approbation du Ministère des Mines et de l'Energie un programme de travail pour ladite année accompagné de son budget de dépenses correspondant. Le contrat prévoira les mesures à prendre en cas de manquement »[802]. Les différentes phases de l'activité pétrolière doivent avant tout être définies par la loi, qui fixe ensuite les modalités d'attribution des différents titres y relatifs.

627.- « L'Etat aura une participation dans les hydrocarbures nets produits dans une zone déterminée, conformément aux termes de chaque contrat, une fois effectués les prélèvements au titre des redevances et de la récupération de l'investissement. Le pourcentage de cette participation sera fixé conformément aux termes de chaque contrat et dépendra de la production cumulée »[803]. Comme au Cameroun, la loi se borne à énoncer le principe du partage de la production, sans plus.

628.- « Les entrepreneurs seront tenus de payer des primes ou des redevances conformément aux termes de leurs contrats avec l'Etat »[804]. La loi gagnerait à être beaucoup plus explicite. Les différents types de primes et de redevances devraient être définis par la loi, de même que leur fourchette de taux. La loi est muette sur de nombreux autres sujets tels le prélèvement pétrolier additionnel, les règles comptables spécifiques…

c) Au Congo

629.- « La production annuelle totale d'hydrocarbures, après déduction de la redevance minière proportionnelle et du *cost oil*, constitue la part de production d'hydrocarbures affectée à la rémunération de l'Etat et des sociétés (*profit oil*). Le contrat de partage de production fixe les modalités de partage du *profit oil* entre l'Etat et la société »[805]. Ce point de la loi congolaise qui est laissé à la discrétion des contrats mérite, comme au Cameroun et en Guinée Equatoriale, d'être plus explicite ; les grandes lignes du partage devraient y être fixées.

630.- La loi cadre de 1994[806] n'aborde pas « la propriété des biens mobiliers et immobiliers », alors que ce sujet est d'actualité et de grande importance au Congo. En effet, les contrats de partage de production prévoient que : « La propriété des biens mobiliers et immobiliers de toutes natures acquis par le contracteur dans le cadre des travaux pétroliers sera transférée à la République du Congo dès complet

---

[802] Loi équato-guinéene n° 6/2000 du 20 mars 2000, précitée, art. 12.
[803] Loi équato-guinéene n° 6/2000 du 20 mars 2000, précitée, art. 20.
[804] Loi équato-guinéene n° 6/2000 du 20 mars 2000, précitée, art. 22.
[805] Loi congolaise n° 24-94 du 23 août 1994, précitée, art. 35 al. 3.
[806] Loi congolaise n° 24-94 du 23 août 1994, précitée.

remboursement au contracteur des coûts pétroliers correspondants »[807]. Jusque-là, cette disposition est normale et plus claire que celle de la loi gabonaise relative au même sujet[808]. Mais le texte se poursuit ainsi : « Toutefois, après ce transfert de propriété, le contracteur pourra continuer à utiliser lesdits biens immobiliers et mobiliers gratuitement et de manière exclusive pendant toute la durée dudit contrat ».

631.- A partir de là, il y a déséquilibre dans le contrat à la défaveur de l'Etat congolais, soit délibérément, soit par ignorance de ce dernier. En effet, à partir du moment où l'Etat devient propriétaire des immobilisations, leur utilisation exclusive ou partielle par une tierce personne ne devrait se décider que dans le cadre d'un contrat de location. Ce contrat devrait naturellement engendrer l'encaissement de loyers au profit du propriétaire. Ces loyers pourraient être payés en espèces ou en nature, par prélèvement sur la production de la zone de permis. Plus loin, le contrat dispose : « Dans le cas où les biens mentionnés ci-dessus seraient l'objet de sûretés consenties à des tiers dans le cadre du financement des travaux pétroliers, le transfert de la propriété de ces biens à la République du Congo n'interviendrait qu'après complet remboursement par le contracteur des emprunts ainsi garantis »[809].

632.- Si ce retard dans le transfert de propriété est fondé en droit, il faudrait néanmoins trouver une compensation pour l'Etat, qui s'en trouve pénalisé. Par ailleurs, cette situation pose le problème fondamental du nom de l'acquéreur devant figurer sur les documents d'acquisition des immobilisations. Ni les contrats, ni les lois ne le mentionnent. Enfin, rien n'est écrit sur le sort des amortissements qui auront été constitués, ni sur les immobilisations qui ne seraient pas entièrement amorties à la date du transfert de propriété. Le transfert de propriété ne s'applique pas aux équipements appartenant à des tiers et qui sont loués au contracteur ; il en est de même des biens meubles et immeubles acquis pour des travaux autres que les travaux pétroliers relatifs à la zone de permis ; c'est le cas enfin des biens ayant la nature d'immeubles ou d'immeubles par destination acquis pour les travaux pétroliers relatifs à la zone de permis mais qui sont installés à demeure en dehors de la zone de permis. La propriété de ces biens sera transférée à la République du Congo en même temps que les installations qui les supportent, selon le régime applicable à ces dernières[810].

d) Au Tchad

633.- « La concession est accordée par décret, aux conditions d'une convention annexée à l'acte institutif »[811]. Comme en Guinée Equatoriale, tout se passe comme

---

[807] Contrat de partage de production relatif au permis de mer profonde sud du 6 mai 1996, entre la République du CONGO et la société ELF CONGO, art. 13.1 (i).
[808] V. infra, n° 661.
[809] Contrat de partage de production relatif au permis de mer profonde sud du 6 mai 1996, entre la République du CONGO et la société ELF CONGO, art. 13.1 (ii).
[810] Contrat de partage de production relatif au permis de mer profonde sud du 6 mai 1996, entre la République du CONGO et la société ELF CONGO, art. 13.1 (iii).
[811] Ordonnance tchadienne n° 7-PC-TP-MH du 3 février 1962, précitée, art. 25.

si le décret ne sert qu'à entériner les décisions de la convention. C'est l'inverse qui devrait se produire.

634.- « Une convention-type approuvée par décret détermine les conditions générales d'exploitation. La convention-type en vigueur le jour de l'octroi du permis H est de droit applicable à chacune des concessions qui en dérivent, sauf option du titulaire du permis en faveur de la convention-type en vigueur le jour de la demande de concession »[812]. Normalement, la convention type ne doit pas déterminer, mais plutôt reprendre les conditions générales d'exploitation fixées par la loi et les règlements (décrets, arrêtés). Par ailleurs, l'option pour le titulaire du permis entre la convention-type en vigueur le jour de l'octroi du permis H et la convention-type en vigueur le jour de la demande de concession doit être supprimée. Cette option peut en effet être considérée comme le véritable fondement juridique de l'avenant n° 2 à la convention du consortium[813], qui permet notamment de porter au débit du compte de pertes et profits toutes les dépenses encourues depuis 1969[814]. Après cette suppression d'option, c'est la convention-type en vigueur le jour de la demande de concession qui doit être retenue.

635.- « Les prix de vente des produits bruts ou finis doivent être les prix courants du marché international établis suivant les modalités fixées par la convention-type »[815]. Le mode de valorisation des hydrocarbures devrait être fixé par la loi, et les modalités de cette valorisation arrêtées par décret. Ceci éviterait le type de plaintes rencontrées au Tchad il y a quelques temps, et qui ont trait à la « braderie du brut tchadien »[816].

636.- « Les sociétés détentrices de titres miniers ainsi que les entreprises qui leur sont associées dans le cadre des protocoles, accords ou contrats sont tenues d'acquitter une redevance égale à douze et demi pour cent de la valeur départ champ des hydrocarbures liquides, et à cinq pour cent de la valeur des hydrocarbures gazeux extraits sur le territoire de la République du Tchad[817] ». « Les conventions d'établissement dont elles bénéficient pourront toutefois fixer des taux de redevance inférieurs à douze et demi pour cent, pour les gisements de faible production »[818]. La première partie de ce texte fixe un taux de redevance minière qui était certainement intéressant à son époque. Il est de nos jours largement dépassé et mérite d'être revu à la hausse. Quand à la deuxième partie du texte, elle aurait dû ne pas exister, du moins en ces termes. En effet, « les gisements de faible production » doivent d'abord être clairement définis par la loi, ce qui n'est pas le cas dans l'ordonnance de référence. Une fois cette définition donnée, la loi doit encore fixer elle-même les allègements fiscaux auxquels ce type de gisement aurait droit.

---

[812] Ordonnance tchadienne n° 7-PC-TP-MH du 3 février 1962, précitée, art. 27.
[813] Convention de Recherches, d'Exploitation et de Transport des Hydrocarbures conclue le 19 décembre 1988 précitée.
[814] V. supra, n° 312 et n° 592.
[815] Ordonnance tchadienne n° 7-PC-TP-MH du 3 février 1962, précitée, art. 33.
[816] V. supra, n° 312.
[817] Ordonnance tchadienne n° 7-PC-TP-MH du 3 février 1962, précitée, art. 63 a).
[818] Ordonnance tchadienne n° 7-PC-TP-MH du 3 février 1962, précitée, art. 63 c).

637.- « Les modalités de calcul de la valeur départ champs pour le cas de règlement en espèces, ainsi que les modalités de paiement ou de livraison de la redevance sont définies par la convention de concession ou, pour les titulaires d'autorisation d'exploiter, par la convention-type »[819]. De même, ces modalités doivent relever de la loi ou, au moins, faire l'objet de décrets.

e) Au Gabon

638.- « Partage de la production » : Comme dans les autres Etats ci-dessus, la loi se borne à indiquer le principe du partage de la production. Elle ne définit pas ce que représente le partage de production pour l'Etat comme pour le contracteur[820]. On pourrait sous entendre que les taux fixés lors des modalités de partage comprennent le prélèvement sur la part du contracteur d'une partie d'impôt dû à l'Etat tel que prévu à l'article 26-2 du contrat type. Le modèle de CEPP remis par Petrolin aux sociétés pétrolières à l'occasion du 8è appel d'offres international[821] y apporte cette précision : « Le partage de production restante après le paiement de la redevance minière proportionnelle et la récupération proportionnelle des coûts pétroliers (*profit oil*), devra être précisé (par la société pétrolière) par tranche de production de 50 000 barils/jour ». On aurait pu ici introduire un partage plancher.

639.- « Les bonus de signature et de production » sont également prévus par la loi ; cependant ce sont les sociétés pétrolières soumissionnaires qui en proposent les montant[822]. La fixation de montants planchers pour ces deux taxes serait une garantie supplémentaire.

D - UN TRAITEMENT PARTIAL DES PROVISIONS POUR INVESTISSEMENTS DIVERSIFIES AU GABON ET AU CONGO

640.- Les Provisions pour Investissements Diversifiés (PID) sont des charges déductibles de la rente minière, créées au Congo et au Gabon[823]. Conformément aux termes contractuels, « les montants affectés à la PID constituent des coûts pétroliers »[824]. Ils rentrent de ce fait dans la détermination de la rente minière, et influencent la liquidation de l'impôt sur les sociétés. Pourtant dans le cas du Congo par exemple, le contrat prévoie bien avant de les avoir défini, le remboursement de ces coûts. Ainsi, « A l'effet du remboursement des coûts pétroliers constitués par les provisions et les dépenses pour abandon et par le bonus et la PID, chaque entité composant le contracteur a le droit de récupérer sa part des coûts pétroliers ici considérés en prélevant chaque année civile une part de la production nette de la zone de permis dont la valeur est égale à sa part des provisions et dépenses pour

---

[819] Ordonnance tchadienne n° 7-PC-TP-MH du 3 février 1962, précitée, art. 63 b).
[820] Loi gabonaise n° 14/82 du 24 janvier 1983, précitée, art. 25.
[821] V. supra, n° 260 ss.
[822] Loi gabonaise n° 14/82 du 24 janvier 1983, précitée, art. 25.
[823] V. supra, n° 480 ss.
[824] Contrat de partage de production relatif au permis de mer profonde sud du 6 mai 1996, entre la République du CONGO et la société ELF CONGO, art. 10 al. 4.

abandon, déterminée chaque année civile conformément aux dispositions du contrat, de la PID et du bonus payé au titre des permis, et ce jusqu'à récupération de la totalité de l'ensemble de ces coûts pétroliers, si nécessaire au cours des années civiles suivantes »[825].

641.- Il ressort de ce mécanisme que la Provision pour Investissements Diversifiés n'est en définitive supportée que par la République du Congo. Les entités composant le contracteur récupèrent la perte induite par la constitution de cette provision dans la production nette. La République du Congo est doublement pénalisée du fait que la base de liquidation de l'impôt sur les sociétés qui lui revient avait déjà été diminuée de cette charge. De plus, la récupération de ces coûts est prioritaire quelles que soient les situations. Il peut par exemple arriver que sur une zone de permis, afin de tenir compte des situations particulières qui résulteraient de prix exceptionnellement bas des hydrocarbures liquides, les parties conviennent de certaines dispositions modulant le remboursement des dépenses[826]. « Ces dispositions n'affectent en rien la récupération des coûts pétroliers constitués par les provisions, les dépenses pour abandon, le bonus et la PID »[827]. Il en est de même si le prix d'une ou plusieurs qualités d'hydrocarbures liquides venait à atteindre un niveau particulièrement intéressant[828].

E - L'EXPOSITION A DES PRATIQUES DITES INTERNATIONALES, NON CONTENUES DANS LES LOIS ET REGLEMENTS DES ETATS

642.- Les contrats pétroliers et certaines lois sur les hydrocarbures font référence à des pratiques et/ou normes internationales sans rentrer dans leurs détails, en les évoquant simplement. C'est ainsi que parmi les engagements des sociétés pétrolières reprises dans les conventions d'établissement, on lit : « ... s'engage à effectuer les travaux de recherche, d'exploitation et de transport des hydrocarbures, *selon les règles de l'art en vigueur dans l'industrie pétrolière...* »[829]. De même, dans les contrats on retrouve des formulations du type : « L'Etat n'a pas le droit de veto sur les décisions relatives aux opérations pétrolières conduites par le Contractant sur l'Autorisation de Recherche *à condition que ces propositions ne soient pas considérées comme étant contraires aux procédures et opérations courantes dans*

[825] Contrat de partage de production relatif au permis de mer profonde sud du 6 mai 1996, entre la République du CONGO et la société ELF CONGO, art. 7.2.3.
[826] Contrat de partage de production relatif au permis de mer profonde sud du 6 mai 1996, entre la République du CONGO et la société ELF CONGO, art. 7.2.4 al. 1.
[827] Contrat de partage de production relatif au permis de mer profonde sud du 6 mai 1996, entre la République du CONGO et la société ELF CONGO, art. 7.2.4 al. 4.
[828] Contrat de partage de production relatif au permis de mer profonde sud du 6 mai 1996, entre la République du CONGO et la société ELF CONGO, art. 7.2.5.
[829] Convention d'établissement du 10 février 1982 entre la République du Cameroun et PECTEN CAMEROON COMPANY, art. 4 ; convention d'établissement du 11 mars 1982 entre la République du Cameroun et TEPCAM (tranformée en KELT CAMEROUN) et ses avenants n° 1 et 2, rachetée par PERENCO CAMEROUN, art. 4 ; convention d'établissement du 17 octobre 1968 entre la République du CONGO et la société ELF CONGO, amendée par les avenants 1 à 13 ainsi que par l'accord du 30 juin 1989, art 5 ; convention d'établissement du 20 mars 1998 entre la République du Tchad et TOTCO, art. 13.

l'industrie pétrolière internationale »[830] ; ou encore « L'opérateur devra tenir les comptes conjoints sous une forme qui permette au non opérateur d'enregistrer normalement dans ses livres les opérations qu'il lui appartient de transcrire en conséquence de la participation, ceci conformément aux règles (…) *du plan et guide professionnel des Sociétés de recherches et d'Exploitation des Hydrocarbures* »[831] ; et enfin « le contractant conservera une comptabilité détaillée des biens utilisés pour les opérations pétrolières *conformément aux pratiques en usage dans l'industrie pétrolière internationale* »[832]. Il existe quelques variantes à ces formulations :
« L'enregistrement initial des dépenses ou recettes réalisées en monnaies, y compris le Franc CFA, (…) sera effectué en US$ à titre provisoire sur la base des taux de change (…) calculés *conformément aux méthodes habituelles du contracteur* »[833] ; ou encore : « Il convient de noter que certaines opérations de gros entretien devront figurer dans les actifs, *conformément aux pratiques habituelles du contracteur*, et être comptabilisées … »[834].

643.- Par ailleurs, la République du Cameroun a été opposée à la société Elf-Serepca auprès du tribunal arbitral[835] au sujet des dépenses d'exploration sèches. Dans ses conclusions, l'Etat camerounais estime que « les dépenses d'exploration sèches relatives aux permis H 37 et H 28 passées en charges déductibles dans la comptabilité d'Elf-Serepca n'étaient pas fiscalement déductibles ». Il fait prévaloir notamment « la pratique internationale consacrant le principe dit de l'enclos fiscal (*ring fence*) selon lequel les pertes survenues hors enclos ne peuvent s'imputer sur les gains réalisés dans l'enclos, même si une telle compensation est possible dans le droit commun »[836]. Or le cas où un permis arrive en fin de validité sans avoir mené à découverte commerciale n'était envisagé ni dans la convention d'établis-

---

[830] Contrat de partage de production DISSONI du 4 avril 2005 entre la République du Cameroun, TOTAL E&P Cameroun et PECTEN Cameroon Company LLC, art. 7.3.2 i.

[831] Contrat d'association pour les opérations de recherches et d'exploitation d'hydrocarbures au Cameroun signé le 28 février 1980 entre la République du Cameroun et PECTEN CAMEROON COMPANY, art. 2.1 ; Contrat d'association pour les opérations de recherches et d'exploitation d'hydrocarbures au Cameroun signé le 8 février 1980 entre la République du Cameroun et LA SOCIETE DE RECHERCHE ET D'EXPLOITATION DES PETROLES DU CAMEROUN (ELF SEREPCA) art 2.1.

[832] Contrat de partage de production BOMANA du 14 mars 2006 entre la République du Cameroun et TOTAL E&P Cameroun, art. 5.1 ; contrat de partage de production DISSONI du 4 avril 2005 entre la République du Cameroun, TOTAL E&P Cameroun et PECTEN Cameroon Company LLC, art. 5.1.

[833] Contrat de partage de production entre la République du CONGO, Elf Congo et AGIP Recherches Congo, du 23 novembre 1995, relatif aux permis issus de l'ancien permis de recherches de PNGF, annexe I relative à la procédure comptable, art. 2 al. 2.

[834] Contrat de partage de production portant sur le permis Kouilou du 14 décembre 1996, entre la République du CONGO et le Groupe ZETAH, annexe I relative à la procédure comptable, art. 12. 1).

[835] Tribunal Arbitral composé de Jean-Louis DELVOLVE arbitre désigné par Elf, Martin KIRSCH arbitre désigné par le Cameroun, Pr Pierre LALIVE Président ; il a siégé à paris du 7 octobre 1996 au 23 avril 1998, date de la sentence.

[836] Sentence arbitrale du 23 avril 1998 relative aux dépenses d'exploration sèches, p. 6.

sement[837], ni dans la loi de 1978[838] ; cette lacune n'était pas propre au Cameroun. Nous avons étudié la question lors du traitement de l'enclos fiscal[839].

§2 : Les lacunes spécifiques aux Etats

644.- Elles sont plus ou moins abondantes selon les Etats. Compte tenu de leurs particularités, nous les avons regroupées par Etat. Après le Tchad (A), nous analysons celles du Gabon (B), du Cameroun (C), de la Guinée Equatoriale (D) et enfin de la République Centrafricaine (E).

A - AU TCHAD

645.- Les conventions et accords ont vidé la législation de sa substance (b) et établi leur prééminence sur le droit international (a). On relève également des imprécisions quant au prix de référence (c) et un prix départ champ sous estimé (d).

a) La prééminence des conventions sur le droit international

646.- La prééminence de la convention du consortium sur le droit ne se limite pas uniquement à la souveraineté interne du Tchad, mais s'étend également au plan international. C'est ainsi que « la République du Tchad fait son affaire, dans l'exercice de ses pouvoirs d'Etat signataire du Traité de l'UDEAC ou de tout autre traité ou convention internationale, de ce qu'aucun engagement existant ou futur pris par elle dans le cadre d'un tel traité qui aurait pour effet d'aggraver, directement ou par voie de conséquence, les obligations et charges imposées par la présente convention ou qui serait susceptible d'entrer en conflit avec l'une quelconque des dispositions de la présente convention, ne soit mis en œuvre dans le cadre de la présente convention»[840].

647.- Même, « dans l'hypothèse où une telle mise en œuvre ne pourrait être évitée, la République du Tchad s'engage à maintenir le consortium et ses actionnaires dans leurs droits et avantages économiques tels qu'ils résultent de la présente convention. A cet effet, les dispositions économiques et fiscales de la présente convention seront amendées en tant que de besoin»[841]. Telles que stipulées dans ce texte, on peut considérer que les provisions pour remise en état des sites par exemple, qui n'étaient pas réglementées au Tchad avant la signature de cette convention, seront à la charge exclusive de l'Etat, sans que cela ait besoin d'être voilé.

---

[837] Convention d'établissement du 11 mars 1982 entre la République du Cameroun et ELF SEREPCA, précitée.

[838] Loi camerounaise n° 78/14 du 29 décembre 1978, précitée.

[839] V. supra, n° 429 ss.

[840] Convention de Recherches, d'Exploitation et de Transport des Hydrocarbures conclue le 19 décembre 1988 précitée, art. 34.

[841] Convention de Recherches, d'Exploitation et de Transport des Hydrocarbures conclue le 19 décembre 1988 précitée, art. 34.

b) Une législation vidée de sa substance par les conventions et accords

648.- La convention du 19 décembre 1988 et ses avenants subséquents intègrent un certain nombre de points non prévus par le texte de référence[842]. Le premier de ces points se trouve déjà dans l'article 5.2 de la convention du consortium de 1988, qui stipule : « les parties reconnaissent que les conditions économiques prévalant à la date de la signature de la présente convention ne permettent pas le développement des réserves déjà découvertes et que cette situation pourrait persister ; en conséquence, les parties conviennent de ce qui suit : le consortium peut être amené à considérer à tout moment comme commercialement rentable le développement d'un projet d'exploitation des réserves d'hydrocarbures découvertes si l'obligation fixée par la présente convention est allégée »[843]. C'est donc pour satisfaire cette conditionnalité que le protocole d'accord du 21 novembre 1996[844] puis l'avenant n° 2 du 12 mars 1997[845] vont être signés entre la République du Tchad et le consortium, avec tout ce que cela comporte comme exonérations fiscales et autres avantages consentis par le Tchad[846].

649.- Le deuxième point se trouve dans le système de fiscalité modulaire en lieu et place du régime fiscal de 50/50 instauré par le code pétrolier comme base d'imposition[847]. En effet, selon ce système conventionnel, l'impôt sur les bénéfices est calculé selon un barème se situant entre 40 % et 65 %[848] pour le pétrole des trois champs : komé, Bolobo et Miandoum. Deux paramètres sont pris en compte pour déterminer le taux de l'impôt applicable sur les bénéfices des sociétés :

- Le Prix du brut de référence *Brent* 1995[849] !
- Le « ratio R », division du revenu amont net cumulé après impôt par les investissements amont cumulés.

650.- La conséquence de l'application de ce mode de calcul est un manque à gagner considérable pour le Tchad. En effet, pendant les premières années d'exploitation, les revenus cumulés seront faibles, comparés à l'investissement total depuis 1969. Donc le ratio R sera bas et partant, la taxe également (mais elle varie aussi selon le cours du brut). Inversement, au bout de trente ans, les revenus cumulés seront élevés par rapport à l'investissement total. Le ratio R sera haut. La taxe passera dans la tranche supérieure (pondérée également par le cours du brut). Si on imagine un cours du *Brent* inférieur à 18 $ (hypothèse de base de la Banque

---

842 Ordonnance n° 7-PC-TP-MH du 3 février 1962, précitée.

843 Convention de Recherches, d'Exploitation et de Transport des Hydrocarbures conclue le 19 décembre 1988 précitée, art. 5.2.

844 Protocole d'accord du 21 novembre 1996 entre la République du Tchad et le consortium Esso E & P Chad Inc., Petronas Carigali Chad E & P Inc., et Chevron Petroleum Chad Company Ltd, visant à clarifier la compréhension des parties par rapport aux différents termes employés dans la convention du consortium de 1988.

845 Avenant n° 2 du 12 mars 1997 à la convention entre la République du Tchad et le consortium Esso E & P Chad, approuvé par la loi n° 004/PR/97 du 17 juillet 1997.

846 V. supra, n° 313 ss.

847 Ordonnance tchadienne n° 7-PC-TP-MH du 3 février 1962, précitée, art. 65.1.a).

848 V. supra, n° 317.

849 Le *Brent* a fluctué entre 15 et 17 dollars en 1995 (V. supra, n° 15).

Mondiale), le pétrole sera ainsi taxé à 40 % durant les premières années, puis passera dans la tranche de 50 % pour arriver dans celle des 65 % en fin de période.

651.- Une estimation grossière d'après les chiffres du *Project Appraisal Document* (PAD) permet de voir qu'on restera dans la tranche la plus faible (40 %) durant les sept premières années d'exploitation au moins... précisément au moment où la production sera la plus forte. Lorsqu'on passera à une tranche d'imposition supérieure, la taxe s'appliquera sur des quantités bien moindres. Régime fiscal et courbe de production évoluent ainsi en parfaite harmonie...pour le Consortium. C'est aussi l'un des intérêts de la construction d'un pipeline à gros débit : écouler des quantités plus importantes au moment où la fiscalité sur les revenus est la plus faible. Un rapprochement grossier avec la situation de 2006 montre une baisse importante de la production au moment où les cours flambent[850].

c) Imprécisions quant au prix de référence

652.- Le rapport définitif de l'année 2004 du Collège de Contrôle et de Surveillance des Ressources Pétrolières (CCSRP) précise que « le prix du marché considéré comme prix de référence est obtenu en prenant la moyenne arithmétique du prix du *Brent* durant cinq (5) jours appelé prix du *Brent* daté à cinq (5) jours moins la décote. Le prix départ champ qui est le prix auquel le pétrole tchadien est vendu est obtenu en faisant la différence entre le prix du marché et le coût de transport... »[851]. Le texte ne précise pas le point de départ du calcul des cinq jours servant au calcul de la moyenne arithmétique, ni la publication de référence à partir de laquelle les cotations du *Brent* doivent être retenues. La même imprécision se retrouve dans le rapport définitif de l'année 2005 du CCSRP[852]. En ce qui concerne la période de cinq jours, elle peut correspondre aux jours précédents ou suivants la date du *Bill of Leading* (date B/L).

653.- La procédure de détermination de la date B/L doit elle-même être précisée, sachant que le chargement des *tankers* se fait rarement en un jour. S'agissant de la publication de référence, il en existe plusieurs, dont le *Platt's Crude Oil Marketwire*. De ce dernier notamment, il ressort que pour l'année 2004, contrairement à ce qui apparaît dans le tableau n° 31 ci-dessous, la moyenne des prix du marché se présente comme suit en USD/Bbl et par trimestre : premier trimestre 31,88 ; deuxième trimestre 35,38 ; troisième trimestre 41,54 ; quatrième trimestre 43,98[853]. Il en ressort des écarts variant de 5,59 USD/Bbl à 15,17 USD/Bbl. En 2005 par contre, le problème semble résolu. En effet, le prix du marché retenu[854] est quasiment égal à la moyenne du *Brent* sur la même période, tel que publié par le platt's :

---

[850] V. supra, tableau n° 5, dernière colonne.

[851] Rapport définitif de l'année 2004 du Collège de Contrôle et de Surveillance des Ressources Pétrolières (CCSRP), p. 6.

[852] Rapport définitif de l'année 2005 du Collège de Contrôle et de Surveillance des Ressources Pétrolières (CCSRP), p. 8.

[853] *Platt's Crude Oil Marketwire*, publication de décembre 2004.

[854] Rapport définitif de l'année 2005 du Collège de Contrôle et de Surveillance des Ressources Pétrolières (CCSRP), p. 8.

47,50 USD/Bbl au premier trimestre, 51,60 USD/Bbl au deuxième trimestre, 61,55 USD/Bbl au troisième trimestre, 56,90 USD/Bbl au quatrième trimestre[855]. Enfin le texte introduit des éléments insuffisamment expliqués dans la détermination du prix départ champ.

d) Un prix départ champ sous-estimé

654.- Il est prévu que le prix départ champ s'obtient en déduisant du prix du marché le coût de transport et une décote[856]. Pour les années 2004 et 2005, la détermination du prix départ champ est résumée dans le tableau n° 31 ci-après par trimestre, en dollars par baril.

Tableau n° 31 : Détermination du prix départ champ en 2004 et 2005 au Tchad (USD/Bbl)

	1er Trimestre		2è Trimestre		3è Trimestre		4è Trimestre	
	2004	2005	2004	2005	2004	2005	2004	2005
Prix du marché	26,29	47,83	25,56	51,27	32,43	61,6	28,81	57,03
Coût de transport	11,86	8,92	8,57	9,53	8,94	9,31	8,65	9,54
Décote	6,21	15,28	10,12	13,29	8,74	10,62	14,00	8,15
Prix départ champ	14,43	23,63	16,99	28,45	23,49	41,67	20,16	39,34

Source : L'auteur, à partir d'informations issues du rapport définitif des années 2004 et 2005 du Collège de Contrôle et de Surveillance des Ressources Pétrolières (CCSRP).

655.- Le coût de transport est en principe une donnée fixe par baril ou par tonne (plus souvent). Or le tableau ci-dessus nous montre que le coût de transport dans le cas du Tchad est une donnée variable, avec des écarts inexplicables entre le premier trimestre de l'année 2004 et les autres. Par ailleurs, le niveau de ce coût ne s'explique pas ; le transport est assuré par le pipe-line Tchad - Cameroun, dont la durée de vie est au moins égale à celle de la convention signée entre l'Etat tchadien et le consortium mené par Esso, soit 35 ans[857]. Sur cette base, si l'on considère que le coût du projet était estimé à trois mille milliards (3 000 000 000 000) de Francs CFA soit USD 5 660 377 358[858], avec une production moyenne égale à celle de 2004 (61 323 306 Bbls) et un droit de transit payé à 0,41 USD/Bbls[859], le coût du transport serait de 3,047 USD/Bbls.

---

[855] *Platt's Crude Oil Marketwire*, publication de décembre 2005.

[856] Rapport définitif de l'année 2004 du Collège de Contrôle et de Surveillance des Ressources Pétrolières (CCSRP), p. 6.

[857] V. supra, n° 591.

[858] Avec une parité moyenne de 1 USD = 530 FCFA.

[859] V. supra, n° 412s.

656.- Cependant, les investissements sont généralement amortis sur une durée plus courte que celle des conventions ; dans le cas des pipe-lines, ils sont amortis sur 13,33 ans[860]. Compte tenu de cette nouvelle durée, le coût de transport serait de 7,33 USD/Bbls[861], soit un manque à gagner en USD/Bbl de 4,53 pour le premier trimestre, 1,24 au second trimestre, 1,61 pour le troisième trimestre et 1,32 au quatrième trimestre 2004. Pour le premier trimestre de l'année 2005, le coût de transport a été proche de celui des deux derniers trimestre 2004 (8,92 USD/Bbl). Durant les trois derniers trimestres de la même année, il a fluctué entre 9,3 et 9,5 USD/Bbls[862].

657.- La décote appliquée quant à elle varie entre 6,21 USD et 14,00 USD, sans une justification particulière. La décote moyenne découlant des opérations d'achats de brut de la Société Nationale de Raffinage (SONARA) du Cameroun pour l'année 2004 varie entre 0,5 et 2,0 USD/Bbl. Certains brut présentent plutôt des primes par rapport au *Brent*. C'est le cas de l'Alba de la Guinée Equatoriale (1,14), du Brass River (0,70) et de l'Ukpokiti (1,79)[863] tous deux du Nigéria. La décote appliquée au Tchad semble avoir pour finalité de rapprocher le plus possible le prix départ champ du « Prix du brut de référence *Brent* 1995[864] ». Cette décote est encore plus élevée en 2005, et varie entre 8,15 USD/Bbls et 15,28 USD/Bbls[865], soit une moyenne annuelle de 11,8 USD/Bbls contre 9,4 USD/Bbls en 2004. La décote moyenne du brut la plus élevée enregistrée dans les autres Etats membres de la CEMAC a été de 4,1 en Guinée Equatoriale en 2004, et de 4,7 au Cameroun en 2005[866]. Les estimations de l'année 2006 situent cette décote à 4,1 USD/Bbls en Guinée Equatoriale, contre 11 USD/Bbls au Tchad[867]. Les problèmes de la décote et du coût de transport, ajoutés à celui du prix de référence imprécis, entraînent une sous-évaluation du prix départ champ, base de liquidation des impôts.

B - AU GABON

658.- On relève notamment des contradictions par rapport à l'impôt sur les sociétés (a), des imprécisions quant à l'appartenance des immobilisations (b) et le manque de clarté sur la fin des permis d'exploitation (c).

---

860 V. supra, n° 461.

861 Si cette hypothèse est retenue, le coût de transport doit diminuer à partir de la quinzième année, pour tenir compte de la fin de l'amortissement de l'investissement.

862 Rapport définitif de l'année 2005 du Collège de Contrôle et de Surveillance des Ressources Pétrolières (CCSRP), p. 8.

863 Budget des achats de pétrole brut de la SONARA pour l'exercice 2004, révisé en septembre 2004 pour tenir compte de la réalité.

864 V. supra, n° 312s et n° 635.

865 Rapport définitif de l'année 2005 du Collège de Contrôle et de Surveillance des Ressources Pétrolières (CCSRP), p. 8.

866 Données statistiques de base des Etats membres, diffusées par la Banque des Etats de l'Afrique Centrale (BEAC), à partir d'informations fournies par les administrations nationales, le FMI, l'OCDE et la Banque de France.

867 Données statistiques de base des Etats membres, diffusées par la Banque des Etats de l'Afrique Centrale (BEAC), précitées.

a) Contradictions par rapport à l'impôt sur les sociétés

659.- La loi est imprécise sur le calcul du revenu net imposable. En effet, l'article 26.1)e[868] indique que le revenu net imposable est calculé après déduction des coûts pétroliers, alors qu'en réalité il s'agit des coûts pétroliers récupérés. Aux termes de ce texte, « L'impôt sur les sociétés dû par le contracteur est déterminé sur la base notamment du chiffre d'affaires (…) en application des dispositions des articles 24 et 25 (…), ainsi que des quantités remises à l'Etat en paiement de l'impôt sur les sociétés (…) et des charges déductibles prévues et définies par la réglementation en vigueur ». Ce texte est en contradiction avec l'article 26.2, qui dispose que : « La valeur des hydrocarbures reçue par les entreprises (…) en application des dispositions de l'article 25.1 représente le bénéfice net après paiement de l'impôt sur les sociétés… »[869] .

660.- En fait, dans l'esprit du contrat de partage :

- les coûts pétroliers récupérés représentent la marge en coût d'exploitation et l'amortissement des frais de recherche et de développement ;
- la part de l'Etat est l'impôt sur les sociétés et les redevances complémentaires ; la part du contracteur est le bénéfice net après impôt sur les sociétés.

L'assiette de l'impôt est calculé à partir du nombre de barils attribué aux contracteurs au titre de coût pétrolier et au titre de partage de production, soit l'ensemble de ses enlèvements annuels (lifting) corrigé des variations de stocks. Pour le chiffre d'affaires, la quantité de barils attribuée aux contracteurs est valorisée au prix de vente réalisé, alors que les quantités d'hydrocarbures représentant la récupération des coûts pétroliers sont valorisées à un prix fixé[870].

b) Imprécisions quant à l'appartenance des immobilisations

661.- Le contrat type dispose que les biens meubles et immeubles acquis ou construits par le contracteur pour la réalisation des opérations pétrolières sont la propriété de l'Etat[871]. Il convient de considérer tous les biens (meubles et immeubles) dans leur ensemble, à l'exception des biens meubles non utilisés directement pour les opérations pétrolières, tels que les matériels et mobiliers d'habitation. Pourtant nous observons avec l'accord comptable, que le contracteur doit procéder dans ses comptes à l'amortissement des biens immobilisés suivant les rythmes d'amortissement usuels, alors que ces biens ne lui appartiennent pas. De plus, l'article 24 indique les modalités de récupération, donc d'amortissement des coûts pétroliers

---

[868] Contrat type issu de la loi gabonaise n° 14/82 du 24 janvier 1982, précitée, art. 26.1)e
[869] Contrat type issu de la loi gabonaise n° 14/82 du 24 janvier 1982, précitée, art. 26.2.
[870] Contrat type issu de la loi gabonaise n° 14/82 du 24 janvier 1982, précitée, art. 27.
[871] Contrat type issu de la loi gabonaise n° 14/82 du 24 janvier 1982, précitée, art. 10.

du contracteur[872], lesquels coûts pétroliers comprennent les immobilisations prévues à l'article 10.

662.- Il est nécessaire de définir avec précision la liste des biens qui sont la propriété de l'Etat, à quels moments et comment ils le deviennent. S'agit-il d'une acquisition en « crédit-bail » pour l'Etat ? Ce dernier doit-il être considéré comme le « nu-propriétaire » et la société pétrolière « l'usufruitier » ? L'appartenance de ces biens à l'Etat devrait entraîner non pas le calcul des amortissements par le contracteur, mais plutôt le paiement de loyers par ce dernier à l'Etat gabonais. Par ailleurs le sort des amortissements pratiqués ou restant à pratiquer devrait être défini[873]. En effet, les amortissements pratiqués ont réduit pour autant la base de liquidation de l'impôt sur les sociétés, et créés une capacité d'autofinancement dans les comptes du contracteur. Cette capacité d'autofinancement, appelée « cash flow » par les gestionnaires, devrait faire l'objet d'un partage, à défaut d'un transfert au même titre que les immobilisations. Quant aux amortissements restant à pratiquer éventuellement, ils ne devraient plus pouvoir l'être dans les comptes de la société pétrolière.

c) Manque de clarté sur la fin des permis d'exploitation

663.- Les permis d'exploitation étaient, aux termes de la loi de 1983[874], des titres miniers transitoires entre les concessions anciennes issues de la loi de 1962[875], et les Contrats d'Exploration et de Partage de Production (CEPP). L'article 2 de la loi de 1983 dispose en effet qu' « une découverte commerciale d'hydrocarbures sur un permis régi par les conventions d'établissement signées antérieurement à la date de parution de la présente loi donnera droit à l'octroi d'un permis d'exploitation de ladite découverte d'hydrocarbures pour une période maximale de dix (10) ans ». Le même article prévoit que « si, à l'expiration de la période de dix (10) ans ci-dessus citée, une exploitation commerciale du gisement reste possible, il pourra être accordé, à la demande des sociétés exploitantes, une ou deux périodes supplémentaires d'exploitation de cinq (5) ans au maximum chacune ».

664.- Le texte ne prévoit aucune mesure à la fin de ces deux périodes de renouvellement. Il est clair que si une exploitation commerciale du gisement n'est plus possible au terme de ces périodes de renouvellement, celui-ci sera abandonné par les sociétés exploitantes. Par contre, si une exploitation commerciale du gisement reste possible à l'expiration de ces deux périodes, la loi devrait être précise sur le sort à lui réserver : retrait de force pour attribution à toute autre société, signature avec la même société d'un Contrat d'Exploration et de Partage de Production,...

---

[872] Contrat type issu de la loi gabonaise n° 14/82 du 24 janvier 1982, précitée, art 24.
[873] V. supra, n° 632.
[874] Loi gabonaise n° 14/82 du 24 janvier 1982, précitée, art. 2.
[875] Loi gabonaise n° 15/62 du 2 juin 1962, précitée, art. 26, 27 et 28.

C - AU CAMEROUN

665.- On relève de nombreuses lacunes dans les lois et règlements du Cameroun. Elles se rapportent aux contradictions par rapport à certaines modalités d'octroi de titres (a), à l'amalgame entre comptabilité des coûts pétroliers et comptabilité générale (b), au risque de double emploi sur les amortissements du contracteur (c), au plafonnement pénalisant de l'engagement minimum des dépenses du programme par indexation (d).

a) Contradictions par rapport à certaines modalités d'octroi de titres

666.- L'article 12 e) de la loi de 1999 dispose que « le contrat pétrolier fixe les modalités d'octroi d'une Autorisation d'Exploitation, ses différentes périodes de validité, les conditions de son renouvellement et de sa prorogation »[876]. Or à l'article 40 de la même loi, il est prévu que ces modalités sont définies par le code et son décret d'application[877]. L'« Autorisation d'Exploitation est octroyée par un décret qui en précise la durée et la délimitation du périmètre d'exploitation »[878]. Le risque est qu'à la longue, les décrets prévus ne servent qu'à entériner les positions contractuelles.

b) Amalgame entre comptabilité des coûts pétroliers et comptabilité générale

667.- Au Gabon[879] comme au Congo[880], la loi et les règlements précisent que, parallèlement à la tenue d'une comptabilité (générale), le contracteur a l'obligation de tenir, en permanence, une comptabilité des coûts pétroliers. Au Cameroun, la loi et les règlements restent assez indécis à ce sujet. Avant le code pétrolier, seule la loi de 1995 a abordé le problème de la comptabilité ; mais elle s'est bornée à autoriser sa tenue en dollars américains[881]. Les textes règlementaires devant déterminer les modalités de son application[882] restent attendus ; l'arrêté du 26 février 1996 a surtout réglé la question de la monnaie de paiement des impôts[883]. Toutefois, le code pétrolier remet la précision de ces modalités au contrat pétrolier[884].

668.- Le code précise en outre que : « Chaque Titulaire de Contrat Pétrolier ou entreprise, quelle que soit sa nationalité, tient, par année fiscale, une comptabilité séparée de ses opérations pétrolières. Cette comptabilité permet d'établir un

---

[876] Loi camerounaise n° 99/013 du 22 décembre 1999, précitée, art. 12 e).
[877] Loi camerounaise n° 99/013 du 22 décembre 1999, précitée, art. 40.
[878] Loi camerounaise n° 99/013 du 22 décembre 1999, précitée, art. 41.
[879] Loi gabonaise n° 14/82 du 24 janvier 1982, précitée, art. 26.
[880] Contrat de partage de production relatif au permis de mer profonde sud du 6 mai 1996, entre la République du CONGO et la société ELF CONGO, annexe I, chap. 1 à 3.
[881] Loi camerounaise n° 95/14 du 8 août 1995 relative à la tenue de la comptabilité des sociétés pétrolières en dollars des Etats-Unis d'Amérique, art. 1er.
[882] Loi camerounaise n° 95/14 du 8 août 1995 relative à la tenue de la comptabilité des sociétés pétrolières en dollars des Etats-Unis d'Amérique, art. 3.
[883] Arrêté camerounais n° 00096/MINEFI/DI/CE du 26 février 1996, précité, v. supra, p. 144.
[884] Loi camerounaise n° 99/013 du 22 décembre 1999, précitée, art. 96 (3).

compte de production et de résultats, ainsi qu'un bilan faisant ressortir aussi bien les résultats desdites opérations que les éléments d'actif et de passif qui y sont affectés ou s'y rattachent directement »[885]. La notion de « compte de production et de résultats » mentionnée ici n'a pas été définie[886]. Elle ne figure dans le lexique comptable ni de l'ancien système comptable OCAM, ni du nouveau droit comptable OHADA. Le texte se borne à énumérer les éléments qui doivent être portés au crédit du compte de production et de résultat[887]. Il ne dit pas explicitement ce qui doit être porté au débit dudit compte. Ceci est sous-entendu à travers l'article 95 du Code[888] ; c'est un principe à proscrire.

669.- L'accord comptable annexé aux divers contrats d'association introduit simplement une obligation dans la forme des livres et des comptes. On y lit ceci : « L'opérateur devra tenir les comptes conjoints sous une forme qui permette au non opérateur d'enregistrer normalement dans ses livres les opérations qu'il lui appartient de transcrire en conséquence de sa participation, ceci conformément aux règles du Plan Comptable Général de l'Organisation Commune Africaine Malgache et Mauricienne (OCAM) et du Plan et Guide Comptable Professionnel des Sociétés de Recherche et d'Exploitation des Hydrocarbures »[889]. Tout ceci reste assez confus et peu concret. L'éclatement opéré au Gabon et au Congo reste préférable.

c) Risque de double emploi sur les amortissements du contracteur

670.- Les contrats d'association camerounais prévoient que « les immobilisations qui sont acquises avec les fonds communs sont réputées propriété indivise des parties qui les portent chacune dans sa comptabilité respective et dans la proportion de sa participation dans les dépenses, étant précisé que les immobilisations financées par les avances du contracteur à la République du Cameroun ne deviendront la

---

[885] Loi camerounaise n° 99/013 du 22 décembre 1999, précitée, art. 93 (2).

[886] Cette notion avait déjà été utilisée à l'article 70 de la loi du 31 mai 1996 portant Code Pétrolier en République de Côte d'Ivoire ; elle n' y a pas non plus été expliquée. Le Code Pétrolier camerounais, qui s'est largement inspiré de celui de la Côte d'Ivoire, s'est borné à recopier les dispositions de cet article.

[887] Loi camerounaise n° 99/013 du 22 décembre 1999, précitée, art. 94.

[888] Loi camerounaise n° 99/013 du 22 décembre 1999, précitée, art. 95, qui dispose : « Le bénéfice net est établi après déduction de toutes les charges supportées pour les besoins des opérations pétrolières. Celles-ci comprennent notamment :

a) les frais généraux de toute nature, …

b) les amortissements portés en comptabilité par le Titulaire, …

c) les intérêts des capitaux mis par des tiers à la disposition du titulaire pour les besoins des opérations pétrolières de développement de gisements, …

d) les pertes de matériels ou de biens résultant de destruction ou d'avaries, …

e) le montant total de la redevance sur la production acquittée à l'Etat , …

f) les provisions justifiables constituées pour faire face à des pertes ou charges, …

g) sous réserve de stipulations contractuelles contraires, toutes autres pertes ou charges directement liées aux opérations pétrolières, …

[889] Contrat d'association pour les opérations de recherches et d'exploitation d'hydrocarbures au Cameroun signé le 28 février 1980 entre la République du Cameroun et PECTEN CAMEROON COMPANY annexe B, chap. II, art. 2.1.

propriété de la République du Cameroun qu'au fur et à mesure du remboursement intégral de ces avances »[890]. Nous avons vu par ailleurs que l'amortissement des immobilisations s'impute aux coûts pétroliers. Il est de ce fait pris en compte dans les comptes associatifs. Cependant, la formulation du texte ci-dessus permet aux parties de reprendre ces amortissements dans leur comptabilité respective.

671.- La société nationale représentant l'Etat ne pourra pas bénéficier de cette ouverture pour les immobilisations dont elle n'a pas procédé au remboursement intégral des avances. La propriété indivise de ces immobilisations ne lui sera en effet pas encore reconnue. Par contre la société pétrolière qui reste propriétaire desdites immobilisations jusqu'à leur complet remboursement par l'Etat pourra reporter la totalité des amortissements y afférents dans sa comptabilité distincte. Ce traitement mérite d'être revu[891], d'autant plus que certaines immobilisations pourraient être entièrement amorties avant la fin de leur période de remboursement.

d) Le plafonnement pénalisant de l'engagement minimum des dépenses du programme par indexation

672.- Les conventions d'établissement prévoient au Cameroun que pour chacun des titres qui seront octroyés à la société, « l'engagement minimum des dépenses imposé au décret institutif sera révisé par l'application de la formule d'indexation ci-dessous :

$$E = 0{,}15 + 0{,}30\,\frac{S}{So} + 0{,}55\,\frac{P}{Po}$$

dans laquelle S est la valeur du SMIG à Douala et P est le cours moyen à l'importation du gas-oil à Douala ; So et Po étant la valeur de ces mêmes paramètres à la date d'octroi du titre minier considéré »[892]. Ceci veut dire que l'engagement minimum de dépenses du programme auquel est soumis la société pétrolière ne peut dépasser le seuil découlant de cette indexation, quelle que soit l'évolution des prix.

673.- Si les prix augmentent beaucoup plus vite que ne le prévoit la formule d'indexation, le risque est qu'une bonne partie des travaux prévus au décret institutif ne se réalise, pour cause de dépassement du budget en valeur. Le retard ainsi pris dans la réalisation des travaux pourrait se traduire par des demandes de renouvellement de titres miniers pour des durées supérieures à celles que nous préconi-

---

[890] Contrat d'association pour les opérations de recherches et d'exploitation d'hydrocarbures au Cameroun signé le 28 février 1980 entre la République du Cameroun et PECTEN CAMEROON COMPANY, art. X 2. ; contrat d'association pour les opérations de recherches et d'exploitation d'hydrocarbures au Cameroun signé le 8 février 1980 entre la République du Cameroun ET LA SOCIETE DE RECHERCHE ET D'EXPLOITATION DES PETROLES DU CAMEROUN (ELF SEREPCA), art. X 2.

[891] V. infra, n° 936 ss.

[892] Convention d'établissement du 10 février 1982 entre la République du Cameroun et PECTEN CAMEROON COMPANY, art. 4 ; convention d'établissement du 11 mars 1982 entre la République Unie du Cameroun et ELF SEREPCA et ses avenants subséquents, art. 4.

sons[893]. Le risque est d'autant plus élevé que la formule n'est pas assez précise. En effet, la loi ne fixe pas de SMIG dans la ville de Douala. Il y a toutefois lieu de relever que les salaires y sont très bas en général, comme sur l'ensemble du pays d'ailleurs. Par ailleurs, le prix à l'importation du gas-oil à Douala a été généralement élevé et quasi stable avant les grandes perturbations enregistrées sur les prix du brut et des produits pétroliers depuis 2004.

674.- Les contrats régis par le nouveau Code Pétrolier apportent quelques aménagements à ce système. Ainsi à la fin de chaque année civile, le solde des obligations minimum de dépenses du contractant est révisé en le multipliant par le facteur In / In1,
Avec :
« In » : Indice d'inflation figurant à l'index mensuel du « *US Consumer Prices* » révisé chaque trimestre, tel qu'il apparaît à la publication « *International Financial Statistics* » du Fonds Monétaire International pour le mois de l'année civile pendant laquelle l'ajustement est effectué, correspondant au mois de la date d'entrée en vigueur ;
« In 1 » : le mois de l'année civile précédent celle pendant laquelle l'ajustement en question est effectué, correspondant au mois de la date d'entrée en vigueur[894].
Ces éléments ne reflètent ni la réalité de la CEMAC, ni celle du Cameroun. Ces contrats introduisent cependant une importante précision, bien qu'en contradiction avec les dispositions ci-dessus : « … la valeur monétaire des travaux ne constitue pas une obligation minimum de dépenses, l'obligation du contractant étant définie uniquement par les obligations de travaux du Programme Minimum de Travaux énoncé auxdits articles »[895]. La reformulation de l'ensemble de ces dispositions serait bien venue.

D - EN GUINEE EQUATORIALE

675.- Un transfert de propriété des immobilisations à préciser (a), et un code des hydrocarbures trop succinct (b) caractérisent les lacunes de la législation équato-guinéenne.

a) Un transfert de propriété des immobilisations à préciser

676.- La loi prévoit que « Le matériel et les équipements introduits dans le pays sous le régime douanier de l'admission temporaire[896] pourront être sortis du pays en exonération de tous impôts, taxes ou servitude. A l'exception de ce matériel et de ces équipements, toutes les autres immobilisations rentrant dans la réalisation

[893] V. infra, n° 893 ss
[894] Contrat de partage de production BOMANA du 14 mars 2006 entre la République du Cameroun et TOTAL E&P Cameroun, art. 6.8 ; contrat de partage de production DISSONI du 4 avril 2005 entre la République du Cameroun, TOTAL E&P Cameroun et PECTEN Cameroon Company LLC, art. 6.8.
[895] Contrat de partage de production BOMANA du 14 mars 2006 entre la République du Cameroun et TOTAL E&P Cameroun, art. 6.9 ; contrat de partage de production DISSONI du 4 avril 2005 entre la République du Cameroun, TOTAL E&P Cameroun et PECTEN Cameroon Company LLC, art. 6.9.
[896] V. supra, n° 556.

des opérations pétrolières deviendront la propriété de l'Etat une fois qu'ils auront été amortis ou à la fin du contrat de participation à la production concerné sans frais, en bon état de marche et sans charges ni limitations »[897]. Ce texte n'est pas assez précis. Si la propriété des immobilisations doit être transférée à l'Etat à la fin de leur amortissement, il faut souligner que la durée des immobilisations rentrant dans la réalisation des opérations pétrolières n'est pas homogène comme nous l'avons déjà montré[898].

677.- Il faudrait préciser les modalités de transfert de cette propriété au fur et à mesure que les immobilisations arriveraient en fin d'amortissement. De même qu'on l'a dit pour le Congo et le Gabon, il faudrait définir le statut des immobilisations avant et après leur transfert[899]. Si le transfert de propriété doit s'opérer à la fin du contrat de participation à la production, il faudrait fixer les règles à observer pour s'assurer que les immobilisations sont transférées « sans frais, en bon état de marche et sans charges ni limitations ». Cette conditionnalité nous semble difficile à respecter.

b) Un code des hydrocarbures trop succinct

678.- De par sa taille, le code des hydrocarbures de la Guinée Equatoriale est actuellement le plus petit de la CEMAC ; il tient sur quatorze mille caractères répartis en 22 articles. A côté de lui, les principaux codes présentent les statistiques suivantes :

- Cameroun, quatre-vingt-treize mille caractères répartis en 125 articles ;
- Congo, quarante mille caractères répartis en 69 articles ;
- Tchad, soixante-huit mille caractères répartis en 81 articles ;
- Centrafrique, soixante six mille caractères répartis en 90 articles.

Il est vrai, la qualité d'un code des hydrocarbures n'est pas forcément proportionnelle à sa taille ; cependant un code trop étroit peut signifier des sujets non abordés ou très insuffisamment traités. C'est ainsi par exemple que la définition des différentes phases de l'activité pétrolière n'y figure pas, mais est renvoyée aux contrats. De même, le traitement de la redevance minière proportionnelle est survolé, autant que celui de la redevance superficiaire et de l'impôt sur les sociétés. Le code fait une allusion furtive aux immobilisations[900] et au régime douanier, et les traite tous les deux dans un seul article[901].

---

897 Loi équato-guinéene n° 6/2000 du 20 mars 2000, précitée, art. 18 ; voir aussi décret-loi équato-guinéen n° 7/1981 du 16 juin 1981, portant code des hydrocarbures

898 V. supra, n° 460.

899 V. supra, n° 632 et n° 662.

900 C'était déjà une idée positive, sachant que la législation des autres Etats n'aborde pas ce sujet et le laisse à la discrétion des contrats.

901 Loi équato-guinéene n° 6/2000 du 20 mars 2000, précitée, art. 18

E - EN CENTRAFRIQUE

679.- Les lacunes ici se résument en une législation fiscale pétrolière aux dispositions instables (a), une durée des concessions inadaptée (b), une redevance minière proportionnelle rétrograde (c).

a) Une législation fiscale pétrolière aux dispositions instables

680.- Au Cameroun, au Congo et en Guinée Equatoriale, les lois minières sont désormais spécialisées ; on distingue une loi réservée uniquement aux hydrocarbures liquides et gazeux, et une loi réservée aux autres ressources minières. Cet éclatement est de loin plus efficace pour le lecteur de ces différents textes, pour lequel le risque de confusion dans les différentes dispositions s'en trouve réduit. Le Tchad était le premier, dès 1962, à consacrer une ordonnance entière aux activités de recherche, d'exploitation et de transport par canalisations des hydrocarbures[902]. En Centrafrique, les hydrocarbures liquides et gazeux ont d'abord été régis par la loi du 11 avril 1961 traitant de l'ensemble des ressources minières[903]. Par la suite, une ordonnance spécifique aux hydrocarbures a été rendue publique en février 1973[904]. En 1979, une ordonnance impériale a une fois de plus, regroupé toutes ces dispositions dans le même texte[905]. Cette ordonnance a elle-même été abrogée en 1993[906]. Les caractéristiques des titres et droits miniers variaient au gré des changements législatifs, comme nous le montrons ci-après en ce qui concerne les concessions.

b) Une durée des concessions inadaptée

681.- L'ordonnance impériale a ramené la durée des concessions de cinquante ans à dix ans. Cependant, le texte disposait que la concession « peut être renouvelée une ou plusieurs fois pour cinq ans si le concessionnaire fait preuve d'une activité reconnue suffisante pendant la période précédente »[907]. Le nombre de renouvellements méritait d'être fixé fermement par la loi ; faute de quoi, la durée des concessions pouvait revenir à la situation de la législation précédente par le simple jeu des renouvellements.

682.- Par ailleurs, dans ses dispositions transitoires, l'ordonnance prévoyait que « Les concessions ne sont pas modifiées quant à leur superficie et aux substances. Celle dont la durée est comprise entre vingt et trente cinq ans seront considérées comme ayant été renouvelées une fois »[908]. Sachant que les renouvellements se font

---

[902] Ordonnance tchadienne n° 7-PC-TP-MH du 3 février 1962, précitée.
[903] Loi n° 61/208 du 11 avril 1961 portant création d'un Code Minier en République Centrafricaine.
[904] Ordonnance centrafricaine n° 73/016 du 10 février 1973, relative à la recherche, à l'exploitation, au transport par canalisation des hydrocarbures et au régime fiscal de ces activités sur le territoire national.
[905] Ordonnance impériale n° 79.016 du 6 février 1979 portant modification de la loi n° 61/208 du 11 avril 1961 portant création d'un Code Minier en République Centrafricaine.
[906] Ordonnance centrafricaine n° 93.007 du 25 mai 1993 portant code pétrolier.
[907] Ordonnance impériale centrafricaine n° 79.016 du 6 février 1979, précitée, art. 38.
[908] Ordonnance impériale centrafricaine n° 79.016 du 6 février 1979, précitée, art. 119 al. 3.

par période de cinq ans, ces concessions devraient être considérées comme ayant été renouvelées deux, trois, quatre ou cinq fois selon le cas. La lacune légale provient de l'imprécision quant au nombre de renouvellements. Si ce nombre est arrêté, les concessions concernées pourraient bénéficier d'une période transitoire donnant droit à un dernier renouvellement d'une durée de cinq ans.

683.- Les rédacteurs de l'ordonnance de 1993 ont cru apporter une solution à ces problèmes. Le texte prévoit en effet que « la durée des concessions d'exploitation d'hydrocarbures ne peut dépasser trente ans. La concession peut être renouvelée deux fois, dans les formes prévues à l'article 23 ci-dessus pour son octroi, pour une durée de dix ans au plus chaque fois, si le titulaire a rempli ses obligations ... »[909]. Le nombre des renouvellements a effectivement été limité à deux ; cependant, la durée des périodes de renouvellement est multipliée par deux, et passe de cinq ans à dix ans entre les deux ordonnances. De la même manière, la durée initiale de la concession est multipliée par trois et passe de dix ans à trente ans. Il s'ensuit que la durée totale des concessions est légalement fixée à cinquante ans. Cette durée semble contraire à l'esprit qui a prévalu en 1979, lors de la rédaction du code pétrolier.

c) Une redevance minière proportionnelle rétrograde

684.- Depuis l'ordonnance de 1993[910], la redevance minière proportionnelle, appelée ici redevance à la production, est considérée comme une charge déductible pour la détermination du résultat imposable, en conformité avec les décisions prises par l'OPEP lors de la conférence de Djakarta en 1964[911]. Cependant, la loi précise que cette redevance sera *au plus* égale à 12,5 % de la valeur départ champ des hydrocarbures extraits, sans en donner la borne inférieure[912]. Plus grave, « le contrat de concession peut prévoir des exemptions totales ou partielles de la redevance à la production... »[913]

Section 2 : Les omissions relevées dans certaines règlementations

685.- Suivant les objectifs que l'on se fixe, on pourrait dénombrer une multitude d'omissions dans la législation fiscale pétrolière des Etats membres de la CEMAC. Nous ne traiterons ici que celles qui pourraient avoir un effet certain sur les finances Publiques. Les principales omissions relevées dans ces réglementations concernent ainsi le traitement des dépenses fiscales (§1), puis le traitement fiscal et la gestion pratique des provisions pour remise en état des sites (§2).

§1 : Le traitement des dépenses fiscales de l'Etat

686.- Les dépenses fiscales sont importantes dans l'activité pétrolière. Leur traitement constitue la principale omission dans la réglementation fiscale. Avant de pro-

---

909 Ordonnance centrafricaine n° 93.007 du 25 mai 1993 portant code pétrolier, art. 24.
910 Ordonnance centrafricaine n° 93.007 du 25 mai 1993, précitée, art. 71 6).
911 V. supra, n° 385.
912 Ordonnance centrafricaine n° 93.007 du 25 mai 1993, précitée, art. 66 al. 1.
913 Ordonnance centrafricaine n° 93.007 du 25 mai 1993, précitée, art. 66 al. 3.

céder à quelques évaluations de ces dépenses tant sur la fiscalité de porte (B) que sur la fiscalité interne (C), nous allons, à travers quelques généralités (A), asseoir le concept de dépenses fiscales, montrer ses avantages et inconvénients, sa mise en œuvre et enfin son imputation dans l'activité pétrolière.

A - GENERALITES

687.- La finalité de ce traitement est l'imputation des dépenses fiscales dans l'activité pétrolière (d) ; pour ce faire, il convient d'abord d'asseoir le concept (a), de montrer ensuite ses avantages et inconvénients (b), ainsi que sa mise en œuvre (c).

a) Le concept de dépenses fiscales

688.- Le concept de dépenses fiscales (traduit de l'anglais *tax expenditures*) a été utilisé pour la première fois en 1967 par le professeur Stanley Surrey. Surrey était alors secrétaire adjoint au Trésor du gouvernement fédéral des Etats-Unis, chargé de la politique fiscale[914]. Celui-ci était parti de la constatation que les mesures instituant des avantages fiscaux étaient à l'origine de charges mal connues et peu contrôlées[915] ; il a instruit son personnel de compiler une liste d'allègements et de concessions dans l'impôt sur le revenu, qui a eu la nature de programmes de dépenses[916]. Son but était clair : attirer l'attention des pouvoirs publics sur ces rubriques, en vue d'inciter à la réforme de l'impôt, qui réorienterait le système fiscal vers sa fonction de levier des revenus.

689.- L'idée de départ sur laquelle se fonde ce concept est d'une certaine simplicité. Elle consiste à observer que toutes les dispositions fiscales à caractère dérogatoire équivalent à une aide apportée par la puissance publique aux bénéficiaires des dispositions dont il s'agit, et qu'elles ont le même effet que l'octroi à ces bénéficiaires d'une assistance financière directe sous la forme de dépenses budgétaires ordinaires. Il suffit donc de chiffrer en terme de perte de recettes fiscales le coût de ces allègements pour rétablir une vérité budgétaire que la technique utilisée contribue à masquer. En fait, ce concept pose des problèmes théoriques dont le principal est celui de la norme de référence. Le seul fait de qualifier de dépense fiscale une disposition de la législation fiscale suppose une appréciation qui ne peut résulter que de la référence explicite ou implicite à un modèle sous jacent. L'idée n'a de sens que si l'on admet parallèlement l'existence d'une règle de base par rapport à laquelle doivent être appréciés les écarts. Ce stade revêt de véritables difficultés.

690.- La première consiste à définir un modèle d'impôt idéal et à considérer comme dépenses fiscales toute disposition qui s'en écarte. Une telle approche ne peut avoir, en l'état actuel des choses, qu'un caractère illusoire. La norme parfaite

---

914 Il a occupé cette fonction sous les présidents Kennedy et Johnson.

915 XXIème Rapport au Président de la République française du Conseil des Impôts, relatif à *La fiscalité dérogatoire, pour un réexamen des dépenses fiscales*, septembre 2003, p. 5.

916 Leonard E. Burman, National Tax Journal, USA september 02, 2003, *Is the Tax Expenditure Concept still relevant ?* p. 1.

n'existe pas. Si l'on arrivait à trouver la norme de référence, on franchirait aisément une étape supplémentaire en étudiant non seulement les mesures qui réduisent l'impôt par rapport à la norme de référence, mais également celles qui le majorent par rapport à cette norme.

691.- La deuxième attitude plus pragmatique consiste à considérer comme dépenses fiscales toutes les dispositions qui, par la volonté du législateur, n'ont qu'une durée limitée. Mais là aussi, on se heurte à une impasse. Il est manifeste en effet que nombre de mesures dérogatoires n'ont nullement un caractère provisoire et qu'en sens inverse, nombre de règles de portée générale font l'objet de modifications périodiques, notamment à travers les lois de finances.

692.- On est donc conduit à penser, dans une troisième approche, que la norme de référence ne peut avoir, en l'état actuel, qu'un contenu expérimental. Elle ne peut résulter que de l'observation pragmatique des faits et de l'interprétation à posteriori des intentions du législateur. Telle est bien, au demeurant, la méthode utilisée tant aux Etats-Unis, au Canada, au Royaume-Uni qu'en Allemagne et dans de nombreux autres pays de l'OCDE. On ne se contente pas d'accorder des avantages ; il faut évaluer les apports et les effets des avantages accordés. Les évaluations doivent être qualitatives et quantitatives. L'examen des finalités des dépenses fiscales est un exercice capital, car par leur canal, s'expriment certaines des options majeures d'un pays. Non seulement la répartition des dépenses fiscales entre les diverses catégories de bénéficiaires nourrit d'utiles comparaisons tant au niveau national qu'international, mais l'analyse des objectifs exprimés est elle-même riche d'enseignement.

693.- Les dépenses fiscales peuvent prendre plusieurs formes :

- exonération totale ou partielle ;
- diminution du taux d'imposition ;
- réduction de la base imposable ;
- réduction d'impôt ;
- etc.

Ces dispositions, souvent appelées « incitations fiscales », « aides fiscales » ou « subventions d'impôts », sont des écarts à la structure fiscale normale et sont conçues pour favoriser une industrie, une activité ou un groupe de personnes. Le choix de l'une de ces formes est rarement neutre[917].

b) Les avantages et inconvénients des dépenses fiscales

694.- La dépense fiscale emporte un certain nombre d'avantages. Tout d'abord, elle évite les avatars bureaucratiques des régimes des subventions directes. De plus, elle évite l'illogisme des mécanismes dans lesquels le contribuable doit commencer par payer sous forme d'impôt des sommes qui lui seront restituées sous forme d'aide directe. Elle présente par ailleurs l'intérêt d'être la plus efficace psychologique-

---

[917] Leonard E. Burman, National Tax Journal, USA september 02, 2003, *Is the Tax Expenditure Concept still relevant ?* p. 3.

ment car il est démontré que les contribuables réagissent de manière irrationnelle. Ils préfèrent une aide fiscale à une aide directe, même plus élevée.

695.- Cependant, la dépense fiscale comporte également plusieurs inconvénients. Notamment, elle est plus opaque que l'aide budgétaire, qui passe par la procédure légale de dépenses publiques par le Trésor. La dépense fiscale brouille donc les flux monétaires de la comptabilité nationale. Par ailleurs elle n'a pas à être examinée chaque année, car elle est reconduite automatiquement en vertu de l'autorisation générale de percevoir les impôts. En définitive quand on accorde des aides fiscales, on ne sait jamais exactement à qui on accorde et combien on accorde. Les dépenses fiscales sont une des causes de la complication de la fiscalité. Elles sont par nature peu sélectives. En effet, elles représentent les exceptions aux règles générales de l'impôt qui sont d'ordre législatif.

c) La mise en œuvre de la notion de dépense fiscale

696.- Au Etats-Unis, Le professeur Stanley S. est parti de la constatation que des mesures instituant des avantages fiscaux étaient à l'origine d'autant de charges dont l'importance était mal mesurée ; ces mesures ne faisaient pas l'objet d'un contrôle aussi systématique que les dépenses budgétaires proprement dites. C'est ainsi que sept ans après que le Trésor a édité pour la première fois une liste de dépenses fiscales en 1967, la loi congressionnelle du budget de l'année 1974 a exigé de l'administration qu'elle édite une liste des dépenses fiscales soumises à l'examen du budget annuel[918]. Le rapport annuel sur le budget du gouvernement fédéral va comporter lui-même une analyse et une liste détaillée des dépenses fiscales. Il s'agit d'une analyse détaillée mesure par mesure d'une part et d'autre part, de l'établissement d'une liste les regroupant par secteurs d'activités et par type d'impôt. Les rubriques de l'analyse détaillée sont relatives au fondement juridique de chaque mesure d'allègement, à l'exposé des motifs ayant conduit à son institution ou à l'objectif poursuivi et enfin au coût de la mesure qui est calculée pour plusieurs exercices budgétaires.

697.- Le concept s'est rapidement répandu en dehors des Etats-Unis. Le Canada et le Royaume-Uni ont commencé à éditer des listes de dépenses fiscales vers la fin des années 1970 ; de nombreux pays de l'OCDE ont eu des budgets formels adoptés avec des dépenses fiscales ou des études préliminaires dans les dix ans qui ont suivi[919]. En Allemagne, dans le cadre de la stabilisation et de la croissance de l'économie, le gouvernement fédéral est tenu de présenter tous les deux ans au *Bundestag* et au *Bundestrat* un rapport sur le développement des aides financières directes et des allègements fiscaux. Aux termes de la loi, ce rapport juridique indique les fondements juridiques des aides directes et avantages fiscaux existant et la date à laquelle ces dispositions doivent, sur la base des textes en vigueur, être nor-

---

[918] Surrey and McDaniel, *International Aspects of Tax Expenditures : A Comparative Study*. Deventer : Kluwer Law and Taxation Publishers, 1985, p. 30.

[919] Surrey and McDaniel, *International Aspects of Tax Expenditures : A Comparative Study*. Deventer : Kluwer Law and Taxation Publishers, 1985, p. 32.

malement supprimées. En France, des documents traitant des dépenses fiscales sont annexés aux lois de finances depuis 1981. La loi organique relative aux lois de finances (LOLF) du 01er août 2001 prévoit que les dépenses fiscales seront évaluées, au même titre que les dépenses budgétaires, dans chacun des programmes de politique publique[920].

698.- Les méthodes choisies en vue de la mise en œuvre de la notion de dépense fiscale dans les Etats membres de la CEMAC n'ont jamais été évaluées. Partant, l'évaluation implique que l'on porte une attention constante au contrôle des éléments subjectifs introduits dans le système. Le processus de recherche basé sur l'évaluation comporte quatre éléments fondamentaux :

- l'identification des objectifs du programme ;
- la formulation de l'hypothèse ;
- la collecte des données ;
- l'analyse de ces données.

Les deux premiers éléments n'existent pas de manière formelle, et méritent d'être élaborés par chaque Etat. Nous engagerons une réalisation des deux derniers en ce qui concerne l'activité pétrolière par Etat (B) et (C).

d) L'imputation des dépenses fiscales dans l'activité pétrolière

699.- Comme nous l'avons déjà vu, les compagnies pétrolières imputent l'ensemble de leurs dépenses aux coûts techniques[921]. Pour certaines charges initiées par les Etats telles que les provisions pour remise en état des sites[922] et les provisions pour investissements diversifiées[923], on remarque que ces compagnies procèdent directement à leur récupération et les font supporter par les seuls Etats initiateurs. En effet, il est prévu dans les contrats « qu' à l'effet du remboursement des coûts pétroliers constitués par les provisions et les dépenses pour abandon et la provision pour investissement diversifié (PID), chaque entité composant le contracteur a le droit de récupérer sa part des coûts pétroliers ici considérés en prélevant chaque année civile une part de la production nette de la zone de permis dont la valeur est égale à sa part des provisions et dépenses pour abandon, déterminé chaque année civile conformément aux dispositions du contrat et de la PID, et ce jusqu'à récupération de la totalité de l'ensemble de ces coûts pétroliers, si nécessaire au cours des années civiles suivantes »[924].

700.- Pourtant, les Etats engagent un certain nombre de dépenses fiscales tant sur la fiscalité de porte que sur la fiscalité interne. Ces dépenses ne sont pas valorisées. Partant, elles ne peuvent ni être imputées aux coûts techniques, ni faire l'objet de récupération par prélèvement chaque année civile, d'une part de la production nette

---

920 Loi organique française relative aux lois de finances (LOLF) du 01er août 2001, art. 51 et 54.
921 V. supra, n° 439 ss.
922 V. supra, n° 468.
923 V. supra, n° 480.
924 V. supra, n° 482.

de la zone de permis dont la valeur est égale aux dépenses fiscales ainsi engagées. Pour avoir une idée de ces dépenses fiscales, nous partirons de quelques exemples en laissant de côté les diminutions du taux d'imposition et les réductions de la base imposable. Nous n'évaluerons que les exonérations totales ou partielles.

B - Quelques evaluations de depenses liees a la fiscalite de porte

701.- Sur la fiscalité de porte, nous prendrons quelques cas au Gabon (a), au Congo (b) et au Cameroun (c).

a) Les imputations possibles au Gabon

702.- En 1981, les travaux de développement du champs de M'Bya se sont poursuivis activement. Trois plates-formes de production sont maintenues en place. Par ailleurs, le champs d'Ayol a été mis en production au mois de juillet 1981, ainsi que le champs de M'Polunie[925]. Les investissements, y compris la diversification et les investissements financiers, se sont élevés à 76 474 758,2 Euros (50 164 millions de Francs CFA) en 1980, contre 65 670 663,4 Euros (43 077 millions de Francs CFA) en 1979[926]. Ce montant se répartissait comme suit :

- Exploration : 23 425 387,4 Euros (15 366 millions de Francs CFA) ;
- Production : 23 154 027,3 Euros (15 188 millions de Francs CFA) ;
- Investissements Généraux : 3 424 015,37 Euros (2 246 millions de Francs CFA) ;
- Diversification : 1 897 996,05 Euros (1 245 millions de Francs CFA) ;
- Investissements financiers et de prêts : 13 769 237,2 Euros (9 032 millions de Francs CFA).

703.- Le montant global des investissements d'exploration à la charge d'Elf Gabon s'est élevé à 22 515 264 Euros (14 769 millions de Francs CFA) en 1980 contre 23 425 387,4 Euros (15 366 millions de Francs CFA) en 1979. Toujours à sa charge, le montant total des investissements de production s'est élevé à 40 766 516 Euros (26 741 millions de Francs CFA) contre 23 154 027,3 Euros (15 188 millions de Francs CFA) en 1979[927]. Si l'on considère que les investissements d'exploration et de production sont constitués à soixante quinze pour cent (75 %) des importations, on constate, au vu des exonérations existantes, que l'Etat gabonais a enregistré un manque à gagner sur les droits de douanes[928] comme suit pour les seuls champs ci-dessus cités :
1979 : (23 425 387,4 + 23 154 027,3) x 75 % x 10 % = 3 493 456,1 Euros (2 291 549 998 FCFA) ;

---

[925] *Le Pétrole et le Gaz en Afrique*, précité, p. 111.
[926] *Le Pétrole et le Gaz en Afrique*, précité, p. 111.
[927] *Le Pétrole et le Gaz en Afrique*, précité, p. 111.
[928] Il s'agit des seuls droits de douanes, à l'exclusion de la TVA du cordon douanier ; la dépense fiscale globale au cordon douanier est égale à près du triple des montants calculés. En effet, l'assiette de la TVA ici est constituée de la même base augmentée du droit de douanes tel que calculé ; on lui applique le taux de TVA en vigueur. Toutefois, cette TVA reste déductible.

1980 : (22 515 264 + 40 766 516) x 75 % x 10 % = 4 746 133,5 Euros (3 113 250 000 FCFA).

Ces manques à gagner constituent des dépenses fiscales qui auraient pu être remboursées à l'Etat dès la mise en production de ces champs, proportionnellement à la part de charges revenant à Elf Gabon.

b) Les imputations possibles au Congo

704.- Depuis sa création, Elf Congo a mené une activité de recherche importante tant en géophysique qu'en sondages totalisant 50 forages d'exploration à fin 1980. Les investissements totaux réalisés à cette date s'élevaient à 230 198 718 Euros (151 milliards de Francs CFA) dont[929] :

- Exploration et développement de Likouala :
  1979 : 33 843 785 Euros (22,2 milliards de Francs CFA)
  1980 : 46 801 991 Euros (30,7 milliards de Francs CFA)
- Forages d'exploration et de développement de Loango :
  1977 : 18 903 735,8 (12,4 milliards de Francs CFA)
  1978 : 15 092 498,7 (9,9 milliards de Francs CFA)

705.- Parallèlement, les investissements totaux réalisés à fin 1980 par Agip Recherches Congo s'élevaient à 161 596 451 Euros (106 milliards de Francs CFA), dont 37 350 123,1 Euros (24,5 milliards de Francs CFA) pour la recherche et 124 246 328 Euros (81,5 milliards de Francs CFA) pour le développement[930]. En considérant que les investissements d'exploration et de production sont constitués à soixante quinze pour cent (75 %) des importations, on constate, au vu des exonérations existantes, que l'Etat congolais a enregistré, en fin 1980 et dans les zones d'opérations de Elf et Agip Congo, un manque à gagner sur les droits de douanes de :

(230 198 718 + 161 596 451) x 75 % x 10 % = 29 384 637,7 Euros (19 275 000 000 Francs CFA).

Il s'agit de dépenses fiscales qui auraient pu être remboursées à l'Etat dès la mise en production des champs concernés, proportionnellement à la part de charges revenant à Elf et Agip Congo.

c) Les imputations possibles au Cameroun

706.- Les dépenses d'exploration sèche du permis H48 opérées par TotalFinaElf au cours de la période de validité de ce permis (du 1er juillet 1979 au 20 août 2002), ont été reconstituées à partir des grands livres analytiques et de l'état des immobili-

[929] *Le pétrole et le Gaz en A*frique, précité, p. 200.
[930] *Le pétrole et le Gaz en A*frique, précité, p. 203.

sations au 31 décembre 2002. Ces dépenses, récapitulées dans le tableau n° 32 ci-après en dollars américains (USD), sont regroupées par nature et par année, et en part TotalFinaElf uniquement [931]. En considérant que les investissements d'exploration et de production sont constitués à soixante quinze pour cent (75 %) des importations, on constate, au vu des exonérations existantes, que l'Etat camerounais a enregistré, dans la zone de permis H48 de TotalFinaElf, un manque à gagner sur les droits de douanes tel que présenté à la dernière colonne du tableau n° 32 ci-dessous en dollars américains (USD).

707.- Jusqu'en 1994, ce manque à gagner s'est élevé à 3 097 062,02 USD, soit en FCFA 912 936 455,9, équivalent à 1 391 766,899 Euros. Sur cette période en effet, il était pratiqué un taux de conversion unique de FCFA 294,775 pour 1 USD. De 1995 à 2002, ce manque à gagner était de 55 309 324,06 FCFA, soit 84 318,77805 Euros. En définitive, TotalFinaElf étant associé à 50/50 avec la SNH sur ce permis, le manque à gagner pour sa part est de 1 476 085,677 Euros (968 245 280 FCFA), soit 2 952 171,353 Euros (1 936 491 560 FCFA) pour les deux associés. Il s'agit de dépenses fiscales qui auraient pu être remboursées à l'Etat du Cameroun en même temps que cela était décidé pour TotalFinaElf sur le permis H48. Cette décision est une conséquence de la sentence arbitrale du 11 juin 1997, entre la société ELF-SEREPCA (demanderesse) et la République du Cameroun (défenderesse)[932]. Depuis cette sentence, les permis H37, H28, H44, H45, H35, H52 et H54 avaient déjà connu des traitements similaires au détriment du Cameroun[933].

---

[931] Rapport d'audit sur les dépenses d'exploration sèches du permis H48, précité. Pour le calcul des droits de douanes, le taux de 10 % est appliqué aux trois quarts (75 %) du cumul des montants figurants aux colonnes 3, 4 et 5 du tableau.

[932] Tribunal arbitral composé du professeur Pierre Lalive Président, de Jean-Louis Delvolvé (arbitre désigné par Elf-Serepca) et de Martin Kirsch (arbitre désigné par le Cameroun). Ce tribunal a choisi Paris comme lieu de l'arbitrage et a tenu la première audience le 7 octobre 1996 à la Maison de l'avocat, rue de Harlay.

[933] Accord du 23 avril 1998 entre la SNH et Elf-Serepca sur le traitement fiscal des dépenses d'exploration sèches en fin de vie des permis n'ayant pas donné lieu à découverte et attribution d'un titre minier d'exploitation.

Tableau n° 32 : Reconstitution des dépenses d'exploration sèches du permis H48

Année	Redevance et titre minier	Etudes (géologie et géophysique)	Sismique	Forages et Dragage	TOTAL	Droits de douanes à 10%
1980	1 730 133,18	39 575,49	0,00	422 781,84	2 192 490,51	34 676,80
1981	0,00	383 843,85	216 127,80	8 623 771,05	9 223 742,70	691 780,70
1982	1 059,78	455 437,14	150 510,18	439 478,22	1 046 485,32	78 406,92
1983	2 648,94	985 870,29	68 240,04	10 212 319,05	11 269 078,32	844 982,20
1984	437 831,22	981 508,26	0,00	9 940 180,50	11 359 519,98	819 126,66
1985	13 029,76	1 043 211,12	0,00	91 880,07	1 148 120,95	85 131,84
1986	191 079,05	1 035 763,08	0,00	23 866,30	1 250 708,43	79 472,20
1987	191 273,58	552 538,88	0,00	0,00	743 812,46	41 440,42
1988	167 255,24	279 119,50	0,00	0,00	446 374,74	20 933,96
1989	118 170,74	269 044,00	0,00	0,00	387 214,74	20 178,30
1990	164 188,50	150 104,09	99 653,81	1 514 019,45	1 927 965,85	132 283,30
1991	162 541,93	188 724,84	1 084 911,00	0,00	1 436 177,77	95 522,69
1992	161 045,88	340 525,21	-4 538,41	806 985,98	1 304 018,66	85 722,96
1993	162 096,20	387 071,62	316 005,75	-54 039,05	811 134,52	48 677,87
1994	88 968,72	309 328,55	-59 659,25	-0,03	338 637,99	18 725,20
1995	29 865,13	125 512,49	-24 959,25	0,00	130 418,37	7 541,49
1996	731,09	128 113,94	7 805,50	0,00	136 650,53	10 193,96
1997	1 370,00	144 710,50	2 054,14	0,00	148 134,64	11 007,35
1998	6 280,50	234 786,00	0,00	0,00	241 066,50	17 608,95
1999	958,50	195 704,50	0,00	0,00	196 663,00	14 677,84
2000	872,50	151 063,00	0,00	0,00	151 935,50	11 329,73
2001	792,00	306 501,50	0,00	16 169,06	323 462,56	24 200,29
2002	792,00	-36 579,09	0,00	0,00	-35 787,09	-2 743,43
TOTAL	**3 632 984,44**	**8 651 478,76**	**1 856 151,31**	**32 037 412,44**	**46 178 026,95**	**3 190 878,19**

Source : Rapport d'audit du 31 août 2003 du Cabinet OKALLA AHANDA & associés, Douala, p. 26, pour les colonnes 1 à 6. La colonne 7 est calculée par l'auteur

708.- De nombreuses exonérations existent en matière d'impôts tant directement pour les sociétés pétrolières (a), que sur les produits pétroliers dans leur ensemble (b). Mais en pratique, une distinction entre ces deux types d'exonération n'est pas aisée. Toutes deux constituent des dépenses fiscales. Quelques chiffres caractérisent enfin les exonérations en TSPP de COTCO et ses Partenaires (c), ainsi que les exonérations accordées au consortium évoluant au Tchad (d).

a) Les exonérations fiscales accordées aux sociétés pétrolières

709.- La convention entre la République du Tchad et le consortium Esso E&P, prévoit qu' « à l'exception de la redevance sur la production et de l'impôt direct sur les bénéfices, le consortium, ses actionnaires et les sociétés affiliées sont exonérés de tout autre impôt direct sur le revenu frappant les résultats des opérations pétrolières, les bénéfices et les distributions de bénéfices, et de toute taxes, droit, impôt ou contribution de quelque nature que ce soit frappant la production ou la vente des hydrocarbures et tout revenu y afférent, ou exigible sur les opérations pétrolières ou à l'occasion de l'établissement et du fonctionnement du consortium »[934]. Ceci correspondant à l'établissement d'une zone franche. Les organisations de défense des droits de l'homme, notamment la Fédération Internationale des ligues des Droits de l'Homme (FIDH), avaient sévèrement critiqué ces clauses, les qualifiant d'abusives. Mais des clauses similaires existent dans l'ensemble des lois minières en cours dans les autres Etats de la CEMAC. Elles sont reprises dans les conventions d'établissement et/ou les contrats d'association.

b) Les exonérations en matière de produits pétroliers

710.- On note que sont exonérés des droits de douane :

- les exportations de produits pétroliers hors de la zone CEMAC ;
- les soutes internationales pour l'avitaillement des navires et aéronefs ;
- les opérations de transit des produits pétroliers ;
- les pêcheurs et les diplomates.

[934] Convention de Recherches, d'Exploitation et de Transport des Hydrocarbures conclue le 19 décembre 1988 (et ses avenants) entre la République du Tchad et le Consortium Esso E & P Chad Inc., Petronas Carigali Chad E & P Inc., et Chevron Petroleum Chad Company Ltd, art. 24.

Sont exonérés de la Taxe Spéciale sur les Produits Pétroliers (TSPP)[935] les mêmes opérations que ci-dessus, en plus des exportations des produits pétroliers à destination de la sous région CEMAC.

Enfin, sont exonérés de la TVA :

- les ventes de produits pétroliers destinés à l'avitaillement des aéronefs des sociétés ayant leur siège au Cameroun, sous réserve des quotas fixés par l'administration ;
- les produits pétroliers destinés aux entreprises de pêche ;
- les diplomates, sous réserve de réciprocité.

711.- Les exonérations doivent faire l'objet de vérifications régulières et permanentes. Or la Cellule Pétrolière et Minière qui est l'interlocuteur privilégié des autres intervenants, se situe trop en amont, et ne semble pas disposer de l'expertise suffisante à cet effet[936]. Au 30 juin 2001, l'impact des exonérations[937] sur les impôts collectés par la Société Nationale de Raffinage (SONARA) se chiffre à 34 846 840,76 Euros (22 857 959 431 FCFA), réparti comme suit :

- TVA 18 820 580,44 Euros (12 345 453 845 FCFA)

- D.D 16 026 260,00 Euros (10 512 505 586 FCFA)

Cet impact n'a pas été déterminé en ce qui concerne la TSPP, du fait qu'à cette date, elle était pour l'essentiel collectée par la Société Camerounaise des Dépôts Pétroliers (SCDP), dont les chiffres au 30 juin 2001 n'étaient pas disponibles. Néanmoins, les dépenses fiscales liées à la TSPP sont présentées ci-après pour les seules exonérations accordées à la Cameroon Oil Transportation Company (COTCO) et ses partenaires.

---

935 La TSPP est une taxe spéciale qui frappe l'essence super et le gas-oil. Elle a été instituée au Cameroun par la loi n° 84/02 du 30 juin 1984 portant loi de finances pour l'exercice 1984/1985.

936 La Cellule Pétrolière et Minière a officiellement disparu après la réorganisation de la Direction des Impôts intervenue en 2004, et y mettant en place une Division des Grandes Entreprises (DGE). La DGE a repris les activités de cette cellule sans apporter de solution particulière aux problèmes évoqués.

937 Cet impact est déterminé par différence entre la taxe réellement collectée sur le marché intérieur et celle qui aurait dû l'être, si les taux d'imposition avaient été normalement et régulièrement appliqués sur ce marché.

Tableau n° 33 : Synthèse annuelle des impôts collectés par produit exercice 2000-2001[938]

PRODUITS	IMPOTS COLLECTES EN FCFA			MANQUE A GAGNER SUR M. I.		
	TVA	TSPP	D. DOUANE	TVA	TSPP	D. DOUANE
SUPER	14 311 375 765	1 997 972 042	10 212 588 100	892 086 225	N/D	681 046 870
CARBUREACTEUR	0		0	3 119 604 333	N/D	2 502 356 417
PETROLE	0	-629 225 175	0	5 511 041 708	N/D	4 420 621 691
GASOIL	15 024 334 522	1 562 275 744	11 341 129 374	1 048 738 198	N/D	709 367 654
BUTANE			154 354 717	506 138 450	N/D	100 872 084
FUEL 1500	1 357 754 451		6 830 340	1 277 274	N/D	1 082 277 509
FUEL 3500			0		N/D	
SOUTES INTERNAT				1 266 567 658	N/D	1 015 963 362
REGULARISATIONS						
TOTAL	**30 693 464 738**	**2 931 022 611**	**21 714 902 531**	**12 345 453 845**	**0**	**10 512 505 586**

Source : L'auteur, dans *Les spécificités du régime fiscal applicable aux produits pétroliers au Cameroun*, annexe n° 9, mémoire précité.

c) Etat Récapitulatif des exonérations en TSPP de COTCO et ses Partenaires[939]

712.- Les exonérations de l'exercice 2000/2001 sont récapitulées dans le tableau n° 34, tandis que celles du premier semestre de l'exercice 2001/2002 sont regroupées dans le tableau n° 35 ci-dessous.

[938] DIKOUME (A. L.), *Les spécificités du régime fiscal applicable aux produits pétroliers au Cameroun*, précité, p. 40 et annexe n° 9.
[939] Source : MINEFI, Direction des Impôts, Yaoundé - Cameroun

Tableau n° 34: Exonérations en TSPP exercice 2000/2001

Bénéficiaires de l'exonération	**Qualités des bénéficiaires**	**Quantités exonérées (en litres)**	**Périodes des exonérations**	Marketers désignés	**Dates et références de l'attestation de l'exonération**
1- Sogea / Satom	Contractant de Cotco	975 000	2ème trim. 2001/2002.	Total et Elf Cameroun	Lettre N°1254/MINEFI/DI/FS/CPM du 26 octobre 2000
2- Sogea / Satom	Contractant de Cotco	1 900 000	3ème trim. 2001/2002.	Total et Elf Cameroun	Lettre N°2661/ MINEFI/DI/FS/CPM du 09 février 2000
3- Sogea / Satom	Contractant de Cotco	2 000 000	4ème trim. 2001/2002	Total et Elf Cameroun	Lettre N°3598/MINEFI/DI/FS/CPM du 10 avril 2001.

Source : MINEFI, Direction des Impôts, Yaoundé – Cameroun, 2004

TOTAL : 4 875 000 Litres
Dépense fiscale de l'exercice : 483 074 Euros (316 875 000 FCFA)

Tableau n° 35 : 1er semestre 2001/2002

Bénéficiaires de l'exonération	Qualités des bénéficiaires	Quantités exonérées (en litres)	Périodes des exonérations	Marketers désignés	Dates et références de l'attestation de l'exonération
1- Sogea / Satom	Contractant de Cotco	1 500 000	1er trimestre 2001/2002.	TotalFina Elf	Lettre N°003/MINEFI/DI/FS/CPM du 02 juillet 2001
2- Willbros West Africa Inc. et Spie Capag Ltd	Contractant de Cotco	2 100 000	Non précisée	Mobil Oil Cameroun	Lettre N°2374 du 16 octobre 2001
3- Sogea / Satom	Contractant de Cotco	2 800 000	Non précisée	TotalFina Elf	Lettre N°2566/MINEFI/DI/FS/CPM du 29 octobre 2001.
4- COTCO	Contractant de l'Etat camerounais.	675 000	1er octobre 2001 au 31 décembre 2001.	Mobil Oil Cameroun	Lettre N°2715/MINEFI/DI/FS/CPM du 09 novembre 2001.
5- Sogea Satom Pump Station	Sous-traitant	1 000 000	1er octobre 2001 au 31 décembre 2001.	TotalFina Elf	Lettre N°2717/MINEFI/DI/FS/CPM du 09 novembre 2001
6-Subsahara Services Inc.	Contractant de Cotco	40 000	1er octobre 2001 au 31 décembre 2001	Mobil Oil Cameroun	Lettre N°2717/MINEFI/DI/FS/CPM du 09 novembre 2001
7- Sdv Doba Logistics	Contractant de Cotco	745 246	1er octobre 2001 au 31 décembre 2001	Mobil Oil Cameroun	Lettre N° 3223 MINEFI/DI/FS/CPM du 20 décembre 2001.

TOTAL : 8 860 246 Litres
Dépense fiscale au 20 Décembre 2001 : 877 981 Euros (575 915 990 FCFA)
Manque à gagner sur la Part Fond Routier : 607 833 Euros (398 711 070 FCFA)
Manque à gagner sur la Part Trésor Public : 270 148 Euros (177 204 920 FCFA)

Source : MINEFI, Direction des Impôts, Yaoundé – Cameroun

d) Le point des exonérations accordées au consortium évoluant au Tchad

713.- Le Consortium Esso E & P Chad Inc., Petronas Carigali Chad E & P Inc., et Chevron Petroleum Chad Company Ltd a obtenu du gouvernement tchadien des exonérations diverses[940], qui resteront en vigueur pendant une période de dix-neuf ans, de 2004 à 2023[941]. Ces exonérations portent sur :

- les investissements d'hier (1969), d'aujourd'hui et demain de prospection, d'exploitation et d'équipements ;
- les salaires et revenus des expatriés travaillant au Tchad dans le cadre du projet pétrole.

Ces exonérations fiscales se traduiront pour le Tchad par des recettes nulles sur un intervalle de dix ans. Or pendant cette même période, les bénéfices du consortium représenteront 632 millions de barils, soit 71 % de la production totale prévue[942].

714.- La valeur des 632 millions de barils est estimée à 10,2 milliards de dollars selon l'hypothèse du *Project Appraisal Document* (PAD - Document d'Evaluation du Projet), joint au dossier sur lequel la Banque Mondiale a fondé sa décision. Ainsi les royalties, l'impôt sur les bénéfices, ne commenceraient à produire leurs effets pour le Tchad qu'à partir de 2014. Pour un baril de pétrole brut, ces différents impôts s'élèvent à 2,74 dollars, soit 1,7 milliards de dollars pour tout le reste de la durée de production. En définitive, sur dix années de production de pétrole sur son territoire qui permet au consortium de gagner 10,2 milliards de dollars, le Tchad n'en tire presque pas de bénéfice. Sur dix-huit années de production qui permettraient au consortium de gagner le double du gain initial, le Tchad s'en tirerait avec 1,7 milliards de dollars[943].

§2 : Le traitement fiscal des contributions pour remise en état des sites (RES) et leur gestion pratique

715.- L'omission du traitement fiscal des contributions pour remise en état des sites (RES) et de leur gestion pratique dans les lois et règlements des Etats a été remarquée de manière fort criarde. Cela a entraîné au Cameroun une procédure d'arbitrage qui s'est soldée par la condamnation de ce dernier Etat. Pourtant, la remise en état des sites est avant tout une obligation (A) ; une fois que cela est établi, il faut prévoir le traitement fiscal de la provision qui en découle (B). Cependant en marge de la réglementation, certaines sociétés constituent et évaluent de manière unilatérale, leur contribution à la remise en état des sites (C).

[940] Avenant n° 2 du 12 mars 1997 à la convention du 19 août 1988 entre la République du Tchad et le consortium.
[941] Cette convention a une durée de 35 ans à compter du 19 août 1988.
[942] www.alwihdainfo.com/articles mise à jour du 27 juin 2005.
[943] www.alwihdainfo.com/articles mise à jour du 27 juin 2005.

A - L'OBLIGATION DE REMISE EN ETAT DES SITES

716.- La remise en état des sites constitue une obligation en premier lieu parce que les conventions doivent s'adapter aux nouvelles circonstances en intégrant les règles de l'art, selon l'évolution de la pratique pétrolière. La remise en état des sites fait partie des normes et usages en cette matière ; elle découle de la convention de Montego Bay de 1982[944]. L'article 208 de cette convention fait obligation aux Etats d'adopter « des lois et règlements afin de prévenir, réduire et maîtriser la pollution du milieu marin qui résulte directement ou indirectement d'activités relatives aux fonds marins et relevant de leur juridiction ou qui provient d'îles artificielles relevant de leur juridiction ».

717.- Cette obligation repose sur le principe de précaution, fondé sur l'incertitude et l'imprécision scientifique, qui a tout son sens pour le développement durable en cette époque où le progrès et la croissance n'ont pas de limite. Le principe de précaution oblige les Etats à réglementer une action dont ils ne sont pas sûrs des implications environnementales. C'est un moyen incontournable de prévenir les dommages irréversibles ayant des conséquences regrettables sur l'environnement. En effet, la science ne peut tout résoudre ; en cas de controverses scientifiques dans un domaine, ce principe s'applique pour éviter des surprises. Les déversements d'hydrocarbures, les pollutions, les déchets dangereux, sont fondés sur le principe de précaution.

718.- Les Etats de la CEMAC ont commencé à s'aligner sur cette obligation à partir de 1993, en votant des lois relatives à la protection de l'environnement. C'est le cas notamment du Gabon[945], du Cameroun[946], du Congo[947], du Tchad[948]. Bien que ces lois aient de fortes implications fiscales, elles ne définissaient ni les modalités de mise en œuvre des opérations nécessaires, ni leur financement. Par ailleurs, les conventions d'établissement et les contrats d'association existant jusqu'en 2003 n'apportent pas assez de lumière à la question. Pourtant en professionnel avisé, les compagnies pétrolières devaient, dès le départ, intégrer la remise en état des sites dans le cadre contractuel et informer leur co-contractant de cette obligation, ainsi que de son incidence financière sur l'économie du contrat d'association et de la convention d'établissement.

719.- La remise en état des sites se compose d'un ensemble de dépenses futures à réaliser au moment où il n'existerait plus de production devant les prendre en charge. Pour pallier ce risque, ces dépenses doivent être constatées d'avance durant

[944] Convention de Montego Bay, précitée, art. 60.

[945] Loi gabonaise n° 16/93 du 26 août 1993, relative à la protection et à l'amélioration de l'environnement.

[946] Loi camerounaise n° 96/12 du 05 août 1996, relative à la protection de l'environnement.

[947] Loi congolaise n° 4 - 98 du 08 août 1998, fixant les obligations des sociétés pétrolières en matière de démantèlement des installations de production des hydrocarbures et de réhabilitation des sites à la fin de l'exploitation d'un gisement.

[948] Loi tchadienne n° 014/PR/98 du 17 août 1998 définissant les principes généraux de la protection de l'environnement.

les exercices productifs, sous la forme de provisions pour grands travaux ou provisions pour remise en état des sites, autrement appelées contributions RES. Comme toute provision, elles ont un caractère aléatoire, variable et approximatif. Le Gabon y avait déjà pensé de manière globale en 1982[949]. A l'article 10 du CEPP, l'on parlait alors de remise en état des lieux. Cette dernière concerne les immeubles et installations qui logiquement devraient être démontés à la fin de la période d'exploitation.

720.- Ces biens restent à la disposition de l'Etat pour de futures recherches. A cet effet, le contracteur peut constituer une provision auprès d'une banque gabonaise pour subvenir aux différentes dépenses le moment opportun. Si le coût des travaux engagés est supérieur à la provision, le contracteur devra payer le reliquat à l'Etat. La provision ici n'est pas prise au sens comptable, qui créerait une charge dans le compte d'exploitation de la société. Il s'agit simplement d'un cantonnement, une sorte d'épargne constituée en vue des dépenses futures. Telle que formulée par la loi, la constitution de cette épargne est à la charge exclusive du contracteur. Il s'agit d'une stricte opération de trésorerie pour laquelle le problème du traitement fiscal ne se pose pas.

721.- Au Congo, les contrats de partage de production signés sous l'égide du code des hydrocarbures de 1994 abordent la question des provisions RES en marge de la loi elle-même. C'est ainsi que l'article 5.5 des contrats[950] dispose que « Lorsque l'Opérateur estimera qu'au total 75 % des réserves prouvées d'une concession ou d'un permis d'exploitation objet du contrat devraient avoir été produites au cours de l'année civile qui suivra, il soumettra au Congo, pour le compte du contracteur, au plus tard le 15 novembre de l'année civile en-cours, le programme des travaux d'abandon qu'il se propose de réaliser sur cette concession ou ce permis d'exploitation avec un plan de remise en état du site, un calendrier des travaux prévus et une estimation détaillée de l'ensemble des coûts liés à ces travaux d'abandon. (...) Le montant de la provision à constituer est exprimé en dollars par baril. Il sera égal au montant total estimé des travaux d'abandon divisé par le montant des réserves prouvées restant à produire selon les estimations de l'Opérateur sur la concession ou sur le permis d'exploitation considéré ».

722.- A l'article 6.5 alinéa 2, il est prévu que « le contracteur effectuera les dépenses liées aux travaux de remise en état des sites à l'issue de l'exploitation dans la limite du montant des provisions pour abandon qui auront été progressivement constituées et prises en compte dans la masse des coûts pétroliers effectivement récupérés (...).Toutes les dépenses liées aux travaux de remise en état des sites

[949] Loi gabonaise n° 14/82 du 24 janvier 1982, précitée ; aucune indication n'est donnée dans la loi, mais le CEPP qui en découle y fait allusion.

[950] Contrat de partage de production relatif au permis de mer profonde sud du 6 mai 1996, entre la République du CONGO et la société ELF CONGO art. 5.5 ; contrat de partage de production portant sur le champ marginal Kouakouala du 14 décembre 1996, entre la République du CONGO et le Groupe ZETAH art. 5.5 ; contrat de partage de production entre la République du CONGO, Elf Congo AGIP Recherches Congo, du 23 novembre 1995, relatif aux permis issus de l'ancien permis de recherches de PNGF art. 5.5.

constitueront des coûts pétroliers qui s'imputeront sur les provisions constituées, lesdites provisions étant reprises pour des montants identiques venant en déduction des coûts pétroliers correspondants ». Il s'agit bien des *dépenses*, donc de charges effectivement décaissées, et non pas de charges simplement constatées comme les provisions[951]. Le traitement fiscal des provisions RES n'est pas clairement défini.

723.- L'alinéa 1 du même article dispose que « ...Chaque entité composant le contracteur a le droit de récupérer sa part des coûts pétroliers ici considérés en prélevant chaque année civile une part de la production nette de la zone de permis dont la valeur est égale à la somme de sa part des provisions et dépenses pour abandon, déterminées pour chaque année civile conformément aux dispositions du contrat, (...) et ce jusqu'à récupération de la totalité de l'ensemble de ces coûts pétroliers ». Il ressort de ce mécanisme que la provision pour remise en état des sites n'est en définitive supportée que par la République du Congo. Les entités composant le contracteur récupèrent la perte induite par la constitution de cette provision dans la production nette. Il ne s'agit donc plus d'un coût technique, d'une charge associative. La provision pour remise en état des sites devient ici, contrairement aux orientations de la convention de Montego Bay de 1982, une charge exclusive de la République du Congo.

724.- Le nouveau code pétrolier du Cameroun[952] aborde également le sujet. En effet, à l'article 95 f), on constate que le bénéfice net est établi après déduction de toutes les charges supportées pour les besoins des opérations pétrolières. Celles-ci comprennent notamment : « les provisions justifiables constituées pour faire face à des pertes ou charges et que des évènements encours rendent probables, en particulier la provision pour l'abandon des gisements, constituée conformément à la réglementation en vigueur et au contrat pétrolier »[953]. Il faut ainsi attendre soit la réglementation annoncée, soit la signature des nouveaux contrats sous l'égide de ce code. Du point de vue de la SNH, il n'est pas envisageable que ces provisions soient assimilées à des charges opérationnelles imputables sur la rente minière.

725.- Le flou juridique fiscal qui entoure les contributions RES lorsqu'elles constituent des charges réelles a entraîné plusieurs problèmes relatifs :

- au traitement fiscal de la provision constituée[954] ;
- à la constitution et à la vérification de l'épargne consécutive[955].

---

[951] V. infra, n° 911 ss ; supra, n° 468.
[952] Loi camerounaise n° 99/013 du 22 décembre 1999, précitée.
[953] Il s'agit ici du bénéfice fiscal tel qu'il sera déterminé par chaque entité prise isolément ; il est différent de la Rente Minière déterminée dans les comptes associatifs.
[954] V. supra, n° 469s.
[955] V. supra, n° 473s.

B - LE TRAITEMENT FISCAL DE LA PROVISION POUR REMISE EN ETAT DES SITES (RES)

726.- Le droit international de l'environnement met à la charge des opérateurs, publics ou privés, une obligation générale de remise en état des sites pétroliers et de précaution dans la conduite des opérations pétrolières. Ces obligations fondamentales sont reconnues explicitement par le Cameroun, qui les a transposées dans sa législation sur l'environnement[956]. L'article 9 de cette loi camerounaise dispose en effet que : « Le principe de précaution, selon lequel l'absence de certitudes, compte tenu des connaissances scientifiques et techniques du moment, ne doit pas retarder l'adoption des mesures effectives et proportionnées visant à prévenir un risque de dommages graves et irréversibles à l'environnement à un coût économiquement acceptable ». En outre, le droit camerounais prévoit un régime spécial de responsabilité objective pour les dommages résultant des activités d'exploitation des hydrocarbures et des substances dangereuses[957].

727.- Cependant, les règles de droit régissant les obligations des parties sont celles contenues dans les textes contractuels fondamentaux (convention d'établissement et accord d'association), et les modifications du droit camerounais successives à l'adoption de ces textes ne peuvent pas s'appliquer en vertu de la clause de stabilisation contenue dans les conventions[958]. Or ces textes étaient vides en la matière ; de plus, les positions des parties étaient divergentes à l'origine. Le Cameroun refusait dans un premier temps de participer aux coûts RES[959], puis admettait à sa charge seulement 30 % de ces coûts, pour accepter finalement le partage à 50 % avec les sociétés pétrolières. Cet accord réalisé en mai 1999, entériné par le Comité d'Opérations du 9 juin 2000, a été confirmé devant le tribunal arbitral[960]. Toutefois il résulte de l'analyse des positions des parties que TotalFinaElf et la République du Cameroun divergent quant à l'inclusion des contributions RES dans les coûts techniques tels que ces derniers sont prévus dans les convention et accord comptable annexé au contrat d'association.

728.- Le tribunal a examiné cette divergence et a donné sa solution. La sentence arbitrale du 23 janvier 2003[961], méconnaissant la différence fondamentale entre une provision et une épargne[962], a décidé que les contributions RES sont des coûts techniques au sens de la convention d'établissement et de l'accord comptable annexé au contrat d'association. Elles deviennent par conséquent des charges opérationnelles imputables sur la rente minière[963]. La même sentence fixe les modalités

[956] Loi camerounaise n° 96/12 du 5 août 1996, précitée.
[957] Loi camerounaise n° 96/12 du 5 août 1996, précitée, art. 77 et 78.
[958] V. supra, n° 165.
[959] A juste titre, en vertu du droit international de l'environnement qui les met à la charge des opérateurs.
[960] Tribunal arbitral constitué par Professeur Andrea Giardina président, Maître Paul-A. Gélinas arbitre désigné par la partie demanderesse, Maître Marlène Breslau-Bertoncini arbitre désigné par la partie défenderesse.
[961] Sentence arbitrale dans l'affaire Totalfinaelf contre République du Cameroun, précité.
[962] V. supra, n° 474 ss.
[963] V. supra, n° 442.

de constitution et de gestion de l'épargne nécessaire pour assurer la RES quand la production sera terminée[964].

C - CONSTITUTION ET EVALUATION DES CONTRIBUTIONS POUR REMISE EN ETAT DES SITES (RES)

729.- Aucune autre loi n'a encore été prise à ce propos, mais au Cameroun, la sentence est exécutée, tel qu'on peut le lire dans les DSF de certaines sociétés pétrolières (TotalfinaElf et Pecten notamment) depuis l'exercice allant du 1er juillet 1999 au 30 juin 2000. Dans le cas de Pecten Cameroon Company par exemple, on lit :

1) **Exercice 1999/2000** : 6 741 900,00 USD[965]. C'est le premier exercice au cours duquel la contribution RES est constatée en charges déductibles de l'IS. Elle figure dans la DSF sous la rubrique « *Gains on dispos. To be reinvest* », une sorte de provision pour réinvestissement, sans autre explication. C'était une subtilité qui aurait pu passer inaperçue aux yeux des inspecteurs des impôts lors de la vérification générale de comptabilité de cet exercice, menée en 2001[966].

2) **Exercice 2000/2001** : 6 631 120,70 USD[967]. A partir de cet exercice, la provision suit son alignement normal au tableau n° 6 de la DSF. De plus, l'explication apparaît clairement dans le détail des dotations aux provisions déductibles ; il s'agit bien de provisions pour remise en état des sites à la fin de l'exploitation. Le montant constaté à la ligne 2 du tableau n° 6 de l'exercice précédent apparaît ici, de manière erronée, en solde d'ouverture pour la ligne 3. Pour un bon suivi des dossiers fiscaux, nous aurions dû avoir au tableau n° 6 de l'exercice 2000/2001 :

---

[964] V. supra, n° 473.

[965] Déclaration Statistique et Fiscale (DSF) de Pecten pour l'exercice du 1er juillet 1999 au 30 juin 2000, tableau n° 6, ligne 2.

[966] Il est ressorti de la sentence arbitrale du 11 juin 1997 dans l'affaire Elf Serepca contre République du Cameroun relative à la déductibilité des dépenses d'exploration sèches que l'un des arguments qui a permis au Tribunal (composé de Pierre Lalive Président, Jean-louis Delvolvé arbitre et Martin Kirsch arbitre) de trancher en faveur de la Société vient de ce que « pour l'ensemble des permis de recherche venus à échéance définitive, c'est-à-dire n'ayant pas débouché sur une découverte commercialement exploitable, elle a toujours suivi la pratique consistant, dans la détermination de son revenu imposable, à constater l'absence de valeur des immobilisations constituées par les coûts d'exploration, c'est-à-dire à les déduire de ce revenu ». Dans son mémoire en demande du 20 décembre 1996, Elf Serepca souligne en page 2 que cette pratique n'a jamais été contestée par l'administration camerounaise, au moins jusqu'à septembre 1995. La subtilité évoquée ci-dessus aurait de ce fait créé un précédent semblable. Il convient de souligner qu'en droit français, « pour être opposables à l'administration, les décisions individuelles doivent exprimer formellement l'interprétation d'un texte. Le fait que, pour des années antérieures, lors d'une précédente vérification ou encore en établissant l'imposition primitive, le service des impôts n'ait pas relevé d'irrégularités ne constitue pas une « interprétation formelle » qui soit opposable à l'administration (CE 11-1-1988 n° 67074 RJF 3/88 n° 247).

[967] Déclaration Statistique et Fiscale (DSF) de Pecten pour l'exercice du 1er juillet 2000 au 30 juin 2001, tableau n° 6, ligne 3.

A la ligne 2, solde d'ouverture (6 741 900,00 USD) ; Reprise déductible (6 741 900,00 USD) ; Solde de clôture (00).

A la ligne 3, solde d'ouverture (00) ; Dotation déductible (6 741 900,00 USD + 6 631 120,70 USD = 13 373 020,70 USD) ; Solde de clôture (13 373 020,70 USD).

3) **Exercice 2001/2002** : 6 242 200,68 USD[968].

4) **Exercice Transitoire 2002** : 2 931 149,94 USD[969].

5) **Exercice 2003 :** 11 406 268,87 USD[970]. En ce qui concerne le passage à l'OHADA, PECTEN n'a suivi que l'alignement à l'année civile. La comptabilité reste tenue sous l'ancien système OCAM applicable dans l'UDEAC/CEMAC, telle que l'atteste la DSF établie à la fin de l'exercice. On peut comprendre que le passage à l'OHADA implique un certain coût que la société n'est pas prête à supporter[971].

6) **Exercice 2004** : 11 406 268,80 USD[972].

Dans l'ensemble, Pecten a constitué des provisions pour remise en état des sites pour un montant global de 50 557 224, 18 USD sur six ans.

730.- Bien que les provisions ci-dessus traitées aient désormais l'aval de la sentence arbitrale du 23 janvier 2003, un problème demeure. Les contributions RES sont assimilées à des charges opérationnelles imputables sur la rente minière. Cependant en vertu du chapitre III art. 1.2 de l'accord comptable, annexe B au contrat d'association[973], les charges de fonctionnement opérationnelles sont des « charges de toute nature liées directement à l'étude, la conduite et l'exécution des travaux définis dans les budgets et les programmes de travaux et correspondant à des activités déployées sur le terrain… ». Or les budgets et les programmes de travaux doivent être soumis au comité d'opérations par l'opérateur, ainsi que les modifications qui pourraient être nécessitées par un changement de circonstances[974]. Par

---

[968] Déclaration Statistique et Fiscale (DSF) de Pecten pour l'exercice du 1er juillet 2001 au 30 juin 2002, tableau n° 6, ligne 3.

[969] Déclaration Statistique et Fiscale (DSF) de Pecten pour l'exercice du 1er juillet 2002 au 31 décembre 2002, tableau n° 6, ligne 3. L'exercice transitoire est un exercice spécial de six mois qui permet d'aligner l'exercice budgétaire à l'année civile à partir du premier janvier 2003, à l'occasion du passage au droit comptable OHADA.

[970] Déclaration Statistique et Fiscale (DSF) de Pecten pour l'exercice du 1er janvier 2003 au 31 décembre 2003, tableau n° 6, ligne 3.

[971] Formation du personnel, acquisition de nouveaux logiciels, risques d'erreurs susceptibles d'aboutir à des redressements fiscaux.

[972] Déclaration Statistique et Fiscale (DSF) de Pecten pour l'exercice du 1er janvier 2004 au 31 décembre 2004, tableau n° 6, ligne 3.

[973] Contrat d'association pour les opérations de recherches et d'exploitation d'hydrocarbures au Cameroun signé le 28 février 1980 entre la République du Cameroun et PECTEN CAMEROON COMPANY.

[974] Contrat d'association pour les opérations de recherches et d'exploitation d'hydrocarbures au Cameroun signé le 28 février 1980 entre la République du Cameroun et PECTEN CAMEROON COMPANY, art. VI 3.

ailleurs, il est stipulé qu' « aucune dépense ou engagement de dépenses ne peut être fait en période de recherche ou d'exploitation, à moins d'avoir été prévue dans un budget approuvé par le comité d'opération », nonobstant les exceptions limitativement énumérées[975].

731.- Après analyse, il s'avère que les provisions pour remise en état des sites inscrites dans les diverses DSF ci-dessus mentionnées n'ont pas rempli ces formalités réservées aux charges opérationnelles. C'est un vice de forme qui voile des problèmes de fond. En effet, lorsqu'en 1997/1998 les parties ont commencé à considérer les problèmes RES, l'un des premiers aspects examinés a été celui du montant des coûts prévus pour l'opération globale de remise en état des lieux d'exploitation. Les parties ont discuté de ces coûts et les ont évalués ensemble. Après une première évaluation de la part des sociétés Pecten et TotalFinaElf, une analyse ultérieure a conduit en avril 2000 à une évaluation portant sur un montant global de 209,9 millions USD.

732.- Ce montant représente le coût global de la RES au Cameroun auquel l'Etat, TotalFinaElf et Pecten devront faire face dans les douze années à compter de l'an 2000, date de cette évaluation. En ce qui concerne les sites du Rio Del Rey, les coûts RES ont été évalués d'un commun accord en juillet 2001 à un total de 161,5 millions USD, après une estimation de 157,4 millions USD en juin 2000[976]. Les parties se sont mises ultérieurement d'accord sur le fait que les évaluations des montants des coûts globaux RES devront être constamment actualisées en fonction des variations des prix affectant les travaux et des variations des taux d'intérêt produits par les sommes épargnées. Les sommes des contributions RES dues par les parties pour chaque année de la période 2000-2011 devront être actualisées régulièrement en raison de ces variations.

733.- En rapprochant ces principes aux montants inscrits dans les DSF de Pecten présentées ci-dessus, on note que :

- Le coût global des opérations de remises en état des sites évalué en avril 2000 à 209,9 millions USD, se répartit à raison de 104,95 millions USD pour les sociétés (Total et Pecten), et 104,95 millions USD à provisionner par la République du Cameroun.

- La répartition des charges du contracteur incombant à TOTAL pour 51 % et à Pecten pour 49 %[977], la dotation globale de Pecten est cantonnée à 51,425 mil-

---

[975] Contrat d'association pour les opérations de recherches et d'exploitation d'hydrocarbures au Cameroun signé le 28 février 1980 entre la République du Cameroun et PECTEN CAMEROON COMPANY, art VII 1.

[976] Evaluation présentée par TotalFinaElf dans son mémoire en demande du 22 mars 2002, p. 14 et annexe n° 65 à ce mémoire, dans le cadre de la procédure d'arbitrage l'opposant à la République du Cameroun.

[977] Ediafric la documentation africaine, *Le pétrole et le gaz en Afrique*, 1è édition, Paris, 1983, P. 174 ; V. supra, n° 119.

lions de dollars, ce qui représente une dotation moyenne annuelle sur onze ans[978] égale à 4,675 millions USD (sauf pour l'exercice transitoire 2002 où ce montant devait être divisé par 2) ; il est en effet prévu que les travaux démarrent en 2011[979], auquel cas la provision ne peut être constituée pour cet exercice. Si l'on tient compte de cette linéarité, le montant des contributions RES cumulé au 31 décembre 2004 devrait être au maximum de 25,713 millions USD. Ceci équivaudrait à un excès de provisions cumulé de 24,844 millions USD, représentant une sous évaluation de l'IS de 12,082 millions USD (près de 6 milliards de FCFA avec une parité de 490 FCFA/USD au 31 décembre 2004[980]).

- Cependant, il est prévu dans la sentence que « les prévisions des contributions RES pour les douze années, 2000-2011, sur lesquelles les parties ont montré leur accord au tribunal, et que chacune des parties déclare avoir déjà épargné pour les années fiscales 1999/2000, 2000/2001 et 2001/ 2002, consistent en des montants qui diminuent progressivement »[981]. La sentence prône ainsi des dotations dégressives de la contribution RES sans donner le coefficient à appliquer pour y arriver. Pourtant, nous avons observé qu'en 2003 et 2004, Pecten a presque doublé le montant de ses dotations aux provisions pour RES.

734.- Dans tous les cas et quelle que soit l'hypothèse retenue, les contributions RES de Pecten au 31 décembre 2004 sont excessives, et entraînent une distraction de l'IS. Il aurait été intéressant de rapprocher ces provisions à l'épargne constituée à cette même date ; cette dernière information n'a pas été disponible. Par contre, les dotations aux provisions RES comptabilisées par Total étaient en étroite harmonie avec les dispositions de la sentence arbitrale. Le tableau n° 36 ci-après présente ces dotations après avoir arrêté les hypothèses de travail, notamment :

- Calcul en Années Civiles		
- Travaux de Remise en Etat des Sites en US$ 2002 =	165,00	M$
- Travaux de Remise en Etat des Sites en US$ courants =	205,16	M$
- Taux d'Inflation =	0,02	
- Date de Réalisation des Travaux RES =	2013	
- Provision RES Comptabilisée au 31/12/2001 =	41,00	M$

735.- La détermination du coût des travaux de remise en état des sites en US$ courants découle d'une actualisation du montant initial par rapport au taux d'inflation estimé à 2 %. Seule la date de réalisation des travaux ne correspond pas aux dispo-

978 Période de 2000 à 2010.
979 Sentence arbitrale du 23 janvier 2003, précitée, p. 68.
980 En réalité, ce montant doit être ajusté pour chaque exercice avec la parité à la date de clôture dudit exercice.
981 Sentence arbitrale du 23 janvier 2003, précité, p. 44.

sitions de la sentence. Celle-ci fixe le début de réalisation des travaux en 2011. Ici 2013 correspond sans doute à la fin des travaux de remise en état des sites. Or nous l'avons dit, les provisions doivent être entièrement constituées au moment où les travaux démarrent. Les montants de dotations ci-après subiront de ce fait de légers changements. Ce tableau a en outre le mérite de présenter le calcul des dotations aux provisions RES dans l'ensemble, avant de procéder à leur répartition entre les trois partenaires, au prorata de leur participation. Il confirme le caractère excessif des dotations aux provisions RES effectuées par Pecten, et que nous avons relevé ci-dessus.

Tableau n° 36 : Mode de calcul des provisions RES par Total, de 2001 à 2008

ELEMENTS	2001	2002	2003	2004	2005	2006	2007	2008
Coefficient d'Inflation (2 % par An)		1,000	1,020	1,040	1,061	1,082	1,104	1,126
Taux d'actualisation (2 % par An) (4)		0,804	0,820	0,837	0,853	0,871	0,888	0,906
Travaux RES 100 % en US$ 2002								
Travaux RES 100 % en US$ Courants (5)								
Production en Mbbls (1)		13,0	12,0	9,9	7,9	6,2	4,5	3,0
Réserves restantes en Mbbls (2)		62,3	49,3	37,3	27,4	19,5	13,3	8,8
Coefficient Unity of Production (1) / (2) = (8)		**20,8 %**	**24,4 %**	**26,6 %**	**28,8 %**	**31,7 %**	**33,6%**	**33,5%**
Travaux RES 100 % actualisés (5) * (4) = (6)		165	168	172	175	179	182	186
Base de calcul de la dotation provision RES n = (6) - (7) = (9)		124	101	80	62	48	36	28
Dotation Provision RES n = (9) * (8)		**26**	**25**	**21**	**18**	**15**	**12**	**9**
dont *SNH* *50,0 %*		*13*	*12*	*11*	*9*	*8*	*6*	*5*
Total *25,5 %*		*7*	*6*	*5*	*5*	*4*	*3*	*2*
Pecten *24,5 %*		*6*	*6*	*5*	*4*	*4*	*3*	*2*
Provision RES au 31/12/n (7)	41	67	92	113	131	146	158	167
Reprise de Provision au 31/12/n								

Source : Direction Financière de Total Exploration Production Cameroun, 2005

736.- Au Congo, un Comité d'Evaluation des Provisions pour Réhabilitation des Sites a été institué et rattaché au Comité de Gestion[982]. Il est chargé « d'examiner, pour recommandation au dit comité de gestion :

- les programmes de travaux d'abandon et l'estimation de leurs coûts ;
- le calcul des provisions pour remise en état des sites ;
- le calcul du montant correspondant aux produits financiers générés par les provisions pour remise en état des sites, ainsi qu'une recommandation d'affectation desdites provisions. Il est convenu entre le Congo et le contracteur que les provisions constituées non placées dans un organisme tiers mais conservées dans la trésorerie de la société constituante ou de celle de ses affiliés, sont réputées avoir généré des produits financiers au Taux de Référence + 0,2 %. « Taux de Référence » signifie le taux d'intérêt interbancaire LIBOR à 1 mois sur l'US$, tel que publié sur « TELERATE » à la page « 3750 » à 11 heures 00 minutes (heure de Londres), ou toute autre page de substitution, 2 jours ouvrables avant le jour du tirage ou du renouvellement (avec arrondi au 1/16ème de 1 % l'an supérieur si nécessaire) »[983].

737.- Cependant nous avons montré que la provision pour remise en état des sites n'est en définitive supportée que par la République du Congo. Les entités composant le contracteur récupèrent la perte induite par la constitution de cette provision dans la production nette[984]. Ce principe est repris par le texte de l'avenant[985]. Les intérêts qui seront calculés suivant le mode ainsi arrêté constitueront des produits non justifiés pour le contracteur. Ceci est d'autant plus flagrant qu'en vertu de l'article 5.8 nouveau du contrat, « l'Opérateur calculera, conformément aux dispositions de l'article 4.9 et ce à partir du 1er janvier 2003, le montant des produits financiers notionnels de l'année écoulée générés par les provisions constituées pour couvrir à terme les travaux d'abandon. Ce montant sera réputé correspondre à une provision pour remise en état des sites… ».

738.- Par ailleurs, le Comité d'Evaluation des Provisions pour Réhabilitation des Sites est composé de représentants (un titulaire et un suppléant) du contracteur et du Congo. Ce comité se réunira selon une périodicité qu'il aura déterminée d'un commun accord. Conformément à l'article 4.9 nouveau du contrat, « les coûts du

---

982 Avenant n° 1 du 10 juillet 2003 au contrat de partage de production signé le 22 juillet 1995, en application de l'avenant n° 8 à la convention d'établissement du 17 octobre 1968 entre la République du Congo, Elf-Congo et Agip R. Congo, approuvé par la loi n° 25-2003 du 7 octobre 2003.

983 Contrat de partage de production entre la République du CONGO, Elf Congo et AGIP Recherches Congo, du 23 novembre 1995, relatif aux permis issus de l'ancien permis de recherches de PNGF, art. 4.9 nouveau, suivant avenant n° 1 du 10 juillet 2003.

984 V. supra, n° 479.

985 Contrat de partage de production entre la République du CONGO, Elf Congo et AGIP Recherches Congo, du 23 novembre 1995, relatif aux permis issus de l'ancien permis de recherches de PNGF, art. 6.7 nouveau, suivant avenant n° 1 du 10 juillet 2003.

contracteur relatifs à la participation de ses représentants et au fonctionnement du Comité d'Evaluation des Provisions pour Réhabilitation des Sites seront supportés par le contracteur et constitueront un coût pétrolier ». Cette disposition n'aurait rien de choquant, si elle transformait en coûts pétroliers l'ensemble des coûts relatifs à la participation de tous les représentants et au fonctionnement du Comité d'Evaluation. Or elle limite ce traitement aux seuls coûts supportés par le contracteur.

739.- Sachant que les coûts pétroliers ont un effet direct sur la Rente Minière et son partage, ce mécanisme a pour finalité de faire supporter à la République du Congo non seulement les coûts normaux de ses représentants et sa quote-part de coûts de fonctionnement du Comité d'Evaluation des Provisions pour Réhabilitation des Sites, mais également une quote-part de ces mêmes coûts normalement imputables au contracteur. Il en découle un déséquilibre important dans l'économie du contrat. Au regard des analyses qui précèdent, il convient de procéder à une requalification des contributions pour Remise en Etat des Sites (RES).

740.- L'examen des règles fiscales régissant les opérations pétrolières nous permet de comprendre les aménagements apportés à la réglementation fiscale de référence des divers Etats. Certains de ces aménagements corrigent des erreurs constatées tant par les sociétés que par les Etats ; d'autres encore exploitent ou anticipent un évènement. Cependant, on relève toujours de nombreuses lacunes dont certaines leur sont communes, dans la réglementation fiscale pétrolière des Etats. De même, cette réglementation comporte d'importantes omissions qu'il convient de combler. Nous envisageons de le faire à travers l'évaluation et l'analyse des perspectives de la fiscalité pétrolière dans le cadre de la CEMAC (Titre II).

TITRE II

EVALUATION ET PERSPECTIVES DE LA FISCALITE PETROLIERE DANS LE CADRE DE LA CEMAC

741.- Chacun des six Etats que nous avons étudiés a apporté des aménagements à sa réglementation fiscale pétrolière de référence. Les objectifs communs recherchés étaient :

- une plus grande incitation à la recherche et à l'exploration ;
- un relèvement sensible de la production et des finances publiques.

Il s'agit maintenant de voir dans quelle mesure ces objectifs ont été réalisés. Pour ce faire, nous allons analyser l'impact des réformes entreprises par chaque Etat (Chapitre 1). Une fois cette analyse achevée, nous aurons complété notre base d'indicateurs objectivement vérifiables, nécessaires pour envisager une harmonisation entre les six Etats de la CEMAC (Chapitre 2).

CHAPITRE 1

ANALYSE DE L'IMPACT DES REFORMES ENTREPRISES PAR CHAQUE ETAT

742.- Les aménagements apportés par chaque Etat à la législation fiscale de référence devaient avoir des effets d'une part sur la recherche et l'exploration (Section 1), d'autre part sur la production et les finances publiques (Section 2).

Section 1 : Sur la recherche et l'exploration

743.- Les réformes ont été variées à travers les Etats. De la même manière, leurs effets sur la recherche et l'exploration sont divers d'un Etat à l'autre. Alors qu'elle reste timide au Cameroun (§1), la relance des activités de recherche est réelle au Congo (§2). Au Gabon, les mesures d'incitation prises demeurent sans fruit réel (§3) ; la Guinée Equatoriale quant à elle attire de nouveaux investisseurs, ce qui aboutit à une diversification des partenaires (§4). C'est la situation inverse au Tchad, où la recherche semble monopolisée par le seul consortium (§5) à qui des avantages ont été taillés sur mesure. Enfin, après les va et vient enregistrés dans sa législation, on notera un sursaut d'intérêt pour la République Centrafricaine (§6).

§1 : Une relance timide de la recherche au Cameroun

744.- Depuis plusieurs années, la recherche et l'exploration pétrolières étaient marquées par un manque d'intérêt des sociétés pétrolières, qui trouvaient le système fiscal assez dur. Un certain nombre de mesures d'incitations avaient été prises par le gouvernement pour remédier à ce désintéressement[986]. Ces mesures étaient estimées insuffisantes par les compagnies pétrolières, ce qui a finalement amené le gouvernement à reformer le cadre législatif et réglementaire du secteur pétrolier amont ; le code pétrolier a finalement été promulgué en décembre 1999[987]. Depuis lors, quelques permis de recherches ont été attribués.

745.- C'est ainsi que le 3 septembre 2002[988], un permis de recherche valable pour hydrocarbures liquides et gazeux, appelé permis NTEM, a été attribué à l'association entre la République du Cameroun et le groupement de sociétés :

---

[986] V. supra, n° 322 ss.

[987] Loi n° 99/013 du 22 décembre 1999 portant code pétrolier au Cameroun.

[988] Décret camerounais n° 2002-225 du 03 septembre 2002 portant institution d'un permis de recherche valable pour hydrocarbures liquides et gazeux.

SNH/FUSION OIL & GAS NL. Ce permis est issu du découpage du bassin de Douala/Kribi/Campo. Si la recherche est concluante, elle devrait aboutir à la concrétisation du premier contrat de concession tel que prévu par le nouveau code pétrolier[989]. Deux autres contrats ont été signés l'un avec la société américaine RSM Production corporation sur LOGBABA, et l'autre avec le consortium Addax/Tullow, sur NGOSSO[990]. Entre avril et juin 2006, quelques campagnes d'acquisition sismiques 3D et de forages ont été réalisées par les opérateurs Euroil et total E&P dans le bassin du Rio Del Rey[991].

746.- Le 4 avril 2005, le premier contrat de partage de production sous l'égide du code pétrolier a été signé entre la République du Cameroun représentée par la SNH et les sociétés Total E & P Cameroun et Pecten Cameroun Company[992]. Ce contrat, qui porte sur le bloc Dissoni, dans le bassin du Rio Del Rey, fait suite aux négociations entamées depuis février 2004. Les travaux d'exploration du bloc de Dissoni devraient vraisemblablement confirmer « le potentiel des thèmes d'exploration profonds, moins connus et plus risqués ». A l'occasion de la cérémonie de signature de ce contrat, l'Administrateur Directeur Général de la SNH affirmait que « par les perspectives intéressantes qu'il offre au plan pétrolier comme au plan gazier, le bloc Dissoni permet au Cameroun d'envisager l'avenir pétrolier du bassin du Rio Del Rey avec un réel optimisme »[993].

747.- Ce contrat devrait aboutir, dans les trois prochaines années (première période de validité du permis de recherches), à la mise en production de la découverte de Dissoni[994]. Cependant, en exploitant les dispositions de l'article 11.9 du même contrat, la mise en production serait intervenue seulement quelques mois après la signature du contrat. La Déclaration Statistique et Fiscale (DSF) de TOTAL E&P Cameroun pour l'exercice 2005 laisse en effet apparaître un léger bénéfice sur le Contrat Dissoni de 4 264,90 US$[995]. Cependant à la SNH, on persiste à dire qu'il n'y a pas eu de production sur ce contrat en 2005, mais plutôt une découverte d'huile sur le puits d'exploration Marine-2 en 2006[996].

748.- Certains responsables de TOTAL E&P qui avaient initialement confirmé cette mise en production semblent se remettre en cause. Ils prétendent que la situa-

---

[989] Au sens de la loi camerounaise du 22 décembre 1999, le permis de recherche valable pour hydrocarbures est rattaché à une concession art. 1er g) et r). Par ailleurs, l'article 11 (1) dispose que « le contrat pétrolier, négocié et signé pour le compte de l'Etat par le gouvernement ou tout établissement public mandaté à cet effet, entre en vigueur dès sa signature par les parties. Toutefois, s'il s'agit d'un contrat de concession, le permis de recherche correspondant est octroyé par décret. La date de prise d'effet du contrat de concession est réputée être celle de l'octroi du permis de recherche ».
[990] SNH INFO NEWS, n° 013 juin 2003, p. 9.
[991] SNH INFO NEWS, n° 021 août 2006 (paru en 2007), p. 5.
[992] *La Lettre de la Bourse* (Douala-Cameroun), n° 029 du 7 avril 2005, p. 10 ; TOTAL, Document de référence 2005, p. 22.
[993] *Le Messager* (Douala-Cameroun) du 5 avril 2005, p. 4.
[994] Contrat de partage de production DISSONI du 4 avril 2005 entre la République du Cameroun, TOTAL E&P Cameroun et PECTEN Cameroon Company LLC, art. 4.1.1.
[995] DSF Total E&P Cameroun exercice 2005, tableau n° 22, ligne 31 bis.
[996] SNH INFO NEWS, n° 021 août 2006 (paru en 2007), p. 3.

tion de la DSF de l'exercice 2005 traduirait simplement une reprise de charge, une correction comptable. Or une reprise de charge ne saurait être supérieure aux charges réellement constatées, au point d'aboutir à un bénéfice dont la détermination est réglementée[997]. Dans la présentation de ses activités du secteur amont pour l'exercice 2006, TOTAL affirme que *Dissoni deltaïque devrait entrer en production fin 2008*[998]. Il ajoute par ailleurs que le puits d'appréciation DIM 2 sur Dissoni deltaïque a permis de confirmer l'intérêt du développement de ce gisement. Un forage profond (Njonji) devrait être réalisé en 2007 sur la thématique turbiditique de ce permis[999].

749.- Il est probable que les chiffres contenus dans la Déclaration Statistique et Fiscale (DSF) de TOTAL E&P Cameroun pour l'exercice 2005, évoqués ci-dessus, aient reflété l'activité qu'a engendrée le brut tiré des puits d'appréciation[1000]. Début 2006, TOTAL s'est vu attribuer, par le gouvernement du Cameroun, 100 % du bloc d'exploration de Bomana dans le bassin offshore du Rio Del Rey[1001]. Ceci a abouti à la signature du contrat de partage de production Bomana durant la même année[1002]. Par contre, les blocs du PH 60 et PH 59, opérés à 50 % par TOTAL, ont été rendus à leur échéance finale en août 2006[1003].

§2 : Une réelle relance des activités de recherche au Congo

750.- De nombreux efforts ont été déployés en matière de recherche et développement, en particulier dans l'offshore très profond. C'est ainsi qu'Agip débuta l'exploration du gisement offshore Kitina (permis Marine Sud VII) en décembre 1997, à partir d'un puits unique débitant jusqu'à 5 300 barils/jour. Les réserves récupérables sont estimées à 145 millions de barils et 11 puits supplémentaires sont prévus[1004]. En février 2000, Marathon Oil Company (Marathon) a acquis 15 % d'intérêts de TotalFinaElf sur le permis Mer Profonde Nord[1005], renforçant ainsi sa présence dans le golfe de Guinée. En avril 2000, Chevron a acquis 15 % d'intérêts sur le permis Mer Profonde Sud, situé en offshore à 50 miles dans les profondeurs d'eau de plus de 1700 m à 2000 m[1006]. Les permis congolais Mer Profonde Sud et Haute Mer sont contigus au bloc 14 angolais (détenu par Chevron Texaco, opérateur) contenant un nombre important de grandes découvertes dont celle du champ Kuito, qui produit de l'huile depuis le 15 décembre 2001. Les gouvernements

---

997 V. supra, n° 422 ss.

998 TOTAL, Document de référence 2006, p. 22.

999 TOTAL, Document de référence 2006, p. 22.

1000 Cette activité ne fait l'objet d'aucune réglementation.

1001 TOTAL, Document de référence 2005, p. 22.

1002 Contrat de partage de production BOMANA du 14 mars 2006 entre la République du Cameroun et TOTAL E&P Cameroun, précité.

1003 TOTAL, Document de référence 2006, p. 22.

1004 Congovision e-Business 2003, « *Le pétrole au Congo et dans le monde* », www.congopetrole.com, p. 8.

1005 Congovision e-Business 2003, « *Le pétrole au Congo et dans le monde* », www.congopetrole.com, p. 8.

1006 Congovision e-Business 2003, « *Le pétrole au Congo et dans le monde* », www.congopetrole.com, p. 8.

congolais et angolais ont signé un accord sur l'exploitation commune des zones frontalières incluant le chevauchement Bloc 14 / Haute Mer[1007].

751.- En février 2001, Anadarko a acquis 37,5 % d'intérêts (ainsi que le droit d'opérateur) de Santa Fe Energy sur le permis Marine IX[1008]. En juillet 2001, Heritage a annoncé une découverte sur le puits d'exploration M'boundi dans l'Est congolais. Le même mois Agip a annoncé la mise en production du champ offshore Foukanda dans lequel il détient 65 % des parts trois ans après sa découverte, avec une production de 12 000 barils par jour[1009]. Les activités sur le domaine minier au cours de la période 2003 à 2005 ont conduit à des prorogations successives de la première période de validité du permis d'exploration Mer Très Profonde Sud, avec une nouvelle échéance en Mai 2006 et l'attribution du permis d'exploration Haute Mer C en 2003[1010].

752.- En septembre 2004, Total a annoncé la localisation d'un gisement sur le permis MTPS (Mer Très Profonde Sud), obtenu en mai 1997 et situé à quelques 200 kilomètres au sud-ouest de Pointe-Noire. Selon les tests effectués à partir du forage du puits Pégase Nord Marine 1, son débit dépasserait les 14 000 barils par jour. L'évaluation précise du gisement et de son potentiel se poursuit[1011]. Avec le puits Pégase, Total effectue sa deuxième découverte sur le permis MTPS, après celle d'Andromède, réalisée en mai 2000[1012]. Ces deux puits pourraient contribuer à la formation d'un nouveau pôle de développement dans l'offshore profond congolais. En 2005, une découverte a été réalisée par Total sur le permis Haute Mer C avec le puits d'exploration Boatou 3[1013]. L'année 2006 a été marquée par des découvertes sur les permis Mer Très Profonde Sud et Moho-Bilondo, projet dont la phase 1 de développement avait été lancée en 2005, pour une mise en production au premier semestre 2008[1014].

§3 : Des incitations à l'exploration sans fruit réel au Gabon

753.- En 1996 Elf Gabon a obtenu quatre permis : Akori et Sika (offshore), Mikoumé et Mpaga (à terre). Mais en 1997, la filiale a restructuré son domaine minier, dont la superficie a baissé de près de 30 %. Les blocs 4 et 12 ont été rendus et Elf n'a pas demandé le renouvellement du permis Apari Marin et des blocs 3, 7 et 9[1015]. C'est ce qui avait amené le gouvernement à préparer pour 1998 son huitième

[1007] Congovision e-Business 2003, « *Le pétrole au Congo et dans le monde* », www.congopetrole.com, p. 8.
[1008] Congovision e-Business 2003, « *Le pétrole au Congo et dans le monde* », www.congopetrole.com, p. 9.
[1009] Congovision e-Business 2003, « *Le pétrole au Congo et dans le monde* », www.congopetrole.com, p. 9.
[1010] TOTAL, Document de référence 2005, p. 22.
[1011] Jeune Afrique *l'intelligent*, Hors Série n° 8, *l'état de l'Afrique 2005*, p. 202.
[1012] Jeune Afrique *l'intelligent*, Hors Série n° 8, *l'état de l'Afrique 2005*, p. 202.
[1013] TOTAL, Document de référence 2005, p. 22.
[1014] TOTAL, Document de référence 2006, p. 22s.
[1015] Pétrole informations, n° 1733, avril – mai 1998, « *Gabon : Pas de découverte depuis huit ans* », p. 28.

appel d'offres pour les permis d'exploration surtout pour l'offshore profond. Parallèlement, le Gabon souhaitait une diversification de ses partenaires. Cela a commencé à se concrétiser avec l'arrivée de plusieurs indépendants : Vanco, Perenco, Chauvco, Energy Africa.

754.- En fin 2003, vingt sociétés opèrent dans le secteur des hydrocarbures ; parmi elles, quatorze font uniquement de l'exploration. Le bassin sédimentaire gabonais couvre une superficie de 250 000 km2, dont 20 % onshore et 80 % offshore. Une bonne moitié reste à attribuer. 80 % du domaine pétrolier terrestre l'a été. A l'inverse, 40 % du domaine maritime sont encore susceptibles d'être mis aux enchères[1016]. Mais au-delà de deux cents (200 m) mètres de profondeur, les grandes compagnies sont les seules à disposer du savoir-faire et des capacités financières pour se lancer dans l'exploration. En tenant compte des potentialités de l'*ultradeep offshore* (plus de 1000 mètres de profondeur), zone susceptible de receler les gisements les plus importants, il resterait entre 3 milliards et 3,5 milliards de barils de réserves prouvées et probables au Gabon[1017]. Il n'y a donc pas de quoi s'affoler dans l'immédiat, mais pas non plus de quoi pavoiser.

755.- En effet, de l'avis des spécialistes, les blocs les plus prometteurs, les plus susceptibles de recéler des gisements majeurs, se situent en mer très profonde (plus de 1 000 m). Le coût d'un puits d'exploration dépasse la dizaine de millions de dollars et il faut en moyenne entre quatre et sept tentatives pour tomber sur un champ intéressant. Par ailleurs, le développement de l'offshore profond ne se justifie économiquement que si les réserves estimées sont très importantes, supérieures en tout cas à 100 millions de barils[1018]. Le Ministre gabonais des mines, de l'énergie et du pétrole a signé avec la société sud-africaine Sasol, en mai 2003, un contrat pour l'exploration du champ « Dussafu ». Situé au sud du Gabon à la frontière congolaise, ce champ pourrait receler entre 22 et 70 millions de barils de réserves récupérables[1019].

756.- Cette zone explorée à maintes reprises dès 1968 n'avait pas alors révélé d'intérêt commercial ; mais le recours à des technologies maintenant disponibles pourrait justifier une exploitation. Pourtant les recherches entreprises au large du Gabon et du Congo-Brazzaville, deux pays situés au nord de l'estuaire sous-marin du fleuve Congo, sont décevantes jusqu'en 2004. Le permis d'exploration Olonga détenu par Total a été rendu en 2006[1020]. L'Angola et la Guinée Equatoriale ont été mieux servis par le destin, et leurs eaux territoriales se sont révélées être de véritables éponges à pétrole. Résultat : les Majors ont recentré l'essentiel de leurs activi-

---

[1016] Jeune Afrique *l'intelligent*, n° 2296 du 09 au 15 janvier 2005, « *Gabon : Pétrole, déclin différé* », p. 100.

[1017] Jeune Afrique *l'intelligent*, Hors Série n° 8, *l'état de l'Afrique 2005*, p. 207.

[1018] Jeune Afrique *l'intelligent*, n° 2296 du 09 au 15 janvier 2005, « Gabon : Pétrole, déclin différé » p. 101.

[1019] Fiche de la Mission Economique de Libreville réalisée en décembre 2003, « Le secteur du pétrole au Gabon », p. 4/8.

[1020] TOTAL, Document de référence 2006, p. 23.

tés dans ces deux pays, où les découvertes se succèdent à un rythme effréné depuis une demi douzaine d'années.

§4 : La diversification des partenaires en Guinée Equatoriale

757.- Les compagnies américaines ont pris une longueur d'avance et sont les grands gagnants de la course à l'extraction des hydrocarbures. L'exploitation est dominée par Exxon Mobil (80 % sur le champ de Zafiro), suivie de Amerada Hess (11 % sur le champ de ceiba) et Marathon Oil (9 % sur le champ d'Alba)[1021]. Mais le pétrole équato-guinéen attire de nouveaux « aventuriers », comme le malais Petronas ou l'espagnol Repsol, à la recherche de gisements rentables. Ce dernier a racheté en novembre 2002 le dernier permis d'exploration de Total[1022]. D'autres compagnies d'Australie, de Norvège et de Suisse sont en phase d'exploration et attendent de découvrir des gisements rentables avant de commencer la production[1023]. Les eaux de la Guinée Equatoriale détiennent, en 2003, le record mondial (avec l'Angola) du plus grand nombre de permis de recherche pétrolière en-cours ; elles pourraient permettre à ce pays de devenir d'ici à 2020, le troisième producteur africain de brut et premier dans la CEMAC[1024]. La France a laissé le soin à ses concurrents d'exploiter le potentiel du pays.

§5 : La recherche effrénée par le seul consortium au Tchad

758.- Depuis 2001, le consortium de compagnies a recherché de nouvelles ressources pétrolières dans le sud du Tchad, et les premiers résultats paraissent prometteurs. Au titre des accords existant que le consortium pétrolier et le gouvernement ont signé avec le groupe de la banque mondiale, le développement des nouvelles ressources pétrolières à transporter par l'oléoduc devra se conformer aux principes du Plan d'Aménagement Environnemental (PAE) qui avait été rédigé pour le projet initial. Le 15 janvier 2003, un permis exclusif de recherche d'hydrocarbures liquides et gazeux a été octroyé au consortium[1025]. Ce permis représente les 80 % du permis déjà octroyé le 08 mars 1999[1026]. Ce dernier et le Tchad ont signifié leur intention de négocier une nouvelle convention pour l'exploration pétrolière. Dans ce contexte les autorités tchadiennes ont demandé à pouvoir utiliser les fonds du projet de développement pétrolier, financés par l'IDA, pour acheter les services de conseillers techniques et juridiques qui pourraient renforcer la position du Tchad

---

[1021] Jeune Afrique *l'intelligent*, Hors Série n° 8, *l'état de l'Afrique 2005*, p. 209.

[1022] Jeune Afrique *l'intelligent,* n° 2302 du 20 au 26 février 2005, « Guinée Equatoriale, du pétrole… Et demain ? » p. 53.

[1023] Jeune Afrique *l'intelligent*, Hors Série n° 8, *l'état de l'Afrique 2005*, p. 209.

[1024] Le Monde diplomatique, janvier 2003, « Une priorité géostratégique - Offensive sur l'or noir africain », p. 19.

[1025] Décret tchadien n° 010/PR/MP/2003 du 15 janvier 2003 portant octroi d'un permis exclusif de recherche d'hydrocarbures liquides et gazeux au consortium Esso E & P Chad Inc., Petronas Carigali Chad E & P Inc., et Chevron Petroleum Chad Company Ltd. Ce permis est accordé pour une période de cinq ans renouvelable une fois, à compter du 03 février 2004.

[1026] Décret tchadien n° 087/PR/MMEP/99 du 8 mars 1999 portant octroi d'un permis exclusif de recherche d'hydrocarbures liquides et gazeux au consortium

dans ces négociations. La banque a donné son accord au regard de l'importance de ces négociations pour le Tchad.

759.- En mai 2004, le gouvernement a signé une nouvelle convention de recherche et d'exploitation avec le consortium en charge de Doba, qui s'engage à forer cinq nouveaux puits en cinq ans[1027] ; les explorations s'étendent jusqu'au nord du lac Tchad[1028]. En effet, cette nouvelle convention permet au consortium de mener des activités de recherches, d'exploitation et de transport des hydrocarbures dans la zone du Chari Ouest et Est, dans la zone de Doba, du Salamat et le Bassin du Lac Tchad. Elle est soustraite de la procédure normale de ratification et reste au niveau de l'exécutif qui l'a ratifiée par voie d'ordonnance. Sachant que la législation minière n'a pas évolué, et au regard des amendements apportés par voie législative à la précédente convention tel que nous l'avons montré[1029], la nouvelle convention est d'une étroite ressemblance avec la précédente, du moins en ce qui concerne les dispositions fiscales.

§6 : Un sursaut d'intérêt pour la République Centrafricaine

760.- La société américaine Grynberg Petroleum a obtenu depuis l'année 2000, un permis de 13,7 millions d'acres longeant toute la frontière centrafricano-tchadienne. Pour développer son permis, Grynberg Petroleum s'est associé à SINOPEC et KOSMOS ENERGY, après avoir obtenu un financement de US$ 300 millions de deux fonds d'investissements, Warburg Pincus et Blakestone Group[1030].

Section 2 : Sur la production et les finances publiques

761.- L'impact des réformes sur la production et les finances publiques varie également d'un Etat à l'autre. Après l'avoir analysé au Cameroun (§1), au Congo (§2), au Gabon (§3), en Guinée Equatoriale (§4) et au Tchad (§5), nous dégageons le rendement fiscal à la tonne de brut produite dans les Etats membres de la CEMAC (§6).

§1 : Au Cameroun

762.- Il nous a semblé opportun de distinguer ici les impacts sur la production (A) de ceux sur les finances publiques (B).

A - LA PRODUCTION

763.- Parmi les impacts sur la production, nous avons retenu une production qui tarde à se relever (a) et des attentes mal comblées sur Ebome (b).

[1027] Convention du 10 mai 2004 entre la République du Tchad et le consortium, précitée.
[1028] Jeune Afrique *l'intelligent*, Hors Série n° 8, *l'état de l'Afrique 2005*, p. 87.
[1029] V. supra, n° 312s.
[1030] Bulletin de l'APPA, décembre 2005, p. 52.

a) une production qui tarde à se relever

764.- Depuis plus d'une décennie, la courbe de production de brut du Cameroun est rentrée dans une phase descendante, après avoir atteint son apogée en 1985 avec un niveau de 9,161 millions de tonnes[1031]. En 2000, la production avait chuté à 4,5 millions de tonnes. Elle est successivement passée à 4,1 millions de tonnes en 2001, 3,8 millions de tonnes en 2002, 3,5 millions de tonnes en 2003[1032], 3,2 millions de tonnes en 2004 et 3000 millions de tonnes en 2005[1033], soit des baisses relatives et respectives de 8,8 %, 9,7 % et 5,4 %[1034]. Ces baisses découlent néanmoins de la conjugaison de plusieurs facteurs : La mise en production, en août 2005, du champ de Bakingili découvert en 2004[1035], le vieillissement de certains champs dans le Rio Del Rey, et l'entrée en production de petits champs dits marginaux, à l'instar du gisement d'Ebome. En 2006, la zone Mike opérée par Pecten a enfin été mise en production[1036]. Trois puits y ont été forés entre le 28 février et le 25 juin 2006 ; ils produisent 2 620 Bbl/j[1037]. Ces trois puits portent à huit le nombre de nouveaux puits mis en production au cours du premier semestre 2006[1038]. Quatre concessions ont été renouvelées en avril 2006 pour vingt-cinq ans : Bavo-Asoma, Kita-Edem, Sandy Gaz et Mokoko-abana[1039]. La production pourrait ainsi remonter progressivement à partir de 2006.

b) Des attentes mal comblées sur Ebome

765.- Le Contrat d'association EBOME a été signé le 17 mai 1996 entre la SNH, PERENCO CAMEROON et MOBIL PRODUCING CAMEROON INC, avec un partage particulier de la production distinguant la phase A de la phase B[1040]. Le modèle du contrat initial prévoyait un taux de récupération des réserves de 37 %. Pour un volume d'huile en place initialement de 45,2 millions de barils pour l'ensemble des réservoirs du R2, cela équivaut à une récupération de 16,7 millions de barils[1041]. Se basant sur ce raisonnement, les réserves récupérables sont estimées

[1031] Comité Professionnel Du Pétrole, *Pétrole 88 éléments statistiques,* p. E16

[1032] Comité Professionnel Du Pétrole, *Pétrole 2003 éléments statistiques,* p. E14. ; v. supra, tableau n° 5, p. 31.

[1033] Comité Professionnel Du Pétrole, *Pétrole 2005 éléments statistiques,* p. E14. ; v. supra, tableau n° 5, p. 31.

[1034] Ces valeurs relatives sont déterminées par nous-mêmes à partir des variations dégagées d'une année à l'autre.

[1035] TOTAL, Document de référence 2005, p. 22.

[1036] Le prospect Mike, dont les réserves sont estimées à 22,8 millions de barils, avait été découvert par l'opérateur Pecten en 2003, sur la concession Mokoko Abana. Mais en raison, officiellement, de quelques incertitudes sur l'évaluation des réserves, puis de l'indisponibilité des appareils de forage, le développement de ce prospect a été retardé. L'autre raison de ce retard pourrait provenir de ce qu'à cette date, le gouvernement et les sociétés pétrolières ne s'étaient pas encore entendus sur les termes du nouveau contrat de partage de production découlant du code pétrolier.

[1037] SNH INFO NEWS, n° 021 août 2006 (paru en 2007), p. 4.

[1038] SNH INFO NEWS, n° 021 août 2006 (paru en 2007), p. 12.

[1039] TOTAL, Document de référence 2006, p. 22.

[1040] V. supra, n° 333.

[1041] Contrat d'association EBOME du 17 mai 1996, précité, Annexe B, article 6.3.

entre 14,2 et 16,7 millions de barils. Le profil de production pour ce cas maximal se présentait comme suit[1042] :

Tableau n° 37 : Profil de production d'Ebome

Année	Débit d'huile kb/j	Cumulé d'huile Mstb	GOR Scf/stb	FW %
1997	12,0	4,4	190,0	1,0
1998	10,6	8,3	190,0	9,0
1999	7,2	10,9	140,0	20,0
2000	5,5	12,9	130,0	34,0
2001	3,9	14,3	120,0	47,0
2002	3,0	15,4	120,0	57,0
2003	2,4	16,2	110,0	65,0
2004	1,3	16,7	110,0	72,0

Source : Contrat d'association EBOME du 17 mai 1996 entre la SNH, PERENCO CAMEROON et MOBIL PRODUCING CAMEROON INC.

766- Un an après, suite au forage du puits KB3, le contractant confirme le caractère commercial du gisement et demande un avenant au contrat pour sa mise en exploitation. Le gouvernement fait suite à sa demande et l'avenant n° 1 est signé le 11 novembre 1997. La principale innovation de cet avenant est que « pour la détermination de l'assiette de l'impôt sur les sociétés et du partage de production, la comptabilité du contractant sera close sur une base intérimaire à l'expiration de la phase A du champ KB selon le principe de la comptabilité sur les engagements». Ceci suppose que l'ensemble des puits du champ KB présents et à venir sont pris en compte, ce qui n'était pas prévu dans le contrat initial, ni dans la définition du champ marginal[1043].

767.- Par ailleurs et malgré la découverte commerciale, les avantages fiscaux initiaux sont maintenus et étendus sur l'ensemble du champ KB. C'est ainsi que pendant les phases A et B du champ KB il ne sera appliqué aucune redevance proportionnelle ou taxe sur le chiffre d'affaires ou sur le volume de production ni aucun paiement compensatoire lié au concept de « rente minière » tel qu'il existe dans la législation pétrolière, les conventions d'établissement et les contrats d'association actuellement en vigueur[1044].

[1042] Contrat d'association EBOME du 17 mai 1996, précité, Annexe B, article 6.3.

[1043] Loi camerounaise n° 95/13 du 08 août 1995, précitée, art. 2 ; v. supra, n° 329.

[1044] Avenant n° 1 signé le 11 novembre 1997, au contrat d'association EBOME du 17 mai 1996, art. 7.1

768.- Le 14 octobre 1998, alors que le contrat devait rentrer dans sa phase B plus intéressante pour l'Etat, l'avenant n° 2 est signé. Par cet avenant, le régime de la phase A, tel que défini à l'article 9.3 du contrat d'association initial, est prorogé pour une période de douze mois à compter de la fin de la phase A[1045]. Cette prorogation se fonde sur ce que le contractant a :

- réalisé les programmes de travaux arrêtés par les parties pour la mise en production du champ KF ;
- proposé la réalisation de travaux supplémentaires visant l'augmentation des réserves récupérables du champ KF dans la zone couverte par la concession « EBOME MARINE ».

769.- Pour inciter le contractant à réaliser des travaux supplémentaires, l'Etat aurait ainsi accepté d'aménager le régime de partage de production et le régime fiscal définis par le contrat d'association, dans le cadre de la loi n° 95-13 du 8 août 1995. L'Etat se prive ainsi d'une bonne part de la production qui lui serait revenu pendant une année. Cette situation devait prendre fin en 1999. Malheureusement cette même année, l'avenant n° 3 est signé le 24 novembre et proroge le régime de la phase A. Cette prorogation « s'étend de la fin de la phase A telle que définie à l'article 2-a) de l'avenant n° 2 au contrat d'association jusque soit (i) le jour où la production cumulée atteint le seuil (V1)[1046] visé dans l'article 7 de la loi n° 95-13, si ce jour est antérieur au 31 décembre 2003 ; soit (ii) le 31 décembre 2003, si ce seuil (V1) n'est pas atteint avant cette date »[1047].

770.- Cette nouvelle prorogation aurait pour objectif de permettre au contractant de poursuivre l'exploitation du champ KF, au regard des travaux supplémentaires réalisés conformément à l'avenant n° 2[1048]. Une fois de plus, l'Etat se prive d'environ 35 % de la production totale lui revenant, et ce jusqu'en 2003, alors que la production du champ s'accroît sans cesse. Les prorogations devenaient finalement interminables. En effet, dès février 2001, le contractant engageait de nouvelles négociations afin que la date butoir du 31 décembre 2003 prévue à l'avenant n° 3 soit décalée au 31 décembre 2004. De l'avis de certains responsables de la SNH, ce quatrième avenant qui entrait en vigueur le 1er janvier 2004 serait le dernier du genre sur la concession EBOME. Ces multiples allègements fiscaux correspondent en réalité à des financements déguisés des travaux par l'Etat, sans contrepartie sur la production.

B - LES FINANCES PUBLIQUES

771.- L'impact des réformes sur les finances publiques du Cameroun se résume au surcroît de dépenses sur certains champs marginaux (a), à l'évolution tumultueuse des recettes pétrolières (b), à une situation économique et monétaire néanmoins stabilisée (c).

[1045] Avenant n° 2 du 14 octobre 1998, au contrat d'association EBOME du 17 mai 1996, art. 2-a)

[1046] Le seuil (V1) correspond à une production de trois millions cinq cents mille tonnes métriques.

[1047] Avenant n° 3 du 24 novembre 1999, au contrat d'association EBOME du 17 mai 1996, art. 2.

[1048] Avenant n° 3 au contrat d'association EBOME du 17 mai 1996, précité, préambule, b).

a) Le surcroît de dépenses sur certains champs marginaux

772.- La législation camerounaise prévoyait, avant le code pétrolier de décembre 1999, une Rente Minière Garantie (RMG) de 13 % aux sociétés pétrolières. Avec les mesures d'incitation entreprises entre 1991 et 1998[1049], la RMG s'est stabilisée à 22 % sur le bassin du Rio Del Rey, 26 % sur le bassin de Douala et 30 % sur les autres bassins et zones en eaux profondes. Cela veut dire que la différence constatée au cours d'un exercice fiscal donné entre le chiffre d'affaires d'hydrocarbures d'un bassin sédimentaire donné, d'une part, et les coûts techniques imputables au dit bassin sédimentaire d'autre part, doit correspondre à l'un de ces taux en fonction du bassin retenu. Si ce pourcentage n'est pas atteint, il entraîne l'application d'une redevance négative. Cette dernière correspond à la somme due par l'Etat au contracteur pour assurer que ce dernier reçoive effectivement sa part de Rente Minière Garantie. La redevance négative est réglée par la Société Nationale des Hydrocarbures (SNH).

773.- Pour les exercices 2003, 2004 et le premier semestre de l'exercice 2005, la SNH a reversé à PECTEN Cameroon Company des redevances négatives concernant :

- Mokoko Abana
- Exploration Incentives (Sam, Kwm, Akono)
- PH-14 Marginal Fields (Lipendja, Boa Sud, Erong, Dikomé, Kolé Compl, Betika Compl)
- PH-28 Marginal Field (Mokoko west).

Les montants reversés se présentent ainsi:

* **Année 2003** :

Premier acompte	: 1 420 087,39 USD[1050]
Deuxième acompte	: 1 144 154,41 USD[1051]
Troisième acompte	: 1 521 038,90 USD[1052]
Quatrième acompte	: 1 854 279,99 USD[1053]
TOTAL 2003	**: 5 939 560,69 USD**

* **Année 2004** :

Premier acompte	: 2 061 072,23 USD[1054]
Deuxième acompte	: 2 182 482,84 USD[1055]
Troisième acompte	: 2 670 326,65 USD[1056]

[1049] Loi camerounaise n° 91/018 du 12 décembre 1991, précitée ; loi camerounaise n° 95/13 du 8 août 1995, précitée ; loi camerounaise n° 98/003 du 14 Avril 1998, précitée.
[1050] Lettre confidentielle n° 474/SNH/DG/DFI/DFI-A/SPO-CSA/STF/EWP/nmf/03 du 21 mai 2003.
[1051] Lettre confidentielle n° 727/SNH/DG/DFI/DFI-A/SPO-CSA/STF/EWP/nmf/03 du 29 juillet 2003.
[1052] Lettre confidentielle n° 1069/SNH/DG/DFI/DFI-A/SPO/STF/EWP/nmf/03 du 10 novembre 2003.
[1053] Lettre confidentielle n° 139/SNH/DG/DFI/DFI-A/SPO-CSA/STF/EWP/nmf/04 du 20 février 2004.
[1054] Lettre confidentielle n° 502/SNH/DG/DFI/DFI-A/STF/SPO/EWP/nmf/04 du 18 mai 2004.
[1055] Lettre confidentielle n° 775/SNH/DG/DFI/DFI-A/STF/SPO/EWP/nmf/04 du 02 août 2004.
[1056] Lettre confidentielle n° 1205/SNH/DG/DFI/DFI-A/STF/SPO/SJ/nmf/04 du 26 novembre 2004.

Quatrième acompte	: 2 364 196,72 USD[1057]
TOTAL 2004	**: 9 278 078,44 USD**

* **Année 2005** :

Premier acompte	: 2 630 967,85 USD[1058]
Deuxième acompte	: 2 997 900,78 USD[1059]
S/TOTAL 2005	**: 5 628 868,63 USD**

774.- Il ressort des mêmes sources que la redevance positive payée par PECTEN sur la concession Rio Del Rey pour les mêmes exercices a été de 1 471 812,00 USD en 2003, 1 205 764,05 USD en 2004 et 145 085,73 USD pour le premier semestre 2005. On constate que pour cet impôt et pour PECTEN, c'est plutôt l'Etat camerounais qui dépense de l'argent, au lieu d'en encaisser. Pour l'ensemble de ses titres miniers au Cameroun, la société PECTEN a déclaré avoir encaissé des redevances négatives annuelles de 18 180 301,30 USD[1060] en 2003, pour un IS payé de 44 835 529,09 USD[1061]. En 2004 les redevances négatives déclarées se sont élevées à 7 793 414,71 USD[1062], pour un IS payé de 58 460 334,50 USD[1063]. Elles tiennent compte du quatrième acompte 2003 (encaissé en 2004), et excluent le quatrième acompte 2004 (encaissé en 2005).

775.- Il y a retour à une comptabilité des encaissements effectifs, au lieu d'une comptabilité des produits telle que cela devrait être. L'intérêt de cette nuance se trouve dans la taxation. La redevance négative est, pour la société pétrolière, un produit imposable à l'IS[1064]. Si elle l'enregistre dans ses livres comme un produit avant son encaissement, elle peut être amenée à décaisser l'IS y afférent avant l'encaissement effectif dudit produit. En ne prenant en produit que la quote-part encaissée, Pecten ajuste son IS à cet encaissement effectif. Toutefois, les écarts entre les DSF de la société Pecten et les correspondances de la SNH méritent d'être expliqués. Nous n'avons pas pu obtenir les informations nécessaires pour ce faire. Néanmoins, nous avons cru comprendre que la SNH et Pecten déterminent la rente minière différemment, l'une sans les contributions RES, et l'autre en y intégrant ces dernières. Ceci justifierait alors l'écart de calcul de la redevance négative, que la société pétrolière prélèverait directement sur la production.

[1057] Lettre confidentielle n° 147/SNH/DG/DFI/DFI-A/STF/SPO/EWP/nmf/05 du 17 février 2005.

[1058] Lettre confidentielle n° 458/SNH/DG/DFI/DFI-A/SPO-CSA/STF/SJ/nmf/05 du 16 mai 2005.

[1059] Lettre confidentielle n° 739/SNH/DG/DFI/DFI-A/SPO-CSA/STF/SJ/nmf/05 du 04 août 2005.

[1060] Déclaration Statistique et Fiscale (DSF) de Pecten pour l'exercice du 1er janvier 2003 au 31 décembre 2003, tableau n° 21, ligne 13. Il y a certainement eu des régularisations sur les exercices antérieurs.

[1061] Déclaration Statistique et Fiscale (DSF) de Pecten pour l'exercice du 1er janvier 2003 au 31 décembre 2003, tableau n° 9A, ligne 28.

[1062] Déclaration Statistique et Fiscale (DSF) de Pecten pour l'exercice du 1er janvier 2004 au 31 décembre 2004, tableau n° 21, ligne 13.

[1063] Déclaration Statistique et Fiscale (DSF) de Pecten pour l'exercice du 1er janvier 2004 au 31 décembre 2004, tableau n° 9A, ligne 28.

[1064] Sauf dans les contrats de Perenco où il est clairement stipulé que la redevance est nette d'impôt.

b) L'évolution tumultueuse des recettes pétrolières

776.- Entre 2000 et 2003, les recettes pétrolières du Cameroun ont évolué en dents de scie. Elles sont passées de 581,7 millions d'Euros en 2000, à 514,4 millions d'Euros en 2001. En 2002, elles remontent à 562,4 millions d'Euros, pour rechuter à 494,1 millions d'Euros en 2003[1065]. Elles remontent à 533,4 millions d'Euros en 2004[1066]. Ceci correspond à une évolution en valeurs relatives de -11,6 % en 2001, +9,3 % en 2002, -12,1 % en 2003 et +7,9 % en 2004. Cette évolution est disproportionnelle à celle de la production. La remontée de 2004 est essentiellement due à la flambée des cours du brut. Elle aurait été encore plus spectaculaire depuis 2003, n'eût été la multiplication des allègements fiscaux sur Ebome[1067]. La même remontée a été observée en 2005, avec des recettes pétrolières de 699,0 millions d'Euros, soit une variation de 31,0 %[1068]. Les estimations de l'année 2006 confirment cette tendance haussière avec des recettes pétrolières de 919,6 millions d'euros, correspondant à une nouvelle variation de 31,6 %[1069].

c) Une situation économique et monétaire néanmoins stabilisée

777.- La situation macroéconomique du Cameroun a été globalement satisfaisante en 2003. Elle s'est caractérisée par une croissance soutenue, un solde budgétaire global excédentaire, une bonne tenue de la situation monétaire, une contraction du déficit des transactions courantes et la maîtrise des tensions inflationnistes. Cette croissance a été soutenue et constante en 2004 et en 2005. En effet en 2003, les recettes budgétaires totales ont atteint 1 363,7 milliards de FCFA (17,1 % du PIB) contre 1 343,2 milliards de FCFA en 2002 (17,7 % du PIB). Elles connaissent une hausse de 1,5 %, résultant d'une baisse des recettes pétrolières de 12,1 % et d'une progression des recettes non pétrolières de 6,7 %[1070]. Cette évolution est imprimée par les réformes fiscales et douanières (en matière de droit commun) en cours, l'élargissement de l'assiette fiscale à travers entre autres, la réduction des exonérations et une plus grande rigueur dans l'application des fiscalités spécifiques (forêts, élevage, pêche, mines, etc)[1071].

[1065] Rapport aux Ministres de la réunion du Comité de Convergence de la zone franc tenue à Paris les 22 et 23 septembre 2004, p. 67 ; les montants, initialement en FCFA, ont été convertis en Euros. V. supra, tableau n° 18, p. 44.
[1066] Rapport aux Ministres de la réunion du Comité de Convergence de la zone franc tenue à Cotonou les 6 et 7 avril 2005, p. 67, mis à jour en 2006 ; les montants, initialement en FCFA, ont été convertis en Euros.
[1067] V. supra, n° 765 ss.
[1068] Rapport aux Ministres de la réunion du Comité de Convergence de la zone franc tenue à Libreville les 12 et 13 avril 2006, p. 86 ; la conversion des FCFA en Euros est faite par nous-mêmes.
[1069] Rapport aux Ministres de la réunion du Comité de Convergence de la zone franc tenue à Lomé les 4 et 5 avril 2007, p. 78 ; la conversion des FCFA en Euros est faite par nous-mêmes.
[1070] Rapport aux Ministres de la réunion du Comité de Convergence de la zone franc tenue à Paris les 22 et 23 septembre 2004, p. 28.
[1071] Rapport aux Ministres de la réunion du Comité de Convergence de la zone franc tenue à Paris les 22 et 23 septembre 2004, p. 28.

778.- Quant aux dépenses totales, elles ont été engagées à hauteur de 1 095,8 milliards de FCFA, soit 13,8 % du PIB en 2003 contre 1 094,6 milliards de FCFA (14,4 % du PIB) l'année précédente. C'est une quasi stagnation (+ 0,1 %), avec une contribution des dépenses courantes de -1,0 % et des dépenses d'investissements de +1,1 %[1072]. L'évolution des dépenses courantes s'explique essentiellement par la baisse de 11,4 % des dépenses de biens et services, induite par les efforts de maîtrise des engagements budgétaires et par le recul des dépenses de transfert et subventions (-10,6 %).

779.- En 2004, les recettes budgétaires s'élevaient à 1 312,1 milliards de FCFA, soit une baisse de -3,8 % par rapport à 2003[1073]. Quant aux dépenses totales, elles s'établissent à 1 140,0 milliards de FCFA, soit 13,7 % du PIB en 2004 contre 1 095,8 en 2003. Ceci correspond à une augmentation de 4 %, avec une contribution des dépenses courantes de 12,3 % et des dépenses d'investissement de 9,6 %[1074]. Pour l'année 2005, les recettes budgétaires totales s'élèvent à 1 572,2 milliards de FCFA, soit une hausse de 21,2 % par rapport à 2004, correspondant à 17,7 % du PIB. Les dépenses totales s'établissent à 1 170,3 milliards de FCFA (13,0 % du PIB), soit une hausse de 2,7 % par rapport à 2004[1075]. En 2006, les recettes totales sont estimées à 1 816,6 milliards de FCFA, correspondant à une hausse de 15,5 % et à 18,9 % du PIB. Cette hausse est en liaison avec la forte hausse des recettes pétrolières (+ 31,6 %), alors que les recettes non pétrolières augmentent modestement de 8,9 %. De leur côté, les dépenses totales s'élèveraient à 1 368,1 milliards de FCFA, soit 14,26 % du PIB[1076].

§2 : Au Congo

780.- L'impact des réformes au Congo se caractérise par un léger fléchissement de la production (A), une évolution particulière des revenus pétroliers (B) et une stabilisation économique et budgétaire (C).

A - LE LEGER FLECHISSEMENT DE LA PRODUCTION

781.- Après avoir atteint son apogée en 1999 avec une production de 15,100 millions de tonnes[1077], ce chiffre décroît lentement d'année en année. C'est ainsi qu'il passe à 14,200 millions de tonnes en 2000, puis 14,0 millions de tonnes en

---

[1072] Rapport aux Ministres de la réunion du Comité de Convergence de la zone franc tenue à Paris les 22 et 23 septembre 2004, p. 28.
[1073] Rapport aux Ministres de la réunion du Comité de Convergence de la zone franc tenue à Libreville les 12 et 13 avril 2006, pp. 51 et 86.
[1074] Rapport aux Ministres de la réunion du Comité de Convergence de la zone franc tenue à Cotonou les 6 et 7 avril 2005, p. 31, mis à jour en 2006.
[1075] Rapport aux Ministres de la réunion du Comité de Convergence de la zone franc tenue à Paris les 11 et 12 septembre 2006, p. 50.
[1076] Rapport aux Ministres de la réunion du Comité de Convergence de la zone franc tenue à Lomé les 4 et 5 avril 2007, p. 51.
[1077] Comité Professionnel Du Pétrole, *Pétrole 2002 éléments statistiques*, p. E14.

2001[1078], 11,900 millions de tonnes en 2002, et 11,100 millions de tonnes en 2003[1079]. La production de 2004 s'est élevée à 11,200 millions de tonnes[1080], soit une légère hausse de 0,9 %[1081], consécutive à l'exploitation du gisement terrestre de Boudi (situé près de pointe noire) et dans une moindre mesure du gisement de Nsoko. L'entrée en exploitation du gisement onshore devait augmenter la production de 1,900 millions de tonnes en 2005[1082]. Cela n'a pas été tout à fait le cas ; néanmoins, le pays a enregistré une augmentation nette de sa production de 1,500 millions de tonnes pour la même période[1083]. En 2006, une modeste augmentation de 6,3 % a été enregistrée par rapport à 2005, portant la production à 13,500 millions de tonnes[1084].

782.- La baisse observée durant l'année 2000 serait due principalement au retard de mise en production des champs de Djambala et de Foukanda. La baisse observée à partir de 2001 provient de la baisse de la production de TotalFinaElf (principal opérateur avec 60 % de la production totale du pays), elle-même due à la baisse de performance de certains champs sans doute pour cause de vieillissement[1085]. C'est sans doute aussi la raison pour laquelle le groupe français a été obligé de vendre deux permis offshore (Emeraude et Likouala) au gouvernement. En octobre 2001, TotalFinaElf annonçait son intention de renforcer l'exploration des permis offshore au Congo.

783.- La baisse observée depuis lors se conjugue avec la mise en production de petits champs ou de la récupération des champs vieillissants. C'est ainsi qu'en août 1998, TotalFinaElf lance la production partielle du champ Tchibouéla-Est (à environ 3 miles du centre de Tchibouéla) utilisant la stratégie de développement *« hubs and clusters »* (centres et périphéries) destinée à doper la production à coût réduit. En juillet 2001, Agip a annoncé la mise en production du champ offshore Foukanda, trois ans après sa découverte avec une production de 12 000 barils par jour, dans lequel il détient 65 % des parts[1086]. En novembre 2001, Agip a annoncé une découverte avec le puits directeur marine X. Et en décembre 2001, c'est le sud africain Sasol qui annonçait son intention de se débarrasser de ses 18 % d'intérêt sur le permis marine X[1087]. En 2004, le puits Mobim 1 foré sur le permis de Moho-

---

[1078] Comité Professionnel Du Pétrole, *Pétrole 2002 éléments statistiques,* p. E14 ; v. supra, tableau n° 5, p. 31.
[1079] Comité Professionnel Du Pétrole, *Pétrole 2003 éléments statistiques,* p. E14 ; v. supra, tableau n° 5, p. 31.
[1080] Comité Professionnel Du Pétrole, *Pétrole 2004 éléments statistiques,* p. E14 ; v. supra, tableau n° 5, p. 31.
[1081] Ce taux est calculé par nous-mêmes à partir des statistiques annuelles.
[1082] Jeune Afrique *l'intelligent*, Hors Série n° 8, *l'état de l'Afrique 2005*, p. 202.
[1083] V. supra, tableau n° 5, p. 31.
[1084] Comité Professionnel Du Pétrole, *Pétrole 2006 éléments statistiques,* p. E14. ; v. supra, tableau n° 5, p. 31.
[1085] Congovision e-Business 2003, « Le pétrole au Congo et dans le monde », www.congopetrole.com, p. 4s.
[1086] Congovision e-Business 2003, « Le pétrole au Congo et dans le monde », www.congopetrole.com, p. 6.
[1087] Congovision e-Business 2003, « Le pétrole au Congo et dans le monde », www.congopetrole.com, p. 6.

Bilondo, a permis de conforter le projet de développement. La licence d'exploitation a été attribuée en 2005, permettant le lancement de la première phase du développement de Moho-Bilondo en août 2005, dont la mise en production est attendue en 2008 avec un plateau technique de 90 000 Bbl/j[1088].

784.- On peut donc constater que grâce à la mise en production de nouveaux gisements, l'activité pétrolière au Congo a encore de belles années devant elle. En raison des efforts déployés en matière de recherche-développement, en particulier dans l'offshore très profond et suite à quelques découvertes onshore, des progrès sont attendus, notamment dans :

- l'exploitation des pétroles non conventionnels : bruts extra lourds ;
- l'augmentation du taux de récupération des gisements : 40 % à 50 % des gisements vieillissants doivent pouvoir être récupérés[1089].

Les coûts de mise en valeur de ces nouveaux gisements sont beaucoup plus élevés que ceux du pétrole conventionnel et nécessitent des investissements très importants. Mais l'association de plusieurs opérateurs devrait permettre le partage des coûts et des risques.

B - L'EVOLUTION PARTICULIERE DES REVENUS PETROLIERS

785.- Entre 2000 et 2004, la production de pétrole brut au Congo a régressé de 1,4 % en 2001, 15 % en 2002, et 6,7 % en 2003. En 2004, il y a une légère remontée de 0,9 %[1090]. Entre 2004 et 2005, l'augmentation de la production est de 6,3 %[1091]. Pendant ce temps, les revenus pétroliers régressaient de 8 % entre 2000 et 2001, et 7,7 % entre 2001 et 2002[1092]. Par contre entre 2002 et 2003, ils connaissent une remontée remarquable de 6,1 %[1093]. En 2004, sous l'effet de la montée des cours du brut, les revenus pétroliers connaissent une ascension fulgurante de 25,8 % par rapport à 2003. L'année 2005 connait une nouvelle ascension de 97,5 % par rapport à 2004[1094]. Les estimations de 2006 ramènent cette ascension à 25,9 % par rapport à 2005[1095], ascension toujours due à une augmentation du prix du pétrole brut sur les marchés internationaux. Comme on peut le constater, l'évolution des revenus pétroliers n'est pas proportionnelle à celle de la production de brut.

[1088] TOTAL, Document de référence 2005, p. 22.

[1089] Jeune Afrique *l'intelligent*, Hors Série n° 8, *l'état de l'Afrique 2005*, p. 201.

[1090] Ces taux sont déterminés par nous-mêmes à partir d'informations tirées de l'annuaire du Comité Professionnel Du Pétrole, *Pétrole 2003 et 2004 éléments statistiques*, p. E14. ; v. supra, tableau n° 5, p. 31.

[1091] Ces taux sont également déterminés par nous-mêmes à partir d'informations tirées de l'annuaire du Comité Professionnel Du Pétrole, *Pétrole 2005 éléments statistiques*, p. E14. ; v. supra, tableau n° 5, p. 31.

[1092] Ces taux sont également déterminés par nous-mêmes à partir d'informations tirées du Rapport aux Ministres de la réunion du Comité de Convergence de la zone franc tenue à Paris les 22 et 23 septembre 2004, p. 69.

[1093] V. supra, tableau n° 19, p. 44.

[1094] Rapport aux Ministres de la réunion du Comité de Convergence de la zone franc tenue à Libreville les 12 et 13 avril 2006, p. 88. La conversion en euros et le calcul des taux sont réalisés par nous-mêmes.

[1095] Rapport aux Ministres de la réunion du Comité de Convergence de la zone franc tenue à Lomé les 4 et 5 avril 2007, p. 54.

786.- Cette situation provient de ce que depuis 2001, de nouvelles découvertes accompagnées de mise en production sont faites. Ces découvertes découlent de contrats signés sous l'égide de la loi de 1994[1096], qui avait déjà institué le partage de la production du modèle Banque Mondiale[1097], un peu plus avantageux pour l'Etat que l'ancien régime des concessions, dont certains puits arrivaient en fin d'exploitation. A cela, s'est ajouté l'effet positif de l'ascension des prix du brut depuis 2002, favorisée par un compromis entre pays OPEP et non OPEP, l'existence de certains foyers de tension dans le monde et la forte demande en Chine et aux Indes[1098].

C - La stabilisation economique et budgetaire

787.- Les recettes budgétaires sont presque stables à 900 millions d'Euros entre 2000 et 2003, à l'exception d'une chute en 2002. Elles passent ainsi de 923,8 M € en 2000 à 957,5 M € en 2001, 871,6 M € en 2002, et 920,2 M € en 2003[1099]. La progression enregistrée entre 2002 et 2003 est de 5,6 %, en liaison essentiellement avec une hausse des recettes pétrolières. Les recettes non pétrolières quant à elles ont progressé de 4,5 %, se fixant à 277,5 M € en 2003 contre 265,6 M € en 2002[1100]. Cette performance s'explique par les bons résultats enregistrés au niveau des recettes fiscales. Cette situation s'est consolidée entre 2004 et 2005. Les recettes budgétaires passent ainsi à 1 124,9 M € en 2004, puis à 1 932,4 M € en 2005, soit une augmentation de 71,8 %[1101]. En 2006, ces recettes sont estimées à 2 409,2 M €, correspondant à une augmentation de 24,7 %, en liaison avec la hausse des recettes pétrolières[1102].

788.- De leur côté, les dépenses budgétaires totales ont été engagées à hauteur de 923,9 M € en 2003, en baisse sensible de 18,7 % par rapport à 2002[1103]. Cette diminution est en liaison, d'une part, avec la chute des dépenses en capital

---

1096 Loi congolaise n° 24-94 du 23 août 1994, portant code des hydrocarbures, précitée.
1097 V. supra, n° 235.
1098 V. supra, n° 18.
1099 Rapport aux Ministres de la réunion du Comité de Convergence de la zone franc tenue à Paris les 22 et 23 septembre 2004, p. 69. Les montants, initialement donnés en Francs CFA, ont été convertis en Euros.
1100 Rapport aux Ministres de la réunion du Comité de Convergence de la zone franc tenue à Paris les 22 et 23 septembre 2004, p. 69. Les montants, initialement donnés en Francs CFA, ont été convertis en Euros, puis mis à jour en septembre 2006.
1101 Rapport aux Ministres de la réunion du Comité de Convergence de la zone franc tenue à Libreville les 12 et 13 avril 2006, p. 53. Les montants, initialement donnés en Francs CFA, ont été convertis en Euros.
1102 Rapport aux Ministres de la réunion du Comité de Convergence de la zone franc tenue à Lomé les 4 et 5 avril 2007, p. 80. Les montants, initialement donnés en Francs CFA, ont été convertis en Euros.
1103 Rapport aux Ministres de la réunion du Comité de Convergence de la zone franc tenue à Paris les 22 et 23 septembre 2004, p. 69. Les montants, initialement donnés en Francs CFA, ont été convertis en Euros.

(-25,9 %)[1104], traduisant la volonté des autorités d'adapter le rythme des dépenses d'investissements aux capacités réelles de l'Etat, et d'autre part, avec la baisse des dépenses courantes, notamment les dépenses de biens et services. Mais en 2004, ces dépenses remontent à 971,0 M €, soit une augmentation de 5,1 %. En 2005, elles sont évaluées à 1 122,6 M €, en augmentation de 15,6 % par rapport à 2004[1105]. Cette hausse est due essentiellement à l'augmentation des dépenses en capital (+20,4 %) d'une part et d'autre part, à l'accroissement de la masse salariale (+3,9 %)[1106]. Ces dépenses sont estimées, en 2006, à 1 332,6 M €, en hausse de 18,7 % ; cette hausse est consécutive à l'accroissement des dépenses d'investissement[1107].

789.- S'agissant de la balance commerciale, son déficit s'est contracté de 156,1 M €, revenant de 1 697,6 M € en 2002 à 1 541,5 M € en 2003[1108], en liaison essentiellement avec la morosité de l'activité pétrolière. La conséquence a été la réduction importante des exportations pétrolières, et ce malgré une baisse substantielle des importations. Quant à la balance des services, son solde déficitaire s'est réduit de 7,1 %, revenant de 755,5 M € en 2002 à 701,6 M € en 2003, en liaison avec la bonne tenue des activités pétrolières[1109]. Le déficit du solde du compte de capital et des opérations financières s'est fortement résorbé, revenant de 209,9 M € en 2002 à 74,2 M € en 2003, en raison de l'augmentation des investissements directs, notamment dans le secteur pétrolier[1110]. La tendance s'est stabilisée en 2004, avec un déficit de 702,0 M €, avant de se renverser radicalement en 2005 où le déficit se situe à 1 075,2 M €[1111], soit une aggravation de 53,2 %. Cette aggravation serait en liaison avec l'accroissement des investissements pétroliers et des dépenses dans le

---

1104 Rapport aux Ministres de la réunion du Comité de Convergence de la zone franc tenue à Paris les 22 et 23 septembre 2004 p. 33. Les montants, initialement donnés en Francs CFA, ont été convertis en Euros.

1105 Rapport aux Ministres de la réunion du Comité de Convergence de la zone franc tenue à Libreville les 12 et 13 avril 2006, pp. 53 et 88, mis à jour en 2007. Les montants, initialement donnés en Francs CFA, ont été convertis en Euros ; les taux sont également déterminés par nous-mêmes à partir des informations tirées du Rapport

1106 Rapport aux Ministres de la réunion du Comité de Convergence de la zone franc tenue à Libreville les 12 et 13 avril 2006, p. 53.

1107 Rapport aux Ministres de la réunion du Comité de Convergence de la zone franc tenue à Lomé les 4 et 5 avril 2007, p. 54. Les montants, initialement donnés en Francs CFA, ont été convertis en Euros.

1108 Rapport aux Ministres de la réunion du Comité de Convergence de la zone franc tenue à Paris les 22 et 23 septembre 2004, p. 33. Les montants, initialement donnés en Francs CFA, ont été convertis en Euros.

1109 Rapport aux Ministres de la réunion du Comité de Convergence de la zone franc tenue à Paris les 22 et 23 septembre 2004, p. 33. Les montants, initialement donnés en Francs CFA, ont été convertis en Euros.

1110 Rapport aux Ministres de la réunion du Comité de Convergence de la zone franc tenue à Paris les 22 et 23 septembre 2004, p. 33. Les montants, initialement donnés en Francs CFA, ont été convertis en Euros.

1111 Rapport aux Ministres de la réunion du Comité de Convergence de la zone franc tenue à Libreville les 12 et 13 avril 2006, p. 54. Les montants, initialement donnés en Francs CFA, ont été convertis en Euros.

secteur non pétrolier[1112]. En 2006, pour les mêmes raisons, le déficit de la balance des paiements s'inscrirait en hausse de 15,4 %. De même, le solde du compte de capital et des opérations financières, excédentaire de 160,4 M € en 2005, deviendrait déficitaire en 2006, en liaison avec l'accroissement des autres investissements[1113].

790.- En 2004, la situation économique et budgétaire se consolide sous le double effet d'un accroissement significatif des recettes et d'un faible relèvement des dépenses. En effet, les recettes augmentent de 20,5 %, passant de 920,2 M € en 2003 à 1 124,9 M € en 2004, en raison d'une hausse de 25,8 % des recettes pétrolières[1114]. Cette hausse est consécutive à une quasi-stagnation de la production de l'ordre de -0,8 % et à une forte hausse des prix du pétrole brut sur les marchés internationaux. Les dépenses sont légèrement en hausse de 2,9 %, passant de 923,9 M € en 2003 à 950,8 M € en 2004 en raison d'une part de l'augmentation de la masse salariale de 3,6 % suite au recrutement programmé dans le secteur social et d'autre part, de la hausse des dépenses en capital (+ 33,2 %)[1115]. L'année 2006 est marquée par la poursuite de l'embellie à la fois de la production pétrolière et des cours sur le marché pétrolier, permettant une croissance soutenue, une consolidation des finances publiques, une amélioration du compte courant et un raffermissement de la situation monétaire.

§3 : Au Gabon

791.- Les prévisions catastrophiques annoncées ne se sont pas réalisées, et le déclin de la production a été différé (A) ; cependant, les revenus pétroliers ont connu une chute (B).

A - LE DECLIN DIFFERE DE LA PRODUCTION

792.- Depuis 1988, on a surtout privilégié le développement du champ géant de Rabi-Kounga (opéré par Shell). Celui-ci fournissait, en 1997, environ 215 000 b/j, sur une production totale gabonaise de 366 000 b/j[1116]. Les trois opérateurs Shell Gabon, Total Gabon et Amerada Hess se sont vus accorder, avec effet rétroactif au 1er janvier 2003, le renouvellement de la licence d'exploitation du gisement de Rabi-Kounga, pour une première période de dix ans. Ils auront droit à deux pério-

---

[1112] Rapport aux Ministres de la réunion du Comité de Convergence de la zone franc tenue à Libreville les 12 et 13 avril 2006, p. 54. Les montants, initialement donnés en Francs CFA, ont été convertis en Euros.

[1113] Rapport aux Ministres de la réunion du Comité de Convergence de la zone franc tenue à Lomé les 4 et 5 avril 2007, p. 55.

[1114] Rapport aux Ministres de la réunion du Comité de Convergence de la zone franc tenue à Cotonou les 6 et 7 avril 2005, p. 35, mis à jour en 2006. Les montants, initialement donnés en Francs CFA, ont été convertis en Euros par nous-mêmes.

[1115] Rapport aux Ministres de la réunion du Comité de Convergence de la zone franc tenue à Cotonou les 6 et 7 avril 2005, p. 36. Les montants, initialement donnés en Francs CFA, ont été convertis en Euros.

[1116] Pétrole informations n° 1733, avril – mai 1998, « Gabon : Pas de découverte depuis huit ans », p. 28.

des additionnelles de cinq ans chacune[1117]. Des études ont conclu que des réserves importantes de pétrole restaient emprisonnées dans ce gisement, d'où l'intérêt de cette prolongation de licence accordée. Dans le cadre de ce nouveau CEPP[1118] entre l'Etat gabonais et les trois opérateurs, un investissement de 138,7 millions d'euros (91 milliards de FCFA) est prévu[1119]. Il permettra de mettre en place des technologies performantes de récupération d'huile et de prolongation de la productivité de ce champ.

793.- Une des rares découvertes de cette période a été en 1997 celle de Shell sur Kenguérié Marin, dans les formations gréseuses du Crétacé supérieur, qui a donné 3 000 b/j aux tests[1120]. Par ailleurs, le champ Tchatamba Marine Sud (TMS) découvert en fin octobre 1996 dans le permis offshore de Kowé a été mis en production début septembre 1999 par la compagnie Marathon Oil. TMS produit à un rythme initial de 22 000 b/j avec deux puits abrités par une seule plate-forme inhabitée[1121]. Au début de 2001, un vent de panique a soufflé sur le pays, les experts les plus pessimistes pronostiquant alors un effondrement de la production à 8,5 millions de tonnes en 2005, en chute de 55 % par rapport au niveau record enregistré en 1998 (16,900 millions de tonnes)[1122]. Mais les prévisions catastrophiques annoncées ne se sont pas réalisées, et la production annuelle s'est stabilisée au niveau de 12 millions de tonnes : 14,7 millions de tonnes en 2002, 12 millions de tonnes en 2003[1123], 11,8 millions de tonnes en 2004[1124], 11,7 millions de tonnes en 2005[1125] et 11,6 millions de tonnes en 2006[1126].

794.- Longtemps sixième producteur africain de pétrole et premier dans la CEMAC, le Gabon a non seulement été rattrapé et dépassé par la Guinée Equatoriale, mais risque encore de rétrograder d'une place lorsque les prometteurs gisements de Sâo Tomé e Principe démarreront, normalement d'ici à 2008 (potentiel estimé de 250 000 b/j)[1127]. Toutefois, on ne peut pas parler de déclin ; les perspectives sont encourageantes et la confiance est revenue. La découverte en 2002 par Shell Gabon d'un nouveau gisement sur le site du puits Toucan-1 devrait permettre de produire à court terme 10 000 à 15 000 barils supplémentaires par jour et accroître de 5 à 6 pour cent la production pétrolière annuelle du Gabon[1128]. Par ailleurs, de nouvelles compagnies arrivent chaque année. En fin 2004, vingt sociétés opèrent dans le secteur dont six dans la production, contre trois en 1979 (Total, Shell et

[1117] TOTAL, Document de référence 2005, p. 23.
[1118] V. supra, n° 254.
[1119] Fiche de la Mission Economique de Libreville réalisée en décembre 2003, p. 3/8.
[1120] Pétrole informations, n° 1733, avril – mai 1998, précité, p. 28.
[1121] Bulletin Technique APPA n° 8, 1er semestre 2000, p. 56.
[1122] Comité Professionnel Du Pétrole, *Pétrole 99 éléments statistiques*, p. E14. ; v. supra, tableau n° 5 p. 31.
[1123] Comité Professionnel Du Pétrole, *Pétrole 2003 éléments statistiques*, p. E14.
[1124] Comité Professionnel Du Pétrole, *Pétrole 2004 éléments statistiques*, p. E14.
[1125] Comité Professionnel Du Pétrole, *Pétrole 2005 éléments statistiques*, p. E14.
[1126] Comité Professionnel Du Pétrole, *Pétrole 2006 éléments statistiques*, p. E14.
[1127] Jeune Afrique *l'intelligent*, n° 2296 du 09 au 15 janvier 2005, « Gabon : Pétrole, déclin différé » p. 100.
[1128] Fiche de la Mission Economique de Libreville, précitée, p. 4/8.

Agip)[1129]. Les six sociétés opérant dans la production détiennent les treize contrats d'exploration et de partage de production en phase de production au Gabon en décembre 2006[1130].

795.- La stabilisation de la production doit beaucoup au recours par Total et Shell à la haute technologie pour optimiser la récupération sur des champs arrivés à maturité. Parallèlement, plusieurs petites compagnies profitent de l'envolée des cours pour développer les champs marginaux délaissés par les *majors* actives au Gabon[1131], Total et Shell (Agip a quitté le pays il y a quelques années). Les majors concentrent leurs activités sur les champs importants (réserves prouvées supérieures à 20 millions de tonnes) qu'elles développent. Elles récupèrent une fraction assez importante du pétrole emprisonné dans la roche, dans une fourchette qui peut varier, selon les zones, entre 20 % et 70 %[1132]. Ensuite, la pression commence à baisser, et tant pour des questions de rentabilité immédiate que de coûts, ces gisements deviennent nettement moins intéressants pour les géants du secteur, qui choisissent alors de se désengager.

796.- L'avènement de petites sociétés aux structures plus légères, comptant peu d'expatriés et pas toujours très regardantes sur les conditions de sécurité, a tout changé. Il est désormais techniquement possible d'optimiser les rendements et de donner une « seconde jeunesse » aux champs vieillissants, en faisant de la « récupération secondaire »[1133]. Les « petites » sont donc venues pallier les carences des « grandes » en reprenant l'exploitation de zones matures et de domaines abandonnés. Cette tendance de fond, mondiale, explique en grande partie la stabilisation observée au Gabon. La société française Perenco, qui a récupéré des permis rétrocédés essentiellement par Shell et développé des champs marginaux de quelques centaines ou quelques milliers de barils, s'est ainsi hissée au troisième rang national, avec 44 000 b/j, derrière Total (100 000 b/j) et Shell (71 000 b/j). Marathon, une petite compagnie américaine, qui produit 31 000 barils, semble prendre le même chemin. Panafrican (Afrique du Sud) et Vaalco (Etats-Unis) ferment la marche avec quelques milliers de barils chacune[1134].

B - LA CHUTE DES REVENUS PETROLIERS

797.- Le pétrole revêt une importance stratégique pour le Gabon. Le tableau n° 20[1135] ci-dessus laisse apparaître une baisse constante des revenus qu'il génère jusqu'en 2003. Ceux-ci représentent ainsi, par rapport aux recettes totales hors dons de l'Etat, 67,44 % en 2000, 64,15 % en 2001, 59,78 % en 2002, et 54,35 % en

---

[1129] Jeune Afrique *l'intelligent,* n° 2296 du 09 au 15 janvier 2005, précité, p. 100.
[1130] Publication du Ministère gabonais de l'Economie, des Finances, du Budget et de la Privatisation, dans le cadre de l'Initiative pour la Transparence des Industries Extractives (EITI, www.finances.gouv.ga/eiti), mise à jour du 07 février 2007.
[1131] Jeune Afrique *l'intelligent*, Hors Série n° 8, *l'état de l'Afrique 2005*, p. 207. ; v. supra, n° 330.
[1132] Jeune Afrique *l'intelligent,* n° 2296 du 09 au 15 janvier 2005, précité, p. 100.
[1133] Jeune Afrique *l'intelligent,* n° 2296 du 09 au 15 janvier 2005, précité, p. 101
[1134] Jeune Afrique *l'intelligent,* n° 2296 du 09 au 15 janvier 2005, précité, p. 101.
[1135] V. supra, p. 45.

2003[1136]. Cette baisse des recettes pétrolières peut paraître paradoxale face à la stabilisation de la production. L'explication vient de ce que la stabilisation de la production découle de nouvelles techniques de récupération sur des champs arrivés à maturité et au développement par de petites compagnies de champs marginaux délaisés par les majors actives au Gabon. Or les mesures d'incitation qui gouvernent ce type d'opérations se traduisent par une fiscalité allégée à l'extrême, à l'avantage exclusif des sociétés pétrolières.

798.- En 2004, ces recettes connaissent une légère remontée avec un taux de 55,12 %[1137], grâce à la flambée des cours du brut. Avec l'envolée des cours du brut enregistrée en 2005, les recettes pétrolières ont connu une augmentation et représentaient ainsi 63,34 % des recettes totales[1138]. En 2006, l'embellie des cours sur le marché pétrolier s'est poursuivie, et les recettes pétrolières ont représenté 63,39 %[1139]. Quant aux dépenses totales, après avoir connu une baisse sensible entre 2001 et 2003, elles augmentent de 5,4 %, se situant à 850,1 milliards de FCFA en 2004 contre 806,4 milliards de FCFA en 2003, en relation avec une baisse des dépenses courantes (-9,4 %)[1140]. La clôture de l'année 2005 laisse apparaître un niveau de dépenses de 1 003,2 milliards de FCFA, en augmentation de 18,0 %[1141] par rapport à 2004. En 2006, les dépenses budgétaires sont estimées à 1 038,6 milliards de FCFA[1142].

799.- La contribution du pétrole à la formation du PIB a suivi une évolution similaire[1143] jusqu'en 2003. Elle est passée de 47,96 % en 2000 à 41,53 % en 2001, puis 40,36 % en 2002 et 40,82 % en 2003[1144]. Néanmoins, l'économie reste étroitement dépendante des hydrocarbures. Cette dépendance s'accentue davantage entre 2004 et 2006. Le pétrole a en effet contribué à la formation du PIB de ces années pour 44,57 % en 2004, 52,43 % en 2005 et 54,77 % en 2006[1145].

[1136] Ces taux sont déterminés par nous-mêmes à partir d'informations tirées du Rapport aux Ministres de la réunion du Comité de Convergence de la zone franc tenue à Paris les 22 et 23 septembre 2004, p. 70.

[1137] Ces taux sont également déterminés par nous-mêmes à partir d'informations tirées du Rapport aux Ministres de la réunion du Comité de Convergence de la zone franc tenue à Cotonou les 6 et 7 avril 2005, p. 70.

[1138] Ce taux est déterminé par nous-mêmes à partir d'informations tirées du Rapport aux Ministres de la réunion du Comité de Convergence de la zone franc tenue à Libreville les 12 et 13 avril 2006, p. 89.

[1139] Ces taux sont déterminés par nous-mêmes à partir d'informations tirées du Rapport aux Ministres de la réunion du Comité de Convergence de la zone franc tenue à Lomé les 4 et 5 avril 2007, p. 81.

[1140] Rapport aux Ministres de la réunion du Comité de Convergence de la zone franc tenue à Cotonou les 6 et 7 avril 2005, p. 37, mis à jour avec le rapport diffusé en mai 2006.

[1141] Ce taux est déterminé par nous-mêmes à partir d'informations tirées du Rapport aux Ministres de la réunion du Comité de Convergence de la zone franc tenue à Libreville les 12 et 13 avril 2006, p. 89.

[1142] Rapport aux Ministres de la réunion du Comité de Convergence de la zone franc tenue à Lomé les 4 et 5 avril 2007, p. 81.

[1143] V. supra, tableau n° 8, p. 36.

[1144] Les taux sont calculés par nous-mêmes à partir des données présentées dans le tableau n° 8.

[1145] Ces taux sont déterminés par nous-mêmes à partir d'informations tirées du Rapport aux Ministres de la réunion du Comité de Convergence de la zone franc tenue à Lomé les 4 et 5 avril 2007, p. 81.

§4 : En Guinée Equatoriale

800.- Les réformes ont entraîné un décollage de la production (A) et une explosion budgétaire (B).

A - LE DECOLLAGE DE LA PRODUCTION

801.- Le véritable décollage de la production à eu lieu en 1996, avec une production annuelle de 0,9 millions de tonnes de brut[1146]. Ce décollage fait suite à la découverte des gisements de Zafiro par Exxon-Mobil (80 % de la production actuelle), puis de Ceiba par Triton, aujourd'hui Amerada Hess. Depuis lors, la production de brut n'a cessé de grimper : 4,1 millions de tonnes en 1998 ; 5,6 millions de tonnes en 2000 ; 8,6 millions de tonnes en 2001 ; 10,4 millions de tonnes en 2002[1147] ; 11,6 millions de tonnes en 2003 ; 17,6 millions de tonnes en 2005 et 17,8 millions de tonnes en 2006. Ceci correspond à une augmentation de la production de 45,8 % en 2001, 20,9 % en 2002, 11,5 % en 2003, 40,5 % en 2004, 7,9 % en 2005 et 1,1 % en 2006[1148].

B - L'EXPLOSION BUDGETAIRE

802.- Les recettes totales de la Guinée Equatoriale hors dons sont passées de 260,7 millions € en 2000 à 530,5 millions € en 2001, puis 631,9 millions € en 2002 et 718,3 millions € en 2003. Ceci correspond à une augmentation en valeur relative de 103,5 % en 2001, 19,1 % en 2002 et 13,7 % en 2003[1149]. Cette augmentation des recettes totales est essentiellement liée à l'augmentation des recettes pétrolières. Celles-ci étaient de 205,8 millions € en 2000. Elles ont augmenté de 120 % en 2001, 20,2 % en 2002, et 12,7 % en 2003[1150]. En 2004, les recettes pétrolières sont passées à 1 067,6 millions €, soit une augmentation de 71,5 %[1151]. A la clôture de l'année 2005, elles se sont élevées à 1 993,3 millions €, soit une augmentation de 86,7 %[1152]. En 2006, les recettes pétrolières sont estimées à 2 451 millions €, correspondant à une augmentation de 23,0 % par rapport à 2005[1153]. Cependant, les dépenses totales n'ont pas suivi la même ascension. De 244,8 millions € en 2001,

---

[1146] Comité Professionnel Du Pétrole, *Pétrole 99 éléments statistiques,* p. E14. ; v. supra, tableau n° 5, p. 31.

[1147] Comité Professionnel Du Pétrole, *Pétrole 2002 éléments statistiques,* p. E14.

[1148] Les taux sont calculés par nous-mêmes à partir des données présentées dans le tableau n° 5, p. 31.

[1149] Ces taux sont également déterminés par nous-mêmes à partir des informations tirées du Rapport aux Ministres de la réunion du Comité de Convergence de la zone franc tenue à Cotonou les 6 et 7 avril 2005, p. 71.

[1150] Ces taux sont déterminés par nous-mêmes à partir d'informations tirées du Rapport aux Ministres de la réunion du Comité de Convergence de la zone franc tenue à Paris les 22 et 23 septembre 2004, p. 71.

[1151] Rapport aux Ministres de la réunion du Comité de Convergence de la zone franc tenue à Libreville les 12 et 13 avril 2006, p. 90. Le taux est déterminé par nous-mêmes à partir des mêmes informations.

[1152] Rapport aux Ministres de la réunion du Comité de Convergence de la zone franc tenue à Paris les 11 et 12 septembre 2006, p. 90. Le taux est déterminé par nous-mêmes.

[1153] Rapport aux Ministres de la réunion du Comité de Convergence de la zone franc tenue à Lomé les 4 et 5 avril 2007, p. 82.

elles sont passées à 346,4 millions € en 2002, puis 393,6 millions € en 2003 et 738,6 millions € en 2004[1154]. En 2005, les dépenses totales sont évaluées à 922,2 millions €[1155] ; elles sont estimées à 1 219,4 millions € en 2006[1156]. En valeurs relatives, cette augmentation est de 41,5 % en 2002, 13,6 % en 2003 et 5,2 % en 2004[1157]. Elle passe à 24,9 % en 2005[1158], puis à 31,2 % en 2006[1159].

803.- La politique de la Guinée Equatoriale semble être de constituer progressivement d'importantes réserves financières grâce à ses recettes pétrolières. Selon le Ministère de l'Economie et des Finances, le Fonds de Réserve Spécial constitué à partir des recettes pétrolières s'élèverait à 990,9 millions d'Euros[1160]. En 2005, l'Etat a prévu d'y ajouter 413,1 millions d'Euros supplémentaires. Cette situation provient de ce que les bailleurs de fonds conseilleraient au gouvernement de ne pas trop injecter de capitaux dans l'économie pour maîtriser l'inflation qui se situe à 4 % par an en fin 2004[1161], et à 5 % en fin 2005[1162].

§5 : Au Tchad

804.- Le pays est en phase de démarrage de sa production, et les lois en ce domaine n'ont pas vraiment été aménagées. L'impact sur la production (A) ne peut encore être valablement analysé. Cependant ce démarrage de la production a favorisé la mise en place d'un cadre juridique particulier sur la gestion des revenus pétroliers, qui aura des effets sur les finances publiques (B).

A - La production

805.- En juillet 2003, les champs pétroliers de Doba, dans le sud du Tchad, ont commencé à produire du pétrole, lequel est ensuite transporté jusqu'à des installations offshore à Kribi, au Cameroun. Pour l'année 2003, la production a été de

---

[1154] Rapport aux Ministres de la réunion du Comité de Convergence de la zone franc tenue à Cotonou les 6 et 7 avril 2005, p. 71, mis à jour en 2006.

[1155] Rapport aux Ministres de la réunion du Comité de Convergence de la zone franc tenue à Libreville les 12 et 13 avril 2006, p. 90 ; les montants, initialement donnés en Francs CFA, ont été convertis en Euros.

[1156] Rapport aux Ministres de la réunion du Comité de Convergence de la zone franc tenue à Lomé les 4 et 5 avril 2007, p. 82.

[1157] Ces taux sont également déterminés par nous-mêmes à partir des informations tirées du Rapport aux Ministres de la réunion du Comité de Convergence de la zone franc tenue à Cotonou les 6 et 7 avril 2005, p. 71.

[1158] Ce taux est déterminé par nous-mêmes à partir des informations tirées du Rapport aux Ministres de la réunion du Comité de Convergence de la zone franc tenue à Libreville les 12 et 13 avril 2006, p. 90.

[1159] Ce taux est déterminé par nous-mêmes à partir des informations tirées du Rapport aux Ministres de la réunion du Comité de Convergence de la zone franc tenue à Lomé les 4 et 5 avril 2007, p. 82.

[1160] Jeune Afrique *l'intelligent,* n° 2296 du 09 au 15 janvier 2005, p. 50.

[1161] Jeune Afrique *l'intelligent,* n° 2296 du 09 au 15 janvier 2005, p. 50.

[1162] Rapport aux Ministres de la réunion du Comité de Convergence de la zone franc tenue à Libreville les 12 et 13 avril 2006, p. 15. Il s'agit de *l'inflation sous-jacente*, critère complémentaire tel que défini par la réunion de la zone Franc de septembre 2005, mesuré par l'indice des prix hors alimentaires (v. pp. 35-36 du rapport).

1,200 millions de tonnes[1163]. En 2004, première année d'exploitation pleine, elle a été de 8,800 millions de tonnes[1164]. Elle est passée à 9,100 millions de tonnes en 2005[1165], avant de chuter à 8,00 millions de tonnes en 2006[1166].

B - LES FINANCES PUBLIQUES

806.- Les lois adoptées régissent l'utilisation des recettes (b) issues de l'activité pétrolière. Ces recettes ont favorisé la relance budgétaire (a) ; pourtant, la situation des finances publiques reste encore difficile (c).

a) La relance budgétaire

807.- A la fin du mois de juillet 2004, un peu plus de 48 millions de dollars US avaient été déposés sur le compte de garantie bloqué du gouvernement tchadien à la Citibank de Londres[1167]. Ce compte reçoit en même temps les recettes directes du pétrole et les recettes fiscales provenant des impôts sur le revenu. La destination des ressources diffère selon leur nature. Les recettes fiscales financent le budget ordinaire, lequel à son tour finance les priorités identifiées dans la stratégie nationale de réduction de la pauvreté[1168]. Le 6 juillet 2004, un premier transfert de 32 millions de dollars US avait été effectué du compte de garantie bloqué londonien à un compte spécial de la Banque des Etats de l'Afrique Centrale (BEAC)[1169].

808.- Pour l'année 2004, les transferts de fonds au Tchad se sont élevés à 84,6 millions de dollars US (environ 44 milliards de Francs CFA)[1170]. Leur affectation est conforme à la législation portant sur la gestion des recettes : 67,7 millions de dollars US pour les secteurs prioritaires de réduction de la pauvreté, 4,2 millions de dollars US en faveur de la région productrice du pétrole et 12,7 millions de dollars US pour le budget ordinaire. Au cours de la même période, un *fonds pour les générations futures* a été ouvert en tant que « sous-compte » du compte de garantie bloqué. A la fin du mois de février 2005, 13,3 millions de dollars US avaient été versés sur ce compte[1171].

[1163] V. supra, tableau n° 5, p. 31.
[1164] Comité Professionnel Du Pétrole, *Pétrole 2004 éléments statistiques,* p. E14.
[1165] Comité Professionnel Du Pétrole, *Pétrole 2005 éléments statistiques,* p. E14.
[1166] Comité Professionnel Du Pétrole, *Pétrole 2006 éléments statistiques,* p. E14.
[1167] Le Groupe Banque Mondiale, Foire aux questions sur le projet d'oléoduc Tchad-Cameroun, mise à jour mars 2005, p. 2. (http://web.worldbank.org/WEBSITE/EXTERNAL)
[1168] V. supra, n° 52.
[1169] Le Groupe Banque Mondiale, Foire aux questions sur le projet d'oléoduc Tchad-Cameroun, mise à jour mars 2005, p. 2. (http://web.worldbank.org/WEBSITE/EXTERNAL)
[1170] Le Groupe Banque Mondiale, Foire aux questions sur le projet d'oléoduc Tchad-Cameroun, mise à jour mars 2005, p. 2. (http://web.worldbank.org/WEBSITE/EXTERNAL)
[1171] Le Groupe Banque Mondiale, Foire aux questions sur le projet d'oléoduc Tchad-Cameroun, mise à jour mars 2005, p. 2. (http://web.worldbank.org/WEBSITE/EXTERNAL)

809.- Grâce à tout cela, l'économie tchadienne a réalisé des performances exceptionnelles, atteignant un taux de croissance du PIB réel de 38,7 % en 2004[1172], contre 11,9 % en 2003, et 9,7 % en 2002[1173]. L'exploitation en année pleine du pétrole a eu un impact important sur les recettes de l'Etat. Ainsi, les recettes courantes de l'Etat augmentent sensiblement de 70,2 %, passant de 202 910 260,6 Euros (133,1 milliards de FCFA) en 2003 à 345 298 076,8 Euros (226,5 milliards de FCFA) en 2004, soit 8,4 % du PIB et 9,1 % du PIB respectivement[1174]. En 2005, les recettes totales se situent à 441 646 149,5 Euros (289,6 milliards de FCFA), soit une augmentation de 27,9 %[1175]. En 2006, les recettes totales sont estimées à 929 789 391,0 Euros (609,9 milliards de FCFA), correspondant à une augmentation de 110,5 % par rapport à 2005[1176].

810.- Les dépenses budgétaires quant à elles augmentent de 25,2 % en 2004, soit relativement moins vite que les recettes, s'établissant à 628 549 214,5 Euros (412,3 milliards de FCFA) en 2004 contre 501 863 694,9 Euros (329,2 milliards de FCFA) en 2003[1177]. Les postes de dépenses ayant connu une forte augmentation concernent les dépenses de biens et services (36,5%), les intérêts sur la dette intérieure (38,1 %), les investissements sur ressources intérieures (39,1 %)[1178]. En 2005, les dépenses budgétaires se situent à 657 362 166,6 Euros (431,2 milliards de FCFA), soit une augmentation de 4,6 %[1179]. L'augmentation des dépenses provient essentiellement des dépenses courantes, dont 39,2 % pour les biens et services, 18,9 % pour les intérêts sur la dette, et 12,3 % pour les salaires et traitements. En revanche, les dépenses d'investissements ont baissé de 14,9 %[1180]. En 2006, les dépenses totales connaissent une nouvelle augmentation de 27,0 % par rapport à 2005 ; elles sont estimées à 834 965 813,2 Euros (547,7 milliards de FCFA)[1181]. Cette augmentation provient, une fois de plus, des dépenses courantes (32,8 %), puis des dépenses d'investissement (21,4 %)[1182].

[1172] Rapport aux Ministres de la réunion du Comité de Convergence de la zone franc tenue à Cotonou les 6 et 7 avril 2005, p. 41.

[1173] Rapport aux Ministres de la réunion du Comité de Convergence de la zone franc tenue à Paris les 22 et 23 septembre 2004, p. 40.

[1174] Rapport aux Ministres de la réunion du Comité de Convergence de la zone franc tenue à Cotonou les 6 et 7 avril 2005, p. 41, mis à jour en 2006.

[1175] Rapport aux Ministres de la réunion du Comité de Convergence de la zone franc tenue à Libreville les 12 et 13 avril 2006, p. 91 ; les montants, initialement donnés en Francs CFA, ont été convertis en Euros.

[1176] Rapport aux Ministres de la réunion du Comité de Convergence de la zone franc tenue à Lomé les 4 et 5 avril 2007, p. 83.

[1177] Rapport aux Ministres de la réunion du Comité de Convergence de la zone franc tenue à Cotonou les 6 et 7 avril 2005, p. 41, mis à jour par le rapport de 2006, p. 58.

[1178] Rapport aux Ministres de la réunion du Comité de Convergence de la zone franc tenue à Cotonou les 6 et 7 avril 2005, p. 41.

[1179] Rapport aux Ministres de la réunion du Comité de Convergence de la zone franc tenue à Paris les 11 et 12 septembre 2006, p. 59.

[1180] Rapport aux Ministres de la réunion du Comité de Convergence de la zone franc tenue à Libreville les 12 et 13 avril 2006, p. 58.

[1181] Rapport aux Ministres de la réunion du Comité de Convergence de la zone franc tenue à Lomé les 4 et 5 avril 2007, p. 83.

[1182] Rapport aux Ministres de la réunion du Comité de Convergence de la zone franc tenue à Lomé les 4 et 5 avril 2007, p. 60.

b) L'utilisation des recettes

811.- Les allocations aux différents secteurs prioritaires sont conformes à la stratégie de réduction de la pauvreté du Tchad et suivent le cycle budgétaire. Chaque décaissement a été soumis à l'approbation du Collège de Contrôle et de Surveillance des Ressources Pétrolières (CCSRP). En 2004, l'allocation des 67,7 millions de dollars US aux secteurs prioritaires s'est faite comme suit :

- 19,3 milliards de francs CFA pour l'amélioration des routes, et pour le revêtement de deux routes principales, route de Bisney à Ngoura (38 km) et route de Goura à Bokoro (104 km) [1183].
- 4,9 milliards de francs CFA pour l'enseignement primaire, secondaire et supérieur, essentiellement pour la construction de classes et l'achat de manuels scolaires, bancs et fournitures scolaires pour les élèves[1184].
- Le solde de ces fonds a été partagé entre l'eau, l'agriculture, la gestion de l'élevage, les affaires communautaires et familiales, et les programmes de développement urbain et de logement.

812.- Le Collège de Contrôle et de Surveillance des Ressources Pétrolières (CCSRP) a examiné les propositions d'affectation secteur par secteur, et a approuvé les décaissements. Les secteurs transports, éducation et urbain ont enregistré les taux d'approbation les plus élevés. Grâce à cette organisation, il est exact de dire que jusque-là, il n'y a pas eu de corruption, ni de gaspillage dans l'utilisation des fonds dont le Tchad a bénéficié de par la construction de son oléoduc. Cependant il ne s'agit que de la première année de gestion des recettes pétrolières. Le 18 octobre 2005, le Premier Ministre, dans une rencontre solennelle avec les organisations de la société civile[1185] et en présence de trois Ministres[1186], a reconnu les faiblesses ci-après à la loi du 11 janvier 1999[1187] :

« - Inadaptation de la loi 001 dans certaines de ses dispositions ;
- la répartition des revenus est assez disparate ;
- le concept de secteur prioritaire est restrictif et il faut l'élargir à d'autres départements, notamment la Défense, l'Administration et la Justice ;
- la loi 001 a eu à faire ses preuves et s'avère inadaptée pour la gestion des revenus pétroliers. »

813.- Le gouvernement affirme alors son intention de réviser cette loi, ce que réfutent les organisations de la société civile. Pour ces dernières, « la modification de la loi révèle la volonté du gouvernement d'affecter plus de revenus à son train de vie

---

1183 Le Groupe Banque Mondiale, Foire aux questions sur le projet d'oléoduc Tchad-Cameroun, mise à jour mars 2005, p. 2. (http://web.worldbank.org/WEBSITE/EXTERNAL).

1184 Le Groupe Banque Mondiale, Foire aux questions sur le projet d'oléoduc Tchad-Cameroun, mise à jour mars 2005, p. 2. (http://web.worldbank.org/WEBSITE/EXTERNAL).

1185 Mémorandum du 20 octobre 2005 du réseau des organisations de la société civile tchadienne à son excellence Monsieur Le Premier Ministre, Chef du Gouvernement du Tchad, intitulé « *Modification de la loi portant gestion des revenus pétroliers : La gouvernance du Tchad en question* », p. 3.

1186 Ministre du Plan, Ministre Délégué chargé des Droits de l'Homme et Ministre délégué au Budget.

1187 Loi tchadienne n° 001/PR/99 du 11 janvier 1999, précitée.

dispendieux »[1188]. Les risques de corruption et de malversations seraient ainsi plus grands.
A la fin de l'année 2005, le Ministère des Finances a rapatrié 117,473 milliards de FCFA (dont 0,176 milliards de Droit de Transit) à répartir entre les secteurs prioritaires (93,838 milliards de FCFA), la région productrice (5,865 milliards de FCFA) et le Trésor Public (17,594 milliards de FCFA)[1189]. Cette allocation des ressources en 2005 est restée conforme à la réglementation en vigueur.

c) La situation néanmoins encore difficile des finances publiques

814.- Bien que le Tchad reçoive aujourd'hui des recettes pétrolières, ses besoins en financement extérieurs pour 2004 et 2005 restent importants. La raison tient d'une part à l'importance des avantages fiscaux accordés au consortium, et d'autre part aux restrictions de l'utilisation de ces recettes à certains types de dépenses qu'impose le programme de gestion des recettes pétrolières. Ceci laisse un « gap » de financement pour le reste de la dépense publique. En effet en tenant compte de l'apurement des arriérés intérieurs et extérieurs de 27,1 milliards de FCFA, l'amortissement de la dette extérieure de 18,8 milliards de FCFA et le désengagement vis-à-vis du système bancaire et non bancaire de 30,4 milliards de FCFA, le besoin de l'Etat en 2004 s'élevait à 122,8 milliards de FCFA[1190]. En 2005, ce besoin est chiffré à 145,7 milliards de FCFA[1191].

815.- Dans le passé, des contributions provenant des principaux bailleurs de fonds actifs au Tchad ont aidé à combler les gaps de financement. Cependant, la dernière revue du FMI n'ayant pu être achevée que courant 2004 au lieu de fin 2003, l'appui budgétaire prévu par les bailleurs de fonds n'a pu se concrétiser. Il devait couvrir 58 % des besoins ci-dessus, 34 % devant être couverts par des dons[1192]. Cela explique en partie la persistance des arriérés de salaires notamment. Un nouveau programme du FMI a été approuvé en février 2005[1193]. Ce programme devait détendre la situation à brève échéance ; mais cela ne fut pas le cas. Le programme du FMI a été gelé et a entraîné un décalage important dans le budget de l'Etat. Les estimations de l'année 2006 laissent toutefois transparaître un renversement de la tendance observée jusque-là. Le solde budgétaire hors dons deviendrait excédentaire

---

[1188] Mémorandum du 20 octobre 2005 du réseau des organisations de la société civile, précité, p. 5.
[1189] Rapport annuel 2005 du Collège de Contrôle et de Surveillance des Ressources Pétrolières (CCSRP), p. 13.
[1190] Rapport aux Ministres de la réunion du Comité de Convergence de la zone franc tenue à Cotonou les 6 et 7 avril 2005, p. 41.
[1191] Rapport aux Ministres de la réunion du Comité de Convergence de la zone franc tenue à Libreville les 12 et 13 avril 2006, p. 59.
[1192] Ces taux sont déterminés par nous-mêmes à partir des informations contenues dans le Rapport aux Ministres de la réunion du Comité de Convergence de la zone franc tenue à Cotonou les 6 et 7 avril 2005, p. 41.
[1193] Le Groupe Banque Mondiale, Foire aux questions sur le projet d'oléoduc Tchad-Cameroun, mise à jour mars 2005, p. 5. (http://web.worldbank.org/WEBSITE/EXTERNAL)

de 62,1 milliards de FCFA[1194], imputable en grande partie à la hausse des cours du brut sur le marché pétrolier.

816.- Cette situation a été suffisante pour décider le gouvernement à engager la procédure de révision de la loi du 11 janvier 1999. Ainsi, le 29 décembre 2005, les parlementaires tchadiens ont adopté le projet de loi portant révision de ladite loi par une importante majorité[1195]. Les innovations significatives apportées à cette loi sont entre autres :
- la suppression des Fonds pour les Générations Futures (FGF) qui était de 10 % dans la clé de répartition des ressources ;
- la réévaluation de la part allouée au Trésor Public de 15 % à 30 % ;
- le rattachement aux secteurs prioritaires des départements de la sécurité, de l'aménagement du territoire et de l'énergie ;
- l'extension de la loi à tous les champs pétroliers du Tchad.

817.- Au moment où intervenait cette loi, le cumul des prêts accordés au Tchad par la Banque Mondiale s'élevait à 300 millions de dollars US, couvrant huit projets de développement. 176 millions US$ avaient déjà été décaissés sur cette somme. La Banque Mondiale a annoncé la suspension du solde, soit 124 millions US$[1196]. Cette conjugaison de décisions augurait de fortes tensions de toute nature pour les jours suivants au Tchad[1197]. Cependant, la Banque et le Tchad n'ont pas rompu leurs relations. Les discussions se poursuivent en vue de trouver une issue consensuelle. C'est ainsi que le 26 avril 2006, un accord intérimaire a été conclu sur l'application de la nouvelle loi[1198].

§6 : Le rendement fiscal à la tonne de brut dans la CEMAC

818.- Avant d'analyser ce rendement par Etat membre (B), il convient d'asseoir d'abord la notion de rendement fiscal (A).

A - LA NOTION DE RENDEMENT FISCAL A LA TONNE DE BRUT

819.- Cette expression est nouvelle dans la fiscalité en générale et dans la fiscalité pétrolière en particulier. L'on a plus coutume de parler de « pression fiscale ». La

---

[1194] Rapport aux Ministres de la réunion du Comité de Convergence de la zone franc tenue à Lomé les 4 et 5 avril 2007, p. 60.

[1195] 119 voix pour, 13 voix contre et une abstention ; la nouvelle loi a été promulguée par le Président de la République le 11 janvier 2006.

[1196] Communiqué de presse rendu public le 06 janvier 2006 à Washington par la Banque Mondiale.

[1197] Déjà le FMI, dans un communiqué de presse du 09 janvier 2006, annonce sa décision de suspendre l'accord de Facilité de Réduction de la Pauvreté et pour la Croissance (FRPC) signé en février 2005, pour un montant d'environ 36,4 millions de dollars US. En avril 2006, des tentatives de mutinerie militaire ont été enregistrées. L'élection présidentielle du 3 mai 2006 s'est déroulée sous une forte tension.

[1198] News & Broadcast, News Release n° 2006/383/AFR, *World Bank, Chad reach an Interim Agreement on Funding, Oil Revenue Management* (http://web.worldbank.org/WEBSITE/EXT). Sur la base de cet accord, la Banque Mondiale s'est engagée à reprendre les décaissements relatifs aux secteurs prioritaires : éducation, santé, développement communautaire,...

pression fiscale, selon Pierre Beltrame[1199], désigne le rapport qui existe entre le prélèvement fiscal subit par une personne, un groupe social ou une collectivité et le revenu dont dispose cette personne, ce groupe ou cette collectivité. Au revenu ainsi retenu, on soustrait les ressources issues du pétrole. Chaque Etat est tenu de calculer sa pression fiscale qui est un indicateur fiable de politique fiscale. Mais il n'y a pas de véritables études sur la question en Afrique et même en Europe. Compte tenu de cette insuffisance et de l'exclusion des ressources pétrolières de ce calcul, il apparaît nécessaire de présenter au moins une ébauche qui contribuerait à combler le vide sur cette spécialité.

820.- Or l'expression « pression fiscale » semble être beaucoup plus favorable au contribuable dont elle traduit la charge. Sachant que la principale finalité de la fiscalité pétrolière est de générer les ressources nécessaires au financement du programme des dépenses des Etats, nous avons recherché une expression qui traduise mieux le revenu réel de l'Etat tel qu'il découle des mesures fiscales prises sur l'activité pétrolière. C'est ainsi que nous avons établi un rapport comportant :

- Au numérateur,
  les revenus pétroliers constitués de ressources directes (dividendes et redevances) et de ressources indirectes (impôts, taxes et droits de douanes liés à l'exploitation pétrolière).

- Au dénominateur,
  la production réelle de brut de l'Etat pour la période concernée.

Le ratio ainsi trouvé a été baptisé « rendement fiscal à la tonne de brut produite ».

B - L'ANALYSE PAR ETAT

821.- Le tableau n° 38 ci-après présente ce ratio par Etat de 2000 à 2006.

[1199] MEHL (L) et BELTRAME (P), *Science et Technique Fiscales*, Paris, PUF, 1984

Tableau n° 38 : Détermination du rendement fiscal par tonne de brut et par Etat

ETATS	ELEMENTS	ANNEES						
		2000	2001	2002	2003	2004	2005	2006
CAMEROUN	RECETTES PETROLIERES (M €)	581,7	514,4	562,4	494,1	533,4	699,0	919,6
	PRODUCTION (milliers TM)	4 500	4 100	3 800	3 500	3 200	3 000	3 200
	RENDEMENT FISCAL / TM (milliers €)	0,1293	0,1255	0,1480	0,1412	0,1667	0,2330	0,2874
CONGO	RECETTES PETROLIERES (M €)	713,6	656,8	606,0	642,7	808,6	1 597,1	2 010,5
	PRODUCTION (milliers TM)	14 200	14 000	11 900	11 100	11 200	12 700	13 500
	RENDEMENT FISCAL / TM (milliers €)	0,0503	0,0469	0,0509	0,0579	0,0722	0,1258	0,1489
GABON	RECETTES PETROLIERES (M €)	1 242,0	1 147,8	928,0	890,2	957,7	1 382,9	1 545,2
	PRODUCTION (milliers TM)	16 400	15 000	14 700	12 000	11 800	11 700	11 600
	RENDEMENT FISCAL / TM (milliers €)	0,0757	0,0765	0,0631	0,0742	0,0812	0,1182	0,1332

GUINNEE EQUATORIALE	RECETTES PETRO-LIERES (M €)	205,8	459,8	552,6	622,6	1 067,6	1 993,3	2 451,2
	PRODUCTION (milliers TM)	5 900	8 600	10 400	11 600	16 300	17 600	17 800
	RENDEMENT FISCAL / TM (milliers €)	0,0349	0,0535	0,0531	0,0537	0,0655	0,1133	0,1377
CENTRAFRIQUE	RECETTES PETRO-LIERES (M €)	0	0	0	0	0	0	0
	PRODUCTION (milliers TM)	0	0	0	0	0	0	0
	RENDEMENT FISCAL / TM (milliers €)							
TCHAD	RECETTES PETRO-LIERES (M €)	0,0	0,0	0,0	16,2	120,1	219,5	642,0
	PRODUCTION (milliers TM)	0	0	0	1 200	8 800	9 100	8 000
	RENDEMENT FISCAL / TM (milliers €)				0,0135	0,0137	0,0241	0,0802

Source : L'auteur, à partir d'informations contenues dans les tableaux n° 12 à 23, l'annuaire du Comité Professionnel Du Pétrole 2004 et 2006 (production), et du Rapport aux Ministres de la réunion du Comité de Convergence de la zone franc tenue à Cotonou les 6 et 7 avril 2005, à Libreville les 12 et 13 avril 2006, à Paris les 11 et 12 septembre 2006 et à Lomé les 4 et 5 avril 2007 (recettes).

822.- Il découle de ce tableau que dans la CEMAC et en valeurs absolues, le Cameroun est l'Etat qui tire le plus de bénéfice de son pétrole, bien que sa législation fiscale en la matière ne soit pas encore optimisée. En effet, une tonne de pétrole brut produite au Cameroun rapporte à l'Etat plus du double des revenus que la même tonne de pétrole brut produite au Congo ou au Gabon, près du triple des revenus que la même tonne de pétrole brut produite en Guinée Equatoriale (jusqu'en 2004) et dix fois les revenus de la même tonne produite au Tchad (jusqu'en 2005). En 2006, cet écart est ramené au double en ce qui concerne la Guinée Equatoriale, et au tiers en ce qui concerne le Tchad. Pourtant, le pétrole camerounais a la réputation d'être un brut assez lourd, qui se vend avec une certaine décote par rapport au cours du *Brent*. Cependant, si l'on compare l'évolution du rendement fiscal à la tonne d'une année à l'autre avec l'évolution du *Brent* dans la même fourchette, l'on se rend compte que c'est au Congo et en Guinée Equatoriale que cette évolution est appréciable.

823.- En effet, la moyenne du *Brent* a été de 28,84 USD/Bbl en 2003[1200], 38,21 USD/Bbl en 2004[1201] et 54,39 USD/Bbl en 2005[1202], soit un accroissement de 32,49 % entre 2003 et 2004 et de 42,34 % entre 2004 et 2005[1203]. Entre 2003 et 2004, l'accroissement du rendement fiscal à la tonne de brut a été de 26,82 % au Congo, 22,03 % en Guinée Equatoriale, 18,08 % au Cameroun, 9,82 % au Tchad, et 7,01 % au Gabon. Avec les réalisations de 2005, l'accroissement du rendement fiscal à la tonne de brut par rapport à l'année 2004 est de 86,96 % au Congo, 72,91 % en Guinée Equatoriale, 60,03 % au Tchad, 40,39 % au Gabon et 38,19 % au Cameroun. L'accroissement du rendement fiscal au Gabon et au Cameroun est demeuré en dessous de celui du *Brent* sur toute la période, ce qui laisse croire que des facilités ont été accordées aux sociétés pétrolières « à contre courant ». A partir de 2004, le Cameroun a notamment été pénalisé par ses attentes mal comblées sur la concession Ebome[1204], et par l'introduction d'un partage de production modulaire dans les contrats signés sous l'égide du Code Pétrolier[1205]. En effet, grâce à la bonne tenue du marché du fuel issu des bruts lourds soutenu par un certain nombre de facteurs, les cours des deux principaux bruts Kole et Lokele se sont raffermis depuis 2003[1206], et le rendement aurait dû s'améliorer.

824.- Au regard de la diversité d'impacts que nous avons analysée ci-dessus et du rendement fiscal dégagé sur la tonne de brut par Etat, un essai d'harmonisation est nécessaire entre les six Etats membres de la CEMAC. C'est l'objet du chapitre 2 suivant.

[1200] V. cotations platt's de 2003.
[1201] V. cotations platt's de 2004.
[1202] V. cotations platt's de 2005.
[1203] Les pourcentages sont calculés par nous-mêmes.
[1204] V. supra, n° 765 ss.
[1205] Contrat de partage de production DISSONI du 4 avril 2005 entre la République du Cameroun, TOTAL E&P Cameroun et PECTEN Cameroon Company LLC, précité, art 13.2 ; contrat de partage de production BOMANA du 14 mars 2006 entre la République du Cameroun et TOTAL E&P Cameroun, précité, art 13.2.
[1206] SNH INFO NEWS, n° 014 octobre 2003, p. 18.

CHAPITRE 2

ESSAI D'HARMONISATION DES REGLES FISCALES PETROLIERES ENTRE LES SIX ETATS DE LA CEMAC

825.- Tous les Etats de la CEMAC étant ou pouvant être producteurs de pétrole brut, il est souhaitable de rendre neutre la décision d'implantation des compagnies pétrolières. Celles-ci ne doivent pas tirer argument des différences dans les fiscalités nationales pour s'implanter dans tel Etat, jugé fiscalement plus favorable que tel autre[1207]. Par ailleurs, il serait difficile pour un Etat membre pris isolément de faire passer la réforme. Celle-ci aurait plus d'effet sous une approche régionale. Il est de ce fait utile de rapprocher la fiscalité pétrolière de ces Etats. Ce rapprochement sera d'autant plus efficace que la nécessité d'harmoniser (section 1) s'y serait manifestée au préalable. Il ne resterait plus alors qu'à expliquer les critères et éléments de l'harmonisation (section 2).

Section 1 : La nécessité d'harmoniser

826.- La nécessité d'harmoniser les fiscalités pétrolières s'est faite sentir depuis des décennies. Elle s'est manifestée à travers quelques regroupements dont les premiers (§1) et principaux concernent l'OPEP et l'OPAEP. Ces regroupements embrassaient de nombreux domaines, mais très peu celui de la fiscalité proprement dite. Ils ont rapidement montré leurs limites, ce qui s'est traduit par une recherche infructueuse d'autres voies (§2).

§1 : L'échec des premiers regroupements

827.- Les économies des pays pétroliers en général et ceux de la CEMAC en particulier sont des économies qui dépendent presque exclusivement de la rente pétrolière[1208]. Le pétrole est de ce fait une matière première d'une grande importance, autant pour les économies des pays en voie de développement que pour celles des pays industrialisés. L'importance des intérêts en jeu pousse la plupart des pays consommateurs, notamment les Etats-Unis, à intervenir en faveur de leurs sociétés pétrolières par divers moyens.

828.- Pour s'organiser, les pays en voie de développement producteurs de pétrole doivent par conséquent franchir des difficultés extérieures. Ils doivent également

[1207] CASTAGNEDE (B) et LALUMIERE (P) (sous la direction de -), « harmonisation des fiscalités internes au sein de l'UDEAC », *Encyclopédie Juridique de l'Afrique*, tome 3, N.E.A., 1982, p. 485.
[1208] V. supra, n° 70.

vaincre leurs propres divergences. La voie de l'harmonisation est donc forcément limitée. Mais l'unification des politiques fiscales pétrolières et la recherche des méthodes les plus appropriées pour sauvegarder les intérêts des pays en voie de développement tant à l'échelle individuelle que sur le plan collectif est un impératif nécessaire. C'est précisément l'objectif de l'O.P.E.P., la première organisation mise en place en vue de la maîtrise et de l'harmonisation de ces politiques (A). La diversité de ses membres crée quelques discordes qui aboutissent rapidement à la création d'une seconde organisation, celle des Pays Arabes Exportateurs de Pétrole, l'OPAEP (B).

A - L'O.P.E.P.

829.- C'est une Organisation née d'un accord entre quelques gouvernements de Pays Exportateurs de Pétrole dans une période particulièrement difficile, marquée par une série de baisse des prix du brut. L'O.P.E.P. voit ainsi le jour à la suite d'une conférence tenue à Bagdad (Irak) du 10 au 14 septembre 1960, après une série de contacts diplomatiques dont l'initiative semble revenir au Venezuela. Les représentants des gouvernements d'Irak, d'Arabie Saoudite et du Venezuela avaient pris part à cette conférence. Elle faisait de l'organisation des pays exportateurs de pétrole une organisation intergouvernementale permanente. Le traité établissant l'OPEP était enregistré aux Nations unies en novembre 1962, sous le numéro 6363[1209].

830.- L'organisation définit les voies et les moyens propres à assurer la stabilisation des prix sur les marchés pétroliers internationaux, en vue d'éliminer toutes fluctuations nuisibles et inutiles, en ayant présent à l'esprit, à tout moment, les intérêts des pays producteurs et la nécessité de leur assurer un revenu solide : un approvisionnement pétrolier efficace, économique et régulier aux nations consommatrices et une rémunération loyale sur le capital investi dans l'industrie pétrolière. L'organisation recherche, en concertation et en coopération avec les autres pays du monde, l'établissement d'un nouvel ordre économique basé sur la justice, la compréhension mutuelle et le souci réel du bien-être de tous les peuples. Tout pays exportateur de pétrole brut, dont les intérêts convergent fondamentalement avec ceux des pays membres, peut devenir un membre à part entière de l'organisation, à condition d'être accepté par les trois quarts des autres pays membres à part entière, et à l'unanimité des membres fondateurs.

831.- C'est ainsi que la candidature du Gabon à l'OPEP a été acceptée en fin 1973. De son côté, le gouvernement congolais estimait que l'OPEP constitue un instrument non négligeable pour le soutien de sa politique économique. Il a ainsi déposé officiellement sa candidature à l'organisation en 1980, sans succès. Le Cameroun quant à lui n'a pas cherché à être membre de l'OPEP. Il en aura été de même, plus tard, pour la Guinée-Equatoriale et le Tchad. En 1980, l'organisation comptait treize membres, dont quatre africains : Algérie, Gabon, Libye et Nigeria[1210]. Ce

---

[1209] *Guide du petrole, gaz-pétrochimie,* édition O. Lesourd, 51è année, 1982, p. E7

[1210] *Guide du petrole, gaz-pétrochimie,* précité, p. E7

dernier connaît depuis un certain temps, quelques pressions américaines pour qu'il quitte l'organisation[1211].

832.- Depuis sa constitution, l'organisation a, entre autres :

- joué un rôle important dans le cadre de la stabilisation des prix affichés du pétrole, et contrôlé les éventuelles réductions unilatérales de prix par les compagnies pétrolières ;
- négocié des accords avec les compagnies pétrolières en prévision du prix du brut et un impôt sur le revenu plus élevé, simultanément à la compensation contre l'inflation ;
- obtenu des garanties contre la compensation des compagnies pétrolières en cas d'érosion de la parité du dollar ;
- conclu des accords avec les compagnies pétrolières considérant les royalties pétrolières comme une dépense plutôt qu'un crédit ;
- élaboré des plans pour l'adoption de principes identiques à inclure dans la législation des hydrocarbures au sein des pays membres ;
- aidé ses membres dans l'évaluation et l'analyse des conditions dans le domaine du pétrole sur le plan international et formé les ressortissants nationaux sur les aspects techniques et économiques de l'industrie ;
- participé activement aux congrès internationaux et nationaux liés à l'industrie pétrolière ;
- adopté une résolution, sous la forme d'un « Rapport solennel sur la politique pétrolière des pays membres », exprimant la détermination des pays membres à suivre une voie uniforme de politique pétrolière ;
- donné son accord sur « une réglementation pour la conservation des ressources pétrolières », dont le principe général a été adopté par quelques pays membres ;
- assumé la responsabilité de déterminer le prix du pétrole brut exporté ;
- par l'intermédiaire des pays membres individuellement, assisté d'autres pays en voie de développement par des accords bilatéraux et unilatéraux ;
- montré sa sollicitude pour la condition des pays en voie de développement les plus sérieusement affectés par des tensions économiques récentes, par la mise en place d'un fonds spécial OPEP, qui attribue des prêts à long terme et sans intérêt à quelques quarante-cinq (45) nations d'Afrique, d'Asie, d'Amérique latine et des Caraïbes.

833.- Cependant, les difficultés de constitution d'une organisation pétrolière internationale se répercutent sur l'action de l'OPEP, qui de ce fait présente des limites.

[1211] *Le Monde diplomatique*, janvier 2003, « Une priorité géostratégique – Offensive sur l'or noir africain », p. 19.

La composition de cette organisation ne permet pas la représentation des pays importateurs de pétrole et ne regroupe en fait que des pays en voie de développement. Cette composition peut être un facteur d'unité de vues au sein de l'organisation. Néanmoins la diversité des régimes et des alliances politiques des pays de l'OPEP ne facilite pas l'action commune, malgré des objectifs limités. Les décisions de l'organisation ne sont ni partagées ni appliquées par l'ensemble des membres.

834.- Un certain nombre de modifications pouvait être apporté par chaque membre dans le détail des impositions prévues, de telle sorte que les revenus réels des Etats soient sensiblement modifiés. Le cas le plus curieux a été celui de l'Iran, qui a accordé des allègements fiscaux non négligeables pour certaines zones du Golfe Persique. Ces accords signés en 1965 prévoyaient une exonération totale de la redevance[1212]. De son côté, l'Indonésie a adopté pour l'exploitation un régime financier original de partage des profits. Des rivalités naissent ainsi tant à l'intérieur qu'à l'extérieur de l'OPEP. A l'extérieur, elles consistent en la recherche de regroupements concurrents. A l'intérieur, elles ont abouti à la création de l'OPAEP.

B : L'OPAEP

835.- L'Organisation des Pays Arabes Exportateurs de Pétrole (OPAEP) est issue de l'accord conclu à Beyrouth en 1968, entre l'Arabie Saoudite, le Koweit et la Libye. Suite aux problèmes de l'OPEP liés à la diversité des régimes et alliances politiques, l'OPAEP regroupe des pays plus proches sur le plan culturel, religieux et politique. Elle est de ce fait concentrée au Moyen-Orient. En 1980, elle comptait neuf membres[1213] : Algérie, Bahreïn, Irak, Koweit, Libye, Qatar, Arabie Saoudite, Syrie, Emirats Arabes Unis.

836.- Le but principal de l'organisation[1214] « est la coopération des pays membres dans les diverses activités économiques de l'industrie pétrolière, l'établissement des liens les plus étroits entre eux dans ce domaine, la détermination des voies et des moyens pour sauvegarder les intérêts légitimes de ses membres dans cette industrie, individuellement et collectivement, l'unification de leurs efforts pour assurer l'écoulement du pétrole vers les marchés de consommation dans des conditions justes et raisonnables, et la création d'un climat favorable à l'investissement des capitaux et des techniques nécessaires dans l'industrie pétrolière des pays membres. Pour la réalisation de ces objectifs, l'organisation devra notamment :

- Prendre des mesures adéquates pour la coordination des politiques économiques pétrolières de ses membres.
- Prendre des mesures adéquates pour l'harmonisation des systèmes juridiques en vigueur dans les pays membres, et ceci dans les limi-

---

[1212] BRASSEUR (R), *Législation et fiscalité internationale des hydrocarbures exploration et production*, précité, p. 153.
[1213] Après la signature du traité avec Israël, l'Egypte a été suspendue de toutes les organisations arabes, dont l'OPAEP.
[1214] Statuts de l'OPAEP, article 2.

tes nécessaires qui permettent à l'organisation d'exercer ses activités.

- Favoriser l'échange de connaissances et de techniques entre les pays membres et fournir aux citoyens de ces derniers la possibilité de formation et d'emploi dans les pays membres où de telles possibilités existent.
- Encourager la coopération entre les membres pour résoudre les problèmes auxquels ils ont à faire face dans l'industrie pétrolière.
- Utiliser les ressources des membres et leurs potentiel commun en établissant des projets collectifs dans les divers domaines de l'industrie pétrolière. Ces projets peuvent être entrepris par tous les membres ou par ceux d'entre eux qui désirent y participer ».

837.- L'adhésion à l'OPAEP est ouverte à tout pays arabe pour qui le pétrole représente une source importante de son revenu national. Autrement dit, il ne suffit pas d'être pays arabe producteur de pétrole pour faire partie de l'organisation. Il faudrait en plus que la production de pétrole contribue suffisamment à la formation du revenu national. Toutefois, le taux minimum de contribution du pétrole au revenu national des pays concernés n'a pas été défini dans les statuts. D'autres regroupements régionaux sur lesquels nous n'insisterons pas ont vu le jour à l'image de l'OPAEP ; il s'agit notamment de l'ASCOPE en Asie du Sud-Est et l'OLADE en Amérique Latine. Plus proches de la CEMAC, de nombreuses tentatives ont été enregistrées, bien qu'elles n'aient pas porté les fruits attendus.

§2 : La recherche infructueuse d'autres voies

838.- De nombreuses idées de rapprochement ont été avancées par diverses organisations internationales et travaux de recherches. Nous ne les analyserons pas toutes. Nous ne retiendrons ici que celles touchant les Etats de l'Afrique Centrale. C'est ainsi que nous aborderons tour à tour les orientations de la C.E.A. (A), l'idée d'un institut de l'énergie des pays francophones (B), la création de l'Institut Africain du Pétrole (C), le forum des industries pétrolières d'Afrique Centrale (D), l'Association des pays Producteurs de Pétrole Africains (E).

A - Les orientations de la Commission Economique de l'Afrique (CEA)

839.- Lors de la conférence des ministres de la Commission Economique de l'Afrique (CEA) qui s'est tenue du 02 au 12 février 1974 à Tripoli (République Arabe Libyenne), la résolution 225 (X) a été adoptée. Par cette résolution, la CEA incluait dans son programme de travail la question de la coopération régionale des Etats dans l'industrie pétrolière. Cette résolution était une sorte de vœux qui laissait le soin à chaque regroupement régional africain de prendre des mesures concrètes en vue de cette coopération. Elle a donc été plus exploitée par des universitaires dans le cadre de leurs recherches, d'où il ressort des difficultés d'ordre humain, technique, financier ou politique.

840.- C'est ainsi qu'il a été envisagé de signer des accords de coopération bilatérale dans le pétrole au sein de la Communauté Economique des Etats de l'Afrique Centrale (CEEAC)[1215]. Cette communauté regroupe tous les Etats membres de la CEMAC plus le Zaïre et l'Angola éventuellement. La situation politique, économique et financière de chacun de ces Etats, leur place et leur expérience dans l'industrie pétrolière sont différentes. Leur trait commun est de ne pas pouvoir mobiliser des moyens importants pour faire face aux exigences techniques et financières de l'industrie pétrolière. L'idée était d'établir une coopération basée sur les échanges de personnel technique et de personnel enseignant.

841.- Ainsi, certains spécialistes ayant reçus une formation particulièrement poussée dans leur pays d'origine pourraient aller travailler dans d'autres pays et y former à leur tour le personnel du pays hôte. Une autre idée, selon le même auteur[1216], est d'établir une coopération pétrolière bilatérale dans le cadre des sociétés mixtes. Les parties intéressées devraient donc créer une société mixte en définissant de façon complète son objet, en déterminant son organisation et son fonctionnement et surtout en fixant la date de la première réunion. L'auteur suggère de ne fixer que les objectifs que cet organisme est à même de réaliser, afin que les risques de blocage ou de désillusion qui s'attachent souvent aux accords détaillés et ambitieux soient évités.

842.- Il va sans dire que cette technique comporte des inconvénients. La liaison entre les différentes étapes de la négociation est en pratique difficile. Chaque étape se déroule dans une conjoncture qui n'est pas forcément identique à celle de la précédente négociation. Il peut en résulter une certaine hétérogénéité dans les divers éléments qui doivent former l'entreprise commune et surtout un manque de solidité de la conception d'ensemble. En effet, le but à atteindre ne se limite pas à l'édification de quelques projets communs. La coopération doit viser à rendre possible le contrôle effectif des richesses naturelles par les Etats, à travers les organismes nationaux créés à cet effet.

B - L'IDEE D'UN INSTITUT DE L'ENERGIE DES PAYS FRANCOPHONES

843.- C'est un projet qui a été concrétisé lors du XIXè Congrès des Relations Internationales du Québec, tenu à Québec les 30, 31 août et 1er septembre 1987[1217]. Ce projet part de l'idée selon laquelle les besoins en coopération sont essentiellement de deux sortes :

- des besoins en capitaux de risques pour l'exploration et la production pétrolières dans les pays du Sud ;
- et des besoins en formation de ces mêmes pays dans le secteur des hydrocarbures.

[1215] LELO (A.J.A.), *Aspects juridiques de l'exploitation et de la commercialisation du pétrole au Congo*, thèse précitée, p. 215s

[1216] LELO (A.J.A.), *Aspects juridiques de l'exploitation et de la commercialisation du pétrole au Congo*, thèse précitée, p. 218

[1217] « CHOIX », numéro spécial sur « Les sommets francophones, nouvel instrument de relations internationales », Centre québécois des Relations Internationales, Québec, 1988, p. 169 ss.

844.- S'agissant des besoins en capitaux de risque pour entamer et faire progresser l'exploration et la production pétrolière, ils sont évidents. Mais ni les pays en développement eux-mêmes, ni les compagnies pétrolières ne disposent ou ne sont prêts à risquer les sommes importantes qu'exigent une telle activité. Une des solutions à ce problème avait été trouvée par le Canada, mais elle n'a pas été reprise par le sommet. En effet, la Corporation Pétro-Canada pour l'Assistance Internationale (CPCAI), qui est une société publique filiale de Pétro-Canada, dispense depuis les années 1982, de l'aide en nature aux pays en développement importateurs de pétrole, pour leur permettre de rechercher du pétrole sur leur territoire national. La CPCAI dispose d'un budget d'aide annuel d'environ soixante (60) millions de dollars qu'elle dépense en travaux sismiques, de forage, de géologie, etc[1218]... dans ce pays. A en croire l'auteur, cette formule a déjà fait ses preuves et constituerait un modèle original adapté aux besoins des pays en développement.

845.- Pourtant le sommet est resté pratiquement muet sur le problème des besoins en capitaux de risques pour l'exploration et la production pétrolières dans les pays du Sud. Il n'a fait des propositions concrètes que dans le domaine de la formation de ces mêmes pays dans le secteur des hydrocarbures. C'est cette formation qui se ferait dans le cadre d'un institut de l'énergie des pays francophones. La création d'un tel institut serait un pas concret dans la voie de la prise en compte des besoins importants et multiformes en recherche-développement et en formation dans le domaine de l'énergie. La paternité de cette initiative revient au Québec malgré les transformations radicales qu'a subies son projet initial. Ce projet prévoyait en effet un institut où chercheurs et professionnels du Nord et du Sud conduiraient et réaliseraient des programmes spécifiques de formation et de recherche. C'était le lieu idéal pour faire travailler ensemble des chercheurs venant d'horizons et de cultures différents. Après les transformations radicales que lui ont imposés les diplomates et les technocrates des sommets, l'institut s'inscrit plutôt dans le sillage traditionnel du transfert de technologie du Nord vers le Sud.

846.- L'Institut est ainsi appelé à jouer le rôle d'un secrétariat coordonnant les activités de recherche et de formation dans les domaines de l'économie et de la gestion de l'énergie. Il ne disposerait ni de son propre programme de recherches, ni de ses propres chercheurs. Pour cette activité de coordination assez vague, l'Institut disposera d'un budget relativement modeste (en moyenne 1,5 millions de dollars par an)[1219], lui permettant de lancer et de faire faire, par des instituts et des centres existants, des projets de formation de cadres intermédiaires et des projets de recherches bien spécifiques. La modestie du budget de l'institut, une fois déduites ses dépenses internes, va sans doute limiter son impact. Par ailleurs, la structure administrative de l'institut, telle que présentée, favorise l'emprise d'une bureaucratie qui, de par ses activités, est loin des préoccupations et des travaux des chercheurs et des pédagogues qui oeuvrent dans le domaine. En effet, le conseil d'orientation

[1218] AYOUB (A.), *LE PETROLE Economie et Politique*, Economica, Paris, 1996, p. 348.
[1219] AYOUB (A.), *LE PETROLE Economie et Politique*, précité, p. 347.

de cet institut est composé de hauts fonctionnaires représentant les pays membres et non pas, justement, d'universitaires et de chercheurs.

C - LA CREATION DE L'INSTITUT AFRICAIN DU PETROLE

847.- L'Institut Africain du Pétrole (IAP) a été crée en septembre 1996. Cette initiative est née de l'idée selon laquelle de nombreux africains ont de l'expérience dans l'industrie pétrolière, que ce soit dans les sociétés nationales, internationales ou indépendantes, ou encore dans les ministères. Dans la plupart des cas cependant, contrairement à l'Europe ou aux Etats –Unis, les africains (notamment francophones) se trouvent souvent confinés dans une carrière tracée et limitée à leur horizon national. D'autre part, on constate que souvent les privatisations en-cours se réalisent sans que les professionnels locaux du pétrole y soient associés. Le principal intérêt de ce partenariat est de contribuer à lever les obstacles à l'investissement qui existent en Afrique. Ces obstacles sont multiples et varient selon la situation des compagnies, la taille des gisements, les conditions fiscales… Pour les renverser, il est nécessaire de rassembler les partenaires internationaux et locaux, afin de mieux informer les administrations sur les contraintes spécifiques à l'industrie pétrolière et la nécessité de tenir compte des réalités du marché.

848.- Pour exercer ces partenariats, l'IAP propose un forum aux opérateurs, une sorte de catalyseur pour opérer des regroupements. C'est une structure ouverte à tous sans exclusive : sociétés nationales, majors, indépendants, banques, administrations. Avec comme objectif de faire passer les acteurs africains de l'industrie pétrolière d'une attitude passive à une démarche active[1220]. L'objectif principal actuel est d'aider à attirer les investisseurs vers l'Afrique. En matière de production de pétrole, les Etats africains ne sont pas en compétition. Il s'agira, dans un premier temps, d'identifier les obstacles à l'investissement. Un groupe de travail était chargé de préparer une étude, qui devait être débattue à la fin de 1998, à travers un questionnaire envoyé à tous les membres.

849.- La deuxième étape aurait été de décanter les résultats de cette enquête et en tirer des propositions à faire aux ministères, aux sociétés nationales et à l'industrie pétrolière internationale très fortement représentée à l'IAP. Cela devait se traduire par exemple dans la conception des contrats divers adaptés à l'industrie pétrolière en Afrique. Il n'était pas question d'établir un modèle type mais un cadre avec des variantes, appuyé sur des logiciels d'évaluation technique et économique. Le danger de cette option serait d'arriver à une multitude de modèles, sans aucune harmonisation en définitive. Ce danger est renforcé par la diversité des membres de l'IAP. Son ouverture à tous sans exclusive ne favorise pas la définition d'idées communes.

[1220] Pétrole informations, n° 1733, avril – mai 1998, p. 31.

D - Le forum des industries petrolieres d'Afrique Centrale

850.- C'est une autre tentative de regroupement propre à l'Afrique Centrale. Le premier forum sur les industries pétrolières d'Afrique Centrale s'est tenu du 02 au 04 octobre 2001 à Malabo (Guinée Equatoriale). Il n'aura été qu'une simple plate-forme de discussions et d'échange de points de vues. Rien de concret n'en a été tiré dans le cadre de l'harmonisation des fiscalités pétrolières des Etats membres de la CEMAC.

E - L'Association des Producteurs de Petrole Africains (APPA)

851.- L'Association des Producteurs de Pétrole Africains (APPA) est une organisation intergouvernementale créée en 1987 au Nigeria ; elle est composée de douze pays africains producteurs de pétrole : l'Algérie, l'Angola, le Bénin, le Cameroun, le Congo, la République Démocratique du Congo, la Côte d'Ivoire, l'Egypte, le Gabon, la Guinée Equatoriale, la Libye et le Nigeria. Elle a pour objectif de promouvoir la coopération, les initiatives communes en matière de politiques et de stratégies de gestion entre les pays membres dans les différents domaines de l'exploitation des hydrocarbures et activités pétrolières. L'évènement majeur de l'APPA est sans conteste le Congrès Africain du Pétrole.

852.- Le premier congrès de l'APPA a eu lieu à Tripoli (Libye) en 2003. Il offre un cadre d'échanges d'expériences et d'aide à la décision sur les questions fondamentales pour l'industrie pétrolière ; c'est « un espace privilégié pour la promotion des technologies, des produits et des services de l'industrie des hydrocarbures », estime le ministre algérien de l'Energie et des Mines[1221]. Selon la vision que se font ses membres, l'APPA devra être au plan mondial, le plus puissant moteur de coopération régionale, de coordination et d'harmonisation des efforts des pays membres afin de promouvoir l'efficacité et le développement durable de leurs ressources en hydrocarbures et de maximiser la valeur socio-économique individuelle et collective de leur industrie du pétrole et du gaz[1222].

853.- Le deuxième Congrès Africain du Pétrole et de l'Exposition (CAPE II) s'est tenu à Alger du 14 au 17 février 2005. Au cours de la rencontre organisée par l'APPA, les délégations des douze pays membres de l'APPA, auxquelles se sont ajoutés trente-cinq autres Etats[1223], ont examiné des thèmes en rapport avec l'industrie des hydrocarbures, dans la perspective du développement durable de l'Afrique. « Ce qui fait la force et la pertinence du Congrès Africain du Pétrole est qu'il s'inscrit aussi dans les efforts constants de ses membres de création d'espaces

---

[1221] Cité par l'Agence APS dans l'annonce du deuxième congrès de l'APPA le 24 décembre 2004 à 17h18.

[1222] Résolution n° APPA/XXIIè/2005/RES/0116, adoptée le 15 février 2005 à Alger, Bulletin de l'APPA décembre 2005, p. 5.

[1223] Il s'agit de : Australie, Autriche, Canada, Croatie, Danemark, France, Allemagne, Grèce, Hongrie, Italie, Japon, Koweït, Malaisie, Monaco, Hollande, Norvège, Chine, Portugal, Russie, Arabie Saoudite, Afrique du Sud, Espagne, Suisse, Tunisie, Emirats Arabes Unis, Royaume Uni, Ukraine, Pologne, Malte, Syrie, Liban, Irlande, Iran et Etats-Unis.

de concertation entre pays producteurs et pays consommateurs »[1224]. Comme toutes les tentatives de regroupement précédentes, le Congrès se circonscrit à des concertations entre pays producteurs et pays consommateurs. Il a débouché sur un certain nombre de recommandations que l'APPA, en collaboration avec des organes et institutions partenaires, s'attellera à mettre en œuvre[1225]. Aucune mesure concrète n'est prise en vue de rapprocher les fiscalités pétrolières des Etats, sujet sur lequel toutes les organisations et tous les regroupements devraient se pencher. Nous apportons quelques suggestions ci-après (section 2).

Section 2 : Les critères et éléments fiscaux de l'harmonisation

854.- Dans nos analyses antérieures, nous avons montré que certaines dispositions des contrats et conventions sont parfois difficiles, parfois complexes ; nous proposons leur précision (§ 1). Ensuite il s'agira de préciser les impositions retenues avec leur nouveau barème (§ 2). Toutes ces réformes devant faire partie intégrante des lois minières, il s'agira enfin de relire les dispositions fiscales desdites lois (§ 3). Cette relecture permettra en même temps de corriger les erreurs et omissions précédemment relevées.

§1 : La précision de certaines dispositions des contrats et conventions

855.- Les dispositions des contrats et conventions nécessitant une reprécision se ramènent à une stabilisation limitée du régime fiscal (A), un nouveau système de partage de la production (B), un plafond de remboursement revu et équilibré (C), une uniformisation des formules d'indexation des coûts (D).

A - UNE STABILISATION LIMITEE DU REGIME FISCAL

856.- La loi camerounaise du 6 avril 1964 prévoyait que « pour les entreprises détentrices de titres miniers de recherche et d'exploitation et pour celles qui leur sont associées, les dispositions de la présente loi ne pourront être aggravées pendant la durée du permis de recherche considéré, et pendant une période de vingt-cinq ans à compter de la date d'entrée en vigueur des concessions dérivant de ces derniers, sans que la durée totale de la garantie ainsi accordée puisse excéder trente ans »[1226]. Par cette formulation, le Cameroun marquait déjà sa volonté de plafonner la durée de la stabilité des clauses juridiques et fiscales ; cette stabilité ne pouvait *excéder trente ans*. Malheureusement, ces dispositions n'ont pas été reprises par la loi de

---

[1224] Bouteflika (A), Président de la République Algérienne Démocratique et Populaire, dans son discours d'ouverture du deuxième Congrès Africain du Pétrole à Alger, le 15 février 2005.

[1225] Il s'agit entre autres d'œuvrer pour une contribution effective du secteur des hydrocarbures à la réduction du poids de la dette et à la promotion du développement durable ; de favoriser des réflexions qui permettent d'orienter les flux de revenus pétroliers vers leur investissement en Afrique ; de créer des synergies entre les entreprises pétrolières et associations africaines activant dans le domaine pétrolier.

[1226] Loi camerounaise n° 64-LF-4 du 6 avril 1964, fixant l'assiette, les taux et mode de recouvrement des droits fixes, redevances et taxes minières, art. 42.

1978[1227]. Le code pétrolier quant à lui est plus vague et imprécis ; il dispose que « le contrat pétrolier peut prévoir des régimes particuliers en matière de force majeure et de stabilité des conditions économiques et fiscales, notamment en cas d'aggravation des conditions de son exécution résultant de l'intervention en République du Cameroun, d'une législation ou d'une réglementation postérieure à sa date d'entrée en vigueur »[1228].

857.- Au Tchad, les dispositions de l'ordonnance du 3 février 1962[1229] sont identiques à celles de l'article 42 de la loi camerounaise du 6 avril 1964 ci-dessus. Cependant, les divers accords et avenants à la convention du 19 décembre 1988[1230] ont modifié cette stabilité. Elle a désormais une durée illimitée[1231]. Au Gabon, au Congo, et en Guinée Equatoriale, la stabilisation des clauses juridiques et fiscales est plutôt spécifiée dans les conventions d'établissement. Elle est illimitée dans le temps. Ce mode de stabilisation aboutit à des situations anachroniques et mal adaptées à l'évolution de l'activité pétrolière[1232].

858.- Pour y remédier, nous préconisons une stabilisation des clauses juridiques et fiscales qui se rapproche de l'ancienne loi camerounaise du 6 avril 1964, et de l'ordonnance tchadienne du 3 février 1962, notamment par sa limitation dans le temps. En effet, si une stabilisation illimitée des clauses fiscales peut être considérée comme exagérée, il faut reconnaître que cette dernière ne peut non plus être ramenée à zéro. Les plans d'investissements, de financement et la rentabilité des projets d'activités pétrolières ont été établis sur la base de certaines hypothèses prenant en compte la situation fiscale. Un changement brusque de cette situation pourrait entraîner un changement des hypothèses de base, ce qui n'est pas aisé. Il faut stabiliser, mais différemment. Cette nouvelle *stabilisation* se ferait *par pallier*. Cela veut dire que les dispositions juridiques et fiscales seront stabilisées durant toute la période initiale de chaque titre minier ou contrat. A chaque renouvellement, ces dispositions seront adaptées à la législation, à la réglementation ou à la conjoncture en vigueur à la date du renouvellement du titre selon le cas, avant d'être stabilisées sur la période de renouvellement dudit titre ou contrat.

B - UN NOUVEAU SYSTEME DE PARTAGE DE LA PRODUCTION

859.- Les Etats membres de la CEMAC ont montré une volonté commune d'aller vers un système de partage de la production. Cependant, nous avons relevé que les modalités de ce partage étaient multiples et variées entre l'Etat hôte et la société

[1227] Loi camerounaise n° 78-24 du 31 décembre 1978, fixant l'assiette, les taux et mode de recouvrement des droits fixes, redevances et taxes minières, précitée.
[1228] Loi camerounaise n° 99/013 du 22 décembre 1999, précitée, art. 114.
[1229] Ordonnance tchadienne n° 7-PC-TP-MH du 3 février 1962, précitée, art. 70.
[1230] Convention de Recherches, d'Exploitation et de Transport des Hydrocarbures conclue le 19 décembre 1988 (et ses avenants) entre la République du Tchad et le Consortium Esso E & P Chad Inc., Petronas Carigali Chad E & P Inc., et Chevron Petroleum Chad Company Ltd, art. 34 modifié par l'avenant n° 2.
[1231] V. supra, n° 315s.
[1232] C'est le cas par exemple des concessions anciennes, abandonnées à travers le monde, mais qui continuent d'avoir libre cours au Gabon, au Tchad et en Centrafrique.

pétrolière. Il existe ainsi des clés en faveur de l'Etat de 60/40[1233], 35/65[1234], 65/35 à 80/20[1235], 50/50[1236]. Les clés ainsi données sont peu significatives en elles-mêmes, et peuvent aboutir à des conclusions erronées. C'est la base sur laquelle ces clés s'appliquent qui est importante. Au Cameroun par exemple, la base est constituée de la production de la zone de permis diminuée des *dépenses associatives*[1237] ; au Tchad ou en Guinée Equatoriale, c'est la production de la zone de permis diminuée de toutes les *charges* supportées par le contracteur. Les dépenses et charges supportées par les Etats hôtes ne sont généralement pas imputées sur la base de partage. Tout ce passe comme si nous étions dans une jungle où le plus rusé l'emporte sur le moins rusé.

860.- Il s'ensuit un partage déséquilibré tant sur la base que sur les clés, d'où la nécessité d'un partage plus équitable, plus juste, qui ne lèse aucune des parties. Pour y parvenir, il est important que :

- la méthode de détermination de la production d'une zone de permis soit clairement définie par la loi ;
- les dépenses du contracteur imputables aux charges associatives soient listées de manière exhaustive par la loi ;
- toutes les charges et dépenses[1238] du pays hôte imputables aux coûts pétroliers soient limitativement énumérées dans la loi ;
- le mode de conversion des différentes dépenses, tant du contracteur que du pays hôte, en barils ou en tonnes de pétrole brut soit clairement défini ;
- une fois faite cette conversion des charges et dépenses en barils ou en tonne de brut, ces dites charges soient imputées à la production telle que définie ci-dessus ;
- le solde de la production après imputation des charges associatives soit partagé également entre l'Etat hôte et le contracteur, à 50/50.

C - UN PLAFOND DE REMBOURSEMENT REVU ET EQUILIBRE

861.- L'importance de certaines charges ou dépenses engagées par l'une et l'autre partie peut ne pas permettre leur imputation sur la production d'un seul exercice. Leur remboursement est alors étalé dans le temps avec un plafond annuel déterminé en pourcentage de la production de la zone de permis. Jusque-là, seuls les Etats hôtes étaient astreints à cette modalité. Cette situation découle de ce que seules les Compagnies consentaient des avances à l'Etat[1239]. Ces avances portaient sur les coûts des travaux d'exploitation, le service des emprunts afférents aux coûts des

---

[1233] Pour le Cameroun, v. supra n° 185 et n° 322.
[1234] Pour le Congo, v. supra, n° 238.
[1235] Pour le Gabon, v. supra n° 257 et n° 347.
[1236] Pour le Tchad, art. 64 et 65 de l'ordonnance du 3 février 1962 précité, et pour la Guinée Equatoriale jusqu'en 1979, supra, n° 354.
[1237] Notamment pour les contrats signés avant l'entrée en vigueur du Code Pétrolier. Après ce code, les modalités se rapprochent de celles appliquées en Guinée Equatoriale.
[1238] Toutes les dépenses, y compris les dépenses fiscales des Etats (supra, n° 699 ss).
[1239] V. supra, n° 175 ss.

travaux de recherche et le coût des travaux de recherche lui-même. Dorénavant, les dépenses conjointes supportées par l'Etat devront être remboursées par la compagnie. Les modalités de remboursement arrêtées devront s'appliquer indifféremment à l'une ou l'autre partie. Les parties ont le choix entre :

- un remboursement déterminé en fonction d'un pourcentage fixé de la production nette de la zone de permis ;
- un remboursement étalé sur une période limitée et arrêtée d'avance, par termes constants.

D - UNE UNIFORMISATION DES FORMULES D'INDEXATION DES COUTS

862.- Nous avons relevé un plafonnement pénalisant de l'engagement minimum des dépenses du programme par indexation au Cameroun[1240]. Pourtant, au Congo par exemple, les coûts correspondant aux travaux de développement, d'exploration et d'abandon de l'exercice sont révisés sur la base d'une indexation annuelle aboutissant plutôt à leur forte revalorisation. La base de calcul de l'indexation est constituée par la combinaison en parts égales de deux indices :

- l'indice "United Nations Total Unit Value index of manufactured goods exports from developed market economics" (UNTUV) ;
- l'indice "SYNTEC" (hors taxes). L'indice SYNTEC s'entend de l'indice hors taxes (base 100 au 1er janvier 1961, divisé par 10 au 1er janvier 1984) établi par la chambre syndicale des Sociétés d'Etudes et de Conseil et publié mensuellement par « l'Usine Nouvelle ».

863.- L'indice est calculé selon la méthode suivante : Xn/Xo[1241], où
Xn = indice de l'année en-cours (n) ;
Xo = Indice de l'année de référence (1995).

L'indice "UNTUV" utilisé sera celui du deuxième trimestre ;
L'indice "SYNTEC" sera celui du mois de juin.
Ao = Indice "UNTUV" pour le deuxième trimestre, année 1995
An = Indice "UNTUV" pour le deuxième trimestre, année n.
Bo = Indice "SYNTEC" du mois de juin pour l'année 1995
Bn = Indice "SYNTEC" du mois de juin pour l'année n

Xn = 0,50 (An /Ao) + 0,50 (Bn / Bo)
Pour l'année 1995, An = Ao et Bn = Bo

[1240] V. supra, n° 672s.
[1241] Contrat de partage de production relatif au permis de mer profonde sud du 6 mai 1996, entre la République du CONGO et la société ELF CONGO, annexe I relative à la Procédure Comptable, art. 14, 3), b).

864.- Il convient de rappeler que la formule d'indexation analysée dans le cas du Cameroun s'appliquait aux dépenses d'exploration. Bien que ces dépenses soient déductibles du bénéfice imposable à l'impôt sur les sociétés, elles ne s'imputent en général sur la rente minière que s'il y a découverte et mise en production. La formule d'indexation mise en place vise à ralentir leur réalisation. Par contre, la formule d'indexation analysée dans le cas du Congo s'applique aux dépenses de développement. Elle n'est contenue que dans les contrats de partage de production, qui supposent une décision préalable de mise en production. Ces dépenses s'imputent sur la rente minière. La formule d'indexation mise en place vise à les renforcer et permet à la société pétrolière de capter une plus grande part de la rente minière. La formule d'indexation à appliquer dans l'une quelconque des phases de l'activité pétrolière devrait être identique. Celle appliquée au Congo nous parait plus cohérente ; nous la préconisons tout en prônant un changement de l'année de référence, qui doit correspondre à celle précédent la loi.

§2 : La revalorisation des impositions retenues

865.- Tous les prélèvements analysés plus haut[1242] sont retenus dans l'harmonisation. Cependant, tous ne sont pas concernés par cette revalorisation. Nous abordons ainsi tour à tour les primes au comptant (A), les redevances (B), l'impôt sur les bénéfices (C), les impôts divers sur la fiscalité interne (à l'exception du droit d'accise) et le droit de douane.

A – LES PRIMES AU COMPTANT

866.- Après avoir expliqué les raisons de la révision des primes au comptant (a), nous présentons tour à tour les droits fixes revalorisés (b) et les bonus revus (c).

a) Les raisons de la révision de ces primes

867.- Les droits fixes et les bonus dus par les sociétés pétrolières au profit des Etats relèvent en général de lois très anciennes[1243], lorsqu'ils ne sont pas purement déterminés par les conventions et contrats[1244]. Ces textes ne tiennent pas compte de la dévaluation du Franc CFA intervenue dans ces Etats en janvier 1994, ni de l'inflation qui a été enregistrée autant à travers le monde entier que dans ces Etats. Pourtant, des mesures particulières ont été prises en faveur des sociétés pétrolières par rapport à ces situations[1245]. La dévaluation a été faite à cent pour cent (100 %),

---

[1242] V. supra, n° 364 ss.

[1243] Cameroun, Congo, Gabon, Tchad ; le Cameroun a néanmoins procédé à une révision partielle de ce texte en janvier 2002 (V. supra, n° 367 ss)

[1244] C'est le cas de la Guinée Equatoriale, et partiellement celui du Cameroun en ce qui concerne le bonus de production.

[1245] C'est par exemple l'autorisation de tenir la comptabilité en dollars des Etats-Unis, avec effet rétroactif au 1er janvier 1994, pour ce qui est de la dévaluation du FCFA. En ce qui concerne l'inflation, les conventions d'établissement et/ou les contrats prévoient généralement une formule d'indexation (sur laquelle nous reviendrons) qui permet de réviser l'engagement minimum des dépenses imposé aux sociétés.

entraînant un doublement des opérations en devises et une diminution de moitié du pouvoir d'achat en monnaie nationale.

868.- L'inflation, mesurée par la variation de l'indice des prix à la consommation des ménages, varie d'un Etat à l'autre et d'une année à une autre ; c'est ainsi qu'en 2003, on a pu enregistrer des taux allant de -1,8 % (au Tchad) à +7,3 % (en Guinée Equatoriale)[1246]. Il s'ensuit une moyenne annuelle de +0,8 % contre +2,4 % en 2002 et +5 % en 2001[1247]. Le tableau n° 39 ci-dessous résume l'évolution de l'inflation dans la CEMAC depuis 1998 jusqu'en 2005. Il en découle une inflation moyenne de 2,2 % pour les cinq dernières années. Pour les besoins de l'harmonisation des primes au comptant, nous retiendrons plutôt comme taux d'inflation la norme dans la CEMAC, fixée à un taux plafond de +3 % par an. Nous estimons ainsi que le montant réel des droits dus était égal, au moment de la dévaluation, à une fois et demi le montant des droits payés. Après la dévaluation, ces droits auraient dû être multipliés par trois.

[1246] Rapport aux Ministres de la réunion du Comité de Convergence de la zone franc tenue à Cotonou les 6 et 7 avril 2005, précité, pp. 28, 31, 33, 36, 38 et 41.
[1247] Rapport aux Ministres de la réunion du Comité de Convergence de la zone franc tenue à Cotonou les 6 et 7 avril 2005, précité, p. 6.

Tableau n° 39 : Evolution de l'inflation dans la CEMAC de 1998 à 2005

ETAT		ANNEES							
		1998	1999	2000	2001	2002	2003	2004	2005
CAMEROUN	Global	1,7 %	5,4 %	0,9 %	6,0 %	2,2 %	0,4 %	1,2 %	1,3 %
	Sous-jacent		2,7 %	0,3 %	2,1 %	1,0 %	1,9 %	2,3 %	2,9 %
CONGO	Global	-4,1 %	4,1 %	-0,9 %	0,1 %	4,4 %	-0,6 %	2,4 %	3,1 %
	Sous-jacent		3,2 %	4,2 %	1,9 %	4,0 %	4,9 %	10,7 %	1,3 %
GABON	Global	2,3 %	-0,7 %	0,5 %	2,1 %	0,2 %	2,1 %	0,4 %	0,0 %
	Sous-jacent		-0,7 %	0,5 %	-1,0 %	0,2 %	2,4 %	3,1 %	-0,4 %
GUINEE EQUATORIALE	Global	9,4 %	0,4 %	4,7 %	8,8 %	7,6 %	7,3 %	4,2 %	7,5 %
	Sous-jacent					4,0 %	9,0 %	4,0 %	5,4 %
REP. CENTRAFRICAINE	Global	-1,4 %	-1,5 %	3,3 %	3,8 %	2,3 %	4,2 %	-2,1 %	2,9 %
	Sous-jacent		2,1 %	2,2 %	1,9 %	3,2 %	1,6 %	3,5 %	1,8 %
TCHAD	Global	4,3 %	-8,0 %	3,8 %	12,4 %	5,2 %	-1,8 %	-5,4 %	7,9 %
	Sous-jacent		-1,9 %	-1,8 %	2,8 %	3,4 %	-0,3 %	-5,3 %	1,5 %
CEMAC		1,3 %	2,7 %	1,0 %	5,0 %	2,4 %	0,8 %	0,7 %	1,9 %

Source : Rapport aux Ministres de la réunion du Comité de Convergence de la zone franc tenue à Libreville les 12 et 13 avril 2006, p. 36.

b) Les droits fixes revalorisés

869.- Compte tenu des analyses précédentes, les droits fixes peuvent être fixés comme suit pour les titres ou contrats retenus.
- L'institution, le renouvellement ou la mutation d'une autorisation de prospection : 18 000 000 FCFA (27 440,9068 €).
- L'institution, le renouvellement ou la mutation d'un permis de recherche : 45 000 FCFA par km2 (68,602266 € par km2), avec un plancher de 18 000 000 FCFA (27 440,9068 €). Compte tenu du plancher prévu, le montant des droits correspondant à la superficie retirée est remboursé au demandeur selon la procédure en vigueur[1248].
- L'institution, le renouvellement ou la mutation d'un accord d'évaluation technique : 18 000 000 FCFA (27 440,9068 €). La restriction de superficie ne donne lieu à aucun remboursement.
- L'institution, le renouvellement, la mutation, la scission ou la fusion d'un permis ou autorisation d'exploitation, d'une concession d'exploitation, d'un contrat d'exploration et de partage de production, ou d'un contrat de partage de production : 750 000 000 FCFA (1 143 371,1154 €). Les mutations ou transferts sont par ailleurs soumis aux dispositions fiscales de la législation relative à la propriété foncière.

c) Les bonus revus

870.- Comme nous l'avons déjà vu, on distingue les bonus de production et les bonus de signature[1249]. Les bonus de production sont fonction de la cadence de production ; nous n'y revenons pas. Cependant, les bonus de signature sont des montants forfaitaires qui généralement relèvent des contrats et conventions. Seule la loi gabonaise a prévu un niveau plancher de 100 000 FCFA (152,445 €) au km2 pour ce bonus[1250] ; nous nous en inspirons pour l'harmonisation, tout en tenant compte des récents contrats camerounais de DISSONI[1251] et de BOMANA[1252]. Les raisons sont identiques à celles de la révision des droits fixes ci-dessus ; ainsi, le plancher à porter dans la loi communautaire harmonisée sera de 2 000 000 FCFA (3 048,989 €) au km2.

1248 V. supra, n° 378.
1249 V. supra, n° 369 ss.
1250 Loi gabonaise n° 14/74 du 21 janvier 1975, précitée, art. 8, (supra, n° 375).
1251 Contrat de partage de production DISSONI du 4 avril 2005 entre la République du Cameroun, TOTAL E&P Cameroun et PECTEN Cameroon Company LLC. Le contractant a payé un bonus de signature de US $ 2 000 000 (1 050 000 000 FCFA) pour ce bloc d'une superficie de 143.36 km2 (v. art. 15.1 et annexe A).
1252 Contrat de partage de production BOMANA du 14 mars 2006 entre la République du Cameroun et TOTAL E&P Cameroun. Ici, le contractant a payé un bonus de signature de US $ 1 000 000 (525 000 000 FCFA) pour ce bloc d'une superficie de 139.67 km2 (v. art. 15.1 et annexe A).

B – LES REDEVANCES

871.- Une distinction a été faite entre la redevance superficiaire (a) et la redevance minière proportionnelle[1253] (b). Cette dernière a été révisée au Congo et en Guinée Equatoriale respectivement par les lois de 1994[1254] et 2000[1255]. En dehors de ces cas, l'ensemble des redevances relève de dispositions très anciennes et mérite d'être revu selon les mêmes raisons et principes que les droits fixes.

a) La redevance superficiaire réévaluée

872.- Pour les permis de recherche,
1 500 FCFA (2,286742 €) par km2 pendant la première année ;
3 000 FCFA (4,5457 €) par km2 pendant la deuxième année ;
7 500 FCFA (11,4337 €) par km2 pendant la troisième année ;
15 000 FCFA (22,8674 €) par km2 pendant les périodes de renouvellement.

873.- Pour les permis ou autorisations d'exploitation, les concessions, les contrats d'exploration et de partage de production et les contrats de partage de production, 300 000 FCFA (457,348446 €) par km2 avec un plancher de 12 000 000 FCFA (18 293,937846 €) par an.

b) La redevance minière proportionnelle réajustée

874.- La revalorisation de la redevance minière proportionnelle concerne son taux et dans une moindre mesure, son assiette. En ce qui concerne l'assiette, nous nous inspirons de la petite précision apportée dans la législation congolaise[1256], par laquelle les quantités d'hydrocarbures liquides consommées par le contracteur au cours des travaux pétroliers seront assujetties au paiement en espèces de la redevance minière proportionnelle au taux légal. C'est donc cette disposition que nous retenons, et excluons celle jusque-là en-cours dans les autres Etats, consistant à exclure lesdites consommations de l'assiette de la redevance minière proportionnelle.

875.- S'agissant du taux de la redevance, le Congo et la Guinée Equatoriale ont connu quelques avancées en la matière. Au Congo, ce taux est fixé à 15%[1257] pour tous les hydrocarbures liquides. En Guinée Equatoriale, il doit être compris entre 10 % et 16 %[1258] ; la Guinée se rapproche de la norme établie par le Gabon vingt-

---

[1253] V. supra, n° 376 ss.
[1254] Loi congolaise n° 24-94 du 23 août 1994, précitée, art. 47.
[1255] Loi équato-guinéenne n° 6/2000 du 20 mars 2000, modifiant le décret-loi n° 7/1981 du 16 juin 1981, précitée, art. 19.
[1256] Loi congolaise n° 24-94 du 23 août 1994, précitée, art. 49.
[1257] Loi congolaise n° 24-94 du 23 août 1994, précitée, art. 47.
[1258] Loi équato-guinéene n° 6/2000 du 20 mars 2000, modifiant le décret-loi n° 7/1981 du 16 juin 1981, portant code des hydrocarbures, art. 19.

cinq ans plus tôt, avec un taux compris entre 12 % et 16,67 %[1259]. Au Cameroun la redevance minière proportionnelle a disparu[1260], tandis qu'au Tchad, elle demeure à 12,5 % depuis 1962[1261]. Sachant que la borne supérieure prévue au Gabon et en Guinée Equatoriale sera difficilement appliquée dans un contrat pétrolier, nous préconisons une nouvelle fourchette de taux, établie entre 15 % et 20 %. Les fluctuations à l'intérieur de cette fourchette se feront grâce au jeu des appels à la concurrence.

C – L'IMPOT SUR LES BENEFICES

876.- Nous ne remettrons pas en cause la notion de bénéfice, ni les mécanismes particuliers de détermination des résultats imposables, dont certains éléments sont analysés sous des titres spécifiques. Nous nous limiterons à une redéfinition des prix affichés (a) et à un taux de l'impôt plus équitable (b).

a) Des prix affichés redéfinis

877.- Nous avons relevé une interprétation et une application diversifiées de la notion de « prix affichés » à travers les Etats[1262]. Ainsi, les prix affichés n'étaient plus toujours conformes à leur objectif initial, à savoir « permettre qu'un brut de qualité égale à un autre ait le même prix que ce dernier, sous réserve des frais de transport ». Partant, le risque de minoration du prix de vente, base de calcul des prélèvements fiscaux, est réel. Nous essayons de remédier à cette situation.

878.- Le prix affiché doit de ce fait être clairement défini comme le prix de chaque qualité d'hydrocarbures liquides. Chaque prix fixé reflètera la valeur d'une qualité d'hydrocarbures liquides FOB terminal de chargement dans l'Etat hôte, sur le marché international, déterminé en dollars (ou en euros) par barils. Le prix affiché découlera d'un brut de référence, le *Brent* de la mer du Nord, dont la valeur de la cotation est publiée par le Platt's[1263] à la rubrique « *Brent* daté ». Si cela s'avère nécessaire, l'Etat hôte et le contracteur conviendront de tout autre Brut de référence. Le prix du brut de référence sera corrigé d'une prime fonction de la densité API de la qualité d'hydrocarbures liquides retenue par rapport au brut de référence, tel que précisé dans le Platt's considéré[1264]. Le prix du brut de référence applicable durant un mois donné sera le prix moyen du « *dated Brent Platt's Market Wire* » du mois précédent.

879.- La finalité de cette démarche est que la détermination des prix affichés ne nécessite ni un texte supplémentaire, ni la réunion d'une commission paritaire

---

[1259] Loi gabonaise n° 14/74 du 21 janvier 1975 portant réglementation des activités de recherches et d'exploitation pétrolière sur le territoire de la République, art. 3 a).
[1260] V. supra, n° 395.
[1261] Ordonnance tchadienne n° 7-PC-TP-MH du 3 février 1962, précitée, art. 63 a)
[1262] V. supra, n° 435 ss.
[1263] Le Platt's est une publication faisant foi dans l'industrie pétrolière.
[1264] Cette prime ou décote selon le cas est parfois négociée entre le vendeur et l'acheteur, avec des risques d'exagération comme nous l'avons vu dans le cas du Tchad (v. supra, n° 657).

comme cela s'est fait jusque-là[1265]. Chaque partie doit pouvoir déterminer le prix fixé individuellement et ne demander qu'une confirmation à l'autre. Cette confirmation réciproque des calculs doit intervenir dans les cinq premiers jours du mois. Pendant cet intervalle, le prix affiché du mois précédent continuera d'être appliqué ; il sera ensuite régularisé dans les huit jours suivant la confirmation du prix affiché du mois en-cours. Une fois que cette pratique serait maîtrisée, on pourrait évoluer vers des prix moyens déterminés sur une plus courte période, telle que cinq jours avant ou cinq jours après la date de connaissement (ou date B/L).

b) Un taux d'impôt sur les sociétés plus équitable

880.- Le réajustement des charges imputables[1266] doit s'accompagner d'un rééquilibrage du taux de l'impôt sur les sociétés. Le taux d'IS de droit commun est fixé dans une fourchette comprise entre 25 % et 40 %[1267] ; cependant, l'impôt sur les bénéfices des sociétés pétrolières a connu, du moins en théorie, des taux généralement plus élevés[1268]. Le niveau de ces taux peut s'expliquer par le fait que les Etats supportaient de nombreuses dépenses non remboursées par les compagnies et non imputées sur la rente minière. Il fallait alors essayer de capter cette rente autrement. Etant donné que nous avons proposé le retraitement fiscal d'un bon nombre de ces dépenses et charges[1269], un niveau très élevé du taux d'IS n'a plus de raison d'être. Néanmoins, nous le situons à la borne supérieure du taux de droit commun, soit 40 %, pour tenir compte de ce que certains avantages fiscaux demeurent[1270].

D – LES AUTRES IMPOTS REVUS

881.- Nous révisons ici certains impôts relevant de la fiscalité interne, sans que cette révision soit contraire aux dispositions des conventions fiscales entre Etats[1271]. Il s'agit notamment du prélèvement spécial ou libératoire (a), de l'impôt de distribution (b) et de la patente (c). Les autres impôts relevant de la fiscalité de

---

[1265] V. supra, n° 390 ; contrat d'association EBOME du 17 mai 1996 entre la SNH, PERENCO CAMEROON ET MOBIL PRODUCING CAMEROON INC, art. 1.41 ; contrat de partage de production entre la République du CONGO, Elf Congo et AGIP Recherches Congo, du 23 novembre 1995, relatif aux permis issus de l'ancien permis de recherches de PNGF, art. 8.2…

[1266] V. supra, n° 446 ss ; v. infra, n° 905 ss.

[1267] Directive n° 02-/01/UDEAC-050-CM-O6 du 03 août 2001, précitée.

[1268] V. supra, n° 497 ss.

[1269] V. supra, n° 854 ss ; v. infra, n° 905 ss.

[1270] C'est le cas de l'exemption de certaines exigence de droit commun, dont le déplafonnement des frais de siège (supra n° 487), la non limitation des dépenses locatives (supra n° 489), la déductibilité intégrale des charges financières (supra n° 490)…

[1271] La France par exemple est signataire d'une convention fiscale avec chacun des Etats membres de la CEMAC, qui régit un certain nombre d'impositions applicables dans lesdits Etats. C'est le cas de la convention fiscale franco-congolaise du 27 novembre 1987 visant à éviter les doubles impositions pour les contribuables qui sont installés dans un Etat et qui exercent une activité imposable dans l'un et l'autre Etat ; de la convention fiscale France-Gabon du 20 septembre 1995, visant à éviter les doubles impositions et à prévenir l'évasion et la fraude fiscale ; convention fiscale du 21 octobre 1976, entre le gouvernement de la République française et le gouvernement de la République du Cameroun, tendant à éviter la double imposition..

porte seront retraités dans le cadre de la relecture des dispositions à caractère fiscal des lois et règlements miniers[1272].

a) La révision du prélèvement spécial ou libératoire

882.- Nous l'avons déjà dit, pour la conduite des opérations de recherches et de développement, le contractant et ses sous-traitants sont exonérés du paiement du prélèvement spécial sous certaines conditions[1273]. Les motifs de cette exonération ne sont pas précisés dans les divers Etats. Toutefois l'exonération semble se fonder, à l'origine, tant sur le risque d'une recherche infructueuse que sur une volonté de réduire les coûts de recherche et de développement. Dans le cas d'une exploration sèche, ce sort était justifié tant qu'aucune des parties ne récupérait ses dépenses. Mais les choses ont évolué, et les sociétés pétrolières imputent leurs dépenses d'exploration sèches sur la rente minière[1274]. Ceci fausse l'équilibre du contrat, qu'il convient de rétablir. Partant, le motif de réduction des coûts de recherche et de développement n'est plus justifié, ces coûts ayant été transférés à l'Etat hôte ; ce dernier doit les récupérer.

883.- Par ailleurs, la restriction consistant à n'appliquer le prélèvement spécial qu'à la partie déductible des redevances[1275] est battue en brèche. En effet, avec les évolutions observées, toutes les charges concernées dans cette phase sont entièrement déductibles, y compris les redevances de toute nature. Il convient dès lors de rapporter l'exonération prévalant en matière de prélèvement spécial, en ce qui concerne les redevances payées en phase de recherche et de développement. Cette redevance sera désormais dû et liquidée. Un aménagement est simplement apporté à l'exigibilité et au paiement de l'impôt ainsi calculé.

b) L'assujettissement à l'impôt de distribution

884.- Des clauses contractuelles, reprenant les dispositions des lois minières, exonèrent les dividendes des sociétés pétrolières de l'impôt de distribution[1276]. Cette exonération se fondait sur les lourds investissements que nécessite l'activité d'exploration et de production ; il importait alors pour la compagnie d'avoir des fonds propres très importants pour les financer, ce à quoi participait la règle. Pourtant, les analyses précédentes ont montré que la totalité des investissements que nécessite l'activité d'exploration et de production est, sinon imputée entièrement à l'Etat hôte, du moins partagée entre ce dernier et le contracteur.

885.- Dans certains cas, il est même apparu « un financement déguisé » des activités d'exploration de la part de l'Etat hôte[1277]. Dès lors, il est permis de relever que ce sont les Etats hôtes qui ont le plus besoin d'un soutien financier ; si ce besoin

---

[1272] V. infra, n° 905s.
[1273] V. supra, n° 327 et n° 506 ss.
[1274] V. supra, n° 295 et n° 314.
[1275] V. supra, n° 511 ss.
[1276] V. supra, n° 521.
[1277] V. supra, n° 314 et n° 770.

existe dans la société pétrolière, il est au plus égal à celui que connaît l'Etat hôte, qui doit rembourser l'essentiel des coûts d'investissement engagés, y compris les frais financiers. L'exonération ne se justifie guère plus, et nous préconisons que les dividendes des sociétés pétrolières soient passibles de l'impôt de distribution à un taux préférentiel réduit de cinquante pour cent (50 %).

c) L'institutionnalisation de la patente dans la phase de production

886.- Le Code Général des Impôts des divers Etats membres de la CEMAC exonère de la patente les concessionnaires de mines et de carrières, les titulaires de permis d'exploitation de mines et les explorateurs de puits de pétrole et de gaz combustibles, seulement pour l'extraction, la manipulation et la vente des matières extraites[1278]. Une clause des conventions d'établissement réaffirme généralement cette exemption, et l'étend à toute l'activité. Il aurait été plus juste que seules soient exonérées de la patente les activités d'exploration pétrolière. En effet, la patente est généralement assise sur le chiffre d'affaires en valeur ; dans des cas particuliers, elle est assise sur les prévisions d'activités en quantités[1279], ou sur le montant de la marge brute[1280].

887.- Aucun de ces critères n'est disponible dans la phase d'exploration et sur cette base, la tarification et le paiement de la patente des sociétés pétrolières seraient plus complexes. Par contre en phase d'exploitation, le chiffre d'affaires est connu, autant que la production en quantité et les réserves prouvées. La patente peut être assise sur l'un de ces critères. Nous préconisons cependant une patente assise sur la Valeur Ajoutée, le chiffre d'affaires exorbitant étant trompeur dans les activités pétrolières, au regard des charges induites. La Valeur Ajoutée exprime la création ou l'accroissement de valeur apportée par l'entreprise, dans l'exercice de ses activités professionnelles courantes, aux biens et services en provenance des tiers[1281]. Elle est mesurée de deux manières, selon une approche additive et une approche soustractive.

888.- Dans l'approche soustractive, la valeur ajoutée est la différence entre la production globale de l'exercice (marge commerciale qui constitue la production des commerces et production proprement dite) et les consommations de biens et de services fournis par des tiers pour cette production. Il s'agit d'une Valeur Ajoutée Brute, la consommation des investissements par leur dotation aux amortissements n'ayant pas été prise en considération. Si elle avait été ajoutée à la consommation des biens autres que les immobilisations et des services, il en serait résulté une Valeur Ajoutée Nette.

[1278] V. supra, n° 527.

[1279] C'est le cas des transports interurbains de personnes ou de marchandises.

[1280] Cas de ventes de produits pétroliers par les gérants des stations services au Cameroun. La Marge Brute, souvent appelée marge commerciale, est la différence entre les ventes de marchandises et leur coût d'achat (prix d'achat + frais accessoires d'achats) ; c'est l'indicateur fondamental des entreprises purement commerciales.

[1281] Mémento Pratique Francis Lefebvre, *Comptable 2003*, éd. Francis Lefebvre, Paris 2002, n° 2767.

889.- Lorsqu'elle est obtenue par une approche additive, la valeur ajoutée est la somme des rémunérations des facteurs de sa production, déduction faite des transferts de charges affectés (rémunération de l'Etat, du travail, des prêteurs, des investissements, des capitaux propres et des transferts de revenus ou charges n'ayant pas le caractère de consommations). Analysée de cette façon (addition des rémunérations qui reviennent aux diverses parties prenantes à l'activité de l'entreprise), la valeur Ajoutée fournit une base objective pour suivre et ajuster la part respective de chacune de ces rémunérations.

890.- L'extraction, la manipulation et la vente des hydrocarbures extraits sont des opérations commerciales à but lucratif exercées de manière effective et habituelle par les compagnies pétrolières, constituées en sociétés de droit national dans le pays d'accueil. Or l'autorisation d'exercer ces opérations à but lucratif est consacrée par le titre de patente. Cette situation peut encore se justifier par le fait que pendant la phase de prospection qui peut durer deux ans tel que nous le montrons ci-dessous[1282], la compagnie pétrolière peut fonctionner comme une simple succursale[1283], sans avoir l'obligation de se constituer en société de droit local. Cette obligation n'intervient qu'à l'issue de sa deuxième année d'existence[1284].

§3 : La relecture des dispositions à caractère fiscal des lois et règlements sur les hydrocarbures

891.- Les lois minières en général et les lois régissant les hydrocarbures en particulier contiennent un certain nombre de dispositions fiscales directes et indirectes. Leur relecture nous amène à proposer tour à tour, en vue de les rendre plus efficaces et faciliter leur rapprochement entre les Etats :
- la révision de la durée de détention des titres miniers (A) ;
- le retraitement des dépenses fiscales (B) ;
- la prise en compte des contributions pour remise en état des sites ou contribution RES (C) ;
- la propriété des immobilisations et ses implications (D) ;
- les modalités de tenue de la comptabilité (E) ;
- le renforcement des dispositions légales (F).

1282 V. infra, n° 896.

1283 Aux termes des articles 116 et 117 de l'acte uniforme OHADA relatif au droit des sociétés commerciales et du groupement d'intérêt économique (GIE), « La succursale est un établissement commercial ou industriel ou de prestations de services, appartenant à une société ou à une personne physique et doté d'une certaine autonomie de gestion » ; « La succursale n'a pas de personnalité juridique autonome, distincte de celle de la société ou de la personne physique propriétaire ».

1284 L'article 120 de l'acte uniforme OHADA relatif au droit des sociétés commerciales et du GIE dispose en effet que « Quand elle appartient à une personne étrangère, la succursale doit être apportée à une société de droit, préexistante ou à créer, de l'un des Etats parties, deux ans au plus tard après sa création, à moins qu'elle soit dispensée de cette obligation par un arrêté du ministre chargé du commerce de l'Etat partie dans lequel la succursale est située ». Au Cameroun, la loi n° 76-9 du 8 juillet 1976 faisait déjà obligation aux entreprises étrangères de filialiser leurs agences et succursales exerçant une activité au Cameroun au plus tard le 1er juillet 1977. Cette filialisation transformait les agences et succursales des entreprises étrangères en société de droit local (v. Dikoumé (A. L.), *Droit des Sociétés Commerciales au Cameroun*, précité, n° 35, p. 34). Au Gabon, les lois n° 7/72 du 5 janvier 1972 et n° 10/73 du 20 décembre 1973 prévoient des dispositions similaires.

A - LA REVISION DE LA DUREE DE DETENTION DES TITRES ET CONTRATS D'HYDROCARBURES

892.- Il existait une multitude de titres et contrats d'hydrocarbures ; certains seulement ont été retenus (a) pour cette réforme. Pour ceux-là, nous proposons une nouvelle durée de leur détention (b).

a) Les titres et contrats d'hydrocarbures retenus

893.- Pour ce premier rapprochement, nous avons retenu d'abord les titres miniers traditionnellement connus : Autorisation de prospection[1285], Permis de recherche[1286], Permis d'exploitation[1287]. A cet ensemble, nous avons ensuite inclus les titres nouveaux découlant des aménagements à la réglementation minière des Etats : Accord d'évaluation technique[1288], Contrat d'exploration et de partage de la production[1289], Contrat de partage de production[1290], Concession d'exploitation[1291]. Les autorisations provisoires d'exploitation qui ont existé au Gabon en 1979[1292], et qui ont été instituées au Cameroun par le nouveau code pétrolier[1293], n'ont pas été retenues.

894.- L'autorisation provisoire d'exploiter était accordée au titulaire d'un permis de recherche. Elle confère à son titulaire le droit d'exploiter, à titre provisoire, les puits productifs pendant une période maximale de deux (2) ans pendant laquelle il est tenu de poursuivre l'évaluation et la délimitation du gisement concerné, conformément aux dispositions de la loi et aux stipulations du contrat pétrolier. Cette autorisation provisoire d'exploiter créé en effet une situation hybride où la société pétrolière se retrouve en même temps dans la phase d'exploration et dans la phase de production. Cette distinction des phases nous parait nécessaire pour respecter la déontologie établie et les impositions retenues. Ainsi, toute exploitation doit se faire dans la phase de production et sur la base d'un titre définitif d'exploitation. Dans le cas où la société pétrolière estime sa connaissance du champ insuffisante pour s'engager dans un quelconque contrat, elle peut solliciter un accord d'évaluation technique que nous expliquons plus bas.

[1285] V. supra, n° 94.
[1286] V. supra, n° 95.
[1287] V. supra, n° 104.
[1288] V. supra, n° 265.
[1289] V. supra, n° 254.
[1290] V. supra, n° 235s.
[1291] Il ne s'agit pas de la concession traditionnelle telle qu'elle existait déjà au Gabon, au Congo et au Tchad, mais plutôt d'une concession qui se veut moderne (V. supra, n° 203s).
[1292] V. supra, n° 107.
[1293] Loi camerounaise n° 99/013 du 22 décembre 1999, précitée, art. 35.

b) La durée de détention des titres proposée

895.- Elle varie en fonction du titre ou contrat : autorisation de prospection (1), accord d'évaluation technique (2), permis de recherche (3), permis ou autorisation d'exploitation (4).

1) L'autorisation de prospection

896.- La durée de l'autorisation de prospection variait de six mois (au Tchad) à deux ans (au Cameroun) et cinq ans pour les autres Etats. En dehors du Cameroun où elle était renouvelable une fois, la loi ne fixait aucune limite à ce renouvellement dans les autres Etats. Par ailleurs, aucune durée n'était prévue pour ce renouvellement dans aucun Etat. Ce vide a persisté même après les aménagements apportés au régime de référence. Cependant la loi congolaise avait ramené cette durée de cinq ans à un an[1294]. Compte tenu des avancées technologiques en matière d'exploration pétrolière, il n'est plus nécessaire d'attribuer cette autorisation sur de longues périodes. Nous ramenons ainsi sa durée initiale à un an, renouvelable une fois pour la même durée (un an). Le titulaire de l'autorisation devra acquitter les droits et les redevances prévus par la loi de finances en vigueur au moment de l'attribution ou du renouvellement du titre.

2) L'accord d'évaluation technique

897.- Les informations tirées de la prospection peuvent être jugées insuffisantes par la société pétrolière pour décider de la suite des opérations à entreprendre. Cette dernière peut alors solliciter un accord d'évaluation technique[1295], qui lui permet d'effectuer une évaluation préalable du champ avant de solliciter un titre minier. Cette nouvelle solution vise à actualiser la connaissance des potentiels du domaine pétrolier jusque-là en jachère. Ce type de contrat n'a été introduit qu'au Gabon depuis 2003. Nous l'avons retenu avec sa durée initiale d'un an ; il peut être renouvelé une fois pour un an. Son titulaire est astreint à l'acquittement des droits et redevances prévus par la loi de finances en vigueur au moment de l'attribution ou du renouvellement du titre.

3) Le permis de recherche

898.- Le permis de recherche avait une durée initiale de cinq ans sur l'ensemble des Etats hormis le Cameroun, où cette durée était de quatre ans. Il était renouvelable trois fois, sauf au Tchad (deux fois) et au Cameroun où la loi était muette. La durée des renouvellements était de quatre ans au Cameroun et de trois ans pour les autres Etats. Une réduction de superficie variable selon les Etats était prévue à cha-

---

[1294] Loi congolaise n° 23-82 du 7 juillet 1982, précitée, art. 19 ; loi congolaise n° 24-94 du 23 août 1994, précitée, art. 8 ; voir supra, n° 228.

[1295] En réalité, c'est par extension que nous abordons l'autorisation de prospection et l'accord d'évaluation technique parmi les titres miniers. Ceux-ci n'en font normalement pas partie. Les titres miniers commencent avec le permis de recherche.

que renouvellement. Les aménagements apportés au régime de référence ont permis une première réduction de ces durées. C'est ainsi qu'au Cameroun, la durée initiale est ramenée à trois ans[1296] ; le permis est renouvelable deux fois pour une durée de deux ans. Au Congo, la durée initiale est ramenée à quatre ans ; le permis est renouvelable deux fois par période de trois ans chaque fois. Les renouvellements s'accompagnent d'une réduction de superficie négociable au moment de l'institution du titre minier.

899.- Compte tenu des avancées technologiques enregistrées dans l'activité pétrolière, nous harmonisons la durée initiale à trois ans[1297] ; le permis est renouvelable une fois pour une durée de trois ans. Ce renouvellement s'accompagne d'une réduction de superficie d'un tiers. Le titulaire du permis de recherche doit s'acquitter des droits et redevances prévus au moment de l'attribution du titre. En cas de renouvellement, ces droits et redevances sont revus à la hausse soit en vertu de la loi si celle-ci les a corrigé, soit par application du coefficient moyen d'inflation des trois dernières années, tel que publié par la Banque des Etats de l'Afrique Centrale (BEAC). Cependant, s'il expire au cours du forage d'un puits après renouvellement, le permis de recherche peut demeurer valide pour une durée complémentaire de trois mois. Cette extension particulière a pour finalité de permettre l'achèvement du forage et la mise en évidence de ses résultats. Pour bénéficier de cette extension, le bénéficiaire du permis doit en faire la demande.

4) Le permis ou l'autorisation d'exploitation

900.- Sa durée initiale oscillait entre deux ans au Tchad, quatre ans au Cameroun et cinq ans pour le reste des Etats. Le permis d'exploitation était renouvelable quatre fois au Cameroun et trois fois pour les autres Etats. La durée de chaque renouvellement était variable au Gabon, en Guinée Equatoriale et au Tchad. Cette durée était de cinq ans au Congo et en Centrafrique, et de quatre ans au Cameroun. Le permis d'exploitation n'était lié ni à une concession, ni à un contrat de partage de la production ; c'était un titre minier distinct de ces deux derniers, qui a eu cours surtout au Cameroun et au Gabon. Les aménagements apportés au régime de référence ont fondamentalement transformé ce titre.

901.- Il est dorénavant rattaché à un contrat pétrolier qui peut être un contrat de concession ou un contrat de partage de production. Au Cameroun, il a pris la dé-

---

[1296] Sauf dans le cas d'une *Zone d'Opérations Pétrolières Particulières*, où cette durée initiale est portée à cinq ans. Par *Zone d'Opérations Pétrolières Particulières*, il faut entendre « les parties du domaine minier national sur lesquelles les opérations de Recherche ou d'Exploitation des Hydrocarbures nécessitent un effort accru au regard notamment du type de production, de la nature, de la composition et de la qualité des hydrocarbures, des techniques de récupération assistée utilisées, de la profondeur d'eau pour les zones marines profondes situées dans la zone économique exclusive de la République du Cameroun, de la nature du terrain, de l'éloignement des moyens de transport ou de la fragilité de l'environnement » (Loi camerounaise n° 99/013 du 22 décembre 1999 précitée, art. 2 u)).

[1297] Déjà en 1986, la loi fédérale canadienne du 18 novembre 1986 sur les hydrocarbures, dans son article 26 (3), avait plafonné la durée totale du permis de prospection (recherche) à quatre ans, y compris la possibilité d'un renouvellement.

nomination d' « autorisation d'exploitation » avec le code de 1999[1298]. L'autorisation d'exploitation rattachée à un contrat pétrolier peut y être, soit une concession d'exploitation lorsqu'il s'agit d'un contrat de concession, soit une autorisation exclusive d'exploitation lorsqu'il s'agit d'un contrat de partage de production. La notion d' « autorisation d'exploitation » a également été introduite au Congo en 1982 ; mais elle y est limitée aux substances minérales considérées comme carrières[1299]. En matière d'hydrocarbures, c'est la notion de permis d'exploitation qui a été maintenue[1300].

902.- La durée de ce titre a été revue pour tenir compte de son rattachement à un contrat pétrolier. C'est ainsi qu'au Cameroun, la durée initiale de l'autorisation d'exploitation a été fixée à un maximum de vingt-cinq (25) ans pour les hydrocarbures liquides, comme avec les anciens contrats pétroliers. L'autorisation est renouvelable une fois, pour une durée supplémentaire maximale de dix (10) ans[1301]. Au Congo, le permis d'exploitation est accordé pour une durée initiale n'excédant pas vingt (20) ans. Il peut être renouvelé pour une durée maximale de cinq (5) ans ; à l'expiration de cette prorogation, un nouveau titre d'exploitation doit être demandé. Au Tchad, la loi n'a pas changé malgré les évolutions relevées dans le contrat. En Guinée Equatoriale, les phases objet des titres ci-dessus sont toutes incluses dans le contrat[1302] ; c'est ce dernier qui les identifie.

903.- Dans le cadre de l'harmonisation, nous ramenons la durée initiale à quinze (15) ans maximum. Le permis ou autorisation d'exploitation sera renouvelable une fois, pour une durée maximale de dix (10) ans. A l'expiration de cette prorogation, un nouveau titre d'exploitation doit être demandé. Le titulaire de ce titre doit acquitter les droits et les redevances en vigueur au moment de l'octroi du permis, tout en maintenant une exploitation suffisante. Lors du renouvellement du titre, les droits et redevances à acquitter sont ceux issus de la dernière réglementation en vigueur. Dans le cas où aucune loi ni règlement n'aurait apporté des modifications à ces droits et redevances, ces derniers peuvent être revus à la hausse en fonction du taux d'inflation de la période initiale, tel que publié par la Banque des Etats de l'Afrique Centrale (BEAC). Ces dispositions s'appliquent à l'ensemble des contrats pétroliers rattachés au permis ou à l'autorisation d'exploitation. Il s'agit ici des concessions d'exploitation, du contrat d'exploration et de partage de production et des contrats de partage de production. Par conséquent, nous ne reviendrons pas sur chacun de ces titres pris isolément.

[1298] Loi camerounaise n° 99/013 du 22 décembre 1999, précitée, art. 36.
[1299] Loi congolaise n° 23-82 du 7 juillet 1982, précitée, art. 42.
[1300] Loi congolaise n° 24-94 du 23 août 1994, précitée, art. 4 et 19.
[1301] Loi camerounaise n° 99/013 du 22 décembre 1999, précitée, art. 38.
[1302] Il s'agit ici de tout accord, entre l'Etat et un entrepreneur, qui autorise l'exécution d'opérations pétrolières, voire d'opérations relatives à l'exploitation, au développement, à l'extraction, à la production, à la séparation sur le site, au transport, au stockage, à la vente ou à la disposition des hydrocarbures jusqu'à leur exportation ou leur entrée dans une raffinerie, une usine de liquéfaction ou de traitement de gaz naturel (décret-loi équato-guinéen n° 7/1981 du 16 juin 1981, précitée, art. 6 b) et 6 c)).

904.- A l'issue de cette analyse, les titres et contrats pétroliers révisés en vue de l'harmonisation peuvent être résumés dans un tableau comme ci-dessous.

Tableau n° 40 : Synthèse de la révision de la durée de détention des titres

NATURE DU TITRE	FORME DU TITRE	DUREE INITIALE	MODALITES DE RENOUVELLEMENT		
			Nombre	Durée	Autres
AUTORISATION DE PROSPECTION	Arrêté du Ministre chargé des hydrocarbures	Un an	Une fois	Un an	Acquitter les droits et les redevances prévus par la loi de finances ; pas de réduction de superficie.
PERMIS DE RECHERCHE	Décret présidentiel	Trois ans Maximum	Une fois	Trois ans Maximum	Acquitter les droits et les redevances prévus ; Réduction de superficie d'un tiers au renouvellement.
PERMIS OU AUTORISATION D'EXPLOITATION	Décret présidentiel	Quinze ans Maximum	Une fois	Dix ans Maximum	Acquitter les droits et les redevances prévus ; Maintenir une exploitation suffisante
ACCORDS D'EVALUATION TECHNIQUE	Arrêté du Ministre chargé des hydrocarbures	Un an	Une fois	Un an	Acquitter les droits et les redevances prévus par la loi de finances ; réduction de superficie d'un tiers au renouvellement
CONCESSION D'EXPLOITATION	Loi promulguée	Quinze ans Maximum	Une fois	Dix ans Maximum	Acquitter les droits et les redevances prévus ; Maintenir une exploitation suffisante
CONTRAT D'EXPLORATION ET DE PARTAGE DE PRODUCTION	Loi promulguée	Quinze ans Maximum	Une fois	Dix ans Maximum	Acquitter les droits et les redevances prévus ; Maintenir une exploitation suffisante
CONTRAT DE PARTAGE DE PRODUCTION	Loi promulguée	Quinze ans Maximum	Une fois	Dix ans Maximum	Acquitter les droits et les redevances prévus ; Maintenir une exploitation suffisante

Source : L'auteur, à partir des précédentes analyses.

B - LE RETRAITEMENT DES DEPENSES FISCALES

905.- Comme nous l'avons vu, la dépense fiscale brouille les flux monétaires de la comptabilité nationale ; elle n'a pas à être examinée chaque année, car elle est reconduite automatiquement en vertu de l'autorisation générale de percevoir les impôts. Notre proposition vise à corriger cette faiblesse et s'inspire de ce qui se faisait déjà aux Etats-Unis et en Allemagne[1303]. Elle s'articule ainsi autour de deux axes, la suppression de certaines exonérations (a), et l'institution d'un système de suspension de l'exigibilité des droits et taxes (b).

a) La suppression de certaines exonérations

906.- Dans nos analyses précédentes, nous avons abouti d'une part à la suppression totale de l'exonération du prélèvement spécial ou libératoire, d'autre part à la suppression partielle de l'exonération prévalant sur l'impôt de distribution et la patente. Il reste à revoir la franchise de tous droits et taxes, et l'admission au taux réduit accordées à certains produits et matériels utilisés par les sociétés pétrolières et leurs sous-traitants. Comme nous l'avons vu, les produits et matériels destinés à la prospection et à la recherche pétrolière sont exonérés de tous droits et taxes d'entrée ou de sortie[1304]. Il en est de même des équipements et matériels importés par les entreprises de transport de pétrole brut ou par leurs sous-traitants, pendant la période qui prend fin cinq ans après la date de début de l'exploitation. Par ailleurs, les métiers et matériaux, machines et outillages directement nécessaires à la production des hydrocarbures sont admis au taux global réduit à 5 % des droits et taxes perçus à l'importation.

907.- Or ces produits, équipements et matériels deviennent généralement la propriété soit totale soit indivise des Etats hôtes[1305]. Ils constituent des actifs corporels qui s'imputent aux comptes conjoints sur la base de leur prix de revient d'acquisition ou de production sur le lieu d'utilisation. Ils peuvent en outre être cédés selon des règles contractuelles. Les coûts d'acquisition ou de production qui seront ainsi définis ne refléteront pas la valeur réelle de ces équipements et matériels. En effet, un élément important, le droit de douane, y a été omis soit totalement, soit partiellement, selon qu'il y a franchise totale ou admission au taux réduit. Il est important que les droits de douane soient pris en compte dans la détermination des prix de revient, car ces derniers ont une influence sur la valeur des amortissements ; ces amortissements sont imputables aux coûts pétroliers, et par là même déductibles. De plus si ce calcul n'est pas effectué, les bases de liquidation des droits et taxes liés à la mutation de propriété seraient faussées le cas échéant.

[1303] V. supra, n° 696s.
[1304] Code des Douanes de l'UDEAC, art. 25 ; v. supra, n° 553.
[1305] V. infra, n° 934s.

b) L'institution d'un système de suspension de l'exigibilité des droits et taxes

908.- Nous l'avons dit, certains impôts, droits et taxes jusque-là exonérés totalement ou partiellement dans les activités pétrolières doivent être liquidés dorénavant[1306]. Cependant, pour tenir compte des conditions particulières qui régissent ces activités, nous introduisons un système de suspension de l'exigibilité de ces impôts, droits et taxes, jusqu'à la mise en exploitation des gisements découverts. Ainsi, chaque fois que le cas se présenterait, les différents impôts, droits et taxes liquidés seraient portés en dettes à payer à l'Etat hôte dans les comptes associatifs, s'il s'agit d'un contrat de partage de la production, ou dans les comptes du concessionnaire, s'il s'agit d'un contrat de concession. Dès la fin de la première année de production, ces impôts, droits et taxes deviennent exigibles et doivent être payés sur les recettes de la deuxième année d'exploitation. Si les recettes de la deuxième année sont insuffisantes pour couvrir les dettes fiscales établies, le recouvrement de ces dernières est reporté à la troisième année et ainsi de suite.

909.- Dans le cas où l'exploration s'avère infructueuse, les impôts, droits et taxes liquidés avec exigibilité différée subissent le même sort que toutes les dépenses d'exploration sèche. Ils deviennent exigibles à compter de la fin de l'exercice fiscal au cours duquel est venu à expiration le permis de recherches considéré[1307] ; le contracteur doit alors les payer intégralement à l'Etat, puis les déduire de son résultat imposable. S'il ne dispose pas d'autres permis productifs, ce traitement est unique[1308]. Sinon, deux alternatives sont possibles : La première équivaut au traitement unique ci-dessus. La deuxième consiste à faire imputer la dette fiscale établie sur un autre permis productif détenu par le contracteur, comme dans le cas d'un contrat de partage de production ou de concession.

C - LA PRISE EN COMPTE DES CONTRIBUTIONS POUR REMISE EN ETAT DES SITES (RES)

910.- Nous avons montré que les contributions pour remises en état des sites n'étaient pas initialement traitées dans les textes régissant l'activité pétrolière. Cependant une sentence arbitrale les a qualifié de coûts techniques. Cette décision pouvant avoir de graves conséquences sur l'équilibre des contrats, nous proposons d'abord une requalification des ces contributions (a), ensuite les modalités de gestion de l'épargne nécessaire pour assurer la remise en état des sites (b).

a) La requalification des contributions pour remise en état des sites

911.- Il est indéniable que les textes contractuels qui lient les parties ne prévoient pas explicitement les questions de contribution pour remise en état des sites (RES)

[1306] V. supra, n° 906s.

[1307] V. supra, n° 294 ss.

[1308] Dans ce cas précis, la loi peut prévoir que les pertes nettes fiscales d'une année donnée seront déductibles des bénéfices imposables réalisés pendant les cinq années qui suivent l'année du déficit, quelque soit le permis de recherche de la société ayant permis de réaliser ces bénéfices.

et leur règlement. Le Tribunal arbitral les a qualifiés comme coûts techniques[1309] à partir de l'analyse et de l'interprétation des textes contractuels. Nous partirons des mêmes éléments pour requalifier ces contributions. La convention d'établissement définit les « coûts techniques afférents à un permis de recherche donné » comme la « somme des frais d'exploitation, des amortissements des installations de production et des travaux d'exploration afférents audit permis… »[1310].

912.- Le contrat d'association définit plus précisément ce que sont les coûts techniques. « Par coûts techniques afférents à un permis de recherche donné, il faut entendre l'ensemble (en 100 %) des charges d'exploitation directes ou indirectes afférentes audit permis comprenant en particulier :

- les matières et fournitures consommées ;
- les transports consommés ;
- les autres services consommés ;
- les charges et pertes diverses ;
- les frais de personnel ;
- les frais financiers (…) ;
- l'amortissement des installations de production et des travaux d'exploration afférents au permis (…).

Cependant, les coûts techniques n'incluent pas les redevances minières proportionnelles, l'impôt sur les sociétés, ainsi que tous les autres impôts, droits, taxes et redevances de quelque nature que ce soit »[1311].

913.- Il est vrai le texte contient, comme l'indique les termes « comprenant en particulier », une énumération non limitative des coûts techniques. De l'avis du tribunal, « la façon dont est formulée cette définition montre très clairement que l'intention des parties n'a pas été de fournir une liste exhaustive des coûts techniques. Mises à part les charges qui sont spécifiquement exclues, ces coûts comprennent l'*ensemble (100 %) des charges d'exploitation directes et indirectes*, faisant ensuite l'objet d'une énumération non limitative »[1312]. Mais ceci n'est vrai que pour le détail des opérations. La définition énumère en effet toutes les charges par nature prévues par le système comptable OCAM, sans y inclure les provisions. La liste est par conséquent exhaustive en ce qui concerne la nature des charges. De plus, les charges énumérées rentrent dans la catégorie des charges réelles, certaines et définitives, alors que les provisions restent des charges que les évènements rendent probables et variables.

914.- Par ailleurs, le tribunal a omis de citer la définition des frais d'exploitation donnée par le même accord comptable. « Par frais d'exploitation, il convient

---

[1309] Sentence arbitrale du 23 janvier 2003, précitée, p. 68 g).

[1310] Convention d'établissement du 11 mars 1982 entre la République Unie du Cameroun et ELF SEREPCA et ses avenants subséquents, art. 16.

[1311] Annexe B relatif à l'accord comptable du contrat d'association pour les opérations de recherches et d'exploitation d'hydrocarbures au Cameroun signé le 8 février 1980 entre la République du Cameroun et la SOCIETE DE RECHERCHE ET D'EXPLOITATION DES PETROLES DU CAMEROUN (ELF SEREPCA), art. 7.

[1312] Sentence arbitrale du 23 janvier 2003, précitée, n° 123, p. 53.

d'entendre les prix de revient des opérations de production, de traitement, de transport, de stockage et d'évacuation des hydrocarbures »[1313]. Les prix de revient relèvent du droit comptable. Ils sont constitués par l'ensemble des frais réels engagés en principal et accessoire, pour la réalisation de chacune des opérations énumérées. En droit comptable, les provisions sont expressément exclues des prix de revient. Le tribunal estime en outre que « les coûts RES sont des dépenses nécessaires au démantèlement des installations mises en place pour les besoins de l'exploitation des sites et sont donc strictement liés à l'exploitation dont ils représentent une conséquence directe. Si les frais de construction et de montage de ces installations entrent dans la définition des coûts techniques, les frais de démontage et de démantèlement de ces installations entrent également dans cette définition. Il n'existe pas de raison pour que les frais de démantèlement soient traités autrement qu'une dépense d'exploitation »[1314].

915.- Telle qu'exprimée ici, cette position ne souffre d'aucune ambiguïté et ne peut être contredite. En effet, le tribunal parle aussi bien de « *frais de construction et de montage…* » que de « *frais de démontage et de démantèlement…* ». Les frais sont des charges réelles, certaines et définitivement engagées ; ils diffèrent des provisions que les évènements rendent probables et qui ont un caractère variable. La position du tribunal se situe donc beaucoup plus loin dans le temps, au moment où le « démontage » et le « démantèlement » auraient eu lieu. Pourtant les débats se situent beaucoup plus avant, plusieurs années avant que ces opérations n'interviennent, au moment où il est question de constituer des provisions pour leur réalisation. Il est presque certain que dans l'esprit des arbitres, l'expression « *frais de démontage et de démantèlement…* » a été utilisée en lieu et place de « *contributions RES* », qui correspondent ici à des provisions.

916.- Si le tribunal veut assimiler le sort des provisions à celui des frais réels, il y aurait un non respect du principe de l'étroitesse du droit fiscal[1315], plus pointu encore en matière de fiscalité pétrolière. Le non respect de ce principe se retrouve encore suite à l'extension faite de la lettre du Ministre de l'Economie et des Finances du 16 février 2001 qui, à la demande de la SNH et pour le compte des compagnies pétrolières associées avec elle, a déclaré la déductibilité fiscale des provisions RES en les qualifiant de « charges d'exploitation ». Pour le Tribunal, « si les provisions RES sont des charges d'exploitation à des fins fiscales elles peuvent être aussi qualifiées de cette façon aux fins de l'Accord Comptable »[1316].

917.- Pour le Cameroun, l'Accord Comptable ne ferait référence qu'aux dépenses effectivement réalisées. Les coûts RES étant en réalité des *provisions* que les parties épargnent pour en dépenser les montants à la fin de l'exploitation, ils ne pour-

---

[1313] Annexe B relatif à l'accord comptable du contrat d'association pour les opérations de recherches et d'exploitation d'hydrocarbures au Cameroun signé le 8 février 1980 entre la République du Cameroun et la SOCIETE DE RECHERCHE ET D'EXPLOITATION DES PETROLES DU CAMEROUN (ELF SEREPCA), art. 6.

[1314] Sentence arbitrale du 23 janvier 2003, précitée, n° 125, p. 53.

[1315] V. supra, n° 158.

[1316] Sentence arbitrale du 23 janvier 2003, précitée, n° 129, p. 54.

raient pas être inclus et soumis au même régime que les véritables coûts techniques. « Le tribunal ne partage pas cette interprétation du fait que l'article 7 de l'Accord Comptable n'impose pas que les coûts techniques soient des coûts effectivement encourus dans la même période comptable prise en considération. En effet, la définition donnée à l'article 7 inclut expressément les coûts de la phase de l'exploration pétrolière ainsi que les amortissements des coûts des installations de production. Cela permet d'inclure dans les coûts techniques aussi les coûts futurs du démantèlement et de remise en état des sites »[1317].

918.- Pourtant au chapitre II 4. de l'Accord Comptable, il est bien dit que « Tous les coûts seront imputés sur la base des liquidations effectives sauf les dépenses échues et non facturées qui seront imputées sur une base provisionnelle. Par liquidations effectives, on entend les montants qui ont fait l'objet d'un règlement effectif ou qui ont été portés en dettes certaines. L'opérateur fera diligence pour que toute inscription provisionnelle d'une dépense soit régularisée dans le plus court délai par la comptabilisation ultérieure du règlement effectif ou par l'inscription en dette certaine de la dépense exactement réalisée »[1318]. Les provisions RES ne correspondent pas à des liquidations effectives. Elles ne correspondent pas non plus à des charges échues, à réaliser à court terme, mais plutôt à des charges non échues réalisables à long terme.

919.- Le tribunal pense que « l'article 7 de l'Accord Comptable qui inclut *la totalité des dépenses* de l'exploitation pétrolière dans les coûts techniques revêtirait une importance décisive (...) »[1319]. L'utilisation de l'expression « *la totalité des dépenses...* » par le tribunal alors que l'Accord Comptable parle en réalité de « *l'ensemble des charges...* » traduit une certaine confusion dans l'esprit des arbitres. L' Accord Comptable donne la liste exhaustive des charges par nature qui sont inclues dans les coûts techniques[1320] ; il précise en outre que « les coûts seront imputés sur la base des liquidations effectives... », donc des dépenses[1321]. Par l'usage de l'expression ci-dessus mentionnée, le tribunal fait involontairement évoluer sa position.

920.- Enfin, le tribunal minimise l'impact de l'inclusion des contributions RES dans les coûts techniques. De son avis, « il est incontestable que l'inclusion des contributions RES dans les coûts techniques implique une diminution de la rente minière à partager 70/30 ou 60/40[1322] entre la République et son associé TotalFinaElf et que, en conséquence de ces pourcentages différents, la diminution de la

---

[1317] Sentence arbitrale du 23 janvier 2003, précitée, n° 128, p. 54.

[1318] Annexe B relatif à l'accord comptable du contrat d'association pour les opérations de recherches et d'exploitation d'hydrocarbures au Cameroun signé le 8 février 1980 entre la République du Cameroun et la SOCIETE DE RECHERCHE ET D'EXPLOITATION DES PETROLES DU CAMEROUN (ELF SEREPCA), p. 25.

[1319] Sentence arbitrale du 23 janvier 2003, précitée, n° 131, p. 55.

[1320] V. supra, n° 448 ss.

[1321] Les dépenses sont des charges réelles, certaines et définitives ayant entraîné un flux de sortie de trésorerie.

[1322] V. supra, n° 182.

part de rente de la République sera plus importante que celle de son associé ». Cependant, ajoute-t-il, « ce résultat n'est pas inéquitable mais, au contraire, une application correcte de l'équilibre contractuel que les parties ont établi entre elles. Une solution différente, consistant dans la soustraction en mesure égale pour les parties des coûts RES de leur participation à la rente minière, représenterait une solution spéciale pour les coûts RES, non justifiée et différente de celle commune prévue pour toutes les autres dépenses d'exploitation »[1323].

921.- Il précise qu' « en outre, l'augmentation des coûts techniques qui découle de l'inclusion des contributions RES dans ces coûts ne bouleverse pas l'équilibre contractuel car il s'agit d'une augmentation relativement faible par rapport au montant des coûts techniques au cours de la période concernée de 1999 à 2011. En plus, cette augmentation représente un pourcentage très réduit si l'on considère le montant global des coûts encourus et à encourir de 1980 à 2011 et une somme encore plus réduite si on la compare au montant des revenus globaux... »[1324]. Il ressort de ces affirmations que la confusion persiste, dans l'esprit des arbitres, entre :

- les charges probables et incertaines que sont les provisions en général et les contributions RES en particulier ;
- les dépenses ou liquidations effectives qui sont des charges réelles, certaines et définitives.

922.- Par ailleurs, s'il peut être admis que *l'augmentation des coûts techniques qui découle de l'inclusion des contributions RES représente un pourcentage très réduit par rapport au montant des revenus globaux...*, ceci est surtout vrai pour la société, et non pour l'Etat. Dans le cas du Cameroun, nous avons retenu que les contributions RES ont été évaluées à 209,9 millions de USD, à amortir sur onze années, à raison de 19,08 millions de USD. Avec un partage à 70/30, cela entraîne une réduction de la rente minière attendue par l'Etat de 13,357 millions USD (environ 6,545 milliards de FCFA)[1325] par année. Sachant que les charges sont supportées à 50/50 entre l'Etat et le contracteur, il y a une réduction de l'IS attendu de 5,486 millions de USD (environ 2,688 milliards de FCFA)[1326]. Seule cette dernière réduction de recettes fiscales de l'Etat est normale et régulière, les contributions RES étant des charges fiscalement déductibles. La réduction de la rente minière n'est pas fondée.

923.- De plus, le montant de 13,357 millions USD représente 0,41 % du budget général du Cameroun pour l'exercice 2004[1327], ce qui est significatif et supérieur à la dotation de nombreux départements ministériels. Par contre, ce budget général du Cameroun correspond seulement à 90,7 % du bénéfice trimestriel net d'impôt

---

[1323] Sentence arbitrale du 23 janvier 2003, précitée, n° 133, p. 56.

[1324] Sentence arbitrale du 23 janvier 2003, précitée, n° 134.

[1325] 13,357 millions USD = 19,08 millions USD x 70 % ; pour la conversion en FCFA, il est appliqué la parité de 490 FCFA/USD au 31 décembre 2004.

[1326] 5,486 millions de USD = (19,08 millions de USD x 50 %) x 57,5 % ; pour la conversion en FCFA, il est également appliqué la parité de 490 FCFA/USD au 31 décembre 2004.

[1327] La loi n° 2003/017 du 22 décembre 2003 portant loi de finance de la République du Cameroun pour l'exercice 2004 a arrêté ce budget à 1617 milliards de FCFA (2 465,108 millions €).

du groupe Total en 2004, et 22,7 % de son bénéfice net annuel[1328]. Au terme de cette analyse, il y a lieu de reconnaître les erreurs du Tribunal et de considérer que les Contributions RES ne sont pas des coûts techniques au sens de la convention d'établissement et de l'Accord Comptable annexé au contrat d'association. Par conséquent, elles ne doivent pas influencer la détermination de la rente minière. Toutefois, elles demeurent des charges fiscalement déductibles qui influencent la détermination du bénéfice imposable. Cette requalification faite, les contributions RES nécessitent la constitution d'une épargne nécessaire à leur réalisation future. Il est important d'arrêter les modalités de gestion de ladite épargne.

b) Les modalités de gestion de l'épargne nécessaire pour assurer la remise en état des sites (RES)

924.- Ce sujet était également exposé à un vide juridique ; TotalFinaElf avait avancé l'idée de la création d'un « *Purpose Trust* » qui devait gérer les sommes épargnées, ainsi que toutes les relations connexes en découlant. Cette idée n'a pas été partagée par les autres parties. La sentence arbitrale du 23 janvier 2003 apporte des solutions qui nous paraissent intéressantes et exploitables. Nous pouvons ainsi arrêter les modalités selon les sept points ci-après : l'obligation d'épargner les contributions RES (1), l'obtention d'une certification bancaire (2), l'émission d'une garantie à première demande (3), le montant de la garantie (4), la transmission des documents (5), les coûts de la garantie (6), l'abandon ou la cession de participation (7).

1) L'obligation d'épargner les contributions RES

925.- Le Comité d'Opération établit et fixe les contributions RES pour chaque année fiscale à partir de l'évaluation commune des coûts globaux RES initialement effectuée par les parties. Il actualisera chaque année les montants à épargner en application du principe de précaution et en considération des données techniques, économiques et financières des marchés pertinents. Les parties concernées sont obligées d'épargner ces contributions. Chacune a la gestion de son épargne et des intérêts produits par celle-ci ; de même, chaque partie reste responsable du paiement des coûts RES quand ils seront décidés par le Comité d'Opérations et appelés par l'opérateur.

2) L'obtention d'une certification bancaire

926.- Les parties concernées doivent ouvrir chacune un compte dédié à la remise en état des sites auprès d'une banque de classe internationale agréée par la Commission Bancaire de l'Afrique Centrale (COBAC) ; cette banque émettra une certification attestant du versement de ses contributions RES. Elle devra avoir son siège

[1328] Le bénéfice net du groupe TOTAL est tiré de TOTAL Document de reference 2005, *Rapport de gestion du Conseil d'Administration*, p. 64 ; ce bénéfice est ramené au trimestre de manière linéaire, avant d'être comparé au montant du budget général du Cameroun.

dans l'Etat membre où se déroulent les opérations pétrolières, ou à défaut dans un autre Etat membre de la CEMAC[1329].

3) L'émission d'une garantie à première demande

927.- Chaque partie concernée est obligée de faire émettre une garantie à première demande par la banque décrite ci-dessus, pour le paiement des montants de ses contributions RES telles que décidées et révisées annuellement par le Comité d'Opérations. La garantie, émise au bénéfice de l'opérateur de l'association, sera immédiatement exigible et payable, pour le montant en défaut, sur présentation d'une attestation émanant de l'opérateur affirmant que la partie garantie est défaillante pour le paiement de tout appel de fonds destinés à financer les travaux RES tel que décidé par le Comité d'Opérations et appelé par l'opérateur. Les garanties sont appelées à concurrence du montant non versé dans la limite du montant de la garantie encore en vigueur.

928.- La garantie ainsi établie permet de concilier l'exigence d'une épargne effective d'une part et celle d'une certaine flexibilité quant à cette épargne d'autre part. Par cette flexibilité, l'une quelconque des parties pourrait être en mesure de pouvoir utiliser, pour faire face à des exigences éventuelles particulières, les sommes qu'elle aura épargnées. Un cas quasi-similaire s'est produit au Congo en 1998 ; cet Etat, soucieux de trouver des disponibilités financières en vue de reconstruire le pays, a demandé au contracteur de reprendre les provisions RES constituées en 1996 et en 1997 au titre des permis, et d'en constituer de nouvelles à partir de 1998. Les provisions constituées ont alors été reprises et reversées pour moitié sur le compte de la République du Congo ouvert à la BEAC à Pointe Noire dès janvier 1998[1330].

4) Le montant de la garantie

929.- Le montant de la garantie que chaque partie concernée est obligée de faire émettre sera progressivement augmenté en fonction du total cumulé des contributions RES décidées annuellement par le Comité d'Opérations ; en revanche, il diminuera au fur et à mesure que seront payés les appels de fonds destinés aux travaux de remise en état des sites.

[1329] La sentence prône une institution bancaire de classement minimum 'AA', classement inexistant dans la COBAC. Le risque serait que l'épargne soit constituée auprès d'établissements bancaires étrangers, non représentés dans la CEMAC. Or l'épargne relative aux contributions RES devrait profiter à l'économie nationale ou sous régionale. Les contrats camerounais signés sous l'égide du Code Pétrolier s'alignent malheureusement sur cette option ; ils vont même plus loin en laissant le choix de l'établissement bancaire au contractant (art. 21.5 des contrats Dissoni et Bomana).

[1330] Avenant n° 1 au Contrat de Partage de Production signé le 23 novembre 1995 en application de l'avenant n° 9 à la convention d'établissement entre la République du Congo, Elf Congo et Agip R. Congo.

5) La transmission des documents

930.- Les attestations de certification et de garantie indiquées ci-dessus seront présentées à l'opérateur par chaque partie concernée avec en annexe l'original de la garantie et ses avenants éventuels, une copie étant simultanément transmise à l'autre partie. L'opérateur s'assurera de leur conformité, au plus tard le jour où les appels de fonds correspondants aux contributions RES deviennent exigibles en vertu des dispositions du contrat d'association.

6) Les coûts de la garantie

931.- Il est indéniable que les parties devront supporter un coût supplémentaire pour fournir une garantie bancaire concernant l'épargne réalisée. Ce coût ne sera pas excessif si les sommes garanties par la banque sont effectivement déposées chez elle comme étant affectées aux coûts futurs de remise en état des sites. Le coût de la garantie sera évidemment supérieur pour la période éventuelle durant laquelle une partie ferait usage des fonds RES à d'autres fins. Ce coût supérieur du fait de l'absence temporaire des fonds déposés pourrait inciter les parties au maintien de l'affectation RES des fonds déposés et garantis.

7) L'abandon ou la cession de participation

932.- En cas d'abandon ou de cession par un associé de sa participation, le montant cumulé de ses contributions RES profitera au nouvel associé dans l'association et l'obligation correspondante de garantie devra être reprise par ce nouvel associé. Le mécanisme ainsi établi permettra à l'opérateur chargé de cette activité d'avoir à sa disposition, au moment de la remise en état des sites, les sommes nécessaires pour une réalisation satisfaisante des travaux.

D - LA PROPRIETE DES IMMOBILISATIONS ET SES IMPLICATIONS

933.- Il existe des contrats pétroliers qui attribuent la propriété des immobilisations (a) à l'Etat hôte. Cependant le mode et la période d'acquisition de ces immobilisations (b) restent imprécis, de même que les implications de cette propriété (c). Il convient d'apporter des éclaircissements sur ces points.

a) La propriété des immobilisations

934.- Certains contrats pétroliers disposent que « la propriété des biens mobiliers et immobiliers de toute nature acquis par le contracteur dans le cadre des travaux pétroliers sera automatiquement transférée à l'Etat dès complet remboursement au contracteur des coûts pétroliers correspondants » ; c'est le cas notamment du Congo[1331]. Ces dispositions sont proches de celles du Gabon, où il est prévu que

---

[1331] Contrat de partage de production entre la République du CONGO, AGIP Recherches Congo et Hydro-Congo, du 07 décembre 1995, relatif au permis Marine X, art. 12 ; contrat de partage de produc-

« les biens meubles et immeubles acquis ou construits par le contracteur pour la réalisation des opérations pétrolières sont la propriété de l'Etat »[1332]. D'autres contrats prévoient que les biens acquis par le contracteur dans le cadre des travaux pétroliers sont indivis. C'est le cas du Cameroun, où il est prévu que « La République du Cameroun deviendra propriétaire de 50 % des immobilisations corporelles et incorporelles spécifiquement pétrolières que le contracteur a acquises ou produites antérieurement au jour de l'entrée en vigueur du contrat... »[1333].

935.- Cependant, l'indivision n'y est automatique que dans le cas des immobilisations acquises avec les fonds communs, dans la proportion de la participation des parties ; pour les immobilisations financées par les avances directes du contracteur, l'Etat devient propriétaire au fur et à mesure du remboursement intégral de ces avances[1334]. Ailleurs et particulièrement en Guinée Equatoriale, la loi stipule qu'« A l'exception du matériel et des équipements acquis sous le régime de l'importation temporaire, tous autres biens faisant partie des opérations pétrolières deviendront la propriété de l'Etat une fois qu'ils auront été amortis, ou à la fin du contrat de participation à la production concerné sans aucun frais, en bon état de marche et sans charges ni limitations »[1335]. Au regard de ce qui précède on constate, depuis le réaménagement des textes sur la concession traditionnelle, une tendance à l'appropriation des immobilisations pétrolières par les Etats.

b) Le mode et la période d'acquisition de ces immobilisations

936.- Le problème qui persiste est celui du mode et de la période d'acquisition de ces immobilisations. Celles-ci peuvent être acquises à la fin du contrat de partage ou une fois qu'elles ont été entièrement amorties, comme le prévoient certains textes. Il s'agira alors d'acquisition de biens de seconde main, dont le coût d'acquisition aurait dû être déterminé à partir de la Valeur Nette Comptable. Dans la pratique, ces immobilisations d'occasion ont été acquises à leurs valeurs neuves majorées des intérêts, comme le montrent les dispositions contractuelles relatives au remboursement des investissements réalisés par le contracteur[1336].

937.- Les immobilisations peuvent également être considérées comme entièrement et définitivement acquises par l'Etat ou son représentant au moment où elles ren-

---

tion portant sur le permis Kouilou du 14 décembre 1996, entre la République du CONGO et le Groupe ZETAH, art. 13.

[1332] Contrat type issu de la loi gabonaise n° 14/82 du 24 janvier 1982, précitée, art. 10.

[1333] Contrat d'association pour les opérations de recherches et d'exploitation d'hydrocarbures au Cameroun signé le 28 février 1980 entre la République du Cameroun et PECTEN CAMEROON COMPANY, art. IX 4 ; contrat d'association pour les opérations de recherches et d'exploitation d'hydrocarbures au Cameroun signé le 8 février 1980 entre la République du Cameroun et LA SOCIETE DE RECHERCHE ET D'EXPLOITATION DES PETROLES DU CAMEROUN (ELF SEREPCA), art. IX 4.

[1334] Contrat d'association pour les opérations de recherches et d'exploitation d'hydrocarbures au Cameroun signé le 28 février 1980 entre la République du Cameroun et PECTEN CAMEROON COMPANY, art. X 2.

[1335] Loi équato-guinéenne n° 6/2000 du 20 mars 2000, modifiant le décret-loi n° 7/1981 du 16 juin 1981, portant code des hydrocarbures, art. 18.

[1336] V. supra, n° 173 ss, 242 ss, 630s.

trent dans le territoire national en cas d'importation, ou lors de leur réception en cas de production ou d'achat local. Dans ce cas, il s'agit d'un achat à crédit de biens neufs ; le contracteur se présenterait ici soit comme un intermédiaire chargé de régler les problèmes financiers liés à cette acquisition, soit comme le vendeur direct réalisant la vente à crédit. Les modalités de remboursement des investissements réalisés par le contracteur, telles que nous les avons présentées, se justifient parfaitement dans cette hypothèse. Nous préconisons cette dernière hypothèse, dans laquelle le transfert de propriété s'opère au début du contrat, le contracteur conservant la possibilité de demander que les biens soient nantis. L'hypothèse retenue entraîne certaines implications.

c) Les implications de cette propriété

938.- Les immobilisations détenues en propriété indivise des parties ne posent pas de problèmes particuliers. Ceci n'est pas le cas de celles que l'Etat s'approprie comme ci-dessus, qui doivent être utilisées par l'opérateur. Avant de présenter la gestion des immobilisations mises à la disposition de l'opérateur (2), analysons d'abord la mise à sa disposition de ces immobilisations (1).

1) La mise de ces immobilisations à la disposition de l'opérateur

939.- Les textes traitant de la propriété exclusive des immobilisations de l'Etat prévoient qu'après le transfert de propriété, « le contracteur pourra continuer à utiliser lesdits biens immobiliers et mobiliers gratuitement et de manière exclusive pendant toute la durée du contrat »[1337]. On constate ainsi une application tacite du commodat (ou prêt à usage), ses deux caractéristiques étant vérifiées :

- l'Etat conserve son droit de propriété et ne concède au contracteur que l'usage des biens ;
- ce contrat tacite est gratuit.

Dans la quasi totalité des Etats membres de la CEMAC, le commodat reste soumis aux dispositions du code civil français[1338].

940.- Dans le cadre de notre essai d'harmonisation, le contrat tacite ainsi né devrait changer de nature pour devenir un contrat de louage de choses avec les précisions apportées par la législation sénégalaise. On y relève en effet que « le louage est le contrat par lequel le bailleur s'oblige à fournir au preneur pendant un certain temps la jouissance d'une chose contre le paiement d'un loyer »[1339]. Ce nouveau contrat emporte un certain nombre d'obligations ; pour le preneur, il s'agit de :

- l'obligation de jouir de la chose d'une certaine manière ;
- l'obligation de payer le loyer.

[1337] Contrat de partage de production entre la République du CONGO, Elf Congo et AGIP Recherches Congo, du 22 juillet 1995, relatif aux permis issus de l'ancien permis de recherches de PNGF, art. 11.1 ; contrat type issu de la loi gabonaise n° 14/82 du 24 janvier 1982, précité, art. 10 ; contrat de partage de production relatif au permis de mer profonde sud du 6 mai 1996, entre la République du CONGO et la société ELF CONGO, art. 13.1 (i).

[1338] Code Civil français, Titre X du livre III, art. 1874 ss.

[1339] Code des obligations civiles et commerciales du Sénégal, art. 544.

Pour le bailleur, on retiendra :

- l'obligation de faire jouir de la chose louée ;
- l'obligation de délivrance de la chose louée en bon état ;
- l'obligation d'entretien. A ce sujet, certaines réparations sont à la charge du bailleur pendant la durée du bail ; il s'agit des grosses réparations.

941.- On dit généralement que le bailleur doit au locataire « le clos et le couvert ». En vertu de ce critère légal, les réparations dites locatives sont à la charge du preneur. Les réparations locatives sont les menus entretiens ; ce sont les réparations qui correspondent à l'usure normale de la chose. On peut dire que c'est la contrepartie de la jouissance[1340]. Dans le cadre des contrats pétroliers, les réparations incombant au contracteur et à l'Etat devront être clairement distinguées et listées. Les réparations dites locatives pourront continuer d'être imputées aux coûts pétroliers. Ce ne sera plus le cas des grosses réparations. Le bailleur ayant encaissé des loyers pris dans ses comptes distincts, il est normal que les grosses réparations mises à sa charge suivent la même destination.

2) La gestion des immobilisations mises à la disposition de l'opérateur

942.- A partir du moment où les immobilisations mises à la disposition de l'opérateur ne lui appartiennent pas, celles-ci ne doivent figurer ni dans les comptes associatifs, ni dans ses comptes distincts. Elles figurent uniquement dans les comptes distincts de la société nationale gérant les intérêts de l'Etat. Dès lors, les amortissements calculés ne peuvent plus être imputés aux coûts pétroliers ; ils sont pris en charge dans les comptes séparés de la société nationale. Par contre, les loyers payés pour ces immobilisations deviennent des coûts pétroliers imputables dans les comptes associatifs. Ceci n'est pas valable pour les biens dont la propriété est indivise.

943.- Détenteur précaire des immobilisations, le contracteur doit les restituer à l'expiration du bail. Le problème qui se pose est celui de savoir dans quel état les lieux doivent être restitués. Les lois ont posé un principe, celui de la remise en état des sites, que nous avons longuement traité[1341], et sur lequel nous ne reviendrons pas. Ce principe diffère de celui dont traite le Code Civil de certains Etats, et qui s'énonce souvent en ces termes : « S'il a été fait un état des lieux entre le bailleur et le preneur, celui-ci doit rendre la chose telle qu'il l'a reçue, suivant cet état, excepté ce qui a péri ou a été dégradé par vétusté ou force majeure »[1342]. « S'il n'a pas été fait état des lieux, le preneur est présumé les avoir reçus en bon état de réparations locatives et doit les rendre tels, sauf preuve contraire »[1343].

[1340] BOYE Abd-el Kader (sous la direction de -), Encyclopédie Juridique de l'Afrique, t. 9, NEA, 1982, p. 131.

[1341] V. supra, n° 715 ss.

[1342] Code Civil de l'ex-Zaïre, du Rwanda et Burundi, art. 387.

[1343] Code Civil de l'ex-Zaïre, du Rwanda et Burundi, art. 388.

944.- Avant de rapprocher les dispositions comptables contractuelles du droit comptable en vigueur (b), il convient de rappeler quelques généralités sur la comptabilité (a). Ensuite, nous procèderons à un recadrage de la comptabilité des coûts pétroliers (c).

a) Généralités sur la comptabilité

945.- Pour asseoir les principales impositions retenues, l'administration fiscale et les différentes parties contractantes ont besoins de données. Ces dernières sont issues de la comptabilité[1344], qui revêt de ce fait une importance particulière. On distingue la comptabilité générale qui traduit les produits du travail, et la comptabilité analytique qui retrace les transformations du capital. La première, obligatoire, est régie par des règles provenant du Code de Commerce et du plan comptable général. Depuis 2002, Les Etats membres de la CEMAC appliquent le droit comptable OHADA, qui marque une certaine avancée par rapport à l'ancien système comptable OCAM.

946.- La comptabilité analytique quant à elle, sans être obligatoire, permet de :
- connaître les coûts des différentes fonctions assumées par l'entreprise ;
- déterminer les bases d'évaluation de certains éléments du bilan ;
- expliquer les résultats ;
- établir les prévisions de charges et de produits ;
- en constater la réalisation et expliquer les écarts qui en résultent.

Dans les contrats pétroliers, ces deux comptabilités sont reprises dans l'annexe consacrée à la procédure comptable (encore appelée accord comptable[1345]). La comptabilité analytique y est reprise sous l'expression « comptabilité des coûts pétroliers » ; nous voulons la rendre plus rationnelle. Quant à la comptabilité générale, elle présente parfois des écarts avec les règles préétablies, que nous voulons corriger.

b) Le rapprochement des dispositions comptables contractuelles avec le droit comptable en vigueur

947.- Comme nous l'avons vu, la comptabilité générale est obligatoire et réglementée. De ce fait, lorsque les contrats abordent un sujet clairement réglementé, il est important d'utiliser les termes prévus par cette réglementation[1346]. Lorsqu'une expression équivalente doit être utilisée, elle doit figurer dans la liste des définitions

[1344] Au sens commercial et industriel, la comptabilité est la science qui a pour objet la conception et la coordination rationnelles des comptes relatifs aux produits du travail et aux transformations du capital. Il existait deux manières de tenir les comptes : en partie simple et en partie double ; c'est cette dernière qui prévaut de nos jours.

[1345] Notamment dans les contrats pétroliers camerounais et gabonais. L'annexe fait partie intégrante du contrat.

[1346] V. lacune de la loi camerounaise, qui mentionne certains états non prévus ni par le plan OCAM, ni par le droit comptable OHADA. Supra, n° 668.

et son rapprochement clairement établi avec l'expression légale prévue. Compte tenu des aménagements apportés au régime de la stabilisation des clauses fiscales, l'accord comptable doit dorénavant disposer que « … la comptabilité générale doit être conforme aux règles, principes et méthodes du droit comptable en vigueur dans l'Etat au moment de la signature du contrat ou de son renouvellement… ». Jusque-là, les contrats spécifiaient la « conformité aux règles, principes et méthodes du plan comptable OCAM »[1347].

948.- Lorsque les entités composant le contracteur envisagent d'appliquer des règles et pratiques généralement admises dans l'industrie pétrolière, les précautions suivantes doivent être prises :

- Lesdites règles et pratiques comptables ne doivent pas être contraires au droit comptable en vigueur au moment de la signature du contrat.
- Lesdites règles et pratiques comptables doivent être reproduites dans leurs détails, et faire partie intégrante de la procédure comptable.

c) Recadrage de la comptabilité des coûts pétroliers

949.- Dans nos analyses précédentes, nous avons identifié de nouveaux éléments des coûts pétroliers[1348]. Nous en avons également exclu un certain nombre[1349]. La comptabilité des coûts pétroliers doit en tenir compte désormais. Comme en matière de comptabilité générale, toutes les règles et pratiques que les entités composant le contracteur envisagent d'appliquer doivent être reproduites dans leurs détails, et faire partie intégrante de la procédure comptable. En dehors de ces cas, les règles de comptabilité analytique prévues par le droit comptable OHADA (ou tout autre droit comptable en vigueur) doivent être respectées. Les formulations du style « … les méthodes analytiques habituelles du contracteur en matière de répartition et de reversement doivent être appliquées… »[1350] seront bannies.

F – LE RENFORCEMENT DES DISPOSITIONS LEGALES

950.- Il s'agit en définitive d'intégrer dans les lois les cas d'omission et de renvois à d'autres textes (a), de supprimer les formules vagues et évasives (b), de corriger

---

[1347] Cela explique que certaines sociétés pétrolières continuent d'appliquer le plan comptable OCAM pour leurs contrats signés avant 2002, alors que le droit comptable OHADA est désormais applicable dans tous les Etats membres de la CEMAC.

[1348] C'est le cas notamment des loyers payés dans le cadre du louage des immobilisations destinées exclusivement aux opérations pétrolières ; v. supra, n° 940 ss.

[1349] C'est le cas aussi des immobilisations destinées exclusivement aux opérations pétrolières, qui sont propriété exclusive de l'Etat ou de la personne morale le représentant ; v. supra, n° 934 ss.

[1350] Contrat de partage de production relatif au permis de mer profonde sud du 6 mai 1996, entre la République du CONGO et la société ELF CONGO, annexe I relative à la procédure comptable, art. 10 ; contrat d'association pour les opérations de recherches et d'exploitation d'hydrocarbures au Cameroun signé le 28 février 1980 entre la République du Cameroun et PECTEN CAMEROON COMPANY, annexe I relative à la procédure comptable, art. 2.2.

les lacunes constatées (c) et de soumettre les conventions et contrats aux lois régionales et internationales (d).

a) Intégration des cas d'omission et de renvois à d'autres textes

951.- Nous avons insisté sur deux principaux cas d'omission dans les législation et réglementation fiscales pétrolières des Etats membres de la CEMAC, à savoir le traitement des dépenses fiscales et la prise en compte des contributions RES. Il est important que ces omissions soient fermement intégrées dans les lois. De même, les lois et autres contrats pétroliers renvoient généralement à d'autres textes non spécifiés clairement. On retrouve ainsi les dispositions ci-après dans la plus part des contrats, selon des formulations plus ou moins identiques. « La valeur *départ champ* sera calculée en fonction des prix courants du marché international et suivant les modalités fixées par les conventions d'établissement (...) ». Or il existe sur le marché international une multitude de prix. Celui qui doit être appliqué ou ceux qui doivent être combinés pour leur application doivent être clairement spécifiés dans les lois.

952.- Par ailleurs, les conventions d'établissement prévoient que « le prix de vente des hydrocarbures est le prix à l'exportation ». Ils ajoutent en outre que « le prix à l'exportation de pétrole brut sera établi FOB port de chargement. Il devra être en ligne avec les prix officiels des contrats à long terme d'exportation de qualité similaire ». Il serait plus simple, comme nous le soulignions ci-dessus de :

- retenir une cotation, par exemple H-NWE CIF (*High North West Europe*)[1351] ;
- déterminer la prime à appliquer à chaque type de brut par rapport au *Brent*, sachant que cette prime peut être positive ou négative selon la qualité du brut considéré[1352] ;
- fixer la publication dans laquelle cette cotation sera retenue ;
- fixer soit le jour et l'heure de cette publication, soit le nombre et l'identification des jours devant servir à calculer une moyenne s'il y a lieu.

b) Suppression des formules vagues et évasives

953.- Nous avons insisté, à plusieurs niveaux, sur la nécessité d'une formulation claire et précise des règles fiscales régissant l'activité pétrolière. Il est nécessaire de bannir les formulations du genre :

- « ... les méthodes analytiques *habituelles* du contracteur en matière de répartition et de reversement doivent être appliquées... »[1353].
- « Le contrat pétrolier *peut prévoir* des règles comptables spécifiques aux opérations pétrolières, en particulier les modalités de recouvrement de l'impôt sur les

---

[1351] De nombreuses autres cotations sont disponibles : H-NWE FOB, H-FOBMED, SINGAPORE, ...
[1352] En général, la prime est déterminée en même temps que la cotation dans la publication de référence.
[1353] V. supra, n° 642.

sociétés »[1354] ; s'il existe des règles spécifiques prévisibles, il serait bon de les développer dès le départ et que les textes les rendent applicables à tous.
- « ... s'engage à effectuer les travaux de recherche, d'exploitation et de transport des hydrocarbures, *selon les règles de l'art en vigueur dans l'industrie pétrolière...* »[1355].

954.- En cas de conflit, une entente entre les parties nous parait difficile sur la notion de *règles de l'art en vigueur dans l'industrie pétrolière*. Nous avons montré une situation similaire en ce qui concerne les conséquences de l'enclos fiscal. En effet de nos études, il s'est dégagé l'image d'une très grande variété de pratiques et de systèmes juridico-fiscaux sur ce principe[1356]. Par conséquent, les parties doivent s'entendre dès le moment où elles expriment la volonté d'oeuvrer ensemble, sur ces règles. Cette entente doit aboutir à la formalisation de celles des règles qui n'étaient pas encore reprises dans les lois nationales. Le but recherché par cette suppression de formules vagues est de rendre ces règles applicables sans qu'il soit besoin d'interprétation ni de texte d'application.

c) Correction des lacunes constatées

955.- Le mouvement de raffermissement des lois doit aussi permettre de corriger les lacunes constatées, qu'elles soient communes ou spécifiques aux Etats. Ainsi notamment, la grande flexibilité de la législation[1357] sera revue. Ce sera également le cas de la primauté des conventions sur le droit national[1358]. A ce niveau, le problème est résolu par une stabilisation limitée du régime fiscal[1359]. Les autres lacunes seront aussi corrigées. C'est le cas du traitement partial de certaines charges[1360], de l'exposition à des pratiques dites internationales non contenues dans les lois des divers Etats[1361], des diverses contradictions et imprécisions[1362]. Le traitement partial des charges et particulièrement de la Provision pour Investissements Diversifiés est rectifié par le nouveau système de partage de la production[1363]. Le problème des pratiques dites internationales est quant à lui résolu par l'introduction de toute disposition utile dans les lois et règlements nationaux. Enfin s'agissant des contradictions et imprécisions, elles sont résolues au cas par cas à travers la propriété des immobilisations et ses implications[1364], les modalités de tenue de la comptabilité[1365], et la révision de la durée de détention des titres et contrats miniers[1366].

[1354] V. supra, n° 622.
[1355] V. supra, n° 642.
[1356] V. supra, n° 430 ss.
[1357] V. supra, n° 619 ss.
[1358] V. supra, n° 610 ss.
[1359] V. supra, n° 856.
[1360] V. supra, n° 640s.
[1361] V. supra, n° 642s.
[1362] V. supra, n° 659 ss.
[1363] V. supra, n° 860.
[1364] V. supra, n° 933 ss.
[1365] V. supra, n° 944 ss.
[1366] V. supra, n° 892 ss.

d) Soumission des conventions et contrats aux lois régionales et internationales

956.- Nous avons montré qu'il existe une prééminence des conventions et contrats sur le droit régional[1367] et parfois international[1368]. S'agissant du droit régional, la lacune peut être corrigée de deux façons. Indirectement, à travers la stabilisation limitée du régime fiscal. Tout texte régional devant être intégré dans la législation nationale de chaque Etat, le renouvellement des titres et contrats miniers tel que prévu par le nouveau principe de stabilisation, prendra automatiquement en compte les évolutions découlant du droit régional. Cependant cette démarche peut s'avérer longue dans certains cas, dans la mesure où les aménagements du droit régional peuvent nécessiter un certain temps avant leur intégration dans la législation nationale des Etats. En effet, les contrats et titres miniers qui se renouvellent quelques jours avant l'adoption, la délibération et la promulgation des lois nationales intégrant les évolutions du droit régional n'ont aucune obligation de tenir compte de ces évolutions en-cours.

957.- C'est pourquoi à côté de la correction indirecte, il doit être prévu une correction directe de la lacune. Celle-ci consiste à insérer dans les lois nationales, les conventions et les contrats pétroliers, des dispositions établissant la primauté du droit régional sur les conventions et les contrats pétroliers. Les conventions et contrats qui prévoyaient des dispositions contraires disposeraient d'un certain délai pour se conformer à ces nouvelles règles, par voie d'avenant. Ainsi on pourrait admettre que toute loi régionale entraînera, dans un délai de douze mois à compter de la date de sa promulgation, la signature d'avenant aux contrats et conventions existants, en vue de la prise en compte de ses dispositions. La démarche précédente est également applicable en ce qui concerne le droit international.

958.- L'évolution des règles fiscales régissant les opérations pétrolières a montré certaines avancées qui peuvent néanmoins encore être améliorées. Par ailleurs, de nombreuses lacunes persistent, autant que d'importantes omissions ont été relevées. Ceci peut expliquer que les effets attendus autant sur la recherche et l'exploration que sur la production et les finances publiques n'aient pas atteint les niveaux escomptés. L'analyse du rendement fiscal à la tonne de brut produite a démontré que le revenu de l'Etat n'est pas forcément plus élevé là où les plus grands allègements fiscaux ont été accordés. Les points d'ombres doivent être revus et corrigés pour permettre à l'ensemble des Etats, non seulement de profiter de l'avancée des uns et des autres, mais également de mieux bénéficier des richesses de leur sous-sol sans léser les apporteurs de technologie que sont les sociétés pétrolières. En somme, il faut aboutir à un partenariat équitable.

[1367] V. supra, n° 610 ss.

[1368] V. supra, n° 646s.

CONCLUSION GENERALE

959.- Le pétrole, source d'énergie par excellence, occupe encore tant dans la vie quotidienne que dans les économies des Etats, une place prépondérante, inégalée par rapport aux autres énergies traditionnelles ou nouvelles. Fruit de toutes les convoitises aux niveaux micro et macro économique, il est l'objet de tous les enjeux : politique, géo-stratégique... Le développement de sa production a entraîné des mutations socio-économiques sans précédent et des bouleversements sur le plan des relations tant personnelles qu'internationales (inversement des rapports de force, conflits divers, antagonismes entre Etats riches et pauvres, développement technologique, ...). Tout ceci est la résultante d'un interventionnisme poussé des Etats dans les diverses étapes de l'activité pétrolière. Cet interventionnisme s'est caractérisé par une fiscalisation particulière de l'activité pétrolière à travers les Etats, dérogatoire au droit commun.

960.- La fiscalité pétrolière dans les Etats membres de la CEMAC déroge au droit commun à plusieurs points de vue. D'abord au niveau de l'exercice de l'activité pétrolière, les entreprises ne fixent pas librement leur objet social comme dans toute activité industrielle et commerciale. Les hydrocarbures appartiennent à l'Etat qui, à ce titre, doit préalablement délivrer des autorisations à toute personne désirant exercer dans le domaine. Ces autorisations revêtent plusieurs formes suivant la phase de l'activité où l'on se situe : autorisation de prospection, permis de recherche, permis d'exploitation, concession d'exploitation, contrat de partage de production. Ensuite au niveau des structures chargées de la gestion des mécanismes fiscaux, on distingue couramment deux interlocuteurs fiscaux selon qu'on se trouve à la porte ou à l'intérieur.

961.- A la porte, ce sont les Bureaux Principaux des Douanes qui sont chargés de gérer les impôts et taxes du cordon douanier. Une fois franchis le cordon douanier, la gestion des impôts et taxes relève de la compétence des centres divisionnaires des impôts ou de la division (Direction suivant les Etats) des Grandes Entreprises selon le cas. Or dans l'activité pétrolière, on retrouve des interlocuteurs d'un autre genre. Les deux premiers cités (les Bureaux Principaux des Douanes et les Centres des Impôts) n'interviennent que rarement ; ils sont pratiquement remplacés par des structures particulières de la Direction Générale des Impôts et de celle des Douanes. Cette compétence est en outre partagée avec les Ministères en charge des Hydrocarbures et les sociétés nationales chargées de la gestion des hydrocarbures.

962.- Par ailleurs, au niveau des sources juridiques de la fiscalité pétrolière, nous avons montré l'étroitesse des sources légales que sont le Code Général des Impôts, le Code des Douanes et les lois minières, dont les premières étaient héritées de la colonisation. Face à cela, est apparue la prépondérance des sources contractuelles, les conventions d'établissement et les contrats d'association ; ce sont ces conventions et accords qui étayent en définitive le régime fiscal des sociétés pétrolières. L'exploitation était dominée par le régime de la concession primitive, telle qu'elle découle du Code Napoléon (Tchad, Gabon, Congo) ; seul le Cameroun pratiquait un régime original de partage de la production avec Rente Minière Garantie.

963.- Enfin au niveau des éléments d'imposition, la fiscalité est caractérisée par l'existence de prélèvements spécifiques à l'activité pétrolière ; il s'agit :
1°- des droits fixes rattachés à l'attribution, au renouvellement ou à la mutation des autorisations de prospection et des permis de recherche ;
2°- des bonus liés tant à la signature du contrat qu'à un niveau de production cumulée ;
3°- de la redevance superficiaire, une sorte de loyer du domaine, fonction de la superficie du permis ;
4°- de la redevance minière proportionnelle ou *Royalty*, une indemnité compensatrice pour l'épuisement des réserves disponibles du fait de leur exploitation ; elle est assise sur la production et due quel que soit le résultat de l'entreprise.

964.- Des impositions issues du droit commun les côtoient avec cependant une application particulière. Au niveau de la fiscalité de porte, les opérations sont soumises à des régimes particuliers ou suspensifs : admission en franchise, admission au taux réduit, admission temporaire, dédouanement sous le régime de « l'enlèvement direct » ou de « l'enlèvement sous palan ». Au niveau de la fiscalité interne, la plus importante imposition est l'impôt sur les bénéfices, dont la détermination suit des mécanismes particuliers, notamment en ce qui concerne le chiffre d'affaires. Certaines exigences de droit commun sont exemptes en cette matière, tel le déplafonnement des frais de siège, la non limitation des dépenses locatives, la déductibilité intégrale des charges financières. Le taux de l'Impôt sur les Sociétés est variable selon les Etats. Les autres impôts internes sont d'application restreinte ; c'est le cas du prélèvement spécial ou libératoire, de la Taxe sur la Valeur Ajoutée, etc...

965.- A l'aube du second choc pétrolier, cette fiscalité présentait un cadre qui ne semblait pas attractif pour les sociétés pétrolières, et ne permettait pas aux Etats de se procurer les ressources nécessaires pour financer leur développement. Un processus d'aménagement a alors été engagé de manière isolée dans les six Etats membres de la CEMAC. Ces aménagements sont allés de simples incitations à la recherche et à la production pour certains, à des alourdissements de la fiscalité pour d'autres, en passant quelques fois par de véritables changements de régime d'exploitation. Ils ont établi des tendances communes à la définition d'une fiscalité pétrolière spécifique, axée sur le contrat de partage de production. Cependant on a noté la persistance d'écarts entre les divers Etats, et à l'intérieur d'un même Etat, entre les gisements ordinaires, les champs marginaux et les champs en eau profonde.

966.- Il persiste également de nombreuses lacunes et omissions dans la réglementation fiscale des opérations pétrolières. Les omissions les plus notables concernent le traitement des dépenses fiscales et la prise en compte des contributions RES. Il est important que ces omissions soient fermement intégrées dans les lois. Les lacunes constatées, qu'elles soient communes ou spécifiques aux Etats, peuvent être corrigées. Ainsi notamment, la grande flexibilité de la législation est revue. C'est également le cas de la primauté des conventions sur le droit national. A ce niveau, le problème est résolu par une stabilisation limitée du régime fiscal. La correction des autres lacunes a également été abordée.

967.- C'est le cas du traitement partial de certaines charges, de l'exposition à des pratiques dites internationales non contenues dans les lois des divers Etats, des diverses contradictions et imprécisions. Le traitement partial des charges et particulièrement de la Provision pour Investissements Diversifiés peut être rectifié par le nouveau système de partage de la production. Le problème des pratiques dites internationales est quant à lui résolu par l'introduction de toute disposition utile dans les lois et règlements nationaux. Enfin s'agissant des contradictions et imprécisions, elles sont résolues au cas par cas à travers la propriété des immobilisations et ses implications, les modalités de tenue de la comptabilité, et la révision de la durée de détention des titres et contrats miniers.

968.- Les régimes d'incitation et d'exonération qui avaient pour objectif de stimuler l'activité pétrolière ont connu un grand développement dans la CEMAC. Il s'agissait de compenser le recul apparent de cette activité et de soustraire les sociétés pétrolières aux effets d'une fiscalité qu'elles estiment toujours excessive. Ces régimes d'incitation et d'exonération ont occasionné des pertes de recettes aux Etats, qui risquent de les inciter à alourdir les fiscalités internes de droit commun. L'analyse des recettes fiscales montre qu'en 2005, les Etats membres de la CEMAC s'en tirent avec moins de 0,1% de la valeur de leur production[1369], alors que les termes du partage sont généralement de 15/85, 50/50, 60/40 ou 65/35[1370] en leur faveur. Cet effet est variable d'un Etat à l'autre. C'est ainsi que, toujours en 2005, le Cameroun a perçu 0,071 % de la valeur de sa production ; le Congo en a perçue 0,038 %, le Gabon 0,036 %, la Guinée Equatoriale 0,035 %, et le Tchad 0,007 %[1371]. Malgré le niveau toujours élevé des cours du brut, ces taux n'ont pas connu une amélioration particulière en 2006. Ils passent ainsi à 0,074 % pour le Cameroun, 0,038 % pour le Congo, 0,035 % pour la Guinée Equatoriale, 0,034 % pour le Gabon et 0,021 % pour le Tchad[1372]. Pour atteindre au moins le niveau de la redevance minière prévue en 2006, ces réalisations devraient être multipliées par

---

1369 Ce pourcentage est établi par nous-même, à partir de des données d'analyse du rendement fiscal à la tonne de brut produit, telles que présentées au tableau n° 38, p. 329. Le chiffre d'affaires correspondant à la production réelle est estimé à partir de la moyenne annuelle du *Brent* et de la parité moyenne annuelle du dollar américain.

1370 Voir supra, n° 207, 238, 257, 322.

1371 Ces pourcentages sont établis par nous-même, à partir des données d'analyse du rendement fiscal à la tonne de brut produit, telles que présentées au tableau n° 38, p. 329.

1372 Ces pourcentages sont établis par nous-même, à partir des données d'analyse du rendement fiscal à la tonne de brut produit, telles que présentées au tableau n° 38, p. 329.

plus de 200 au Cameroun, 320 au Congo, 350 au Gabon et en Guinée Equatoriale, et 600 au Tchad.

969.- Dans l'optique de l'harmonisation de la fiscalité pétrolière entre les Etats membres de la CEMAC, il faut permettre aux uns de bénéficier des expériences acquises par les autres, tout en évitant les écueils déjà connus. La volonté pour y parvenir est présente, mais les voies restent à tracer, et les connaissances nécessaires pour y parvenir ne font pas légion. Un accent particulier devra d'ailleurs être maintenu sur la formation des personnels des différents Etats. C'est pourquoi nous avons rationalisé d'abord avant de procéder à un rapprochement, qui devrait combattre la *concurrence fiscale* à laquelle les Etats membres de la CEMAC se livrent encore dans le domaine de la fiscalité pétrolière. Cette concurrence fiscale, qui aboutit à des mesures à caractère de « dépenses fiscales », doit rencontrer l'obstacle du droit communautaire, de sorte que la politique économique par la dépense fiscale soit réglementée à défaut de céder la place à une politique fiscale « normative ». Les politiques fiscales par la norme échappent à beaucoup de restrictions et connaissent en Europe un succès croissant[1373].

970.- Nous n'avions pas la prétention de présenter une vision impérialiste de cette harmonisation, mais davantage d'apporter une analyse pragmatique de celle-ci, qui du reste ne saurait rester figée. L'harmonisation devrait aboutir à un Acte CEMAC, qui serait repris par les lois nationales ; sa mise en œuvre requiert une équipe pluridisciplinaire rompue aux questions pétrolières : ingénieurs, économistes, juristes, comptables et fiscalistes. Issue des contrats et conventions, la fiscalité pétrolière y retournera sans conteste, en étant toutefois passée cette fois-ci par le moule de la loi. D'autres ressources minières et énergétiques pourraient être concernées par les problèmes que nous avons traités à travers la fiscalité pétrolière des Etats membres de la CEMAC. Celles-ci mériteraient à leur tour une analyse spécifique en vue de leur rationalisation et leur rapprochement.

[1373] Voir CASTAGNEDE (B), L'année fiscale 2006 Débats-Etudes-Chroniques, *Fiscalité internationale*, pp. 281- 298, Paris, PUF, 2006.

BIBLIOGRAPHIE THEMATIQUE

Ouvrages généraux

*** Ouvrages de fiscalité internationale**

- **DI MALTA (P)**, *Droit fiscal européen comparé*, Paris, P.U.F., 1995.
- **CASTAGNEDE (B)**, *Précis de fiscalité internationale,* Paris, P.U.F., 2002, 2006.

*** Ouvrages de fiscalité**

- **ARDANT (G)**, *Histoire de l'impôt, Les grandes études historiques*, Fayard, 1972, 2 tomes.
- **MEHL (L) et BELTRAME (P)**, *Science et Technique Fiscales*, Paris, PUF, 1984.
- GUIDE FISCAL DU CAMEROUN, édition C.I.E., Yaoundé-Cameroun, 1992.
- **GROSCLAUDE (J) & MARCHESSOU (P)** *Droit fiscal général, 4è* éd. Paris, DALLOZ, 2003.
- DICTIONNAIRE RF FISCAL 2003, Groupe Revue Fiduciaire, Paris, 2003.
- GUIDE DE L'INVESTISSEUR AU TCHAD 2003, éd. FIDAFRICA 2003.
- **CASTAGNEDE (B) et GUTMANN (D),** L'année fiscale 2006, Débats-Etudes-Chroniques, Paris, PUF, 2006.

*** Autres ouvrages**

- **BATIFFOL (H),** *La philosophie du droit,* Paris, PUF, 1960
- **BOYE Abd-el Kader** (sous la direction de -), Encyclopédie Juridique de l'Afrique, t. 9, NEA, 1982, p. 131s.
- **CHENUT (C-H),** *Le Contrat de Consortium*, Paris, LGDJ, 2003.
- MEMENTO PRATIQUE FRANCIS LEFEBVRE, *Comptable 2003*, éd. Francis Lefebvre, Paris 2002.

Droit et fiscalité de l'entreprise

*** Thèses**

- **RAISNE-MEGARD (M),** *Le régime juridique et fiscal des provisions dans le bilan des sociétés anonymes*, Thèse Paris1, 1975.

*** Ouvrages**

- **CASTAGNEDE (B) et TOLEDANO (S),** *Fiscalité internationale de l'entreprise*, PUF, 1987.
- **TIRARD (J M),** *La fiscalité des sociétés dans la CEE*, 2ème éd., Paris, La Villeguerin, 1989.
- **COZIAN (M)**, *Précis de fiscalité des entreprises*, Paris, LITEC, 1996.
- **DIKOUME (A.L.),** *Droit des sociétés commerciales au Cameroun*, Yaoundé, éditions SOPECAM, 1997.

*** Articles, revues**

- **GUTMANN (D),** *La fiscalité des groupes de sociétés à l'épreuve du droit communautaire. Réflexions sur l'affaire « Marks & Spencer »* pendante devant la CJCE, Dr. Fisc. 2004, n° 14, pp. 681-685.

Finances et budget de l'Etat

*** Ouvrages**

- **JEZE (G),** *Cours de la science des finances et de la législation financière,* Paris, Giard, 6è édition, 1922.
- **JEZE (G)**, *Cours de finances publiques, année 1931-1932 : Théories générales sur les phénomènes financiers, théorie générale des revenus publics, les revenus du domaine et des exploitations d'Etat, les taxes, l'impôt*. Paris, Giard, 1932.
- **DUVERGER (M)**, *Les finances publiques,* Paris, PUF, 1960

*** Rapports**

- Rapport Economique et Financier de la République du Cameroun, exercice 2001/2002
- Rapport aux Ministres de la réunion du Comité de Convergence de la zone franc tenue à Paris les 22 et 23 septembre 2004.
- Rapport annuel, Année 2004, du Collège de Contrôle et de Surveillance des Ressources Pétrolières (CCSRP) du Tchad.
- Rapport annuel, Année 2005, du Collège de Contrôle et de Surveillance des Ressources Pétrolières (CCSRP) du Tchad.
- Rapport aux Ministres de la réunion du Comité de Convergence de la zone franc tenue à Cotonou les 6 et 7 avril 2005.
- Mémorandum du 20 octobre 2005 du Réseau des organisations de la société civile tchadienne à son excellence Monsieur Le Premier Ministre, Chef du Gouvernement du Tchad, intitulé « *Modification de la loi portant gestion des revenus pétroliers : La gouvernance du Tchad en question* ».
- Rapport aux Ministres de la réunion du Comité de Convergence de la zone franc tenue à Libreville les 12 et 13 avril 2006.

- Rapport aux Ministres de la réunion du Comité de Convergence de la zone franc tenue à Paris les 11 et 12 septembre 2006.
- Rapport aux Ministres de la réunion du Comité de Convergence de la zone franc tenue à Lomé les 04 et 05 avril 2007.

Politique et économie pétrolières

*** Ouvrages**

- **KEES GIJLSTRA**, *L'économie de l'énergie dans la communauté européenne,* Paris CNRS, 1978.
- **GAZZO (Y)**, *Pétrole et Développement – Le cas Libyen.* Paris, Economica, 1980.
- **BEREDJICK (N) et WALDE (Th)**, *Petroleum Investment policies in developping Countries*, International Bar Association Series, London, 1988.
- **DURAND (D)**, *La politique pétrolière internationale,* Paris, P.U.F., 1990.
- **MASSERON (J)**, *L'économie des hydrocarbures,* 4è édition, Paris, éd. TECHNIP, 1991.
- **MOUREAU (M) et BRACE (G***), Dictionnaire des Sciences et Techniques du Pétrole*, Paris, éditions TECHNIP, 1993.
- **AYOUB (A),** *LE PETROLE Economie et politique,* Paris, Economica, 1996.

Les prix du pétrole brut

*** Ouvrages**

- **LAUDRAIN (M)**, *Le prix du pétrole brut*, Paris, Librairie Médicis, 1958.
- **RIFAI (T)**, *Les prix du pétrole : Economie de marché ou stratégie de puissance*, Paris, éd. TECHNIP, 1974.

*** Articles, revues**

- *Platt's Crude Oil Marketwire*, publications annuelles
- **TIRARD (J M)**, *Les accords préalables en matière de prix de transfert*, RFC 2002, n° 346, p. 7.
- SNH INFOS NEWS, n° 014 – octobre 2003, pp. 16-17.
- *Principes applicables en matière de prix de transfert à l'attention des entreprises multinationales et des administrations fiscales*, publications de l'OCDE, 1995.

Fiscalité et législation des hydrocarbures

*** Thèses**

- **DEVAUX-CHARBONNEL (J)**, *L'intervention des Etats dans la recherche et la production des gisements de pétrole,* Thèse Paris, 1951.
- **OYE MBA (C),** *Les problèmes juridiques posés par l'exploitation du sous-sol au Gabon.* Thèse Paris, 1969.
- **LELO (A.J.A.),** *Aspects juridiques de l'exploitation et de la commercialisation du pétrole au Congo.* Thèse Paris V, 1985.
- **TSASSA (C),** *Système de production du pétrole au Congo et accumulation nationale.* Thèse 3è cycle, Grenoble II, 1986.
- **RODRIGUEZ PADILLA (V),** *Impact de la fiscalité sur l'effort d'exploration production de pétrole. (Le cas des pays producteurs d'Afrique de l'Ouest)* Thèse Grenoble II, 1990.
- **DANDOU (W. E.)**, *Pratique d'analyse du risque des compagnies pétrolières et les décisions d'exploration-production* Thèse Paris 2, 1993.
- **MACHKOUR MOCHKAN**, *Les législations nationales relatives à l'exploration et à l'exploitation des mines offshores*, Thèse Paris 1, 1993.
- **OMRI MOHAMED ALI**, Fiscalité pétrolière : impact sur l'activité exploration-production des hydrocarbures. Cas de la Tunisie. Thèse Nice-Sophia-Antipolis, 1995.
- **DIKOUME (A. L.)**, *La fiscalité pétrolière comparée dans les Etats membres de la CEMAC.* Thèse Paris 1, 2006.

*** Ouvrages**

- **MAINGUY (M***), Recherche et Production des Hydrocarbures ; Eléments de Technique à l'usage des élèves en Science Economique*, Paris, Mouton, 1965.
- **BRASSEUR (R)**, *Législation et fiscalité internationale des hydrocarbures exploration et production*, Paris, éd. TECHNIP, 1975.
- **ANGELIER (J.P.),** *La rente pétrolière : éléments pour une interprétation de la structure des prix des produits de l'industrie pétrolière internationale.* Paris : CNRS. 1976.
- **BARROWS (G),** *Worldwide Concession Contracts and Petroleum Legislation*, Penn Well Books, Tulsa, 1983.
- **GRAHAM and TROTMAN**, *Energy and Ressources law 92*, International Bar Association Series, London 1992.
- **VAN MEURS (P)**, *Financial fiscal arrangements for petroleum development – an economic analysis*, International Bar Association Series, London 1992

*** Mémoires**

- **ADAMON (R),** *Exploitation minière et croissance économique au Gabon,* Mémoire de DESS en sciences économiques, paris, 1970.

- **BAGUEKA ASSOBO (A),** *La fiscalité de la recherche et de la production du pétrole au Cameroun*, mémoire de DESS, Paris IX, 1992-1993.
- **KWATE EKWA (A)**, *La spécificité du régime fiscal des sociétés pétrolières d'amont au Cameroun*, mémoire de DESS Administration Fiscale, Université de Douala, 2000 - 2001.

*** Articles, revues**

- LAPOINTE (A). & RAYNAUD (D), *La rente pétrolière et son partage*. Les cahiers du CETAI-Gestion d'entreprises pétrolières, GED-DP-90-20. CETAI, HEC, Montréal, décembre 1990.
- Bulletin de l'industrie pétrolière n° 8049, du 5 mars 1996.
- Le pétrole et le gaz Arabes, n° 705, 1er août 1998, p. 41.
- Pétrole informations, n° 1736, octobre – novembre 1998, « *Gabon : amortissement dégressif des biens d'équipement* », p. 91.
- Pétrole informations, n° 1737, de décembre 1998, « *Gabon : 8è round pétrolier* », p. 78s.
- Pétrole informations, n° 1733, 1734, 1736 et 1737, de avril à décembre 1998.
- Pétrole informations, n° 1738, 1739, 1740 et 1741, de janvier à août 1999.
- Pétrole et Gaz informations, n° 1743, novembre-décembre 1999, p. 90.
- Alwihda – Divers (www.alwihdainfo.com/articles), mise à jour du 27 juin 2005.
- Publication du Ministère gabonais de l'Economie, des Finances, du Budget et de la Privatisation, dans le cadre de l'Initiative pour la Transparence des Industries Extractives (EITI, www.finances.gouv.ga/eiti), mise à jour du 07 février 2007.

*** Rapports**

- Sentence arbitrale du 11 juin 1997, entre la société ELF-SEREPCA et la REPUBLIQUE DU CAMEROUN sur la déductibilité des dépenses d'exploration sèches.
- Sentence arbitrale du 23 janvier 2003, entre la société TOTALFINAELF E&P et la REPUBLIQUE DU CAMEROUN sur la remise en état des sites à la fin de l'exploitation des gisements.
- Rapport d'audit du 31 août 2003, sur les dépenses d'exploration sèches du permis H48 opérées par TOTALFINAELF E&P CAMEROUN (Cabinet OKALLA AHANDA & associés, Douala).
- *Groupe de Recherches Alternatives et de Monitoring du Projet Pétrole Tchad-Cameroun* (GRAMP/TC), « Analyse du cadre juridique régissant les activités pétrolières au Tchad », N'Djamena, juin 2004.

Exploration et production des hydrocarbures

*** Ouvrages**

- *GUIDE DU PETROLE, gaz-pétrochimie,* édition O. Lesourd, 51è année, 1982

- *LE PETROLE ET LE GAZ EN AFRIQUE,* ediafric la documentation africaine, 1è édition 1983

*** Articles, revues**

- Boston College Indutrial and Commercial Law Review 17, 1976
- Supplément au *bulletin analytique pétrolier* du 31 décembre 1984
- SNH INFOS NEWS, n° 008 juillet – septembre 1996
- Le pétrole et le gaz Arabe, 16 mai 1997, p. 38
- Cameroon Tribune du 29 avril 1998, P. 5.
- Pétrole informations n° 1733, avril – mai 1998, « *Gabon : Pas de découverte depuis huit ans* », p. 28.
- Pétrole Informations, n° 1741, juillet - août 1999, « *Golfe de Guinée : Comment valoriser au mieux les ressources en hydrocarbures* », p. 69.
- SNH INFOS NEWS, n° 025 juillet – août 2000
- Bulletin Technique de l'Association des Producteurs de Pétrole Africains (APPA) n° 8, 1er semestre 2000.
- Fiche de la Mission Economique française de Yaoundé (Cameroun), décembre 2002
- Le Monde diplomatique, janvier 2003, « *Une priorité géostratégique - Offensive sur l'or noir africain* », (www.monde-diplomatique.fr) p. 19.
- Congovision e-Business 2003, « *Le pétrole au Congo et dans le monde* », www.congopetrole.com
- SNH INFOS NEWS, n° 013 – juin 2003, pp. 8-10.
- Ecofinance n° 37, novembre 2003, « *Tchad : A qui appartient le pétrole ?* », p. 48.
- Fiche de la Mission Economique de Libreville réalisée en décembre 2003, « *Le secteur du pétrole au Gabon* »
- FODEM Forum, 24 avril 2004, « *A propos du pétrole centrafricain* » (http://www.fodem.org)
- Jeune Afrique l'intelligent, n° 2296 du 09 au 15 janvier 2005, « *Gabon : Pétrole, déclin différé* », p. 101ss.
- Jeune Afrique l'intelligent, n° 2302 du 20 au 26 février 2005, « *Du bon usage du brut* », p. 54.
- Jeune Afrique l'intelligent, n° 2302 du 20 au 26 février 2005, « *Guinée Equatoriale, du pétrole... Et demain ?* » p. 53.
- Le Groupe Banque Mondiale, Foire aux questions sur le projet d'oléoduc Tchad-Cameroun, mise à jour mars 2005, p. 5. (http://web.worldbank.org/ WEBSITE/EXTERNAL)
- Le Messager (Douala-Cameroun) du 5 avril 2005, p. 4
- La Lettre de la Bourse (Douala-Cameroun), n° 029 du 7 avril 2005, p. 10
- Cameroon Tribune n° 8347/4546 du 12 mai 2005, p. 3.
- Jeune Afrique l'intelligent, Hors Série n° 8, l'état de l'Afrique 2005, p. 213ss.
- Bulletin de l'Association des Producteurs de Pétrole Africains (APPA) n° 8, décembre 2005.
- Bulletin de l'Association des Producteurs de Pétrole Africains (APPA) n° 9, décembre 2006.

*** Rapports**

- Nations unies, Conseil Economique et Social – Commission Economique pour l'Afrique (CEA) « Les bassins sédimentaires d'Afrique et leurs ressources en hydrocarbures ». Tripoli 2-12, février 1974, 46 P.
- Rapport annuel de l'Industrie Française du Pétrole, 1978, 1979, 1980, 1981.
- Rapport annuel SNEA 1983.
- Comité Professionnel Du Pétrole (CPDP), Pétrole 1988 éléments statistiques
- Comité Professionnel Du Pétrole (CPDP), Pétrole 1996 éléments statistiques
- Comité Professionnel Du Pétrole (CPDP), Pétrole 1999 éléments statistiques
- Comité Professionnel Du Pétrole (CPDP), Pétrole 2002 éléments statistiques
- Comité Professionnel Du Pétrole (CPDP), Pétrole 2003 éléments statistiques
- Comité Professionnel Du Pétrole (CPDP), Pétrole 2004 éléments statistiques
- Comité Professionnel Du Pétrole (CPDP), Pétrole 2005 éléments statistiques
- Comité Professionnel Du Pétrole (CPDP), Pétrole 2006 éléments statistiques
- TOTAL, Document de référence 2005 (www.total.com/Finance/Publications)
- TOTAL, Document de référence 2006 (www.total.com/Finance/Publications)

L'aval pétrolier

*** Ouvrages**

- **LIMIDO (G.E.)**, *Pétrole, Matière première de l'industrie chimique*, première partie, Paris, société des éditions TECHNIP, 1958.
- **DEFIX (A)**, *Mesurage des volumes des carburants et combustibles liquides,* Paris, société des éditions TECHNIP, 1968.
- **NORMAND (X)**, *Leçons sommaires sur l'industrie du raffinage du pétrole,* tome I & 2, 5è édition, Paris, société des éditions TECHNIP, 1978.

*** Mémoires**

- **DIKOUME (A. L.)**, *Les spécificités du régime fiscal applicable aux produits pétroliers au Cameroun,* mémoire de DESS Administration Fiscale, Université de Douala, 2000-2001.
- **MASSA MEDANG (S.J.D.)**, *LE REGIME FISCAL DU SECTEUR AVAL PETROLIER AU CAMEROUN*, mémoire du diplôme de l'Ecole Nationale d'Administration et de Magistrature (ENAM), Yaoundé, 2000.
- **NKONDJOCK (E)**, *La TVA dans le secteur de distribution des produits pétroliers liquides et gazeux au Cameroun,* mémoire de DESS Administration Fiscale, Université de Douala, 2000-2001.

*** Articles, revues**

- ECONOMIA n° 26-27 décembre 2002/janvier 2003, *Congo, signaux contradictoires sur fond de réforme*, p. 28

Les dépenses fiscales

*** Ouvrages**

- **STANLEY SURREY & McDANIEL (P)**, *International Aspects of Tax Expenditures : A Comparative Study*. Deventer: Kluwer Law and Taxation Publishers, 1985.

*** Articles, revues**

- **Neil Brooks**, Review of Surrey and McDaniel (1985), *Canadian Tax Journal*. Vol. 34, n° 3, May-June 1986, pp. 681-694.
- **Bruce Davie**, Tax Expenditures in the Federal Excise Tax System, *National Tax Journal*, Vol. 47, n° 1, March 1994, pp. 39-62.
- **Leonard E. Burman**, National Tax Journal, USA september 02, 2003, *Is the Tax Expenditure Concept still relevant ?* 20 pp.

*** Rapports**

- Rapport au Président de la République (XXIème) du Conseil français des Impôts, relatif à *La fiscalité dérogatoire, pour un réexamen des dépenses fiscales*, septembre 2003.

Regroupements et harmonisation

*** Thèses**

- **FOHOUO (M)**, *l'UDEAC,* Thèse Paris 1, 1984.

*** Ouvrages**

- **DREUX BREZE (J. de)** « *Le problème du regroupement en Afrique Equatoriale* ». *Du régime colonial à l'UDEAC* Paris (LGDJ), 1968.
- **MIKDASHI (Z)**, *The community of oil exporting countries : a study in governmental cooperation,* London, G Allen and Unwin, 1972.
- **CASTAGNEDE (B) et LALUMIERE (P)** (sous la direction de -), « *harmonisation des fiscalités internes au sein de l'UDEAC* », Encyclopédie Juridique de l'Afrique, tome 3, N.E.A., 1982, p. 484ss.
- **TERZIAN (P)**, *L'étonnante histoire de l'OPEP*, Les éditions Jeune Afrique, Paris, 1983.

*** Articles, revues**

- « CHOIX », n° spécial sur « *Les sommets francophones, nouvel instrument de relations internationales* », Centre québécois des Relations Internationales, Québec, 1988, p. 169 ss.
- *Harmonisation fiscale sauvage*, Nouvelles fiscales 2003, n° 886, pp. 4-5.

*** Rapports**

- Résolution 225 (X) de la conférence des ministres de la Commission Economique de l'Afrique (CEA), tenue du 02 au 12 février 1974 à Tripoli (République arabe libyenne).

Partage de la production

*** Articles, revues**

- **TOUSCOZ (J),** Les nouveaux contrats d'exploration - production pétrolière, *Journal de Droit des Affaires Internationales*, n° 2, 1985

INDEX ALPHABETIQUE

(Les numéros renvoient aux paragraphes)

D

S

T

U

V

W

LISTE DES TABLEAUX

TABLE DES MATIERES

RESUME

La fiscalité pétrolière est l'étude de l'ensemble des règles relatives à l'imposition et à la taxation de l'activité pétrolière, sans se circonscrire à la règle juridique. Elle intègre ce à quoi se raccorde la norme fiscale, c'est-à-dire la matière à laquelle elle s'applique : mécanismes de production, sociologie, monnaie, budget de l'Etat, institutions...

Cette fiscalité présente de nombreuses spécificités par rapport au droit commun, d'un Etat à l'autre et à l'intérieur d'un Etat, d'un gisement à un autre. D'une manière générale, elle ne procure pas aux Etats membres de la CEMAC toutes les ressources escomptées pour financer leur développement. Pour y remédier, les Etats ont apporté de nombreux aménagements à cette fiscalité depuis le second choc pétrolier. Cependant, plusieurs lacunes et omissions persistent encore dans la réglementation fiscale pétrolière dont l'impact tant sur la recherche, la production que sur les finances publiques ne satisfait pas entièrement les attentes.

Un effort supplémentaire de rationalisation mérite d'être fait, autant que le rapprochement entre la fiscalité de ces Etats. En effet plus que par le passé, la CEMAC est vouée à l'harmonisation. Sans prétendre présenter une vision impérialiste de cette harmonisation, nous apportons une analyse pragmatique de celle-ci, qui du reste ne saurait rester figée.

ABSTRACT

Oil taxation is the comprehensive study of the rules regulating the imposition and the tax on the oil activity, without circumscribing itself within the legal rule. It falls into what is connected the tax standard, i.e. the matter to which it applies: mechanisms of production, sociology, currency, State budget, institutions...

This tax system presents numerous specificities with regard to the common law, from one State to another and inside a State, from a layer to another. Generally, it does not get for the Economic and Monetary Community of the Central Africa States members (Cameroon, Congo, Gabon, Equatorial Guinea, Chad, Central African Republic) all the resources expected to finance their development. In order to remedy this situation, these States have brought numerous improvements to this taxation system since the second oil crisis. However, several gaps and neglects still persist in the oil fiscal rule. The impact on research as well on production and on the state finance does not entirely satisfy the expectations.

An additional effort of rationalization deserves to be made, as much as the bringing together of the taxation system of these States. Indeed, the EMCCA is dedicated to the harmonization. Without claiming to present an imperialist vision of this harmonization, we bring a pragmatic analysis of it, which remainder could not remain fixed.

L'HARMATTAN, ITALIA
Via Degli Artisti 15 ; 10124 Torino

L'HARMATTAN HONGRIE
Könyvesbolt ; Kossuth L. u. 14-16
1053 Budapest

L'HARMATTAN BURKINA FASO
Rue 15.167 Route du Pô Patte d'oie
12 BP 226
Ouagadougou 12
(00226) 50 37 54 36

ESPACE L'HARMATTAN KINSHASA
Faculté des Sciences Sociales,
Politiques et Administratives
BP243, KIN XI ; Université de Kinshasa

L'HARMATTAN GUINEE
Almamya Rue KA 028
En face du restaurant le cèdre
OKB agency BP 3470 Conakry
(00224) 60 20 85 08
harmattanguinee@yahoo.fr

L'HARMATTAN COTE D'IVOIRE
M. Etien N'dah Ahmon
Résidence Karl / cité des arts
Abidjan-Cocody 03 BP 1588 Abidjan 03
(00225) 05 77 87 31

L'HARMATTAN MAURITANIE
Espace El Kettab du livre francophone
N° 472 avenue Palais des Congrès
BP 316 Nouakchott
(00222) 63 25 980

L'HARMATTAN CAMEROUN
BP 11486
(00237) 458 67 00
(00237) 976 61 66
harmattancam@yahoo.fr

654785 - Mai 2016
Achevé d'imprimer par

1livre.com
du rêve à la réalité !

www.ingramcontent.com/pod-product-compliance
Lightning Source LLC
LaVergne TN
LVHW011133061026
849535LV00003B/472